你和谁在一起很重要

吴静莉　黄立霞◎编著

新疆文化出版社

图书在版编目（CIP）数据

你和谁在一起很重要 / 吴静莉, 黄立霞编著.

乌鲁木齐 : 新疆文化出版社, 2025. 7. -- ISBN 978-7 -5694-4959-4

Ⅰ. C912.1-49

中国国家版本馆CIP数据核字第20254HU293号

你和谁在一起很重要

编 著 / 吴静莉 黄立霞

策　　划　　张翼　　　　　　　　　　封面设计　　天下书装
责任编辑　　张启明　　　　　　　　　　责任印制　　铁　宇
版式设计　　摆渡者文化

出版发行　　新疆文化出版社有限责任公司
地　　址　　乌鲁木齐市沙依巴克区克拉玛依西街1100号（邮编：830091）
印　　刷　　三河市嵩川印刷有限公司
开　　本　　710mm×1000mm　1/16
印　　张　　8
字　　数　　90千字
版　　次　　2025年7月第1版
印　　次　　2025年7月第1次印刷
书　　号　　ISBN 978-7-5694-4959-4
定　　价　　59.00元

前言

　　人生如河流，有的清澈见底，有的却波涛汹涌。我们所处的环境、相遇的人、建立的关系，犹如汇入河流的支流，时刻影响着我们前进的方向和力度。

　　"物以类聚，人以群分"不仅是一句俗语，在现代职场上，身边人的支持或牵制，更是直接决定了我们的职业高度。无论是生活中的朋友、职场上的同事，还是偶尔指点迷津的"贵人"，他们的影响力往往超乎我们的想象。

　　心理学研究显示，我们的思维模式、情绪状态，甚至成败信念，都深受社交环境的塑造。可以说，你周围的人就是你的"镜子"——如果你身处充满动力和智慧的圈子，生活自然多了几分光彩和方向感；反之，如果你被消极、怠惰的气氛包围，生活也很容易陷入迷茫与平庸。

　　这本书，将带你深入探讨"你和谁在一起"的重要性。我们将剖析哪些人可以成为你人生的"助推器"，而哪些人可能会阻碍你的前行。书中不仅有心理学知识的支撑，还有从历代名人身上总结出的经验和教训。

在每一章节中，我们会探索不同的"人脉关键点"：如何寻找贵人，如何识别真诚的朋友，以及怎样合理处理与不同人的关系。希望你在翻阅本书的过程中，不仅能找到方向感，更能找到那些真正能帮助你走得更远的人。毕竟，人生是一场旅程，选对同行人，才能更接近梦想的彼岸。

第三章

谁会帮助你

第四章

找对合适的"伯乐"

第五章

应该和谁在一起

第六章
交对朋友，才能逆风翻盘

第一章

朋友是一把金钥匙

在生活的旅途中，我们常常会发现，朋友的存在如同一把金钥匙，开启了无数扇通往成功与幸福的大门。人与人之间的关系，不仅仅是社交的需要，更是影响我们成长与发展的重要因素。朋友能给我们带来支持、启发和动力，帮助我们在困难时刻找到前行的方向。

在中国历史上，许多杰出人物的成功都离不开他们忠诚的朋友。而在现代社会中，许多成功的企业家也常常强调，团队中的默契合作和朋友般的关系，是推动事业发展的关键。无论你在追求什么样的目标，珍惜身边的朋友，他们将是你最可靠的助力。

第一节 为什么"有才华的穷人"总是存在

在现代社会，许多人常常会感叹："有才华的穷人"这个现象无处不在。才华横溢的人往往因各种原因未能实现自己的潜力，留下一个个未被发掘的"金矿"。这个现象究竟源自何处？是因为个人能力不足，还是因为社交环境的影响？

一、周围人在影响"你"施展才华

心理学家发现，个体的成就和自我认知往往受到环境的深刻影响，尤其是周围人的评价、期望和反馈。在这个过程中，心理暗示效应起着至关重要的作用。它指的是，当一个人长时间处于特定的社交圈中，会受到其成员对自己行为和成就的潜意识影响，从而逐渐按照周围人的看法来规范自己的行为。

例如，在一个充满负能量和批评的环境中生活的人，容易形成"自我怀疑"的心理，哪怕他才华出众，也可能因缺乏自信而止步不前。这种现象在许多领域都有体现。在古代，司马迁就是一个典型的例子。他在遭受宫刑后，受到周围人流言飞语的影响，很多人认为他再无前途。然而，司马迁并没有被这些消极的声音击倒，反而坚定了写作的决心，最终完成了伟大的历史巨著《史记》。他的成功不仅是才华的体现，更是内心强大的结果。

心理学上还有一个相关的理论，称为"自我实现预言"。这意味着他人的期待和信念能够影响一个人的表现。例如，如果父母和老师相信一个孩子具有很强的学习能力，并给予他足够的支持和鼓励，那么这个孩子通常会表现得更加优秀。这种积极的反馈和暗示，会形成良性循环，激励他在学习和生活中追求更高的目标。

固然你才高八斗，但却只能孤芳自赏，终究无法施展才华。有时候影响你发挥才华的因素，正是你所处的周围环境。

正如古语所言："近朱者赤，近墨者黑。"在不同的社交圈中，选择与什么样的人在一起，直接影响一个人的成长和发展。一个积极向上、具有进取心的社交圈，能够激发个人的潜能，推动其不断进步。反之，若与一些消极、抱怨、不求上进的人为伍，便会潜移默化中影响自己的心态和行为。

例如，一位年轻的程序员，若身边有一群热爱编程、不断探索新技术的朋友，他将受到激励，努力提升自己，最终在职场上崭露头角。而如果他周围的朋友总是抱怨工作和生活，缺乏对技术的热情，他也可能被拖入这样的消极氛围中，逐渐失去对职业的热情和追求。

这样的现象在社会心理学中被称为"社会比较理论"。这个理论表明，人们往往会通过与他人进行比较来评估自己的能力和自我价值。当周围的朋友都是高成就的人时，个体的目标和期望也会相应提高；反之，当身边的人都是消极、不进取的个体时，个体的标准和追求也会降低。因此，选择一个积极向上的社交圈，能够帮助你实现更高的自我。

当你在一个环境中感觉"被束缚"或"被低估"时，尝试跳出"自我怀疑"的陷阱。尤其在朋友中，关注那些频繁否定或对你成就表示不屑的人，这些人可能是在无意间对你的潜力造成了压制。在职场中，如果常听到"你已经做得很好了，没必要再拼了"，要警惕这种"温水煮青蛙"的状态。主动寻找那些充满积极反馈、激励你成长的朋友，才能帮助你打破"社交圈的隐形壁垒"。

二、贵人效应：突破"有才无势"的关键

所谓"贵人效应"，是指在你的人生关键时刻提供帮助、指引方向的人。他们通常通过自身的资源和经验，帮助你实现个人目标。贵人不仅能为你提供支持，更可能带给你全新的思维方式和视野。这在心理学中被称为"导师效应"，一位优秀的导师能够在你最需要帮助的时刻，给予你信任和支持，推动你的成长。

从古至今，"贵人"故事层出不穷。在历史上，刘备与诸葛亮的关系就是一个典型的例子。刘备在创业初期面临困境，正是由于诸葛

亮的谋略和支持，使得他在三国时期崛起，建立了蜀汉。诸葛亮不仅是刘备的军师，更是他精神上的支持者。贵人不仅帮助刘备建立了蜀国事业，更重要的是，他的智慧和远见让刘备在充满变数的时代中找到了方向。

现代社会中，贵人的角色也在不断变化。我们常常在职场中寻找那些能给予自己支持与指导的前辈或领导，他们的经验和资源能帮助我们少走弯路，快速成长。

借鉴：李书福的成功之路

李书福是吉利汽车的创始人，他的成功离不开几位关键人物的支持。在早期创业阶段，李书福面临着汽车行业的技术壁垒和资金压力，但他的几位"贵人"提供了重要的支持。首先，一位有经验的汽车工程师愿意加入吉利团队，为他们提供技术支持；其次，李书福通过人脉关系，获得了投资者的青睐，使得公司得以顺利起步。

李书福的故事表明，"贵人效应"不仅体现在资源的提供上，更在于他们带来的"认知跃迁"。在他们的帮助下，李书福能够快速吸收行业知识，看到市场机会，并将吉利从一家小型工厂发展成为国际知名汽车品牌。

此外，李书福的成功还得益于他自身的努力和坚持。尽管外部环境对他有很大影响，但他始终保持学习的心态，不断提升自己的能力。他常说："机会是留给有准备的人的。"在这个过程中，他的贵人则是那些愿意给他机会和支持的人。

"贵人效应"的形成是多方面的。一方面，贵人通常对"信任关系"有一定的要求，因此你需要不断提升自己，展示个人的真实价值，以获得对方的信任。另一方面，贵人效应通常不直接发生在亲密的核心圈，而是出现在"外延圈"。拓展你的人脉，关注那些有共同兴趣、志同道合但不在日常生活中的朋友，他们或许会在某个关键时刻扮演"贵人"的角色。

正如"关系价值理论"，即人际关系往往基于互惠。因此，你需要首先展现个人的价值和诚意，以吸引对方的青睐。通过持续的努力与合作，可以让贵人看到你的潜力，并愿意在合适的时机给予帮助。务实地建立人际关系，不仅能助你在职场上更进一步，也能让你的人生更具多样性和可能性。

以下是一些建议，帮助你突破生活和工作中的现状：

1. 主动求教：在工作中遇到困难时，主动向有经验的同事请教，展现出对学习的渴望。

2. 表现诚意：在工作中，尽量展现出对团队和他人贡献的重视，培养互相帮助的氛围。

3. 保持联系：定期与曾经帮助过你的人保持联系，分享你的成长与成就，增进彼此的关系。

在这个充满挑战与机遇的时代，身边的人对我们未来的影响日益凸显。正是因为朋友的支持和鼓励，我们才能在风雨中找到前行的动力。无论是心理暗示、社交圈的选择，还是贵人效应，都深刻影响着我们的人生轨迹。选择与你志同道合的人，构建一个积极向上的社交环境，才能让你的才华不再被埋没，助你开创更为广阔的未来。

第二节　人生如戏，机遇总在意想不到的地方

在我们的人生旅程中，身边的人对我们的影响不可小觑。社交环境能够显著影响个人的决策、情感和心理状态。根据"社会认同理论"，我们往往会受到周围人群的影响，尤其是在重要的决策时刻。这种影响可能是积极的，也可能是消极的，因此选择与谁为伍显得尤为重要。

在日常生活中，我们的朋友圈和社交圈，深刻影响着我们的思维方式和行为模式。一个积极向上的朋友能够激励我们追求梦想，而消极抱怨的人则可能让我们陷入无尽的负面情绪。以"朋友圈"这一概念为例，社交圈的广度与深度直接影响着个体的成长。

例如，有研究表明，拥有积极朋友的个体更容易感到幸福和满足，他们在面对压力时更能保持心理健康。这种现象不仅限于个人情感的影响，还会渗透到职业发展中。积极的社交网络有助于获取资源、信息和支持，最终提升职业成就。

借鉴：江南首富沈万三的朋友圈

在生意场上摸爬滚打，沈万三深谙"单打独斗难成事，集结力量赢天下"的道理。无论是开辟商业航线，还是铺设江南庞大的商路网络，都需要一支忠实可靠的"朋友圈"，他不仅要把握机会，更要精准地识人用人，找到值得信赖的朋友与合作伙伴。

在当时的环境下，沈万三不仅要面对商业竞争，还要应对朝廷权力的波动和风险，"朋友圈"就成了他的护航者和智囊团，帮他在明初混乱的政局中平稳前行。因此，沈万三的成功不仅源于个人才能，更是朋友圈相互成就的结果。

沈万三对于不同的朋友，总是量才适用。他深知，不同的朋友有各自的长处，因此会有针对性地赋予他们不同的职责。

比如，顾仲书是沈万三的得力助手，被称为他的"生意智囊"。顾仲书思维缜密、眼光独到，总能在生意上为沈万三提出巧妙的点子。比如，在开辟新的商路时，他会主动研究各地风土人情，帮助沈万三调整商品结构，以更适应市场需求。他的谋略不仅使沈万三多次在竞争中获胜，更让沈万三的商号能在动荡的局势中立于不败之地。

顾仲书不仅精通生意，还懂得如何应对各种势力。有一次，沈万三的商队被山贼劫掠，顾仲书不仅果断采取措施平息了事态，还说服当地官府出面维稳。顾仲书的机智，让沈万三不仅避免了损失，还巩固了商号的影响力。

李存义，明太祖朱元璋的妻弟，与沈万三的关系至关重要。在明初政治风雨中，李存义成为沈万三的"朝廷护卫"。沈万三在生意中涉及的庞大财富，难免会引来朝廷的注意，他常劝诫沈万三，在财富上保持低调，不要与权贵正面冲突。在他的建议下，沈万三多次主动向朝廷捐款，资助工程，不仅赢得了名声，还让他的财富得以安全保存。

家族内部的亲密关系是沈万三成功的基石。他的兄弟们在生意场上也是经验丰富、手腕老练的"好手"，他们在沈万三事业的发展中分担了不少责任。兄弟们不仅管理商号内部的财务账目，还负责对外联系客户、维护生意伙伴关系。这种家族内部的牢固纽带使沈万三能够在复杂的生意场上大展拳脚，即使遇到风险也无后顾之忧。

王守仁是一位出色的"幕僚型"朋友。他不仅能提供智力支持，还熟悉文书、法律等事务，帮助沈万三处理复杂的合同和条款。王守仁非常低调，总是在幕后出谋划策，帮沈万三规避了许多财务和法律上的隐患。王守仁这种"默默无闻"却深藏不露的朋友，让沈万三在明初严苛的官场中游刃有余。

沈万三的朋友圈里，朋友们个性各异，有的精于策略，有的专注细节。他不强求所有人都与自己完全一致，而是通过宽容的心态接纳他们的独特之处。求同存异的态度，使他的朋友圈更加和谐，在合作中不会因为小摩擦而产生矛盾。

沈万三的商业才能无疑卓越，但他知道"不炫耀是最好的护身符"。因此，虽然财富累积丰厚，他却始终保持低调。他会时不时低调"示弱"，尤其是在朝廷开始对他审视的时候。沈万三常常借助捐款来平衡政商之间的关系，以此保证自己的财富不会被觊觎。

当我们与"富有财富"的人相处时，更多的是注重学习他们身上的优点，他们是如何致富的方法和方式，而绝不是因为"钱财"数量的多少。

沈万三的朋友圈，体现了一种平衡的智慧。他通过不同类型的朋友构建了一个强大的"支持网"，每位朋友各有所长，相互成就，共同成长。他对朋友圈的构建方式，为我们提供了以下几方面的启示。

1. 多样化的朋友圈：资源互补才能长远

多样化的朋友圈使他能从不同角度获得帮助，在应对复杂问题时有更多方案。我们在生活中也要有意识地拓展交友面，找到能够提供不同支持的朋友，以实现资源互补。

2. 重情义、讲诚信是维系朋友圈的基础

沈万三的成功，离不开他对朋友的真诚。情义和诚信使他赢得了朋友们的忠诚，这种信任让他在事业上如虎添翼。

3. 合理分工，让朋友圈更有凝聚力

沈万三根据朋友的特长合理分工，使他们都能各展所长。我们在处理朋友圈时，也应根据朋友的特长分配任务，让每个人都在擅长的领域贡献力量，才能共同进步。

沈万三的成功，是智慧和朋友圈的双重成就。他懂得把人脉资源转化为生产力，懂得通过朋友圈来扩展自己的人生格局。

在建立朋友圈时，虽然我们无法保证每个朋友都是"超级贵人"，但我们可以努力找到那些真正能带来积极影响的人。以下五种朋友是构建朋友圈时需要优先考虑的，他们能够帮助你保持动力、获得支持，还会在关键时刻助你一臂之力。

1. 目标明确的引领者

这种朋友就像是生活中的"指路明灯"，他们通常有清晰的目标，知道自己要什么、怎么做。他们的行动力和坚定会在无形中影响你，推动你从懒惰的舒适区走向更大的梦想。与他们相处久了，你会发现自己也会逐渐树立起更明确的目标，不再随波逐流。

2. 乐观积极的同行者

生活中的波折难免，谁都可能遇到低谷期。乐观积极的朋友会在你处于低潮时，给予温暖和支持，他们不仅能够用阳光心态感染你，还会用幽默方式开导你，带你看见人生中"乌云后的阳光"。有时候，仅仅是听他们讲笑话，心情都会变得轻松许多。

3. 愿意批评你的"真诚批评家"

这种朋友可能会时不时戳你痛处，提出一些"逆耳忠言"。虽然听起来有点刺耳，但正是这些朋友帮你认清自己的不足，督促你成长。毕竟，成功路上不可能永远顺风顺水，有时候恰恰需要他们的提醒，才能少走弯路。

4. 知识渊博的"智慧导师"

在这个快节奏的信息时代，拥有一位博学多才的朋友，简直就是"随身百科全书"。无论是职场建议、生活技能，还是新兴领域，他们总能给你切实有效的建议。有了他们的帮助，很多问题可能都会迎刃而解。他们不仅是信息的源头，更是你前行路上的"隐形助推器"。

5. 目标一致的"合作伙伴"

这种朋友可以和你一起为目标努力，是志同道合的伙伴。他们的存在让你的奋斗之路不再孤单，彼此的鼓励和共同努力会产生更大的动力。他们也是能"懂你"的人，和他们在一起，你会感到安心，感到目标并不遥远。

机遇常常在我们意想不到的地方出现，而如何抓住这些机遇则需要我们做好一定的准备。心理学中的"机会理论"强调了准备和机遇之间的关系，即机会往往青睐那些有准备的人。

在现代职场中，积极的心态能够帮助我们更好地抓住机遇。我们需要学会识别身边的贵人，把握每一个机遇。积极的社交环境能够激发我们的潜能，而成功往往属于那些敢于迎接挑战并善于抓住机遇的人。

第三节　交友有道，贵人相助不稀奇

在历史的长河中，真正的知己之情可谓弥足珍贵。管仲与鲍叔牙，这对齐国的千古名臣，正是以一段情谊成就了不朽的传奇。一个是精明果断的管仲，一个是慷慨大度的鲍叔牙，他们的相识、合作与互助不仅成就了齐国霸业，更为后人留下了宝贵的识人之道与交友之术。

一、识人之道，交友之术

识人之道，是了解他人性格和价值观的过程。通过对他人性格的分析，我们可以判断哪些人值得交往。大五人格理论（BigFivePersonalityTraits）是一个经典的心理学模型，主要通过以下五个维度来评估一个人的性格。

1. 开放性：指个体对新事物的接受程度，开放性高的人通常更具创造力和探索精神。

2. 责任心：责任心强的人往往更可靠，能够在团队中承担更多的任务。

3.外向性：外向的人善于社交，能够更容易地与他人建立联系。

4.宜人性：宜人性高的人通常更具同理心，能够理解他人的感受，促进良好的沟通。

5.神经质：神经质高的人可能更容易感到焦虑，因此在压力环境中表现不佳。

了解这些维度后，我们可以更有针对性地选择与哪些人建立友谊。例如，如果你希望在工作中找到一个可靠的合作伙伴，可以优先考虑责任心较强的人。识人不仅是对他人的评估，也是对自己的反思。了解自己的性格特征，有助于选择适合的交往对象，建立互补的友谊。

交友之术，则是在于如何主动建立和维持这些关系。现代社会的社交平台众多，但真正的友谊需要时间和心血的投入。

真正的朋友不仅仅是提供帮助，更重要的是共同成长，彼此成就。管仲和鲍叔牙的友谊正是如此。鲍叔牙识才、识人，而管仲则擅长谋略与治国之术。在他们的合作下，齐国在军事、经济等方面逐步强盛，成为当时的霸主国家。

借鉴：管仲与鲍叔牙

管仲在齐国大名鼎鼎，他的聪慧和才能不仅体现在军事和政治上，更在于他对人性的洞察。鲍叔牙则是齐国贤士，为人慷慨、眼光独到，识人识才之精准堪称一绝。当时，管仲并不富裕，鲍叔牙常常帮助他，但管仲始终未能翻身。很多人不禁为鲍叔牙抱不平，认为管仲并不领情，甚至有些"自私"。但鲍叔牙深知好友的为人，始终认为管仲的潜力不应被贫穷掩盖，并且毫无怨言地支持他。

鲍叔牙对管仲的识人之道，其实在于对朋友的全面理解。他理解管仲的困难，看穿了他内心的抱负，包容了管仲的所有"瑕疵"，从不将这些视为缺点。这种深刻的洞察力和包容心，正是让他们友谊历久弥新的关键。鲍叔牙的识人哲学启示我们，在交朋友时，不妨多一份理解和包容。因为真正的朋友，不是要求对方完美无缺，而是接纳对方的"不完美"。

起初，管仲的仕途并不顺遂。他曾为公子纠出谋划策，希望助其成为齐国国君，然而事与愿违。管仲被俘，身陷绝境，几乎前途尽毁。然而关键时刻，鲍叔牙发挥了他独到的识人之术，他不仅没有责怪管仲的失败，反而不遗余力地向齐桓公举荐他，称其是奇才，绝非一般谋士可比。在鲍叔牙的推荐下，齐桓公决定任用管仲。也正是在这样的关键转折中，管仲从"失败者"逆袭为"权臣"，齐国因此走上了强盛之路。

试想，如果没有鲍叔牙的慧眼识才，或许管仲的一生就此平庸地过去。管仲在得知这一切后，心生感激，对鲍叔牙一生尊敬，并与他并肩为齐国效力。由此可见，选择与谁为伍，不仅影响个人的成败，甚至可以改变一个国家的命运。

管仲与鲍叔牙之间的友情，最珍贵的莫过于真诚与宽容。管仲虽才华横溢，但性格上也有小缺点：他有时行事自私，在利益面前也不一定"大公无私"。比如，他在商场上曾多次与鲍叔牙合作，但管仲往往只顾自己利益，却让鲍叔牙吃了不少亏。

然而，鲍叔牙并未因此疏远管仲，反而越发欣赏他的智慧和能力。他不仅没有因此而不悦，反倒认为这是管仲的正直之处，并从中发现了朋友的优点。鲍叔牙曾对人说："你们看到的只是他在小利上自私，却没看到他在大事上胸怀宽广。"这句话不仅展现了鲍叔牙宽厚的胸怀，也体现了他对朋友的深刻理解。

管仲与鲍叔牙的友谊，成就了一段千古佳话，也为我们树立了友谊的标杆。他们的故事告诉我们：你和谁在一起，真的很重要。选择一位志同道合、宽容理解的朋友，不仅可以彼此成就，还能成就更大的理想。

在现代生活中，交友之术和识人之道依然适用。正如管仲所说："士为知己者死。"在朋友的陪伴和支持下，每个人的潜力都能被激发，走向成功之路。

建立良好的友谊有以下几个关键要素。

真诚：真诚是友谊的基础。与朋友的交往中，应避免虚情假意，展现真实的自我才能赢得信任。真诚的表达可以增强关系的亲密感，促进互信。

互惠：友谊是双向的，给予和回报相互交织。真正的友谊应该是双方都能从中受益的关系。在这一点上，心理学的互惠原则强调了社会互动中人们对平等的期望。

沟通：有效的沟通是维持友谊的重要手段。定期与朋友交流，分享彼此的近况，可以加深理解和情感。现代科技使得沟通变得更加方便，利用社交媒体和即时通信工具可以帮助保持联系。

二、遇见"贵人"

在每个人的成功之路上，"贵人"是不可或缺的。"贵人"不仅是能够提供帮助的人，更是在关键时刻为你指明方向、给予支持的人。

"贵人"可以是职场上的导师、朋友，也可以是生活中的长辈或同事。他们的共同特征是能够在你遇到困难时，给予必要的支持和帮助。正如"社会支持理论"表明，社会支持显著提高个体的心理健康水平，帮助人们更好地应对生活中的压力。

在现代社会，"贵人"的角色也在不断演变。随着社交媒体和网络平台的发展，"贵人"的定义变得更加广泛。你可以通过线上社交平台结识行业内的专家，或者在论坛中寻求建议，这些都可能成为你未来的贵人。

交友有道，"贵人"相助，这一过程不仅仅是为了获得帮助，更是为了在互动中成长、提升自我。人际关系的建立需要真诚的付出和努力，而贵人的出现往往是建立在这种真诚之上的。在这个过程中，我们要保持开放的心态，愿意接纳新的朋友，也要有敏锐的洞察力，能够识别出对自己真正有帮助的人。

寻找真正朋友的过程可以分为以下几个步骤。

明确需求：首先要清楚自己在哪个领域需要帮助，是职业发展、学习进步还是情感支持。明确需求可以帮助我们更好地识别潜在的"贵人"。心理学研究表明，目标导向的思维能够提高人们的成功概率。

扩展圈子：通过参加社交活动、行业会议等，增加与不同人接触的机会。在这些场合中，积极与他人交流，展示自己的能力和价值。

保持联系：与潜在"贵人"建立联系后，要主动维持关系。定期问候、分享资讯等，保持良好的互动，增加彼此的信任感。心理学上的"频繁接触效应"指出，接触频率越高，人们之间的亲近感越强。

在数字时代，社交媒体的兴起改变了我们交友的方式。我们可以通过微博、微信等平台，轻松接触到不同领域的人。社交媒体不仅为我们提供了展示自我的机会，也为我们提供了与他人建立联系的渠道。

然而，社交媒体的便利性也带来了挑战。在这个信息过载的时代，如何有效地筛选出对自己有帮助的联系对象，是我们必须面对的问题。

第四节　想想刘备，靠兄弟们打下江山

刘备，这位三国时期的英雄，以"兄弟情"闻名于世。他的成功不仅在于个人的谋略和勇气，更在于他与关羽、张飞等人的深厚友谊和团结合作。正是这股兄弟情谊，让刘备在乱世中建立起一番基业，成为蜀汉的开国皇帝。本节将通过刘备的故事，深入探讨在事业和生活中，朋友和团队的重要性，如何选择合适的伙伴，以及团结合作所带来的力量。

一、桃园结义：深厚的兄弟情谊

在刘备的故事中，他与关羽、张飞被誉为"桃园三结义"的兄弟。兄弟不仅仅是血缘关系，更是一种深厚的情谊与信任。在心理学上，兄弟情谊代表了深层次的情感连接，这种连接可以带来支持、信任和共同成长的机会。

刘备、关羽和张飞三人的结义，源于对汉室复兴的共同理想。这个共同目标使得他们在面临敌人和困境时，能够团结一心。历史上有句话："士为知己者死"，这正体现了他们之间深厚的信任与忠诚。

借鉴：刘备的共赢理念

刘备的创业历程充满了波折，但他始终与关羽、张飞并肩作战。他们三人不仅在战场上齐心协力，也在策略上互相补充。关羽忠诚果敢，张飞勇猛无比，而刘备则擅长于治国理政和策略谋划。正是由于这三者的性格互补，使得他们能够形成一个强大的团队。

心理学中的"团队合作理论"表明，团队成员的性格和能力多样性，能够显著提高团队的整体表现和创新能力。他们共同的目标是推翻暴政、恢复汉室，这种共同的理想和信念使他们在逆境中更为团结。在合作中，彼此之间的信任和支持不断增强。刘备曾说："与其自守，不如共谋。"这种共谋精神让他们在多次战争中取得胜利。

首先，刘备的成功也与其独特的领导风格密切相关。他以身作则，始终保持谦逊，并且愿意倾听部下的意见。在团队中，刘备尊重每个成员的价值，鼓励大家提出建议和想法。这种领导方式增强了团队的凝聚力，使得每个人都愿意为共同的目标而努力。

其次，刘备懂得"以人为本"的道理，他在用人方面非常讲究，重视每一个人才的独特性。他不仅仅是一个战斗的领袖，更是一个懂得珍惜和利用人才的管理者。团队中的每个人都被赋予了重要的角色，大家共同努力，形成强大的合力。

最后，刘备还具有强大的个人魅力，他善于用情感打动他人。在三顾茅庐的故事中，刘备为了请诸葛亮出山，不惜三次拜访，这种执着与诚意感动了诸葛亮，也让他愿意成为刘备的重要谋士。领导者的魅力能够激励团队成员投入更多的热情与努力，形成更强的战斗力。

研究表明，友谊的深度直接影响个体的幸福感和成功概率。与积极向上的人交往，可以激发个人的潜力，推动自我提升。刘备深知这一点，他在艰难的创业路上，始终依靠身边的朋友和兄弟。

这种团队合作不仅提升了工作效率，也增强了员工的归属感和成就感。团队的成功离不开每个成员的共同努力，就如同刘备与他的兄弟们一样，只有团结一致，才能克服重重困难，取得成功。

二、刘备的团队法则

刘备不仅是一位出色的战略家，更是一位优秀的领导者。他通过以身作则，建立了深厚的信任关系。

刘备与关羽、张飞之间的沟通非常开放，他经常倾听兄弟们的意见，鼓励他们表达自己的看法。这种沟通方式增强了团队的凝聚力，使得每个成员都能感受到自己在团队中的重要性。在他们的合作中，不同的意见和建议能够被认真对待，这在许多情况下也促成了更好的决策。

在现代职场中，良好的沟通机制对团队的成功至关重要。企业文化中的开放性与透明性，能够有效减少误解与摩擦，从而提升团队的效率。一个良好的沟通氛围不仅能让成员感到被重视，还能促进信息的流通与知识的共享。

刘备在战斗中总是身先士卒，与关羽和张飞并肩作战。他的这种做法，不仅激励了兄弟们，也让他们感受到了刘备对他们的重视和信任。在艰难的战斗中，刘备从不把责任推给其他人，而是愿意与兄弟们共同承担压力和风险。这种责任感让团队成员更加愿意跟随他，并全力以赴。

在现代领导力理论中，以身作则被视为一种重要的领导方式。领导者通过自己的行为树立榜样，能够在团队中建立起一种信任氛围。当团队成员感受到领导者的真诚与责任感时，他们的工作满意度和忠诚度都会显著提升。

刘备的成功与他善于结交良友密不可分。他深知，单靠自己的力量无法打下江山，必须通过广泛的人际网络来获得支持与资源。

1. 灵活的实施策略

刘备在与其他势力如孙权、曹操的交往中，展现出了灵活的政治智慧。他通过结盟、联姻等方式，积极拓展自己的影响力。例如，在与孙权的合作中，刘备不仅获得了孙权的支持，还增强了蜀汉的军事力量。这种灵活的合作策略，使得刘备在动荡的三国时期能够站稳脚跟。

在现代职场中，建立良好的人际关系同样能够为个人和企业带来机遇。通过合作与交流，个人能够获取更多的信息与资源，从而提升竞争力。许多成功人士都强调了人际关系在职业发展中的重要性，尤其是在创业和转型过程中。

2. 人际网络的价值

刘备通过与多方势力的合作，建立了广泛的人际网络。这种人际网络在刘备的军事与政治行动中起到了关键作用。刘备曾通过巧妙的策略，成功说服了许多势力支持他，为他的军事行动提供了必要的资源与支持。

在当今职场中，人际网络同样具有重要的价值。通过建立联系，个人能够获得更多的职业发展机会、资源支持和信息共享。

3. 共同面对挑战

在《三国演义》中，刘备和他的兄弟们经历了无数的挑战与困境。无论是面对曹操的强大军队，还是在诸葛亮北伐入蜀之前的重重考验，他们都始终保持团结。每当困难来临时，刘备总能与关羽、张飞紧密合作，共同应对，克服困难。这种不离不弃的精神，在很多情况下是他们成功的重要保证。

现代职场中，面对压力和挑战时，团队的团结尤为重要。研究表明，团队成员之间的情感支持和相互信任能够显著提高团队的抗压能力。当团队成员能够在困难时期相互依靠时，他们不仅能更好地应对压力，还能在竞争激烈的环境中保持积极的态度。

4. 共赢思维的互助

刘备的成功还源于他与兄弟们之间的分享与互助。他们不仅在战斗中并肩作战，在资源分配上也能做到公平公正。关羽和张飞在获得胜利后，始终没有将功劳全部归于自己，而是归功于团队的努力。这种共赢的思维，强化了兄弟间的信任，使得他们的关系更加牢固。

在现代商业环境中，共赢思维也越发重要。在许多成功的公司中，团队成员之间的分享与协作，能够激发出更大的创造力与效率。当个人的成就能够与团队的发展相结合时，整个团队便能实现更大的成功。通过积极拓展自己的网络，营造良好的团队氛围，我们也能够在自己的事业道路上开辟出一片新的天地。

第二章
圈子决定成功的高度

在追求成功的旅程中，我们常常忽视了一个重要的因素——圈子。所谓"圈子"，不仅仅是指一群人，更是一个人社交关系的网络，其承载着资源、信息和机会。选择与什么样的人交往，往往直接影响着我们的成长和成就。

正如古语所言，"近朱者赤，近墨者黑"，身处不同的圈子，得到的帮助和启发也会截然不同。与积极向上的人交往，往往能激发我们的潜能，提升我们的自信心。反之，若与消极或懒散的人为伍，容易导致心态的消沉和目标的迷失。

第一节　单打独斗已成历史，你需要搭档

在这个信息爆炸、竞争激烈的时代，单打独斗已然成为过去式。无论是在工作中、生活中，还是在实现个人目标的过程中，找到合适的搭档、建立有效的合作关系，已成为成功的必备条件。正如一句网络流行语所说："人多力量大！"那么，如何找到适合自己的搭档，并通过合作实现共赢呢？

一、搭档的力量

首先，团队合作能够极大地提升个人的能力和创造力。根据"社会促进理论"，人在群体中通常能够激发出更大的潜能。想象一下，在一个项目会议中，几位团队成员围绕着某个问题进行讨论，彼此激发思维，碰撞出新的火花。相比之下，单打独斗的状态往往会使思维

局限于个人的经验和知识，这样难以产生创新的想法。

在心理学研究中，"群体智慧"这一概念被提出，指的是群体中的每个个体，都能在一定程度上对最终的决策或结果产生积极影响。这种效应在许多领域都有体现，尤其是在科学研究和商业创新中。当一群人聚在一起，他们的集体智慧往往能超越个人的能力。

其次，搭档之间的互补技能也是成功的关键。每个人都有自己的强项和弱点，而在团队中，成员之间的互补能够有效弥补彼此的不足。比如，一个擅长技术的工程师与一个精通市场营销的伙伴合作，可以将技术创新与市场需求完美结合，提高产品的竞争力。

在寻找搭档的过程中，明确的共同目标至关重要。你想达成什么目标？是创业、升职，还是完成某个项目？在目标清晰的基础上，才能更好地寻找与之匹配的搭档。例如，若某人在追求创新的产品设计，而另一个人则擅长市场调研和用户需求分析，他们之间的合作便可能产生出色的产品。

建立有效的合作关系，确保搭档之间有明确的目标，能够推动双方朝着相同的方向前进。这不仅能够提升合作的效率，还能增强团队的凝聚力。在许多成功的团队中，成员们往往会制定明确的短期和长期目标，以确保每个人都在朝着相同的方向努力。

二、寻找合适的搭档

要找到合适的搭档，首先要了解自己的需求。需要清楚自己在某个项目中缺少什么样的能力和资源，才能找到合适的人来弥补。例如，如果你是一位优秀的设计师，但缺乏市场推广的能力，那么寻找一位精通市场营销的搭档无疑是明智之举。

在这个过程中，可以进行自我评估，找出自己的强项和弱点。例如，使用SWOT分析法（优势、劣势、机会、威胁）来帮助自己厘清思路。通过这种方法，你可以清楚地识别出哪些方面需要搭档来补充，从而更有效地进行团队组建。

除了技能上的互补，性格与价值观的匹配同样重要。相似的价值观能够让团队在目标上保持一致，而性格互补则能促进团队的和谐。如果两个人的性格过于相似，可能会导致决策上的盲点；而性格差异过大则可能引发冲突。因此，在选择搭档时，最好综合考虑技能、性格和价值观的匹配度。

例如，若一个团队中有一位成员总是乐观开朗，善于鼓励他人，而另一位则相对务实，注重细节，这样的组合可以使团队在面对压力时保持积极，同时又不失去对问题的理性分析。在这种情况下，团队中的每个人都能发挥自己的优势，形成良性的互动。

另外，良好的信任关系能够让团队成员在工作中放下顾虑，积极沟通。心理学研究表明，团队的信任度越高，成员之间的协作效果就越显著。在寻找搭档的过程中，建立信任可以通过共同的项目实践、相互的支持和沟通来实现。

此外，很多新兴创业团队在初创阶段都会遇到许多挑战，而这时团队成员之间的信任和支持显得尤为重要。通过共同面对市场的变化与挑战，团队成员可以在一次次的磨炼中建立深厚的情谊，这种情谊在未来的合作中将变得无比珍贵。

与搭档关系的维护格外重要，以下是一些建议。

1.定期沟通与反馈

在建立搭档关系后，定期沟通非常重要。通过定期的会议和讨论，团队成员可以及时分享进展和问题，避免因信息不对称产生误解。同时，定期沟通能够增强团队的凝聚力，促进成员之间的相互理解。定期反馈不仅有助于团队的持续改进，也能增加团队成员之间的信任。例如，一些成功的团队会在每周的例会上，安排时间分享个人的工作进展和遇到的困难，鼓励团队成员互相帮助。这种沟通机制可以有效促进团队合作，提高整体效率。

2.共同庆祝成就

无论成就大小，都应该与搭档一起庆祝。这种庆祝不仅能增强团队的归属感，还能在成员之间建立起更深厚的情谊。历史上，刘备与他的兄弟们在取得胜利后，总是会一起庆贺，这种仪式感使得彼此之间的关系更加紧密。在现代职场中，一些企业在完成项目后，会举行庆祝活动，以表彰团队的努力。这不仅是对团队的认可，也能够激励成员在下一个项目中继续努力。

3.解决冲突

在合作中，难免会遇到意见不合或冲突。在这种情况下，智慧的解决方式至关重要。可以通过冷静的沟通、换位思考来化解矛盾，避免让情绪主导决策，保持理性，才能让搭档关系更为长久。例如，许多成功的团队会在发生冲突时，设定一个中立的讨论平台，让双方都能畅所欲言。在讨论中，团队可以共同寻找解决方案，而不是让某一方的声音主导整个决策。

在这个复杂多变的社会中，单打独斗已成为历史。找到合适的搭档，建立良好的合作关系，是走向成功的必经之路。通过明确目标、考虑性格是否匹配、建立信任，我们不仅能找到志同道合的伙伴，还能在合作中激发出更大的潜能。

正如古人所言："三人行，必有我师焉。"与其孤军奋战，不如携手并进，共同开创属于我们的辉煌未来。在未来的旅程中，让我们以搭档的力量，迎接更多的挑战与机遇。

第二节　跳出你的"舒适"圈子

在生活中，我们都喜欢待在那个让自己"最舒服"的环境里，不用去适应新朋友，也不用费力适应新事物，就这样一直过着"一成不变"的生活。然而，你可曾想过，这份所谓的"舒适"有时候会限制你的发展？要知道，你和谁在一起、在哪种圈子里，决定了你将成为什么样的人。如果"跳出舒适圈"，你的生活也将迎来更多的可能。

"舒适圈"是一个心理概念，指的是一个让我们感觉轻松、自如的状态。待在里面，我们不需要面对新的挑战、不用去适应新的环境，也没有太多压力。但就像温水里的青蛙一样，长期待在舒适圈里，往往让人停滞不前。舒适圈提供的"轻松"是表面的，实际却是在消磨我们的锐气，让我们变得不思进取。

　　小李是个典型的"宅男"，每天的生活就是：上班、下班、打游戏、追剧。这样的生活过得毫无波澜，平淡如水。他总是对朋友们说："我就喜欢这样简单的生活，没啥压力！"然而，当朋友们一个个都升职、结婚、生子，小李却发现自己依然停留在同一个地方，心里不禁有些慌乱。

　　在某天，小李的同事小张兴高采烈地告诉大家，她报名参加了一个创业比赛，还拉了一些同事一起参加。小李对此不屑一顾："创业？我才不想折腾呢！"但内心深处，他知道，这或许是他一直以来想尝试却又不敢迈出第一步的东西。日子就这样一天天过去，身边的所有人都在积极改变，而只有小李越来越觉得生活很乏味。

　　人类天性趋向追求舒适、逃避压力，这就是我们待在"舒适圈"的原因。但如果你一直待在这个舒适的小圈子里，不和更优秀的人接触、不尝试新的挑战，那么你可能会错过很多潜在的机会和发展可能。毕竟，有些成长必须在"不舒服"的状态下才能实现。

　　我们生活在群体中，彼此之间互相影响。可以说，你的圈子会决定你的高度。试想一下，如果你身边都是有目标、努力向上的朋友，他们的行动力、思维方式会在潜移默化中影响你；而如果你身边的人都喜欢随波逐流、安于现状，那么久而久之，你也会逐渐适应这样的生活状态。

　　圈子的重要性在于它为你提供了一个"参照系"。和优秀的人在一起，他们的行动和思维方式会成为你的"新常态"，逼着你不自觉地想要变得更好；而待在一成不变的圈子里，你可能会失去这种内在的动力，因为大家都在"舒适区"里待得很好。要想提升自己，就必须跳出原有的"舒适圈"，去寻找那些比你优秀、志同道合的朋友，这会带来意想不到的提升。

说到"跳出舒适圈"，听起来好像很有挑战性，其实并不是要你去"遭遇困难"，而是不断成长，让人生更加丰富多彩。其实只要有意识地迈出一步，事情并没有那么困难。

以下是几种实用的方式，可以帮助你迈出这一步。

1.改变交友方式：认识新朋友，扩展圈子

很多时候，我们的"舒适圈"往往和旧友有关，因为和他们待在一起会让我们感受安全感。但要知道，固定的朋友圈带来的信息和思维方式也相对固定。为了跳出舒适圈，可以尝试参加一些社交活动，或加入一些兴趣小组，去结识新的朋友。

2.学习新技能：给自己设定一些不熟悉的挑战

跳出舒适圈最直接的方法，就是让自己去尝试从未接触过的东西。学习一项新技能，如编程、绘画，或者去健身房挑战一下自己，都能让你在原本的生活中增添新的元素。

3.寻找榜样：向更优秀的人学习

我们总说要与优秀的人为伍，因为"近朱者赤，近墨者黑"。当你身边的人是榜样时，他们的生活态度和工作方法会潜移默化地影响你。观察他们如何设定目标、如何面对挑战，你会不自觉地被带动起来。

4.勇敢接受批评和建议：让自己在不适中成长

跳出舒适圈的关键是勇敢接受批评和建议。在一个熟悉的环境中，大家都习惯于给你一些"好话"，即使你做得并不完美，也不会直言相告。但是，面对新的圈子时，别人往往不会留情面，他们会指出你的不足。这种"被批评"的不适感，其实是成长的好机会。

当你接受到来自不同方向的建议或批评时，不妨冷静思考，这是否正是自己所欠缺的方面。批评能帮助你发现盲点，调整自己的方式，让你更快地进步。

当你成功跳出舒适圈，你会发现生活发生了翻天覆地的变化。

1.视野更开阔：你会看到更多的可能

跳出原有的圈子，会让你接触到原本无法接触的信息和机会。比如，认识了一位创业者朋友，他或许会带你去接触创业圈的活动；而认识了热爱健身的朋友，你可能也会尝试健身，从而改变自己的生活方式。每一次跨出舒适圈的尝试，都是一次认识新世界的机会。

2.更有目标感：优秀的人会带动你的进步

当你和一群有目标、努力上进的人在一起时，他们的激情和干劲会深深感染你。优秀的朋友不但能帮你设定更高的目标，还会帮你看到实现目标的路径。你会发现，原来自己也可以做到很多不曾想过的事。

3.更加自信：不再惧怕变化，勇敢迎接挑战

跳出舒适圈，意味着你习惯了面对不确定性。每次的挑战都会锻炼你的抗压能力，让你更加从容不迫。无论遇到什么样的突发情况，

你都能更有信心地应对，因为你知道自己可以适应不同的环境。

立即跳出舒适圈并不容易，可能会让你感到不安和恐惧，这是正常的。迈出第一步时，要告诉自己，成长的本质就是一个不断挑战自我的过程。可以先给自己设定一些小目标，如每周认识一个新朋友，或者每月学会一个新技能，通过这些小目标，让自己慢慢适应不熟悉的环境。

此外，不要过于苛求自己。任何成长都是循序渐进的，今天的你也许不完美，但只要比昨天有进步，那就已经足够了。跳出舒适圈不是一蹴而就的事情，需要你用时间去适应和调整。保持开放的心态，勇敢面对新的挑战，你会发现一个更好的自己。

人生的高度取决于你的圈子。一个真正适合你的圈子，不是让你安逸，而是让你不断成长。与其待在舒适圈里，不如主动走出去，去和那些能让你变得更好的人交往，去接受新的挑战。正如一句老话所说："近朱者赤，近墨者黑。"希望你能勇敢走出舒适圈，找到属于你的更高人生阶梯。

第三节　圈子越大，机会越多

在当今竞争激烈的社会中，人际关系的作用日益突出。一个人的社交圈往往决定了他获取信息、资源和机会的能力。心理学研究表明，人际关系不仅影响个体的情绪和行为，还能在很大程度上塑造个人的发展轨迹。本节将结合历史故事和现代案例，分析如何有效扩展社交圈，以创造更多机会。

一、加入新圈子

根据心理学的"需求层次理论"，自我实现是人类的最高需求。一个人的社交圈，能够直接影响其自我价值感。通过与他人的互动，我们不仅能够获得支持和认可，还能获得不同的视角和反馈，这有助于我们实现自我价值。

社交网络的一个重要特点是信息的传播。根据心理学的"六度分隔"理论，任何两个人之间最多通过五个人即可建立联系。在这样一个高度连接的社会中，一个人的社交圈越大，获取信息的渠道就越多。同时，信息在社交网络中的传播具有"雪崩效应"，即一个小的信息可以通过多次传播，迅速扩散至广泛的群体。这一现象在现代社会尤为明显，尤其是在社交媒体盛行的背景下，信息传播的速度和范围比以往任何时候都要广泛。

借鉴：小张的"社交小圈"

小张是个普通的上班族，每天的生活就是在公司和家之间两点一线。他的社交圈子小得像个豆芽，不外乎是几个老同学和同事。每当谈及职业发展，小张总是感慨："唉，机会真是太少了！"然而，他从未意识到，机会的稀缺可能与他的圈子大小有关。

小张的好友小刘恰恰相反。小刘是个积极向上的人，总喜欢参加各种社交活动，结识新朋友。每次聚会之后，小刘总能带回来一些新鲜的想法和机遇。小张心中虽然美慕，但始终没有改变自己的社交态度。

有一天，小张在公司偶然听到同事们聊起一个关于"行业峰会"的活动。这个峰会邀请了各行各业的专家和企业家，小张心中一动，想去参加。可是，当他试着联系小刘时，却发现小刘已经有其他的安排。

小张犹豫不决："要不要去呢？我又不认识什么人，去也没什么用。"但最终他还是鼓起勇气，决定去参加这个峰会，尽管心里还是有些忐忑。当小张到达峰会现场时，眼前的场面让他大吃一惊：人山人海，大家热烈交流，气氛十分活跃。小张在角落里默默观察，心里想着："我这样的人真的能融入这个圈子吗？"

正当小张感到不知所措时，一位陌生的嘉宾走了过来，微笑着与他搭话："你好，我是这个活动的组织者，欢迎你加入我们！"这位嘉宾的热情让小张渐渐放松下来，他开始主动与周围的人交流。没想到，渐渐地他和大家打成一片，甚至与几位业界大咖聊得热火朝天。

在这个峰会上，小张不仅扩大了社交圈，还意外获得了几份实用的职业建议。更让他惊喜的是，一位公司的高管对他表示了兴趣，并邀请他参加他们即将举行的项目招募。"真没想到你这么有见地，来我们公司吧！"这句话让小张如梦初醒，原来机会就在眼前，只要他愿意走出去，就能遇见改变自己命运的人。

在社交圈中，良好的人际关系能够提升个体的自尊心，使其在面对挑战时更加自信。研究显示，拥有良好社交网络的人，往往会表现出更高的幸福感和心理健康水平。他们能够更好地应对压力、保持积极的生活态度，并在困难时刻获得他人的支持。

二、社交圈的人脉战略

在一个庞大的社交圈中，个体可以通过他人的帮助获得必要的资源和支持。这不仅包括物质资源，如资金和信息，还包括精神支持、知识和技能的分享。

以战国时期的孟尝君为例，他的经历充分展现了"圈子越大，机会越多"这一理念。孟尝君身为齐国的贵族，广纳门客，其门下食客多达数千人，形成了一个庞大且极具影响力的社交圈子。

孟尝君在齐国担任相国期间，虽位高权重，但也面临诸多政治上的挑战与危机。当时，各国之间局势错综复杂，齐国在外交和内政上都面临着诸多不确定性。孟尝君深知人脉的重要性，他秉持着"来者不拒"的态度，接纳来自五湖四海、各行各业的人士。这些门客身份各异，有的是富有谋略的策士，有的是身怀绝技的武士，还有的是精通各种技艺的能工巧匠。

有一次，孟尝君出使秦国，却被秦昭王囚禁，生命危在旦夕。在这紧急关头，他的一位擅长鸡鸣的门客发挥了关键作用。这位门客模仿鸡鸣之声，引得秦国边境关卡的守关士兵以为到了开关时间，从而打开城门，孟尝君得以趁机逃脱。还有一次，齐国国内的政治局势发生变化，孟尝君的相国之位受到威胁。此时，他门下一位善于游说的门客前往其他诸侯国，通过巧妙的外交周旋，提升了孟尝君在国际上的声誉和影响力，迫使齐国国君重新重用孟尝君。

孟尝君与这些门客的交往，并非简单的主仆关系，而是建立在相互需求、相互成就的基础上。他通过广纳门客，构建起庞大的社交网络，而门客们则在关键时刻凭借各自的才能，为孟尝君排忧解难，提供了物质、智慧以及精神等多方面的支持。每一位新门客的加入，都如同为孟尝君打开了一扇新的机遇之门，让他在复杂多变的政治环境中得以游刃有余地应对各种挑战。

通过孟尝君的故事可以清晰地看到，拓展社交圈的核心目的并非简单的交友，而是增加成功的机会，拓宽视野，获取更丰富的资源。孟尝君所结交的这些门客，都是他在人生道路上取得成功的重要伙伴。

在古代，虽然没有现代的社交媒体，但文人墨客们通过诗词唱和、雅集聚会等方式塑造个人形象，拓展社交圈子。例如，唐代诗人白居易与元稹，二人通过频繁的书信往来和诗歌唱和，在文坛上互相推崇，不仅提升了各自的文学声誉，还凭借彼此的影响力，结识了更多当时的文人雅士，扩大了自己在文化圈的社交版图，为自身文学创作和思想传播创造了更多机会。

在社交媒体上，个人品牌的塑造也是扩大社交圈的重要策略。通过分享自己的专业知识和见解，用户可以吸引更多的关注，建立起自己的权威性。这不仅能增强自己的影响力，还能为未来的职业发展带来更多机会。社交圈在个人发展中扮演着至关重要的角色。通过扩展社交圈，我们能够获取信息、共享资源、创造机会。

第四节　麻雀变凤凰不是梦

在人生的舞台上，许多人渴望从平凡的麻雀蜕变为光芒四射的凤凰。这个过程不仅需要个人的努力，还需要一个良好的社交环境和支持系统。本节将探讨社交关系在成功中的重要性，并结合心理学知识，通过一些历史人物的故事，深入分析他们成功的原因，来帮助我们理解如何实现自己的梦想。

社交网络的广度和深度，对个人的发展有着深远的影响。在职场和生活中，拥有良好的社交关系，不仅能够为我们提供信息和机会，还能增强我们的自信心和归属感。

例如，社交心理学中的"群体归属感"理论指出，归属感能够提升个体的自我效能感和积极情绪，这在团队合作和人际关系中尤为重要。通过与他人建立良好的关系，我们不仅能够获得支持，还能在情感上得到滋养，推动自己向更高的目标迈进。

社交互动中，我们能够通过他人的经验和观点，开阔自己的视野。这种相互学习的过程，是个人成长和职业发展的重要途径。团队中的协作与交流，能够促进创新和创造力的提升。通过与他人分享思想，我们不仅能获得新的见解，还能激发出更多的灵感。

成功人士往往懂得如何利用社交网络，来实现自己的目标。正如现代企业家所言："在这个快速变化的时代，信息和资源的获取往往依赖于我们的社交圈。"通过积极的互动，我们能够从中获得宝贵的资源，为自己的成功打下坚实的基础。

曾国藩，这个名字在中国历史上响亮而深远。他不仅是清朝的一位杰出政治家，更是一位卓越的军事家和卓有成效的改革者。他以非凡的领导才能和智慧，创建湘军，镇压太平天国，围剿捻军，参与洋务运动，被誉为晚清四大名臣之一。在他身上，流淌着与人相处的智慧与深刻的领导理念。

借鉴：曾国藩——从普通到卓越的转变

曾国藩出生于湖南的一个地主家庭，他的少年时代，成绩并不突出，甚至常常被同学嘲笑为"书呆子"。然而，正是这个"书呆子"凭借坚定的信念和顽强的毅力，最终成为历史上举足轻重的人物。

曾国藩在年轻时就意识到，自己需要不断学习和提升。他努力学习，不仅限于儒家的经典经书，还吸收了大量的现代知识。曾国藩的成功与他精湛的识人之道密不可分，他善于发现身边人的潜力，能够准确评估每个人的能力与价值。对于他来说，人才的培养和使用是建立强大团队的基础。

在创建湘军的过程中，曾国藩始终把人才的选择放在第一位。他清楚地知道，成功的军事行动离不开优秀的将领和士兵。因此，他认真考察每一位候选人的能力和品德。即便是一些默默无闻的小角色，他也不放过，因为他相信每个人都有自己的闪光点。

　　曾国藩在选拔将领时，总是坚持"宁缺毋滥"的原则。为了找到合适的人才，他不惜花费时间与精力去深入了解潜在的人选。最终，他成功会聚了一批忠诚而有能力的将领，组成了无畏无惧的湘军。

　　有一次，在一次重要的战役准备中，曾国藩召开了全体将领的会议。在会上，他请大家提出各自的看法与建议，并将自己的想法与他们分享。这样的互动不仅让下属们感受到自己的意见被重视，更在讨论中激发了出色的创意与灵感，为最终的成功奠定了基础。

　　在湘军的日常管理中，曾国藩喜欢通过"喝茶会"的形式，邀请将领们共聚一堂。这样轻松愉快的气氛，让每个人都能自由地表达自己的想法，分享自己的观点。在这样的环境中，团队的默契与信任自然得以增强。

　　曾国藩还非常擅长倾听。他会认真聆听每个成员的意见，关注他们的情感与需求。这种关心不仅让团队成员感受到温暖，也让他们更加愿意投入工作中，为共同的目标而努力。

　　在一次与太平军的战役中，湘军遭遇了挫折。在失败后，曾国藩没有气馁，而是召开了全体将领的会议，邀请大家分享自己的反思。在大家的共同讨论中，他们吸取了教训，制定了新的作战策略。这种从失败中总结经验的做法，让湘军在后续的战斗中迅速恢复了士气，并取得了最终的胜利。

　　面对挫折，曾国藩不会急于指责任何人，而是会召集团队进行反思。他鼓励下属们勇于面对失败，分享自己的教训。这样的反思不仅让团队成员明白了自己的不足，更增强了他们的团结与协作。

　　曾国藩的领导智慧不仅在于他个人的努力，更在于他深谙"人"

的重要性。通过识人、放权、沟通和应对失败，他成功打造了一支强大的团队，实现了"麻雀变凤凰"的梦想。曾国藩的故事让我们深刻认识到"你和谁在一起"的重要性。在生活和职场中，选择与优秀的人在一起，建立信任和支持的团队，将为我们的未来铺平道路。

在现代职场中，人脉的重要性依然显而易见。许多成功人士通过社交活动和行业交流，积极拓展自己的社交圈。人脉不仅能提供职业机会，还能在职业发展的关键时刻给予支持和帮助。

一个良好的社交网络能够帮助我们，在关键时刻捕捉到潜在的机会。许多职场成功者都懂得如何通过社交平台，与行业内人士建立联系，获取重要的信息和资源。通过建立良好的沟通渠道，团队成员能够充分发挥各自的优势，共同解决问题。这种合作精神不仅提高了工作效率，还能激发创新，为企业的发展注入新的活力。

通过社交平台，我们能够轻松与各类人才建立联系，获取行业信息。社交网络的优势在于打破了地域限制，让我们能够与全球范围内的人建立联系。通过专业社交平台，许多年轻人积极寻找工作机会和合作伙伴。这样的环境使得他们能够通过展示个人的专业能力，吸引雇主和潜在合作伙伴的关注。

麻雀变凤凰的过程，离不开社交关系的支持与滋养。通过历史人物的成功故事，我们认识到，良好的社交圈和交际能力，不仅能为个人带来机会，更能在关键时刻提供支持与帮助。

第三章
谁会帮助你

在追求成功的道路上，我们并不是孤军奋战。无论是事业上的突破，还是个人成长，都离不开他人的帮助与支持。有人说："成功不是一人之功，而是团队的努力。"这一观点深刻地揭示了在我们的人生旅途中，周围的人对我们所产生的积极影响。

心理学上有一个概念叫"社会支持"，指的是他人对我们的情感、信息和实际帮助的支持。研究表明，良好的社会支持能够显著提高个体的心理韧性，增强应对压力的能力。在生活中，我们可能会遇到各种挑战和困难，而此时身边的朋友、家人和同事，往往是我们最坚实的后盾。

在现代社会，许多成功的企业家和领袖也深知"谁会帮助你"的重要性。他们通过建立良好的人际关系，寻求导师的指导，或者借助团队的力量，共同面对挑战。在这个信息爆炸的时代，懂得与他人分享资源、交流想法，往往会让我们走得更远，走得更稳。

第一节　家人的"默默支持"

在追求梦想的旅程中，家人常常是我们最坚实的后盾。他们的支持不仅体现在物质层面，更在于情感、精神上的陪伴与鼓励。家人的默默支持，犹如一股无形的力量，推动着我们不断前行。

一、家庭氛围的影响

一个温馨、支持的家庭氛围能够让孩子感受到安全感，这种安全感是他们探索世界、追求梦想的基础。相反，如果家庭氛围紧张，个体在成长过程中可能会缺乏自信，甚至产生心理阴影。

例如，心理学的"劣等感"理论认为，家庭对孩子的影响在于他们如何看待自己。如果家庭对孩子的期望过高，孩子可能会感到无法达到这些期望，从而产生自卑感。这种心理在许多成功人士的成长经历中都有体现。

信任是家庭关系的核心。当家人之间建立起强大的信任关系时，个体会感到被理解和支持，从而更愿意追求自己的梦想。以著名科学家邓稼先为例，他在追求科学研究的过程中，得到了家人的全力支持。他的父母始终相信他可以在科学领域取得成功，而这种信任感成为他努力追求理想的重要动力。

在中国传统文化中，家庭常被视为经济单位，许多成功人士的成就背后都有家人的经济支持。家人的精神支持同样不可忽视。许多成功人士在追求梦想的过程中，都经历过无数挫折，而家人的陪伴与鼓励正是他们继续前行的动力。

借鉴：孟母择邻

孟母择邻的故事听起来或许有些简单，却蕴含着深刻的教育意义。孟子的母亲为了给儿子创造一个良好的学习环境，先后搬了三次家。让我们从头开始，厘清这个故事的脉络。孟母的第一次迁居，是从一个墓地旁边的住所搬到市集。初看似乎这没什么大不了，但对于孟子来说，这意味着生活环境的根本变化。

那时候的孟子刚刚开始接触周围的事物，看到一些送葬队部，处于好奇于是模仿。孟母觉得，墓地旁的阴森和沉闷并不适合一个孩子的成长。她深知，环境对一个孩子的影响至关重要，于是果断选择了迁居。

"这里真是太阴森了，孩子怎么能在这样的环境中健康成长呢？"孟母暗自思忖。于是，她背上包袱，带着小孟子，毅然决然地向市集的方向出发。市集热闹非凡，讨价还价的人声此起彼伏。这样的环境，不仅能让孟子接触到生活的百态，更能让他在潜移默化中培养出自己的交际能力。

然而，好景不长，孟母很快又感到居住在市集旁并不是长久之计。虽然热闹，但市集的浮躁气氛让她意识到，孟子需要一个更为专注的学习环境。于是，她决定再次迁居，这次的目标是学校附近。孟母常常对自己说："我的小孟子，学习是他未来的关键。"为了让孟子能够接受良好的教育，她选择了在学校附近安家。这一选择也体现了孟母对儿子未来的深远考量。

孟母择邻的故事，充分体现了家人对个人成长的重要性。正是孟母的坚持与努力，才使得孟子得以在良好的环境中成长，最终成为伟大的思想家。家人的支持，往往是无形的，却是最强大的力量。

孟母为了儿子的未来，毫不犹豫地付出了一切。她的坚持与付出，是出于对孟子的爱。正如她所说："孩子，你的未来就是我的责任。"这种责任感，不仅体现在物质支持上，更在于精神上的鼓励与引导。

在这个快节奏的时代，我们常常忽视家人默默付出的支持。他们用实际行动诠释了爱与责任，始终在我们身后，默默地为我们打气。为了支持家人的梦想，许多家庭成员常常需要牺牲自己的时间与精力。这种无私的奉献精神在许多成功故事中都得到了体现。

在生活中，我们也应像孟母那样，选择一个良好的环境。无论是工作还是学习，身边的环境都会影响我们的成长与发展。因此，寻找一个适合自己的地方，积极构建良好的人际关系，是我们每个人都应该努力的方向。

二、家人的鼓励与反思

在生活的挑战面前，家人的鼓励与支持显得尤为重要。研究发现，积极的反馈能够增强个体的自信心，使他们更愿意面对挑战。许多成功人士在回顾自己的人生时，都提到过家人给予的鼓励。

当然，家人的支持并不意味着盲目溺爱。在适当的时候，家人的批评和建议同样重要。能够接受批评，并从中学习的人更容易取得成功。历史人物曹操在成长过程中，受到父亲的严格教育，这使他在年轻时就养成了自我反省的习惯，为后来的成功打下了基础。

良好的沟通是家庭支持的关键。当家人之间能够坦诚交流时，问题往往能得到及时解决。许多成功的家庭都有着良好的沟通机制，使得他们能够互相支持，携手共进。例如，朱元璋在建立明朝的过程中，得到了家族成员的广泛支持与合作，而他们之间的良好沟通也助力了整个家族的成功。

从心理学角度来看，家庭的氛围、信任与支持，直接影响着我们的成长与发展。家人不仅在经济上给予我们支持，更在精神和情感上陪伴我们度过艰难时刻。

以下是一些营造良好家庭氛围的实用建议。

1.珍惜家庭关系：多花时间与家人沟通，增进感情。可以每周设定一个家庭活动日，增加互动。

2.积极反馈：在家庭中营造一个互相鼓励的氛围，分享彼此的成就。在日常生活中，记得表扬家人的小成就，激励他们不断前进。

3.接受批评：在家人的批评中，寻找自我提升的机会。面对批评时，可以主动请教家人对某一问题的看法，从中获得启发。

4.共同成长：与家人一起设定目标，互相支持，共同成长。例如，设定每个人在一年内实现的小目标，并定期检查进度。

家人对我们的影响，犹如一双无形的手，轻轻推着我们走向未来。正如孟母择邻所示，选择良好的环境、珍惜家人的支持、传承家庭的精神，都是我们通向成功的重要因素。家人的"默默支持"是我们成功路上的重要力量。这不是喧嚣的鼓舞，而是涓涓细流，默默滋养，让我们在追求成功的道路上，勇往直前。珍惜身边的家人，让我们在追梦的旅途中，携手共进。

第二节　一个小善举，将改变你的一生

在生活的旅程中，善良和小善举如同一缕阳光，照亮了我们前行

的道路。它们不仅能改变他人的命运，也能深刻地影响自己的生活。善良不仅是道德行为，更是一种深刻的心理需求。行善，可以提升个人的幸福感和生活满意度。当我们参与到帮助他人的行为中时，体内会分泌内啡肽、催产素等"幸福激素"，让我们感受到愉悦和满足。

一、小善举的影响力

小善举，顾名思义，就是那些微不足道的小善行。比如，给路边的陌生人一个温暖的微笑；在公交车上为一位老奶奶让座；或者在街角的咖啡店里，默默为后面排队的人付账。这些小事情，虽然看似简单，却能在不经意间温暖他人的心。

小善举虽小，但其影响却远超我们的想象。就如同"蝴蝶效应"，微小的改变能够引发巨大的连锁反应。一句温暖的话、一份细致的关怀，可能在不知不觉中改变他人的生活轨迹。例如，职场中一次简单的赞美，可能激励同事更努力地工作，而这份努力又可能影响整个团队的表现。

借鉴：小镇的温暖

在一个小镇上，居民们的生活并不富裕，但彼此之间却充满了温情。有一天，一位孤寡老人因突发心脏病住院。这个消息在小镇上迅速传开，许多人纷纷伸出援手，帮助老人支付医药费。有的人在医院陪伴他，有的人给他送食物，还有的人带着孩子们到医院唱歌，缓解老人的病痛。

在这个过程中，孩子们被感染了，他们在父母的带领下，也开始主动参与到社区的志愿服务中来。最终，这位老人痊愈出院时，整个小镇都为他送上了祝福。通过这件事情不仅让老人感受到人间的温暖，更让小镇的居民们意识到，团结互助是多么重要。

在这个过程中，老人和小镇上的每个人都深受触动，他们意识到善良是可以传递的。在随后的日子里，大家都自发参与到小善举中。有人开始主动帮邻居带孩子，有人则在周末为社区举办小型的义卖活动，所筹款项用来帮助有需要的人。

这种小善举的连锁反应，逐渐使小镇的氛围变得更加和谐美好。人们更愿意相互交流，彼此之间的关系也更加紧密。善良在这个小镇上生根发芽，成为一种生活方式。

"社会交换理论"指出，人际关系中善意的付出常常能够得到相应的回报。当我们主动施以帮助时，就建立了相互信任的基础，未来也更有可能得到他人的支持。这种良性循环使得善行在社交中变得愈加重要。

在生活中，很多小善举都是随手可做的。例如，在地铁上让座、为忙碌的同事倒杯水、捡起地上的垃圾……这些看似微不足道的小事，却能在不经意间改变他人的心情，甚至影响他们的行为。正如一句话所说："善良是有温度的，哪怕是微小的善意，也会温暖心灵。"

当然，善良也不仅限于对他人。善待自己也是一种重要的善举。当你学会关注自己的情感和需求时，你就会更容易理解他人，从而更好地关心他们。给自己一点宽容和理解，才能更好地把这份善意传递出去。

二、与善良的人在一起

首先，我们需要明确什么是"善良"。善良的人，通常心怀善意，乐于助人，愿意在他人需要时伸出援手。他们的善良不仅体现在行动上，还反映在积极的心态和乐观的生活方式中。与这样的人在一起，我们能够感受到一种无形的力量，仿佛周围的空气都变得更加清新。

善良的人，他们的眼神中总是透着温柔与关切。当你与他们目光交汇时，能感受到一种无声的鼓励和支持，仿佛在告诉你，无论世界多么复杂，你都不是独自在面对。他们会耐心地倾听你的故事，无论是喜悦还是忧愁，都能在他们那里得到真诚的回应。他们不会轻易打断你，而是用专注的神情和适时的点头，让你感受到被尊重和理解。和这样的人在一起，你会愿意敞开心扉，分享自己内心深处的想法和感受，因为你知道，他们会用心去感受你的喜怒哀乐，给予你最真挚的安慰和建议。

善良的人，总是乐于伸出援手帮助他人。在别人遇到困难时，他们不会视而不见，而是毫不犹豫地挺身而出。或许只是一个小小的举动，如为老人让座、帮助邻居搬重物，或者是在他人失落时送上一句鼓励的话语，但这些细微之处却彰显出他们内心深处的善良。他们的帮助不求回报，只是出于纯粹的善意和对他人的关怀。

和善良的人在一起，你会被他们的善行感染，也会更加懂得关爱他人，学会在力所能及的范围内去传递这份温暖和善意。因为他们让你明白，一个小小的举动，对于需要帮助的人来说，可能就是一份巨大的力量，足以改变他们的一天，甚至是一生。你会感受到生活中处处充满着美好和希望。他们善于发现生活中的点滴美好，并乐于与你分享。一朵盛开的花、一道美丽的彩虹、一个孩子纯真的笑容，在他们眼中都是值得珍惜的美好瞬间。

他们的乐观积极态度会感染你，让你在面对生活的挫折和困难时，不再轻易抱怨和气馁，而是学会从另一个角度去看待问题，寻找生活中的闪光点。在他们的身边，你会发现，即使生活中存在着不如意，也依然有许多美好的事物值得我们去感恩和珍惜。他们就像生活中的调味剂，让平淡的日子变得有滋有味，让灰暗的时刻也能透进一丝希望的光芒。

与善良的人相处，有助于提升我们的心理健康水平。研究显示，积极乐观的人能有效减轻压力、焦虑等负面情绪。想象一下，当你身边的人总是带着微笑，乐于分享快乐，你的心情也会随之明朗起来。善良的氛围会让我们更加自信，面对生活的挑战时更加从容。

善良的人通常珍视人际关系，善于倾听、理解和支持他人。当我们与这样的朋友交往时，友情会愈加深厚。因为彼此的关心和支持，让我们在生活中建立了牢固的信任关系，这种信任是任何物质都无法替代的。

与善良的人在一起，往往能够拓宽你的人际关系。善良的人通常比较受欢迎，他们的朋友圈也往往充满积极向上的人。在这样的环境中，我们不仅能结识到新朋友，还能获得更多的机会。机会往往在意想不到的地方，而善良的人则会帮助你发现这些机会。

正如一句古老的谚语所说，"善有善报，恶有恶报"，愿我们都能成为传播善良的使者，让生活因我们的善行而更加美好。希望身边的每一个小善举都可能成为改变人生的契机，让我们的人生更加充实与美好。

第三节　有些时候"小人"也能助你

在我们的生活和工作中，常常会遇到一些被称为"小人"的人，他们可能表现出自私、狡诈和不诚实的特质。但奇怪的是，这些"小人"在某些情况下，竟然也能成为我们成长和成功的助力。

一、"小人"现象的心理学解读

心理学中有一个名为"阴暗人格"的理论，描述了那些具有操控性、缺乏同情心和道德感的人。这些人通常会通过"不道德"的手段获取个人利益。虽然听起来很消极，但研究表明，这种性格特质的存在也有其深层的心理机制。

"小人"往往能够精准识别他人的弱点，并利用这些弱点来实现自己的目标。这种能力反映了他们在社交中的敏锐性和自我保护意识。与此同时，心理学中的"反向学习理论"指出，与这些"小人"的交往往往能激发我们的警觉性和适应能力。在面对挑战时，我们可能会更加努力以证明自己，从而推动自身成长。

在与"小人"交往的过程中，我们常常需要面对意想不到的挑战。这些挑战虽令人沮丧，但也提供了自我反省和成长的机会。"成长型思维模式"强调，面对困难和挫折时，如果能保持学习的心态，便能够从中吸取经验教训，实现自我提升。

韩信，这位历史上的军事家，虽出身寒微，但他凭借着卓越的才华和非凡的军事才能，最终成为汉朝的开国功臣。他的故事可谓是波澜壮阔，充满传奇色彩。年轻的韩信在齐国的求职之路可谓坎坷，他曾经遭受一位小人的侮辱："你连个兵都带不好，何以为将？"这句话曾深深刺痛了韩信的自尊心，但同时也激发了他内心的斗志。

借鉴：韩信胯下受辱

韩信从小父母双亡，生活贫苦，靠着钓鱼换钱勉强维持生活，却总是饥一顿饱一顿，饿得面黄肌瘦，时常被周围的人看不起。一天，他站在淮阴屠宰场中，遭遇了一个屠夫的挑衅。这位屠夫看着小韩信穷困潦倒、畏畏缩缩的模样，轻蔑地对他说："你的胆子太小了，即使长大了，佩带刀剑，内心仍然胆怯。"接着，他站在韩信面前，当众侮辱他："韩信，如果你有胆子，就用刀刺我；如果你没胆子，就从我的裤裆下钻过去。"此言一出，周围的人都哄笑不已，仿佛在等着看韩信如何回应这侮辱。

在这次事件中，韩信的反应与大多数人的预期完全不同。他没有因为侮辱而愤怒，也没有做出激烈的反击，而是低下头，俯身从那年轻人的裤裆下钻过去。整个市场上的人都发出了嘲笑声，认为韩信是胆小的、懦弱的。然而，韩信知道，在这个瞬间的屈辱背后，自己正在为未来的成功积蓄力量。

从这一事件来看，许多人或许会认为韩信的忍辱是因为软弱或怯懦，但其实，韩信的这一行为背后蕴藏着深刻的智慧。在那时，韩信正面临着极度的贫困与孤立，他无法依靠自己的力量直接反抗这个身强力壮的屠夫，因此选择了从屈辱中汲取教训，用冷静的思维规划自己未来的道路。

韩信的故事也为我们提供了一个重要的启示——即使是"小人"所给予的屈辱，有时也能够成为我们走向成功的助力。韩信在经历了这场侮辱之后，并没有因此而感到绝望或放弃，而是选择将这一时刻视为一种成长的契机。他清楚地知道，屈辱并不会定义一个人的一生，而他如何应对屈辱，如何从中汲取力量，才会决定最终的命运。

通过韩信的故事，我们不难发现，有些时候，所谓的小人并不一定是"敌人"。与他们的相处，可能会带来意想不到的帮助。在人生的舞台上，我们总会遇到各种各样的人，有的人会给予我们支持与帮助，有的人则会让我们感到失望与愤怒。关键在于如何看待这些人，以及如何利用他们的能力为自己服务。

二、现实中的"小人"挑战

在现代职场中，不少人可能会遇到同事之间的恶性竞争。

在社交网络中，某些人为了获得更多的关注和点赞，可能会发布带有争议性的言论或行为。在一次网络活动中，一位青年因遇到这样的竞争者而感到困扰。面对网络舆论，他并未直接回应，而是通过发布积极向上的内容，逐渐赢得了更多的支持者。

这位青年的经历表明，在面对"小人"带来的负面影响时，保持内心的正直与善良，能在长远中赢得真正的朋友和支持者。社交网络的环境复杂多变，但真正的价值观与人际关系仍然以真诚为基础。

在某个社区，居民间形成了互助小组，但也难免有人利用这一机制牟取私利。有一位社区志愿者，发现某些成员在活动中有不当行为。她决定积极介入，开展透明的沟通，提升活动的规范性，反而让社区变得更加团结。

这位志愿者的行动体现了对"小人"行为的敏锐反应，通过建立良好的沟通机制，最终将潜在的负面影响转化为社区发展的动力。她的成功在于不仅解决了问题，还增强了社区的凝聚力。

无论是职场中的同事，还是生活中的朋友，每个人都有自己独特的角色。有时候，我们可以放下偏见，试着接纳那些曾被我们视为小人的人。或许，他们的"阴险"也可以转化为我们前行路上的助力。

虽然"小人"可能会在生活中给我们带来困难与挑战，但从中学习和成长，能让我们变得更加坚韧和智慧。面对"小人"，保持冷静、积极和智慧，能够让我们在逆境中寻找到突破口，实现自我提升。让我们在日常生活中，善用与"小人"的相处经验，以此激励自己，创造更加美好的人生。

第四节　谁是你的救命稻草

在生活的旅途中，我们都会遇到各种挑战和困难。这时，有些人会如同"救命稻草"，在关键时刻给予我们支持和帮助。那么，谁才是真正的"救命稻草"？

"救命稻草"往往是那些能给予我们正面鼓励和实质帮助的人。无论是亲人、朋友还是同事，他们的存在能够让我们在逆境中感受到温暖和力量。这种支持不仅仅是情感上的依赖，还包括在关键时刻提供实际的建议和帮助。

"救命稻草"这个词源于一则古老的故事：一个溺水的人在挣扎时，看到一根稻草漂浮在水面，便拼命抓住，认为这是唯一的希望。虽然稻草并不能真正救他，但在绝望之中，任何微小的希望都是值得珍惜的。

提起"救命稻草"，我们不妨先来看看越王勾践的故事。

借鉴：越王勾践的复兴之路

公元前 494 年，越国与吴国展开了一场战争，结果越国惨败，勾践被迫成为吴王夫差的俘虏。在这个绝望的境地，勾践身边并没有强大的支持者，唯有他的宠臣——范蠡始终追随左右。

范蠡并非一个显赫的将领，而是一个拥有智慧与谋略的谋士。尽管当时的情况极其严峻，但范蠡没有放弃勾践。他不仅鼓励勾践要忍辱负重，暗中策划复兴之道，还亲自为勾践编写了复国的计划。他告诫勾践要向吴国表现出恭顺，赢得信任，同时寻求机会壮大自己的力量。

于是，勾践开始了一段忍辱负重的日子，每天不忘勤奋学习，待人接物谦恭有礼。经过几年的努力，他终于赢得了吴王的信任，得以回国。在范蠡的支持下，勾践最终发动起义，彻底击败了吴国，实现了复国的伟业。

这种帮助可能是在你事业低谷时的一句鼓励，也可能是在你感到孤独时的一次倾诉。总之，"救命稻草"不仅是一种象征，更是我们在生活中相互依赖的真实写照。

对于许多人来说，家人往往是最坚实的"救命稻草"。试想一下，当你经历了一场重大的失败，失去了工作，甚至失去信心的时候，家人的关心和支持能够让你重新振作。

比如，刚刚大学毕业的小明，满怀希望地进入一家初创公司。然而，没过多久，公司因为资金问题倒闭了。小明沮丧不已，几乎失去了继续追梦的勇气。在这个关键时刻，小明的父母给予了他无条件的支持。他们告诉小明，不论他做什么，家人都会一直在他身边。这样的支持，正如水中那根漂浮的稻草，给了小明继续前行的勇气。最终，在家人的鼓励下，他找到了新的工作，重新找回了信心，迈出了新的一步。

在职场中，导师的角色也不可小觑。他们常常是职场新人的"救命稻草"。

例如，职场新兵小李刚刚入职一家大公司，由于缺乏经验，常常感到无从下手。正当他苦恼不已的时候，部门经理主动找到了他，给了他很多指导和建议。这位经理不仅帮助小李厘清工作思路，还在小李遭遇困境时给予了他及时的支持。在这样的引导下，小李逐渐适应了工作节奏，找到了自己的方向。导师的支持就像那根稻草，让小李在职场的波涛中找到了方向，最终顺利上岸。

生活中，许多时候我们遇到的一些"救命稻草"并不是我们主动寻找的对象，而是一些不期而遇的人。

比如，某次小张在地铁上遇到了一位热心的陌生人。因为忘记了钱包，小张面临着无法购买车票的困境。这时，那位陌生人主动伸出援手，愿意帮小张垫付车票。虽然只是一个小小的举动，却让小张深刻感受到人间的温暖。这种善意和支持，虽然短暂，却在小张心中留下了深刻的印象。有时候，我们正是在这些小小的帮助中，感受到生活的美好，获得重新出发的勇气。

无论是家人、朋友，还是陌生人，每一个在你生活中给予帮助的人，都可能成为你的"救命稻草"。在遇到困难的时候，记得珍惜身边的人，倾听他们的建议与鼓励。也许他们的支持能够让你重新振作，走出困境。

要识别那些在你生活中扮演"救命稻草"角色的人，可以从以下几个方面入手。

1.共情能力：这些人往往能理解你的感受，并在你需要时给予支持。他们不仅仅是旁观者，更是积极参与者，愿意倾听和理解你所经历的事情。

2. 积极反馈：他们不仅在你失败时安慰你，还能在你成功时给予积极的鼓励。这样的反馈能够激励你继续前行，并增强自信心。

3. 实际帮助：在你遇到困难时，他们会主动提供帮助，无论是物质上的支持，还是时间和精力上的付出。这种实际行动比单纯的言语支持更具力量。

通过这些特征，你可以更清楚地识别出那些在你人生旅途中值得依赖的人。

在生活的旅途中，人与人之间的关系是最宝贵的财富。我们常常低估身边人的重要性，直到需要帮助时，才发现其实他们一直在默默地支持着我们。无论何时何地，请相信，和谁在一起，真的很重要。用心去珍惜这些"救命稻草"，在未来的某一天，你也许会成为他人的"救命稻草"。

第四章
找对合适的"伯乐"

在我们的人生旅途中，"伯乐"这个词并不仅仅是指那些地位显赫或权力庞大的人。真正的伯乐是指那些能够在关键时刻给予我们支持、指引和启发的人。他们的出现，往往能为我们的事业和生活带来意想不到的转机。无论是在事业发展还是个人成长中，找到合适的伯乐，无疑是提升我们成功概率的重要一步。

拥有合适的伯乐，不仅能在职业生涯中为我们提供指导和支持，更能在情感上给予我们力量和信心。伯乐的存在让我们在面对挑战时，不再孤单无助，而是能够勇往直前。在现代社会，识别和寻找伯乐同样重要。很多创业者和职场人士通过建立人脉、寻求指导、主动请教等方式，找到能够支持自己的人。在这个信息共享的时代，拥有伯乐的帮助，能够让我们少走弯路，更快地实现目标。

第一节　谁是"千里马"？谁是"伯乐"

在漫漫人生旅途中，每个人都渴望找到能够与自己并肩驰骋的"千里马"，同时也希望遇到那位"伯乐"，能识别和发掘自己潜力的"伯乐"。想要成功，不仅需要自己的努力，更离不开那些能够助你一臂之力的人。那么，什么样的人可以被称为"千里马"？而谁又是你人生中的"伯乐"？

一、"千里马"的定义与特征

"千里马"这个概念最早出自《庄子》，用以比喻有潜力和才能的人。"千里马"往往具备以下几个特征。

1.清晰的自我意识:他们对自己的优势和劣势有清晰的认识,明白自己的目标和方向。例如,"千里马"通常拥有"成长型心态",即强调个体对自身能力的理解与发展的信念。拥有这种心态的人,通常能够在失败中找到成长的机会。

2.韧性与坚持:即使在面对困难时,依然能够保持积极的态度,坚定不移地追求目标。韧性是成功的重要心理特质,能够帮助个体克服逆境,实现目标。

3.灵活应变:面对变化和挑战时,能迅速调整策略,适应新的环境。

4.不断学习:善于反思和学习,努力提升自己的能力与素养。

要成为一匹"千里马",首先要建立自信。无论面对怎样的困难,坚信自己的潜力并不断努力,是成功的关键。此外,要从以下几个方面培养积极的思维模式,学会从失败中总结经验,转化为前进的动力。

1.设定目标:清晰的目标可以帮助你保持方向感与动力感,确保在追求中不断前进。

2.培养技能:无论是专业技能还是软技能,持续的学习和提升将使你在竞争中脱颖而出。

3.建立支持网络:寻找志同道合的伙伴,建立一个能够给予你支持和鼓励的圈子。

屈原是中国历史上著名的诗人和政治家。他以《离骚》等作品表达了对祖国的热爱与对理想的执着追求,充分展现了"千里马"的精神特质。屈原虽然因政治斗争而遭到流放,但他从未放弃对国家和民族的信仰。在困境中，他不断创作，留下了不朽的文学遗产。

屈原之所以能够成为"千里马"，源于他强烈的自我意识与坚持追求理想的决心。他在逆境中展现出的韧性和对文学的热爱，使他不仅成为一位伟大的诗人，也成为后人学习的榜样。屈原在流亡生涯中的坚持，不仅让他成为文化符号，也让后人明白，真正的"千里马"是在逆境中成长的。

二、"伯乐"的特征与作用

"伯乐"这一称谓同样源自古代，指能够识别人才的贤人。在心理学上，伯乐通常具有以下几个特征。

1. 洞察力：能够透过表象，发现他人的潜力和价值。"伯乐"的存在能够激励个体发掘潜力，实现自我价值。

2. 鼓励与支持：愿意为他人的发展提供资源和机会，给予充分的信任和支持。

3. 培养能力：不仅能识别人才，还能通过指导和培训帮助他们成长。

要成为他人心中的"伯乐"，首先要具有敏锐的观察力，善于倾听和理解他人。其次，提供实际的支持和帮助，帮助他人实现他们的目标和梦想。最重要的是，要具备一种乐于分享和付出的精神，让别人感受到你的真诚。

1. 倾听他人：耐心倾听他人的诉说，了解他们的想法和需求。

2. 提供反馈：及时给予积极的反馈，帮助他人认识自己的优缺点。

3. 创造机会：为他人提供展示才能的平台，鼓励他们勇敢追梦。

张良是汉初的重要谋士，以出色的政治智慧和对人才的发掘而著称。张良不仅辅佐刘邦建立汉朝，还在这一过程中积极帮助和培养其他优秀的人才。他以深厚的知识和高超的谋略，使自己成为刘邦不可或缺的"伯乐"。

张良之所以能成为"伯乐"，在于他善于识别和发掘人才的能力，以及他愿意为他人的成功提供支持和帮助。他的成功不仅体现在个人成就上，更在于他通过帮助他人而成就了整个汉朝的辉煌。张良不仅是刘备的支持者，更是无数人才的引导者，他的成功在于对人才的认可与培养。

三、"千里马"与"伯乐"的关系

"千里马"与"伯乐"之间的关系是相辅相成的。"千里马"需要"伯乐"的识别与培养，而"伯乐"的成功也往往与他所发现的"千里马"密不可分。在合作中，双方能够共同成长，创造出更大的价值。

借鉴：五张羊皮买百里奚

百里奚，春秋时期楚国人，后来成为秦国的杰出宰相。他的故事始于被晋国俘虏，随后作为陪嫁奴隶送往秦国。他在途中逃脱之后，不料却被楚国捕获，沦为养牛的奴隶。秦穆公听闻百里奚的才华后，渴望以重金赎回他，但又担心楚国不肯放人。

于是，秦穆公采纳了谋臣的建议，巧妙地用五张黑公羊皮的奴隶市价作为赎金，以逃亡奴隶的名义将百里奚迎回秦国。回到秦国后，秦穆公亲自接见了百里奚，并任命他为上大夫，实际上却是将国家的军政大权托付给了他。

在百里奚的辅佐下，秦穆公成功地建立了霸业。百里奚不仅在国内推行改革，强化国政，而且在对外扩张中也展现出了非凡的才智和策略。这个故事不仅展示了秦穆公对贤才百里奚的渴求，也彰显了古代贤臣对国家兴衰所起的关键作用。

这个故事说明，朋友的力量可以帮助我们克服困难，获取成功。正如秦穆公与百里奚的关系，彼此成就、互相扶持，是成就伟大事业的重要前提。

在现代社会生活中，"千里马"与"伯乐"的故事依旧重复上演，"千里马"与"伯乐"的关系永远都是互相作用，相辅相成。有的时候，这种关系更体现在团队合作中。

比如，任正非作为华为的创始人，深知团队合作的重要性。他在创业初期，便注重培养团队的凝聚力和责任感。在华为的发展过程中，每个员工都被赋予了极大的责任与信任。这种文化使得华为的团队能够在压力下更好地协作，激发出更大的潜能。任正非的成功不仅是因为他个人的能力，更源于他对团队的重视。正如"千里马"需要"伯乐"，优秀的企业也需要出色的团队。任正非与他的团队共同打造了华为这个全球通信巨头，展现了团队合作的重要性。

在生活和工作中，寻找合适的伙伴和团队成员是至关重要的。可以通过以下方式来识别你的"千里马"。

1. 关注潜力：留意那些表现出强烈自我驱动力和学习能力的人。

2. 观察反馈：注意那些能够主动提出见解和建议的成员，他们往往有较强的创造力和独立思考能力。

3. 了解背景：通过了解他们的经历和价值观，判断他们是否与团队的目标一致。

在寻找"千里马"的同时，提升自身作为"伯乐"的能力也非常重要。可以通过以下方式来实现。

1. 倾听与理解：主动倾听他人的想法与需求，帮助他们发现自己的潜力。

2. 给予机会：为他人提供展示自己才能的机会，创造良好的发展环境。

3. 持续支持：在他人遇到困难时，给予及时的支持与鼓励，帮助他们克服挑战。

成功并非偶然，它源于正确的选择和坚定的支持。找到合适的伙伴，这将是你成功路上不可或缺的一部分。通过相互成就，我们可以在这条路上走得更加坚定，创造出更加美好的未来。

第二节　朋友的朋友，也是你的"朋友"

在我们的人际关系中，朋友的朋友常常可以成为我们新的朋友。在社交圈中，这种"朋友的朋友"现象不仅反映了人际关系的广泛性，也在一定程度上影响了我们的成功与发展。通过了解如何善用这些联系，我们可以更有效地拓展社交网络，获取支持与帮助。

一、朋友的朋友——人际网络的力量

我们常说"朋友的朋友就是朋友"，这一观念并非无中生有。朋友之间往往会建立起较高的信任度，这种信任会延伸到他们的朋友身上。当你与某个朋友建立了良好的关系时，朋友的朋友也会对你产生积极的认知。根据"社会支持理论"，人际网络的扩大有助于提供情感支持、信息共享和资源互换。这种支持不仅能够提升个体的幸福感，还能增强应对困难的能力。

借鉴：王羲之与书法圈的交友

王羲之被誉为"书圣"，他的书法艺术影响深远。而他之所以能在书法界占据如此重要的位置，除自身的天赋与努力外，还得益于他的人际关系。王羲之与当时许多书法家、文人互相引荐，其中最著名的当属他的好友、书法家"阮籍"。

阮籍不仅是王羲之的朋友，更是他书法上的一位良师。在王羲之书法创作的过程中，阮籍给予了他许多建议与支持。而阮籍本身也有一位著名的朋友——王导，他在当时的政治界有着广泛的人脉与影响力。

通过阮籍，王羲之不仅能够获得书法上的灵感，还能借助王导的人脉拓展自己的社交圈。这使得他在书法界能够获得更多的资源和机会，最终成就了他的伟大事业。因此，这一典故很好地诠释了"朋友的朋友，也是你的朋友"的道理。

这个案例再次证明了朋友的朋友可以在关键时刻发挥巨大的作用。重视身边的朋友,珍惜每一个结交新朋友的机会,不断拓展你的人际网络,可能会在未来的某个时刻,给你带来意想不到的机遇。毕竟,在这个充满竞争的时代,只有建立起广泛的关系网,才能在职场和生活中游刃有余,实现自我的价值与目标。

在社交互动中,互惠原则是推动人际关系发展的重要动力。当你通过朋友认识新的朋友时,往往会感受到一种归属感和安全感。这种互惠关系可以促进彼此间的合作与共赢。

如何有效利用"朋友的朋友"这一资源?以下是一些实用的策略。

1. 主动交流:当你有机会与朋友的朋友见面时,不妨主动与他们交流,分享自己的兴趣和经验,建立初步的联系。

2. 参与社交活动:参与朋友组织的聚会或活动,不仅可以增进与朋友的关系,也为你认识更多新朋友创造了机会。

3. 建立共同话题:了解共同兴趣爱好,寻找共同的话题,可以在交流中更自然地建立联系。

二、如何善用"朋友的朋友"

在拓展人际关系时,明确自己的目标至关重要。你希望通过朋友的朋友获得什么样的帮助?是职业发展、学习交流还是情感支持?明确目标后,才能更有效地制定策略。

善用"朋友的朋友",关键在于建立信任关系。在这个过程中,首先要做到真诚待人。人与人之间的关系,是建立在相互信任和理解的基础上的，只有当你用心去关心他人时，才能获得更深层次的联系。

与朋友的朋友初次见面时，如何给人留下良好的第一印象？以下是一些技巧。

1. 积极的态度：以微笑和热情的态度迎接他人，展现出开放的社交意愿。

2. 真诚的沟通：交流中展现真实的自己，避免过度的自我推销，强调共同兴趣和话题。

3. 恰当的肢体语言：保持适度的眼神交流和开放的肢体姿态，增强交流的信任感。

一旦建立起联系，定期维护这些关系也非常重要。可以通过社交媒体、聚会或简短的信息来保持联系，展示出你对这段关系的重视。在建立关系的过程中，不仅要寻求帮助，还要主动为朋友的朋友提供价值。这种互惠的关系能够加深彼此的信任与联系，形成良好的循环。

虽然建立了人际关系，但仍要保持适当的距离，避免陷入"利用关系"的误区。

首先，过度依赖人际关系往往会让你失去独立思考的能力。虽然人脉资源可以帮助你，但真正的成功仍然需要依靠自己的努力和能力。因此，在追求机会的同时，也要注重自身的成长与提升。

其次，利用人脉的方式要讲究分寸。很多人会因为一时的私利，频繁向朋友的朋友请求帮助，但这种行为可能会让对方感到不适。要学会适度，尊重他人的时间和意愿，适时提出请求，而非不断索取。

最后，维护人际关系需要时间与耐心。在这个快节奏的时代，许多人都追求快速见效，但真正的关系建立往往需要时间的沉淀。要保持耐心，持续付出，才能让这些关系更加稳固。

人际关系不仅影响我们的生活质量，更在很大程度上决定了我们的成功与否。通过善用"朋友的朋友"，我们不仅能够获得更多的支持与机会，还能在社会中找到更广阔的发展空间。无论是个人成长还是事业发展，建立良好的人际网络都是必不可少的关键一步。这个过程中，真诚、沟通和回报是维护人际关系的关键。同时，要避免过度依赖和利用关系的误区，注重自身的成长与提升。人际关系的建立需要时间与耐心，只有持续付出，才能收获更丰厚的果实。

第三节 你在别人眼中的"价值"

在当今竞争激烈的社会中，个人的价值不仅体现在自身的能力与成就上，更重要的是他人对其价值的认可。你在别人心中的形象与认知，会直接影响到你的人际关系、职业发展以及生活中的各种机会。

一、自我价值感与外部认知

自我价值感是个体对自身能力、特征与价值的认知与评价，而外部认知则是他人如何看待你。这两者之间相互作用，构成了你在社交与职业环境中的地位。

自我价值感的形成：个体的自我价值感在于个人的成就、认可和社会支持。人们在与他人的交往中，通过反馈来调整自我认知。自我价值感不仅会影响个体的情绪状态，还会影响其行为表现。例如，具有较高自我价值感的人，在社交场合中往往表现得更加自信，从而获得更好的社交效果。

外部认知的影响因素：他人对你价值的判断常常受到多种因素的影响，如外貌、言行举止、沟通能力等。这种认知往往是不自觉的，但却会对你在社交圈中的地位产生深远的影响。研究表明，外部认知通常基于第一印象，第一印象的形成时间往往只有几秒钟。因此，注重自己的言行举止与形象，能够有效提升他人对你的初步认知。

光环效应：如果你在工作中展现出卓越的专业技能，人们自然会认为你在沟通、团队合作等其他方面也同样出色。因此，积极展示自己的优点与成就，是提升外部认知的有效途径。光环效应在职场中非常普遍，具有良好形象的人往往能在升职与加薪中获得更多机会。

社会比较：根据社会比较理论，个体会通过与他人进行比较来评估自己的价值。在与成功人士交往的过程中，你的价值感也会得到提升，因为成功者的光环会让你看起来更有价值。这种比较不仅限于同事，还包括朋友与社交圈中的其他人，积极拓展社交网络，能够帮助你在不同的场合中展示自己的价值。

在历史的长河中，交往的艺术总是能给我们带来深刻的启示。尤其是在个人的成长与成就上，我们常常发现，与谁为友、师承谁，往往会深刻影响一个人的价值观和人生轨迹。说到这个，不得不提司马光与范仲淹这对千古佳友。他们之间的师友关系不仅是友谊的典范，更是我们认识自我、提升自身价值的借鉴。

司马光，字君实，北宋著名的政治家、历史学家，以《资治通鉴》而闻名于世。相比之下，范仲淹则是一位杰出的政治家、军事家和文学家，以"先天下之忧而忧，后天下之乐而乐"而流传千古。他们两人的交往，代表了北宋时期的文化与政治精英们的思想交锋与深厚友情。

借鉴：司马光与范仲淹的师友关系

司马光与范仲淹相识于年轻时，彼时的他们对未来充满了憧憬与渴望。范仲淹作为年长的朋友，他的思想影响了司马光的价值观和为人处世的态度。在一次文会中，范仲淹曾鼓励司马光多读书、勤思考，他的言传身教让司马光意识到知识的力量。

这段师友关系不仅是知识的传承，更是人格的塑造。范仲淹以身作则，用自己的行动告诉司马光如何在复杂的人生中保持清晰的方向。在这样的影响下，司马光不仅学习了丰富的知识，更在思想上得到了深刻的启迪。

司马光与范仲淹的友谊，另一个重要的特点就是互补。两人在性格、经历和视野上各有所长，形成了良好的互补关系。范仲淹是个理想主义者，时常思考国家的未来，而司马光则是个务实派，更加注重现实的解决方案。这样的差异使得他们在一起时，能够碰撞出思想的火花，形成更为全面的视野。

例如，在讨论治国理政的问题时，范仲淹可能会从长远的角度出发，提出宏大的理想；而司马光则会从当下的实际出发，考虑如何实施这些理想。正是这种互补的关系，使他们的思想碰撞出更多的智慧，也让他们在事业上取得了更大的成功。

这段师友关系让我们认识到，真正的价值不仅仅体现在个人的成就上，更体现在人与人之间的相互支持和信任之中。在他们的交往中，信任是彼此成长的重要基石。没有信任，友谊就如同无根的浮萍，随风而动，难以扎根。

从范仲淹身上，我们看到了一位知识传播者的影子。他不仅将自己的知识分享给了司马光，更鼓励后者不断学习、进步。在现代社会中，学习的机会无处不在，我们应当像范仲淹一样，保持好奇心，积极吸收新知。

在交往中，寻求互补的朋友是非常重要的。无论是在生活还是工作中，与那些在某些方面优于自己的人为友，都能帮助我们成长。比如，如果你在工作中缺乏创意，不妨寻找一位富有创造力的同事，共同合作，这样不仅能提升工作效率，也能增进友谊。

二、如何避免光环效应

除此之外，在这个过程中仍会受到"光环效应"的负面影响，导致我们所选择相处的那个"人"只是"虚假"表面，从而影响到自己。

1. 深入了解他人

要避免光环效应，最重要的一点是要深入了解他人。在与朋友的朋友建立联系时，尽量不要仅仅停留在表面现象。比如，可以通过多次交往、共事或者一起参加活动来全面评估这个人。深入的了解能帮助你识别他在不同方面的真实情况，避免因为表象而作出错误的判断。

2. 主动质疑自己的判断

在社交中，我们应该时常提醒自己，光环效应是潜在的陷阱。面对一个新认识的朋友，尝试主动质疑自己的判断。问问自己："我对他产生好感是基于他的哪些优点？这些优点真的代表了他在其他方面的能力吗？"这种自我反思有助于我们保持客观，避免受光环效应的影响。

3. 以事实为基础进行判断

在判断他人时，尽量以事实为基础，而非依赖于情感。例如，可以关注他在特定领域的实际成就和经验，而不是简单地因为他看起来很酷或者与某个大人物有关系而给予他高分。用数据和证据来支持你的判断，能够大大减少光环效应的影响。

4. 开阔视野，接触不同的人群

为了减少光环效应的影响，建议多接触不同类型的人。这样可以让你更全面地认识人际交往的多样性。例如，参与各种社交活动、拓展自己的兴趣爱好，结交不同背景、不同特长的朋友。在这样的环境中，你会意识到每个人都有自己的优点和不足，进而在判断时更加客观。

有趣的是，光环效应的反面现象也是我们需要警惕的。在某些情况下，一个人如果在一个团体中被标记为"糟糕的朋友"，即使他在某些方面表现优秀，其他人往往也会因为这个"标签"而不自觉地低估他的能力。这种现象被称为"团体思维"，它在集体决策中可能导致失误。

在一次团队讨论中，小李曾在某个项目中犯过一个错误，团队成员因此对他的能力产生了质疑。即使小李在后续项目中表现得非常出色，团队仍然对他的建议持保留态度，最终导致了团队在项目上无法取得成功。这个案例说明了团体思维的危害，大家都因为之前的标签而未能理性评估小李的能力。

光环效应在我们的社交生活中影响深远，既是机遇也是挑战。在与朋友和朋友的朋友交往中，记住人际关系的复杂性，学会从多维度去审视每一个人。这样，你的社交圈才能更丰富多彩，你的判断也将更加准确。

第四节　周围的陌生人可能是"隐形"的贵人

在我们的生活中，身边总是环绕着许多陌生人。或许他们只是路过的行人、咖啡厅里的服务员，或者是你工作场合里不太熟悉的同事。我们常常忽略这些与我们擦肩而过的人，认为他们对我们的生活没有什么影响。然而，事实往往恰恰相反。许多时候，正是这些"陌生人"在关键时刻给予了我们帮助与启示，成为我们人生路上的隐形贵人。

一、隐形的贵人

我们常常在社交场合中强调"人脉"的重要性，认为只有与成功人士建立联系，才能获取资源和机会。然而，实际上，人的关系网是由每一个个体构成的，陌生人同样是这个网络中的一部分。与其说我们需要去"结交"那些看似重要的人，不如说我们应该更加关注那些潜在的陌生人。

举个例子，你在某次聚会上遇到了一个陌生人，他在某个行业工作，与你的职业有着密切的联系。或许你们只聊了几句，但正是这段对话让你得知了一个关于工作的机会。当你回到工作岗位时，回想起这个陌生人的话语，突然就能将其运用到自己的实际工作中，甚至带来新的突破。

在现代社会中，很多成功人士都承认，他们的成功往往源于与陌生人的邂逅。比如说，许多创业者在外出洽谈时，总是能在飞机、火车上或咖啡厅里遇到一些志同道合的人，最终这些人帮助他们打开了新的市场或提供了重要的建议。

这种现象其实是一种"弱联系"理论，指出那些不太亲密的关系，往往能够带来更多的信息与机会。例如，你朋友的朋友、同事的同事，他们可能为你提供信息和机会，但你的亲密朋友很可能并不知道。因此，主动扩大自己的社交圈，不仅能接触到新的人，也能接触到新的信息与机会。

陌生人常常被视为"隐形贵人"，他们在生活中可能并不起眼，但在关键时刻，他们的支持与帮助却能够改变你的命运。

朱元璋，明朝的开国皇帝，其成就离不开在艰苦岁月中遇到的陌生人。他的成功，恰恰在于他能够识别与善用这些陌生人。

借鉴：朱元璋与陌生人的相遇

朱元璋，字国瑞，出生于一个贫寒的农家。他的青年时期充满了艰辛与磨难，曾在一个寺庙中当和尚，日复一日地忍受着饥饿与困苦。然而，朱元璋的命运在遇到一位陌生人的那一刻发生了翻天覆地的变化。

朱元璋在一次流亡的过程中，偶然遇到了一位行脚的道士。道士并不是一个显赫的人物，但他却有着非凡的见识与智慧。在两人的交谈中，道士向朱元璋讲述了许多人生哲理和政治策略，让朱元璋意识到，要改变自己的命运，就必须掌握更高的智慧与能力。

道士的言传身教如同一盏明灯，照亮了朱元璋未来的道路。这个看似普通的陌生人，竟成为他人生转折点上的重要人物。正是通过这样的偶遇，朱元璋获得了重大的启发。

在建立明朝的过程中，朱元璋并不仅仅依靠自己，他认识到，身边的许多陌生人实际上都是潜在的支持者与合作伙伴。无论是农民、商人还是士人，朱元璋都善于挖掘他们的价值，并将他们纳入自己的阵营中。

例如，朱元璋在征战过程中，常常与当地的百姓交流，了解他们的需求与想法。他以"以人为本"的理念赢得了百姓的信任，逐渐形成了一支庞大的支持力量。在这个过程中，朱元璋不仅建立了人脉，更为自己的事业奠定了坚实的基础。

正如朱元璋的故事所启示的那样，善待身边的陌生人，可能会在关键时刻得到意想不到的支持。我们要以开放的心态迎接每一次与陌生人的相遇，不断探索他们背后的故事与智慧。或许，在某个不经意的瞬间，一个陌生人的话语，就能成为你人生道路上的重要转折点。

二、寻找“隐形的贵人”

身边的陌生人，无论他们是擦肩而过的路人，还是平时交流不多的同事，都可能在我们的人生旅途中扮演着重要的角色。通过与他们的交流与互动，我们能够获得灵感、开阔视野，甚至改变自己的命运。

试想一下，在日常生活中，我们常常会遇到各行各业的人。或许是公交车上的乘客抑或是咖啡厅的服务员，他们的工作与我们看似没有关系，但实际上，他们都有可能成为我们未来的贵人。对待陌生人，我们不仅要以礼相待，更要积极倾听他们的故事，了解他们的经历，这样才能发掘出他们的潜在价值。

很多时候，机遇就在不经意间降临，而我们是否能够抓住这些机遇，往往取决于我们的观察力与心态。保持开放的心态，能够让我们更好地接纳新鲜事物与不同的人。在工作中，面对新同事或新项目时，不妨尝试跳出自己的舒适区，探索不同的可能性。

以下是一些具体的应用技巧，以帮助你在日常生活中识别与利用陌生人的潜在价值。

1. 定期反思社交圈：每个月抽出时间，回顾自己的社交圈，思考是否有“陌生人”可以重新联系，或是如何更好地利用现有的关系。

2. 设定社交目标：为自己设定每周与新认识的人交流的目标，保持积极的社交状态。

3.关注反馈：在与陌生人互动后，注意观察对方的反馈与反应，及时调整自己的沟通方式，建立良好的互动模式。

4.创建共同话题：在与陌生人交流时，寻找共同的兴趣和话题，增强互动的趣味性与亲密感。

通过这些实践技巧与策略，你将能够更有效地利用身边的陌生人，发现他们作为"隐形贵人"所带来的价值，从而在生活与事业上都取得更大的成就。

因此，下一次当你走在街头、坐在咖啡馆、参加聚会时，不妨主动与身边的陌生人交流。你会发现，这个世界充满了机遇，而这些陌生人，或许就是你未来成功的"隐形贵人"！

第五章
应该和谁在一起

在生活的各个阶段，我们常常面临一个重要的选择：应该和谁在一起？这个问题看似简单，实则蕴含着深远的意义。身边的人，尤其是我们选择与之亲近的人，直接影响着我们的价值观、生活方式和未来发展。选择合适的人在一起，能让我们的生活更充实，也能在事业上事半功倍。

与优秀的人在一起，我们不仅能受到激励，提升自我，还能吸收他们的智慧和经验。因此，选择与那些积极向上、充满激情的人相伴，往往会让我们的生活焕发新的光彩。在现代社会，选择与谁在一起，不仅包括朋友和同事，还涉及我们的社交网络和专业圈层。与志同道合的人合作，不仅能让我们在追求目标的过程中相互支持，还能激发出更多的创意和可能性。

第一节　和聪明人在一起，你也会变聪明

在这个信息化、快速发展的时代，身边的人对我们的成长与成功有着深远的影响。正如一句古话所说："物以类聚，人以群分。"与聪明的人在一起，不仅能够激发我们的潜力，还能提升我们的智力和思维能力，更能激励我们追求更高的目标。

首先，什么是聪明人？聪明人不仅指智商高的人，还包括那些具备深厚知识、敏锐思维和高情商的人。聪明人通常具备以下几个特征。

1. 独立思考：聪明人善于独立分析问题，提出自己独特的见解。他们不会轻易接受他人的观点，而是会经过认真思考后形成自己的看法。

2. 积极学习：与聪明人相处，往往会被他们的学习热情感染。他们乐于接受新知，善于从生活中的每一个细节中获取经验，并不断完善自我。

3. 人际交往：聪明人通常拥有出色的社交能力。他们能与不同背景的人建立良好的关系，善于倾听并理解他人的需求。

4. 解决问题的能力：聪明人在面对挑战时，常常能够冷静分析，找到最优的解决方案。他们的决策能力和应变能力使他们在面对各种情况时都能够游刃有余。

和聪明人相处，更像是一场无声的"成长速成班"。他们不只带来好点子，甚至会无形中帮你避开那些踩过的坑。在这种"智慧陪伴"下，我们会潜移默化地改变思维、提升效率。

1. 聪明人的"传染力"

和聪明人在一起，往往能够产生"近朱者赤"的效果，他们的思维方式像磁场一样，悄无声息地影响着你。

小王初入职场，整天埋头苦干，但总感觉自己的效率低得可怜。同事老张是公司出了名的"效率王"，工作总是干净利落。刚开始，小王并没有放在心上，直到有一次加班，他看到老张拿出一张写满任务的清单，按照优先级一项项完成，竟然早早收工。

小王受到了启发，开始模仿老张，列清单、按步骤行动，不再一股脑儿地埋头加班。随着时间推移，小王的效率大大提高，不仅获得了上司的认可，还省出了自己的时间。和老张这样的聪明人在一起，小王不仅改变了习惯，更学会了如何有效管理时间。这种"传染力"或许就是聪明人带来的最好影响。

2. 聪明人的"反向思维"

聪明人往往喜欢从不同角度看问题，让你恍然大悟的同时，打破惯有思维。

小丽在公司负责策划，她的方案总是落入俗套，屡次被否。直到某天，公司来了位新同事阿华。他思路清奇，总有些让人意想不到的点子。小丽向阿华请教，没想到阿华轻描淡写地说："何不从客户的角度出发，看看他们真正需要的是什么？"

这句话让小丽如梦初醒。她开始尝试跳出自我设限，站在客户的立场思考问题。很快，她的方案获得了认可，公司业务也因此大幅提升。和阿华这样的聪明人相处，小丽不再拘泥于传统，而是学会了用"反向思维"去解决问题。聪明人不是教你套路，而是教你如何用新视角看待一切。

3. 聪明人的"优雅应对"

聪明人处理问题的方式，常让人觉得既轻松又从容。他们深谙化繁为简的艺术，懂得在关键时刻找到最优解。

小赵是一家公司的项目负责人，面对突发问题经常手忙脚乱。后来，公司请来了一位顾问老师刘姐。她遇事从容不迫，总能用最简单的方法化解问题。

有一次，公司客户临时提出变更需求，整个团队乱成一团。刘姐只是微微一笑，淡定地建议大家分步处理，优先完成核心任务，再逐步解决附加需求。短短几分钟的指示，就让团队找回了方向。小赵意识到，聪明人并非事无巨细，而是懂得如何有条不紊、厘清重点。和刘姐这样的聪明人共事，大家学会了在压力下保持冷静，并找到最佳解决方案。

4. 聪明人的"幽默智慧"

聪明人的幽默往往充满智慧，能在轻松氛围中启发你。

小李有位朋友阿杰，总能把"教训"藏在玩笑里，帮他避免不少弯路。小李曾在投资上栽过跟头，有次阿杰打趣道："你这出手也太迅猛了，股票都还没想明白就敢买！要不下回你再买之前，先打个电话问问我的意见？"这句话让小李忍俊不禁，但也反思到自己确实缺乏耐心。

在阿杰的"提醒"下，小李开始每次投资前多做功课，慢慢积累了不少经验。聪明人的智慧往往表现在这种不动声色的幽默中，看似玩笑，实则提醒。和阿杰这样的聪明人在一起，小李不仅收获了成长，还学会了在幽默中反思自己。

和聪明人在一起，不是让你"复制"他们的聪明，而是帮助你找到适合自己的成长方式。聪明人身上自带的影响力，会让你逐渐学会独立思考、巧妙解决问题。或许，这种潜移默化的力量，才是和聪明人同行的真正意义。

当你和聪明人在一起的时候，你会发现：

1. 激发思维火花

与聪明人交往，最大的好处就是能够激发思维的火花。聪明人总是能够从不同的角度分析问题，提供新颖的见解。在这样的环境中，你会被迫不断调整自己的思维方式，努力跟上他们的步伐。

2. 增强自信心

与聪明人交往，往往会让我们感受到自己的不足，但这并不是一种消极的体验。相反，在这种环境中，我们会激发出更多的潜力，努力提升自己。当你在聪明人的影响下逐渐成长时，你会发现自己的自信心也随之增强。

3. 拓宽视野

与聪明人相处，不仅能提升自我能力，还能拓宽我们的视野。聪明人通常拥有广博的知识和丰富的经历，他们能够为我们提供不同的观点和思路。通过与他们的交流，我们能了解到更多的行业信息、市场趋势以及社会现象。

最后，记住这句话："和聪明人在一起，你也会变得更加聪明。"无论是工作、学习还是生活，珍视与聪明人的交往，将使我们的人生更加丰富多彩，充满无限可能。让我们在这条探索的道路上，携手前行，遇见更多的聪明人！

第二节　跟着智者走，就会少走弯路

在我们的人生旅途中，与谁同行往往能决定我们行进的方向和速度。与智者为伴，能够让我们少走许多弯路，借助他们的智慧和经验，事半功倍。那些智慧过人、见识广博的智者，他们的影响力更是如同一盏明灯，照亮我们前行的道路。

一、智者的定义与特征

在讨论智者的影响力之前，我们首先需要明确"智者"究竟指的是谁。"智者"和"聪明人"实质上是两个不同的人群，他们之间有着本质上的区别。

智者：智慧的引领者

与聪明人不同，智者则是智慧的引领者。智者不仅掌握知识，更重要的是他们能够从经验中提炼出深刻的见解。智者如同一位睿智的航海者，能够在风浪中保持冷静，以更宽广的视野看待问题，找到更为长远的解决方案。

拿历史上著名的智者诸葛亮来说，他在处理蜀汉内政、外交关系和军事战略时，不仅依赖于自身的聪明才智，更凭借其丰富的经验和深邃的智慧，成功化解了一次又一次的危机。他的决策常常能够看出局势的走向，而不只是解决眼前的问题。

聪明人：知识的掌握者

聪明人往往以智力见长，他们的聪明主要体现在逻辑推理和快速反应上。他们善于记忆和分析，能够在短时间内理解复杂的概念。聪明人就像是拥有超级计算机的人，能够迅速找出问题的解决方案。

例如，在职场上，你可能会遇到这样一位同事，他能迅速把数据分析报告做得一清二楚，让人佩服。但是，当面临复杂的项目管理和团队协调时，他可能会因为缺乏整体视角而陷入困境。

智者并非只是知识渊博、学识丰富，他们往往还具备以下几个特征。

1. 深邃的见解

智者通常能够从复杂的信息中提炼出关键要素，具备独到的见解。他们在面对问题时，能够超越表象，深入本质，找到问题的核心。这种深邃的见解，让他们在关键时刻能够做出明智的决策。

2. 开阔的视野

智者的视野通常是非常开阔的。他们不仅在某一领域具有深厚的知识，往往还对其他领域有所了解。这种跨界的知识和经验，能够让他们在面对不同的情境时灵活应对，找到最佳解决方案。

3. 卓越的沟通能力

智者不仅拥有丰富的知识，更重要的是他们能够有效地将自己的观点传达给他人。通过生动的语言和形象的比喻，智者能够让复杂的道理变得通俗易懂，从而影响他人的思维方式和行为。

二、与"智者"相处

跟随智者还有一个重要的心理学因素——情绪感染。智者通常具备积极的情绪和自信心，这种正能量会感染周围的人，使得团队氛围变得更加积极向上。智者的影响力体现在多个方面，这种影响力不仅限于个人的成长，也包括团队和社会的变革。

智者的"冷静智慧"

小林是一位年轻的经理，遇到问题容易急躁，处理起突发状况总是手忙脚乱。有一次，公司派来了一位顾问老陈，他的工作经验丰富，处事一向冷静。一天，公司遇到突如其来的技术故障，小林第一反应是赶紧让技术团队加班解决。老陈却冷静地劝住他："先停下来，思考根源问题，找到症结再去解决，不然越忙越乱。"

小林重新分析了问题，发现了技术瓶颈的真正原因，从而有的放矢地解决了问题。这一冷静而清晰的思路让小林受益匪浅。从那以后，小林不再急躁，在处理问题时更加从容理性。与老陈这样的智者共事，让他学会了面对危机时的从容智慧。

智者的"独特视角"

小赵是个业务能手，但他的思路总是有些"直线型"，遇到棘手的客户要求便头疼不已。有次公司请来了知名咨询师张姐，她总是用一种独特的角度来看问题。张姐告诉小赵："客户要什么不重要，重要的是理解他们为什么要这么做。"这话让小赵有些惊讶，他从未想过从"需求背后的动机"入手。

有了张姐的提醒，小赵在与客户接洽时，开始着重倾听客户的实际痛点，寻找方案的最佳切入点。出人意料的是，他的业绩很快提升了许多。张姐的视角让他认识到，很多时候，真正的智慧在于"看透需求的本质"。在智者的陪伴下，小赵开始不再拘泥于表象，学会了"洞悉全局"的智慧。

智者的"幽默提醒"

智者的幽默往往蕴含智慧，而不是简单的调侃。有次，小李向老板抱怨项目中遇到的各种小挫折。老板微笑着说："你可以抱怨，但抱怨是没有积分的；不如花点时间解决问题。"一句玩笑话，让小李哑口无言。正是这句幽默的话，让小李意识到自己光抱怨是无济于事的，还不如马上行动。

后来每次遇到挫折，小李总会想起老板的这句"幽默提醒"，立即振作去寻找解决办法，而不是浪费时间。和这样的智者在一起，让小李逐渐明白了行动力的重要性，这或许也是智者幽默背后的真正用意。

智者的"低调教诲"

小王刚进入公司不久，对自己的业绩信心满满，偶尔还会有点炫耀的心态。有次，公司派了一位老员工张叔带小王出差。张叔在行业里做了二十多年，默默无闻，却总能出色地完成工作。出差过程中，小王看到张叔低调地和客户沟通、认真听取客户意见，不急于推销产品，而是让客户先表达需求。

小王不禁感到意外，开始思考自己平时的表现。张叔告诉他："越是炫耀，越容易忽视真正重要的东西。人需要低调和专注，才能看清真正的目标。"和这样的智者在一起，小王渐渐学会了沉稳和谦逊，知道成功并不需要每时每刻的高调表现，而是脚踏实地的努力。

智者的"耐心等待"

有时候，和智者在一起，还能学到"等待的艺术"。小杨是一名新晋设计师，刚接手一个大项目，总是希望一蹴而就。一位年长设计师吴老师提醒他："设计的关键是积累，有些灵感需要时间等待。"起初，小杨不理解，但后来随着不断探索，他渐渐发现，设计果然是个"等灵感"的活。

一段时间后，小杨学会了耐心等待，反而在等待中获得了更多灵感，设计作品也大大提升了质量。和吴老师在一起，他学会了如何在"等待"中提升自我。这种智慧的教诲，让他逐渐懂得成功的真正含义并非急于求成，而是找到属于自己的节奏。

在我们生活的方方面面，智者的影响力都在悄然无声地发挥着作用。智者的智慧常常体现在细节之中。我们身边的父母、长辈，甚至朋友，他们的生活经验和智慧，都能够为我们提供借鉴。通过倾听他们的故事，我们能够在无形中获得人生的启迪，避免重蹈覆辙。综上所述，智者在我们生活的方方面面都扮演着重要角色。智者的智慧无处不在，与智者同行，我们不仅能够汲取他们的经验，更能在生活的旅程中找到方向。

第三节　优质社交：职场新人的成长密码

在职场这片广袤天地里，职场新人恰似初出茅庐的行者，怀揣梦想与憧憬，却也面临着诸多未知和挑战。此时，社交犹如一盏明灯，照亮他们前行的道路，而选择恰当的社交对象，是他们能够迅速融入职场、实现职业成长的关键。

一、社交：职场新人的成长催化剂

对于职场新人来说，社交绝非可有可无的点缀，而是他们快速适应职场环境、获取关键资源、实现自我提升的重要途径。

在初入职场的适应阶段，社交有助于新人迅速熟悉公司文化和业务流程。比如，刚进入一家互联网公司的小赵，面对全新的工作环境和复杂的业务体系，感到无所适从。在公司组织的新员工培训活动中，小赵结识了几位入职稍早的同事。通过与他们交流，小赵不但了解了公司的组织架构、各部门职责，还掌握了诸多实用的工作技巧，如如何高效使用公司内部办公软件，怎样与不同部门沟通协作等。这些经验分享使小赵快速适应了新工作，融入了公司氛围。

在职业技能提升方面，社交发挥着不可替代的作用。以从事设计工作的小钱为例，他在一次行业交流活动中结识了一位资深设计师。

这位前辈不仅在设计理念上为小钱开拓了新的思路，还分享了大量实际项目中的设计技巧以及应对客户需求的方法。小钱在与前辈的持续交流学习过程中，设计水平显著提升，逐渐在公司的设计项目中崭露头角。这充分说明，社交为职场新人提供了向优秀者学习的机会，助力他们在专业领域快速成长。

二、择友而交：为职场新人指明方向

对于职场新人而言，在社交过程中选择正确的社交对象至关重要。与积极向上、经验丰富的职场前辈交往，犹如在黑暗中寻得引路人，能够引领他们少走弯路，快速成长。

小孙是一名刚踏入广告行业的新人，在一次公司内部的创意头脑风暴会议上，结识了公司的创意总监。总监对小孙积极的创意想法颇为赞赏，并在会后主动给予他指导。此后，小孙常常向总监请教创意构思、项目执行等方面的问题。在总监的悉心指导下，小孙对广告行业的理解越发深刻，创意能力持续提升，参与的项目也多次获得客户好评。通过与总监的交往，小孙不仅在业务上取得进步，还学到了职场中的为人处世之道，明确了自身的职业发展方向。

反之，倘若职场新人选择了不良的社交对象，可能会对其职业发展造成负面影响。例如，小李刚进入一家企业不久，就与几位工作态度消极、时常抱怨的同事关系密切。在他们的影响下，小李逐渐对工作丧失热情，开始抱怨工作任务繁重、薪资待遇不公，工作效率急剧下降。原本积极进取的小李，如今陷入消极怠工的状态，职业发展也陷入困境。

适合职场新人交往的优质社交对象一般具备以下特质。

1. 经验丰富的职场前辈：他们在职场摸爬滚打多年，积累了丰富的工作经验与行业资源。与他们交往，新人能够获取实用的工作技巧，得到职业发展建议，少走诸多弯路。

2. 积极进取的同行伙伴：同行伙伴往往面临相似的工作挑战，积极进取的他们能与新人相互学习、彼此激励。在交流过程中，新人能够了解到行业最新动态，拓宽自身视野，激发工作动力。

3. 专业领域的意见领袖：这些人在专业领域有着深厚造诣与广泛影响力。与他们建立联系，新人能够接触到前沿的行业理念和技术，有助于提升自己在专业领域的地位，为未来发展奠定基础。

三、构建优质社交圈的策略

对于职场新人而言，构建优质社交圈并非一朝一夕之功，需要掌握一定的策略与方法。

1. 积极参与公司内部活动：公司组织的各类培训、团建、项目研讨会等活动，是职场新人结识同事、了解公司文化的绝佳契机。在这些活动中，新人应主动与不同部门、不同岗位的同事交流，展现自身的热情与专业素养，构建初步的人际关系网络。比如，在公司团建活动中，积极参与团队游戏，与同事们在轻松愉悦的氛围中增进了解，为日后的工作协作奠定良好基础。

2. 投身行业交流活动：关注行业内的研讨会、讲座、展会等活动，并积极报名参与。在这些活动中，新人有机会接触到行业内的精英人士、专家学者以及其他企业的同行。提前准备好自己的名片和简洁的自我介绍，主动与他人交流，分享自身见解，同时认真倾听他人观点。通过与行业人士的交流，新人不仅能够拓宽人脉，还能获取最新的行业信息，为自己的职业发展注入新的活力。

3. 利用社交媒体平台：如今，领英、脉脉等职场社交媒体平台为职场新人提供了便捷的社交途径。新人可通过完善自己的个人资料，展示自身的专业技能、教育背景和工作经历，关注行业领袖，加入相关的行业群组，积极参与话题讨论，分享有价值的内容等方式，吸引他人关注，建立线上社交关系，并适时将线上关系转化为线下交流，进一步深化人脉资源。

对于职场新人而言，社交是他们在职场中成长与发展的关键因素，而选择正确的社交对象则是开启成功之门的钥匙。积极构建优质社交圈，与优秀者同行，职场新人定能在职场舞台上绽放属于自己的光芒，实现职业理想。

第四节 认清 "网络社交" 中的朋友

在数字化时代，网络社交平台不仅是信息传播的渠道，更是人际关系交织的重要舞台。无论是微信群聊、朋友圈互动，还是各类社交软件的私信交流，网络社交中充满了信息交换和情感互动。在这个虚拟环境中，我们结识新朋友、维护旧关系，同时也可能受到各种影响。然而，并非所有在网络社交中结识的朋友都值得深交。如何认清这些朋友，成为现代人社交的重要课题。

一、网络社交文化的深意

在当今社会，网络社交文化蓬勃发展，它早已超越了简单的信息传递，成为人们社交的主要方式之一。通过网络，人们可以跨越地域限制，与世界各地的人建立联系，分享生活点滴，增进彼此感情。就像那句"海内存知己，天涯若比邻"，网络社交让人们的社交圈得到了极大的拓展。

然而，看似便捷、轻松的网络社交环境，却隐藏着诸多需要警惕的因素。心理学研究表明，虚拟社交环境会影响我们的判断力和决策。网络社交中的互动往往存在"滤镜效应"，容易让我们对他人产生误解或过度信任。例如，人们在网络上展示的形象可能经过精心包装，与现实中的真实形象存在差距。

著名的"群体思维"理论同样适用于网络社交。当人们在网络社群中时，容易受到群体意见的影响，产生从众心理，导致理性判断被情感掩盖。在网络社交平台上，尤其是热门话题的讨论区，情绪化的言论常常引发群体共鸣，让人们忽视其中不合理的部分，从而错误判断他人观点和为人。

在这样的网络社交环境中，我们该如何识别真正的朋友呢？可以从以下几个方面关注。

1.言行一致：真正的朋友会在网络言论和现实行动上保持一致，而"网络社交朋友"可能在网上说得天花乱坠，但在现实中却毫无行动。

2. 关心程度：一个真正关心你的人，会在网络社交之外，也关注你的生活和事业，而不仅仅是在网络聊天时礼貌性的关心。观察他们在日常生活中的实际表现，而不只是网络上的寒暄。

3. 相互支持：好的朋友会在你需要时提供帮助，而不是在你面临困难时选择沉默或无视。留意他们在你遇到问题时的反应，是识别真正朋友的关键。

二、现代生活中的"网络社交朋友"

在现代生活中，什么是"网络社交朋友"？简单来说，就是在网络社交平台上认识、关系看似不错，但往往局限于线上交流的朋友。他们也许是通过工作群组添加的同事、偶然刷到视频关注的博主、游戏中结识的队友，甚至是通过朋友推荐添加的陌生人。网络社交中的频繁点赞、热情评论，往往让人误以为找到了志同道合的伙伴，但一旦脱离网络环境，可能彼此之间就再无交集。

尽管"网络社交朋友"存在一些局限性，但不可否认，有时候他们的确能带来意想不到的好处。

1. 人脉拓展 —— 助力交际圈的"增值"

与网络社交中不同领域的人接触，可以拓宽视野，提升交际圈。在网络上认识的朋友中，或许有行业专家、职场精英，这些人可以在关键时刻提供建议、分享经验，甚至为你带来合作机会。例如，通过专业论坛结识的同行，可能会在你职业发展遇到瓶颈时，分享行业内的最新动态和岗位信息。

2. 缓解压力 —— 享受轻松的社交时光

在快节奏的现代生活中，人们常常被工作和生活琐事压得喘不过气，而"网络社交朋友"带来的是一种轻松、无负担的关系。与他们在网络上聊天互动，你可以放下所有包袱，尽情放松。没有深入的情感牵绊，不用过于顾虑对方的真实想法，反而更容易达到心灵放松的效果。

3. 无形的社交压力 ——"被迫式"互动

有时候，"网络社交朋友"的频繁消息和社交活动会让人感到压力。即使并不想参与某些网络话题讨论或线上活动，却不得不硬着头皮回应，因为怕被认为"不合群"。长此以往，精力与时间在无意义的网络社交中流失，最后疲惫不堪，反而增加了心理压力。

在我们了解了"网络社交朋友"的利与弊后，不妨思考如何智慧地对待这类友情关系。这里有两点建议供你参考。

合理分配时间：不要因为"网络社交朋友"的消息和邀约而忽略了现实中真正的朋友和家人。适当地参与网络社交互动，保持联系即可。过度沉迷网络社交不仅耗费时间，也可能让自己分散注意力，耽误了更重要的事情。

学会拒绝：有时候，适当地拒绝"网络社交朋友"的某些不合理要求或无意义的互动，不仅可以保护你的时间和精力，也能让对方意识到你有自己的生活安排。真正的朋友会尊重你的决定，而不是以"社交规则"为由强迫你参与。

与"网络社交朋友"相处，适度而清醒地掌握"距离感"是关键。

"网络社交朋友"可以是你生活中的调剂，但不应成为你生活的主导。用智慧和界限去对待网络社交友谊，避免把时间和精力浪费在毫无意义的互动上。

真正的朋友并不一定需要每天在网络上互动，而是能在生活的高低起伏中陪伴你、理解你。"网络社交朋友" 可以是我们交际中的一部分，但永远不要忘了，真正的友情不在虚拟的网络对话中，而在心与心的真诚相连。

第六章
交对朋友，才能逆风翻盘

在生活的旅途中，逆境与挑战无处不在。面对困难，许多人可能会感到无助，然而，真正能够助我们逆风翻盘的，往往是身边的朋友。选择对的人作为朋友，能够为我们提供支持、鼓励与灵感，让我们在风雨中找到前行的力量。

逆境中，有朋友的陪伴与理解，能够减轻我们的压力，提升我们的抗压能力。朋友不仅是情感的寄托，更是我们走出困境的重要助力。交对朋友，就像拥有了一把打开成功之门的金钥匙。当我们遇到挫折时，他们的建议与鼓励，往往能引导我们重新审视问题，激发出潜在的解决方案。

第一节　像诸葛亮一样，失败也是战斗的一部分

在我们的人生旅途中，失败和挫折几乎是不可避免的。而如何看待和应对这些失败，往往决定了我们能否走向成功。古往今来的许多成功人士都经历过失败，而诸葛亮就是一个极为典型的例子。

一、新视角看待"诸葛亮的失败观"

要说什么是"失败者"，这真不好界定。很多时候，我们称别人"失败"，其实是因为他们的生活和自己预期的成功标准不符。这些所谓的"失败者"也许没有很体面的工作，或者几次创业未果，总之他们的生活似乎总有那么些波折，让人觉得"惨淡无光"。可是，失败者未必真是人生的输家，只是还没走到终点，他们失败的原因和

方式也各不相同。

所以，与其称他们为失败者，不如说他们是"失败了的人"，即暂时处在逆境、人生低谷或选择慢半拍的那部分人。

在面对失败时，个体的心理反应通常分为以下几个阶段。

1. 否认阶段：个体可能会拒绝承认失败的事实，试图逃避责任。

2. 愤怒阶段：个体会对自己或外部环境感到愤怒，寻找发泄的途径。

3. 悲伤阶段：意识到失败后，个体可能会感到沮丧和失落。

4. 接受阶段：个体逐渐接受失败，从中汲取教训，为未来的挑战做好准备。

通过认识和理解这些心理机制，我们可以更好地管理自己的情绪，积极面对失败。

诸葛亮，字孔明，是中国三国时期著名的政治家、军事家和发明家，以其卓越的才智和忠诚闻名于世。他不仅是蜀汉开国皇帝刘备的左膀右臂，也是后世敬仰的智慧象征。诸葛亮生于汉末乱世，出生地在琅琊阳都（今山东省沂南县），后来隐居于南阳，自称"卧龙"。在《三国演义》中，他更是以"智绝"著称，成为古代智慧的代表人物。

借鉴：诸葛亮的战略眼光

诸葛亮在隆中隐居多年，曾与世无争，但却密切关注天下局势。刘备三顾茅庐的故事广为流传，正是这种诚意打动了诸葛亮，使他决定出山辅佐刘备。当时刘备势单力薄，诸葛亮却制定了影响三国局势的"隆中对"战略，提出占据荆州、益州为根基，进而谋图中原的策略。这个规划不仅奠定了蜀汉政权的基础，也成为刘备一生奋斗的目标。诸葛亮忠于刘备，从刘备在世到刘禅继位，他始终以国家利益为重，勤勉治国，被后世称为忠臣典范。

刘备去世后，诸葛亮受命辅佐年幼的刘禅，实际成为蜀汉政权的掌权者。诸葛亮在政治上采取了一系列改革措施，改善了蜀地的社会经济状况，使蜀汉得以稳定发展。他倡导法治、重视人才选拔，形成了蜀汉内部的廉洁风气。在他的治理下，蜀地经济逐渐恢复，为后来的北伐提供了基础。

诸葛亮在刘备去世后多次发动北伐，意图完成刘备的遗愿并实现国家统一。尽管北伐的结果不尽如人意，但诸葛亮的军事才能、无畏的精神，以及他为国家和理想的执着，使后人对他"鞠躬尽瘁，死而后已"的精神深为敬佩。

诸葛亮的一生充满了辉煌与荣耀，但他并非一路顺风。在他精心策划的每一场战役中，成功与失败总是交替而至。在多次北伐中，他遭遇了不同程度的失败，但诸葛亮深知，失败并不是终点，而是成长的起点。

诸葛亮在北伐的过程中，尤其是第一次北伐时，因天气、地理等多重因素未能如愿，遭遇了惨痛的失败。然而，诸葛亮并没有因此灰心丧气，反而深刻分析了以下几点失败的原因。

1.信息不足：当时的情报工作不到位，无法准确评估敌方的实力和态势。

2. 资源调配：兵员不足、物资短缺导致军队在关键时刻无法发挥最大效能。

通过这次失败，诸葛亮吸取了深刻的教训。在后来的北伐中，他不仅加强了对敌情的侦察，还合理调配资源，提升了整体的作战能力。

在现代，许多成功的企业家也经历了类似的失败。例如，曾任职于国内知名互联网公司的王某，在创办自己的初创企业时遭遇了重大挫折，产品发布后反响平平，市场反应冷淡。经过冷静反思，他意识到：

1. 市场调研不足：未能准确把握目标用户的需求和偏好。

2. 团队协作不力：在关键决策时未能有效整合团队的智慧，导致方向错误。

通过这次失败，他重新进行了市场调研，组建了一支高效的团队，最终成功推出了适合市场需求的产品，实现了逆袭。

无论是诸葛亮还是现代企业家，其失败背后都有着共同的特征：

1. 不怕失败：面对失败时，勇敢正视，进行总结和反思。

2. 及时调整：在失败中学习，调整策略，以便在未来的挑战中获得成功。

3. 寻找支持：建立互信的团队关系，能够在失败时给予支持和帮助。

诸葛亮的故事不仅是历史的传奇，更是我们面对生活挑战时的一面镜子。他用实际行动告诉我们，失败并不可怕，关键在于如何看待失败、从中学习和成长。通过积极的心态、明确的目标和强大的支持网络，我们都能够像诸葛亮一样，在失败中找到成功的机会。

二、与失败者相处的启发

有人说，与失败者在一起，很容易染上他们的消极情绪。但事实是，如果你带着一种好奇和观察的心态去接触失败者，反而能从他们身上学到更多。失败的教训其实比成功的经验更为深刻，它们往往能帮助我们少走弯路，避免重蹈覆辙。这里就是失败者们无意间传授的"人生必修课"。

当你与"失败者"在一起，会发现他们的生活逻辑与一般成功人士截然不同。这个特殊的圈子里充满了奇妙的现象和有趣的故事。你会听到各种"失败版"的人生经验和避坑指南，甚至会让你怀疑，原来这个世界上还有这么多令人哭笑不得的"意外事故"。

1. 不走寻常路：生活中的"另类"选择

很多失败者的失败，不是因为他们不聪明，而是因为他们习惯"不走寻常路"。比如，一位"朋友"因为不想上班，毅然辞职去养鸡，结果鸡没养活，倒赔了自己所有的积蓄。这种天马行空的行为往往伴随令人费解的逻辑和选择，但看似荒谬的决定，实则蕴含着他们对自由、梦想的追求，以及与世俗标准的较量。

这类朋友的故事虽然"残酷"，但总是能给你带来新的启发。你会发现，生活不仅仅是一帆风顺的"规划"，有时失败者的大胆想法能让你反思自己是否活得过于拘束。

2. 大无畏的心态：把失败当日常

失败者身上的另一个显著特点就是，他们会把失败当成"家常便饭"。第一次创业失败，没关系；第二次炒股亏损，继续；第三次投资失败，仍然乐观。失败者的心态往往非常"大无畏"，他们的"抗打击"能力已经达到了一种堪称"艺术"的境界。这种淡然的态度是很多人难以企及的。

如果你有幸能和这样的朋友在一起，或许也会学到一部分他们的心态："一时失败不算什么。"每次失败都是一个可以复盘和思考的过程，而每一次复盘都是下次做得更好的基础。

3. 独特的"成败观"：成功不是唯一的标准

在失败者的圈子里，衡量"成败"的标准往往跟主流社会不同。有人创业失败了，却收获了技术和经验；有人投资失利，却学会了理财的基本知识。很多失败者反而比成功人士更懂得享受生活，因为他们知道，追求成功并不是生活的全部。

失败者教会我们的是一种独特的"成败观"：人生并不只有成功这一个终点。失败者或许没有社会认可的地位和成就，但他们活得更自在，也更懂得欣赏生活中的小美好。

说到最后，与失败者在一起并不是坏事，甚至可以成为一段成长经历。失败者并非一无是处，反而能让你看到生活的另一面，了解失败背后的真实意义。他们让我们意识到，人生不只有成功的闪光点，还有失败的平凡时刻。失败者用他们的人生告诉我们，没有什么比内心的平静和坦然更重要。

第二节　逆向思维，打破常规的"奇招"

在我们的生活和工作中，常常会遇到这样的问题：明明付出了努力，却收效甚微，甚至适得其反。这时候，逆向思维的力量就显得尤为重要。它不仅能帮助我们打破固有思维的束缚，还能开辟出意想不到的解决方案。当你和有逆向思维的人在一起时，世界会逐渐展现出新的维度，原本看似简单的事物被重新定义、被多维度剖析，你的思维会像画出了波浪线的直尺，带你走上一个不一样的探险之旅。

一、什么是逆向思维

逆向思维是一种独特的思维方式，它要求我们从相反的角度来分析问题，寻找解决方案。这种方法不仅能帮助我们发现常规思维中的盲点，还能激发创造力。

逆向思维指的是，采用"反着来"的思维方式来看待问题、解决问题。这样的思维不仅限于"不走寻常路"，还注重从截然相反的角度重新思考。比如说，当人们都在想如何在工作中提高效率时，逆向思维者则可能会思考："为什么不减少不必要的工作量？"这不仅会节省大量时间，还能让人从忙碌的无效劳作中解脱出来。

逆向思维的人天生有种独特的"审题"能力。他们总是用一种"如果不这样会如何"的方式切入问题，将传统观念和方法推翻重建。有些人说这听起来很冒险、很"反骨"，但正是这种勇于突破的思维让逆向思维者在众多条条框框中找到新路。

我们先来看看一个生活中的例子。

多年前，有一家濒临倒闭的酒厂，老板每天绞尽脑汁想如何提升销量，但竞争对手太多，产品毫无新意。于是老板决定换个角度，不去和对手比拼口感，而是从另一个方面打破人们对酒的"刻板印象"。他在市场上推出了一种"无酒精"酒，专为不能饮酒的人设计，结果这款产品一经推出便大受欢迎，迅速打开了一个全新的市场。反其道而行的思维让这家原本即将倒闭的小酒厂焕发了新生。

逆向思维的真正魅力，在于找到那些被忽视甚至被遗忘的机会。而在这种思维的引领下，人们可以从失败中找到可能性，从限制中找到突破口。

逆向思维的运用主要依赖于以下几个心理学原理。

1. 认知偏差：人类大脑通常倾向于接受传统观念，逆向思维则帮助我们跳出这一局限，寻求新颖的解决方法。

2. 联想思维：通过联想不相关的概念，我们能找到新的解决方案，进而实现创新。例如，在营销中，将看似不相关的产品进行组合，往往能够创造出意想不到的市场反响。

3. 风险容忍：逆向思维常常伴随一定的风险，而能够容忍风险的个体更可能探索出新的机会。例如，许多成功的创业者往往愿意在看似不可能的情况下尝试新的商业模式。

逆向思维不仅是一种思考方式,更是一种策略。在快速变化的社会环境中,逆向思维能够帮助我们找到新的方向和解决方案。例如,在产品开发中,企业可以通过逆向思维了解消费者最不喜欢的功能,从而设计出更符合需求的产品。

二、和拥有逆向思维的人相处

如果你身边有逆向思维者,那么恭喜你,这会是一场"头脑大开"的旅程。逆向思维者擅长打破"僵化",他们不仅在处理事情上有独到的见解,还总能将一些"常规"从你脑海中拉出来,重新"解构"一番。

比如,你和朋友们计划了一次沙滩旅行。大多数人会优先考虑防晒、泳衣、沙滩伞等标准装备,而逆向思维者可能会问:"为什么不把沙子带回家呢?"他们或许会带上一个小铲子,在沙滩上挖出一小袋沙带回去,作为独特的纪念。而等到回来,他们还可能会拿着沙子来一场"迷你沙雕比赛"。这样的小创意让生活多了不少趣味,而你也会在这样的思维中获得耳目一新的体验。

职场上,不乏需要通过创新解决难题的时刻。在这样的环境中,逆向思维常常会变成你的"神助攻"。假设公司将举办一场新品发布会,所有人都在准备宣传片、策划广告时,有个逆向思维的人可能会提议:"为什么不在发布会现场卖旧产品,让观众看到与新品的对比效果?"这样的提议虽然有点冒险,却可能让人对新品的优势有更深刻的认识。

　　和逆向思维者在一起，你会逐渐学会从不同角度观察事物，发现潜在的机会，甚至在某些看似束手无策的难题中找到灵感。正如达尔文曾说过的那样："进化的关键在于适应，而非最强壮的生存。"逆向思维，便是帮助人们适应多变环境的利器。

　　当然，逆向思维也不是万能的。在某些情况下，逆向思维者的"反套路"方式可能会偏离实际，带来不必要的风险。比如，有些过度追求"新颖"的人可能会忽视基本的逻辑和效率，而陷入过于理想化的困境。因此，和逆向思维者相处时，找到平衡至关重要。逆向思维是为了找到更好的方案，而不是为了"反"而反。

　　逆向思维是一种极富启发性的思维方式，它让人们学会在逆境中寻找出路，在常规中发现非常之法。和逆向思维者在一起，你会渐渐发现，他们总有办法让简单的生活多一些奇思妙想。

　　逆向思维的人总是时刻提醒你："要跳出固有思维，才可能看到那些被忽视的风景。"和他们在一起的时间，也是一段让思维得到训练、创造力被激发的旅程。而在这场旅程中，你会发现：在逆向思维的驱动下，生活变得丰富且充满无限可能。

　　所以，如果你遇到了这样一位"特立独行"的逆向思维朋友，珍惜他吧！或许在某个不起眼的时刻，他的一句话就能带你发现一片新的天地。

　　逆向思维不仅适用于商业，在我们的日常生活中同样有效。以下是一些实用的逆向思维技巧。

　　1. 设问法：反向提问。例如，问自己"如何才能让事情变得更糟？"通过找出潜在问题，从而找到解决方案。这种方法能够促使我们从不同的角度看待问题，避免陷入思维定式。

2.反向归纳：从结果推导原因。先想象未来的成功，然后思考实现这个成功的路径和步骤。这种方法不仅有助于明确目标，还能激励行动。

3."极端"思维：想象最坏的结果，分析如果真出现了这种情况，自己能采取哪些应对措施。这种思维方式能够帮助我们更好地应对压力和挑战，培养适应力和提高心理韧性。

逆向思维是一种打破常规、寻求创新的有效方法。通过历史人物的成功案例和现代企业的实践，我们可以看到，逆向思维不仅能帮助我们解决复杂问题，还能激发我们的创造力。无论是在工作还是生活中，勇于尝试逆向思维，将使我们更容易发现新的机会，迈向成功的道路。

第三节　出奇制胜的"反套路"高人

在这个充满套路和规矩的世界中，生活似乎早已被一套"公式化"的规则束缚。然而，有那么一群人，他们打破了常规，用独特的视角和思维方式给我们的生活带来了不同的色彩。本节将探索与反套路的人在一起的乐趣，以及他们如何能让我们的生活变得更加丰富多彩。

一、反套路智慧

反套路的人，顾名思义，就是指那些不按常理出牌、敢于挑战传统思维的人。他们常常用一种与众不同的方式来解决问题，或者简单地让生活变得更加有趣。你可能会遇到这样的朋友：在工作中，他们总能提出一些出奇制胜的点子；在聚会上，他们的发言总能引发哄堂大笑；在生活中，他们总能找到最简单、最有趣的解决办法。

这些人如同生活中的"调味剂"，让一成不变的日子充满了惊喜。与他们在一起，你可能会不知不觉中被感染，变得更加开放、灵活，甚至开始跳出自己的舒适区。

"反套路"和"逆向思维"虽有相似之处，但两者的重点和使用场景有所不同。

逆向思维是从相反的角度或路径来看待问题。这种思维方式重在换一个角度，以找到新的解决方案。它通常用于发现突破口或提出创新性解决方案。

反套路更强调的是对既定模式的打破，它常用于颠覆人们的预期。其目的主要是带来惊喜、挑战现状，甚至是一种故意的"出其不意"。

逆向思维是一种逻辑性较强的创新思维，目的是寻求不同的解决方案。而反套路更像是一种创意手法，通过打破常规，产生意外的效果和反转的情节。

反套路的人通常会选择不同的生活方式。他们可能会拒绝遵循"正常"的工作流程，选择以自己的节奏前进。比如，在一家传统企业工作的老王，每当团队开会时，总是喜欢提一些看似"离经叛道"的建议。

他会说："为什么我们总是关注客户的需求？不如试试问问他们最烦恼的事情是什么？"这样的思维，往往能引导团队找到问题的根源。

还有一次，老王在公司举行的团建活动中，提议大家进行"反向团队建设"。他建议每个人分享一个自己在工作中的失败经历，而不是平常的成功案例。刚开始，大家面面相觑，不知道如何开口。但随着老王的带头，大家渐渐放下了拘谨，纷纷讲起了自己的糗事。那些原本尴尬的瞬间，不知不觉中变成了笑声不断的分享，整个团队也因此更加团结。

这种反套路的方式，不仅让大家轻松地打破了僵局，还拉近了彼此间的距离。反套路的人用这种独特的生活方式，教会了我们在生活中不必总是追求完美，有时候分享失败同样能够带来欢笑与共鸣。

二、与反套路的人在一起是什么体验

生活中，你是否遇到过这样的人？他们有着特别的观察力，喜欢打破常规，看似"特立独行"，但他们往往能给事情带来独特的改变。与这样的人在一起，可能会让人一开始有点摸不着头脑，因为他们往往会提出一些"令人费解"的方案，让你感到惊讶又有点好奇。但时间一长，你会发现，与这些反套路的人在一起，不仅能让你开阔视野，更能激发你对生活的好奇心和创造力。

与反套路的人交谈，往往能激发出不一样的思维火花。

朋友小李与团队其他成员一起讨论工作上的一个难题。团队总是无法达成一致的意见，截止日期也快到来。

小李说："要不我们试试用一个完全不同的视角来看待这个问

题？比如，我们可以把客户想象成我们的对手，这样我们能更好地理解他们的需求。"这一思维让大家重新审视了问题。

团队开始模拟客户与公司的对话，试图站在客户的角度去理解他们的痛点。随着讨论的深入，逐渐发现，许多原本认为重要的因素，实际上并没有那么重要。最终，找到了一个更简洁、高效的解决方案。

这次思维碰撞让笔者意识到，反套路的人往往能带来新鲜的视角，帮助我们突破思维的局限。与他们在一起，不仅能提升我们的创造力，还能让我们在工作中更加灵活地应对各种挑战。

与反套路的人在一起，你会发现他们通常具有一种特别的勇气与坚持。

比如，朋友小张在大学时就决定选择一条与众不同的道路。他拒绝了传统的就业选择，而是选择了自主创业。起初，他的想法遭到了身边许多人的质疑，大家都认为他在"自讨苦吃"。

但小张却始终坚持自己的信念，他相信只要努力，就一定能找到属于自己的路。果然，经过几年的坚持，他的创业项目逐渐发展壮大，如今已成为行业内小有名气的企业。

与小张相处的日子里，朋友不仅被他的勇气感染，也学会了如何面对困难。生活中往往充满了挑战，但只要我们能坚持自己的理想，就一定能克服种种困难，实现自己的目标。

反套路，并不是刻意与众不同，而是通过新的角度去看待世界、解决问题。这种思维方式不仅能够带来新的灵感与创意，还能帮助我们在面对困难时找到突破口。生活中，反套路的人如同阳光，照亮了我们前行的道路。他们用独特的思维方式、幽默的社交风格和坚定的勇气，激励我们不断挑战自我，追求更好的生活。

通过与反套路的人相处，笔者深刻体会到，他们为我们的生活带来了许多启示。他们教会我们：

1.勇于挑战常规：反套路的人总是能够以不同的视角看待问题，鼓励我们打破固定思维，探索新的可能性。

2.接受失败与不完美：他们让我们明白，失败并不可怕，分享失败的经历也能拉近彼此的距离。

3.享受生活的乐趣：与反套路的人在一起，生活总是充满惊喜，偶尔的"疯狂"其实是一种解放，能够让我们的生活变得更加多彩。

4.勇气与坚持：他们的勇气与坚持让我们意识到，只要相信自己，勇敢追求理想，就一定能够克服困难，实现目标。

与反套路的人在一起，不一定总是轻松的，因为他们总在挑战你的思维习惯，让你重新审视"常规"或"正常"。可能有时你会觉得不耐烦，因为他们总是有奇怪的想法，总是"不按常理出牌"。然而，他们的世界充满了丰富的想象力和创新力，是与众不同的。他们不随波逐流，也不轻易向既有模式妥协。

所以，下一次当你在生活中遇到反套路的人时，不妨放下成见，尝试与他们互动，或许会为你带来意想不到的收获。与反套路的人在一起，不仅能拓宽我们的视野，还能让我们的生活充满创意与乐趣。生活本来就应该是一个多姿多彩的舞台，与这些反套路的朋友同行，共同迎接未来的无限可能吧！

第四节　输得起才会赢得更多

在生活中，我们总是希望与那些能够在风雨中屹立不倒的人为伍。然而，除了这些看似无懈可击的人，与你相处的"输得起的人"同样值得珍视。他们并不是总能赢得每一场战斗，却在失败中拥有超越胜利的智慧与勇气。这个过程中，如何看待失败，才是我们能否最终胜出的关键所在。

一、输得起的人是什么样的人

"输得起的人"，顾名思义，就是那些在失败时，能够以积极的态度去面对并从中学习的人。他们在逆境中往往展现出一种淡定与从容，能够用幽默的方式调侃自己的失败，不会因为一次失利就灰心丧气。与这样的人交往，就像是在参加一场轻松的派对，虽然有时会有人跌倒，但笑声却永不停歇。

这种人面对失败时仍能保持积极的心态。他们能够从失败中吸取教训，调整自己的方向，继续前行。这样的态度让他们更容易在生活中找到成长的机会，即便遭遇挫折，也不会失去信心或气馁。他们看待失败的方式是将其视为成长的一个阶段，而不是终点。

输得起的人在生活中面对失败时，往往有一种令人钦佩的从容。

他们能够把失败当成学习的机会，而不是永远的阴影。

小王是一名程序员，在一次重要的项目发布会上软件出现了严重的漏洞，导致整个项目演示失败。

团队气氛瞬间凝重，大家都低头不语。小王站了出来，他说："没关系，这个漏洞就像是我们家的猫，虽然很调皮，但我总能找到它藏在哪里！"瞬间，大家都笑了，紧绷的气氛被打破，团队也开始聚焦于解决问题。正是小王这种乐观与幽默，让大家重拾信心，迅速找到了解决方案。

与这样的人在一起，你会发现，失败并不可怕，关键在于如何应对。他们让我们懂得面对挫折时保持积极的心态，能够引导人走向成功的道路。

输得起的人包容力更强。团队中有人因失误自责，他们不会指责，而是给予理解。例如，销售活动中，小李因疏忽丢了重要客户，满心愧疚。老张主动宽慰："谁都有失手时，咱一起找问题，下次准能赢回来。"在老张的包容下，小李很快走出了阴霾，后续工作也表现得更出色。这种包容营造了良好氛围，让大家安心成长。

输得起的人极具韧性。他们不会因一时失败就一蹶不振，恰似顽强野草，即便被暴风雨打压，也能迅速恢复。例如，创业竞赛中，小赵的计划遭淘汰，很多人以为他会放弃。可小赵把失败当磨砺，不断优化方案，四处找投资。最终，凭这股韧性成功创业，在行业中崭露头角。

二、与输得起的人同行

输得起的人面对失败时，展现出了一种极其珍贵的能力——反弹力。他们并不会因为一次小挫折而失去信心，反而会从中汲取教训，迅速调整自己的步伐。

与他们相处，我们不仅能够获得快乐，还能从中汲取许多宝贵的经验和启示。失败并不是终点，而是成长的开始。在每一次失利中，都能找到值得学习的地方。例如，小王总结出失败的原因在于测试阶段团队过于依赖自动化测试，没有进行手动测试。这个教训也使他在后续的项目中变得更加谨慎，注重细节。

输得起的人能够帮助我们放下对失败的恐惧。当我们把每一次失败看得过于严重时，往往会陷入自我怀疑的泥潭，难以自拔。而与那些能够大方面对失败的人在一起，逐渐让我们认识到，人生就是一个不断试错的过程。例如，小王总是愿意尝试新事物，即便失败了，也会选择以幽默的方式去面对，这让他的人生充满了乐趣与精彩。

与输得起的人相处，我们会发现他们生活中充满了幽默与乐趣。他们总能以轻松的方式来面对生活中的挑战，不论是工作、学习还是人际关系。比如，在一次聚会上，大家讨论着各自的烦恼，气氛有些低沉。小王突然站起来，模仿起了一只"失败的企鹅"，摆出搞笑的姿势，瞬间引得大家捧腹大笑。

这种幽默不仅仅是为了逗笑，更是一种生活态度。输得起的人用这种轻松的方式提醒我们，生活中不必过于严肃，偶尔放松一下，才会发现生活的乐趣。正如小王所说的："有时候，面对困难，我们只需转个身，看看身后那条精彩的'失败之路'！"在这样的氛围中，大家都能感受到一种积极向上的力量。

与输得起的人在一起，我们不仅能获得快乐，还能在失败中不断成长。他们的乐观与坚持会影响到我们的思维方式，帮助我们在面对挫折时变得更加坚韧。

小王有一个朋友小李，在创业初期遭遇了重重困难，曾一度感到绝望。可每当他打电话给小王，倾诉自己的烦恼时，小王总是用幽默的方式调侃，鼓励他继续坚持下去。

"别担心，创业就像是吃榴莲，虽然外表很刺，但里面的果肉却是甜的！"小王的话，让小李的心情得到了缓解，也重新找回了前进的动力。经过一段时间的坚持，小李的创业项目终于迎来了曙光，走上了正轨。

输得起的人不仅能够为我们带来欢笑，还能在生活的低谷中给予我们支持与鼓励。与他们在一起，我们学会了如何在失败中重新振作，勇敢面对未来的挑战。

与输得起的人同行，不仅能让我们的人生变得更加丰富多彩，还能帮助我们更好地面对生活中的挫折。他们的存在如同一道温暖的阳光，照亮了我们前行的道路。在与他们的相处中，我们收获的不仅是快乐，更是一种积极的人生态度。

生活中总会有风风雨雨，然而与输得起的人在一起，我们能够以更加轻松的心态去面对那些挑战。他们教会了我们，人生并不是一场只有胜利者的比赛，失败同样是生活的一部分，而关键在于我们如何看待和应对这些失败。

　　在这个竞争激烈的社会中，我们总是追求成功与胜利，然而与其执着于结果，不如珍惜身边那些能够输得起的人。他们以乐观的态度和幽默的方式，让我们的生活变得更加有趣。所以，下次当你面对挫折时，不妨联系身边那些输得起的朋友，和他们一起分享失败的经验，或者简单地开怀大笑。生活本来就是一场奇妙的旅程，与同我们一样输得起的人同行，才会让这段旅程更加值得铭记。

徐小斌经典书系 | 第八卷 中篇小说集

别 人

徐小斌 著

作家出版社

总序　梦想成精——徐小斌的小说世界

陈晓明

　　徐小斌在当代中国文坛虽然说不上是妇孺皆知，但说她声名远扬是不为过的。这当然主要体现在徐小斌是一位个性显著的作家，喜欢她的人会盛赞不已。无疑，徐小斌是一位实力派作家，她获得的赞扬与她作品创造的意义相比是恰如其分的，甚至有不少评论家会说，徐小斌是一个被低估的作家，她的作品中显然有很多的内涵还有待深入挖掘。徐小斌内心十分沉静，始终以自己的方式写作。她对文学的那种执着的态度和方式，是当今中国作家所少有的。徐小斌追求一种纯粹的文学，一种用汉语的纯美品性来书写的文学。这种说法似乎显得很不必要，这能说明什么问题呢？她似乎并不为时代热点所动，也不追逐重大的历史命题，她的探索也不介入某些潮流。但徐小斌个性鲜明却又具有多面性：对于一部分人来说，徐小斌是一个玄奥的有神秘主义意味的作家；在另一些人看来，她是一个准女性主义者；一些人认为她的写作非常前卫，也有一些人会把她看成一个把传统风格发挥到极致的人。说到底，这主要源自她的写作本身的多面性。但不管怎么说，徐小斌对小说孜孜不倦则是肯定的。对于她来说，小说就是她的生存世界，她倾心于这个世界，把自己全部交付给这个世界。以这种态度来写作小说，也就不难理解徐小斌的小说充满着虚构的色彩，这个世界融瑰丽的想象、诗性、形而上的神秘意念于一体，在我们的面前无止境地伸展敞开。

一、让女人成为文学的精灵

徐小斌的小说写出一系列极其独特的女性形象，足以让她在当代中国文坛独树一帜。她笔下的女性与在历史和现实中还原的女性形象很不相同，她的女性形象，更主要是诗意想象与神秘体验的产物。1993年的《迷幻花园》标志着徐小斌写作的新阶段，她把女性的绝对的爱欲放置到她的写作中心，把语言的精致化，与生存世界不可知的可能性及其宿命论思想相结合，构造了一种纯粹隐含着复杂变异的小说叙事文体。《迷幻花园》属于实验性很强的作品，它没有明晰的故事情节，但是有着非常精致的感觉片段。写过《对一个精神病患者的调查》的徐小斌写下这种小说是一点也不奇怪的，那篇关于精神病人的小说，据说给诗人海子以很大震动。而《迷幻花园》又是一次对女性的某种接近疯狂状态的心理描写。在最低限度上，这篇小说可以看成是关于两个女人和一个男人的故事。显然，这个故事并不重要，重要的是它引向对女性绝对命运的探寻。少女之间惯有的纯真友情，在这里被处理成女人最初的"镜像置换"。芬与怡最初通过对方认识到自己的特征，并且在后来的岁月里，她们总是处在奇怪的分离和重叠的状态中，她们各自占有对方的位置，又不断迷失。徐小斌似乎试图表明女人永远找不到自己的位置，芬夺取怡的位置不过是完成了一次放逐。女人的形体与灵魂永远错位，因为中间总是插入一个绝对的男性，她们永远无法跨越这道门槛。徐小斌对女人存在境遇的书写，充满了绝望的诗情，那些悲剧式的女性闪烁着精灵一样的美感。

随后的《双鱼星座》看上去是在讲述"一个女人和三个男人的古老故事"，但这个古老的故事被徐小斌以非常个人化的当代性的经验加以改造。卜零，这个优雅而聪明绝顶的知识女性——与其说这是典型的知识女性形象，不如说是知识女性乐于认同的自我形象。这个优雅的女人在三个男人之间周旋，对家的厌恶，对权力和社会制度的拒绝，与对爱欲的纯粹追寻相混淆，使卜零如此密切地扣紧这个时期的物质生活。那些流行的俗世价值观念，又不断地在虚幻的空间、在自我的想象中呈现。古典时代温情脉脉的两性关系，那个生活的寄托——家，在这里却是生活的牢笼，一个极为虚假而没有实际内容的处所。在20世纪90年代，这个被普遍描述为商业/文化二元对立的时代，徐小斌率先展开了对变了质的两性关系的书写。这一切混杂着对这个时代的流行价值的抨击和那些生命神秘体验的寓言性叙述，使得徐小斌的这个既古老又当下的故事具有犀利的直接性和女性神话学的另类经验。

徐小斌一直在探索一种新的写作法则，促使那种玄妙的形而上的思想意念与明晰流畅的故事相交合——这在某种意义上也表征着20世纪90年代趋向于形成的多元性的叙事法则——显然，对女性爱欲的关注使她找到连接二者的自然通道。把女性的爱欲与某些循环论和文化原始神话相混合，构成她叙事的内在意蕴，它们使她的那些关于女性爱欲的故事具有不可知的神秘性。她刻画的那些女性像是一些镜子中的人，像在水上行走的精灵，她们以遗世孤立的姿态决绝地走向生活的绝境。然而，她们却又异常明晰地折射出当代生活的那些直接的现实和流行的价值观念，以女性的特殊的话语实践对当代生活作出尖刻的析解。她的叙述是一些独白，又是一种现实；是一种呈现，也是撕裂；是一种抚慰，更是一种抗议。

《敦煌遗梦》是徐小斌20世纪90年代有代表性的长篇小说，它显示了她对形而上事物的爱好，以及具有多元综合的描写生活的能力。这部长篇更是抓住"敦煌"这个神秘而神奇的空间来展开叙事。宗教的神秘、世俗的爱欲、权力和阴谋，三位一体构成这部小说的叙事主体。

整个宗教世界在叙事中起到了双重的作用，其一是与世俗的爱欲相对构成了一个"生命之轻"的叙事圈；其二是宗教的那种神秘性氛围与世俗的阴谋构成了一个"生命之重"的叙事圈。这两个叙事圈又经常交合在一起，它们显示了生存的复杂意味。

小说叙事的表层是一个典型的浪漫的爱情故事。男主人公张恕和女主人公肖星星邂逅于敦煌，他们之间很快就产生了感情。但这个感情关系很快被另外两个人的出现打破了，一个是无晔，另一个是玉儿，这里迅速出现了四角关系。令人惊异的是他们各自都找到了另一种爱欲，出现了错位式的爱情。这部小说的叙事，或者说肖星星和张恕这两个人物总是在精神、爱欲、阴谋三者之间循环，他们像某种怪圈组合在一起，在每一个极端总是预示着另一个起始，总是向另一个对立项转化，而具有一些奇妙的双重意味。这部小说无疑企图求解生命存在的极端含义——它是那些女性末世学或宿命论，灵魂转世学说以及玄奥的博弈论相混淆的超级方程式。然而，对于徐小斌来说，这些形而上的理念，这些神秘而玄奥的宿命哲学，绝对不是她要明确解决的理论问题，它们仅仅是一些悬而未决的背景。她的小说的叙事是快乐的，是灵巧而智慧的。她把中国古代的宗教与当今中国的生存现实相连接，把最神秘的宗教体验与女性的爱欲经验相混淆，把邂逅的浪漫与贩卖文物的国际阴谋相接轨……这些都显示了徐小斌的小说叙事的开放笔法和引人入胜的精彩结构。

徐小斌发表于2000年的《女娲》是一部神秘而怪诞的作品，在短篇小说的篇幅里，讲述了一位虚构的燕国公主的奇特人生，在战国征伐、荆轲刺秦的历史缝隙中，这个未得史书记载的女性寻觅着自己的人生价值。她曾追逐情欲，却爱而不得，她曾试图重整河山，却发现什么也改变不了。在命运的无声指引下，她终于走向了女娲的神巫洞，在最深的自我封闭中接近了最玄妙的真理。这个神秘主义的故事始终有一个爱情故事的形状，公主的爱情和她的开悟纠缠不可分割，不可捉摸的世界本质有了感人至深的世俗形象，二者严丝合缝，折射出徐小斌高明的叙事策略和深刻的形而上思考。

二、虚构绝对的女性历史

多年来，徐小斌一直在讲述女人的历史，20世纪80年代中期，她远离文坛中心，沉静而执着地写作。人们几乎突然才意识到这个人是一个不容忽视的存在。1999年1月的某个周日，在北京新落成的巨大的图书大厦里，《羽蛇》的首发式签名售书吸引了络绎不绝的读者，创下半天售出三百七十多本的纪录，把徐小斌的书写事业推向炫目的高峰。但在闪烁的镁光灯下，徐小斌却依然沉静如初。对于她来说，《羽蛇》不是结束，而仅仅是开始。

《羽蛇》是一部纯净深刻的作品，散发着古典主义的怀旧情调。但在其单纯的外表下，掩藏着相当丰富的关于女人历史的种种探究。

《羽蛇》构造了一部绝对的女人历史。说其绝对，是指这里的女人历史与男权历史相对立，这部历史顽强地抗拒世界历史的宏大叙事。《羽蛇》的叙事明显是一种历时性的结构，小说的情节发展与中国现代史同步，历经民国、新民主主义革命、社会主义革命、文化大革命、改革开放、跨国资本主义时代。小说历时几近一个世纪，概括中国现代启蒙与革命的变迁过程，一个家族无可挽回地走向破败的历史。以玄溟为首的女人群体，也是一部中国现代历史。历史的变迁，使这些女人历经沧桑，面目全非，她们由富贵而贫困，由娇艳而衰老，由天真而怪戾。历史严重改变了这些女人的外部，但没有改变女人的内在性。这些女人一如既往，执着地根据自己的内心愿望顽强生活下去，她们几乎是自觉走向命定的归途，但她们从不根据外部历史的变化而改变自己的品性和内心生活。玄溟是一个旧式中国妇女，这个据说曾被慈禧太后抱在怀里的聪明伶俐的女孩，后来看上去像是传统中国父权的卫道士。事实上，玄溟象征性地意指着中国传统父权的危机。小说中晚清时期的"老爷"，即玄溟的丈夫不过是"纸老虎"，几乎是缺席的。小说写到这个家族最高的男权人物"老爷"的时候很少，我们知道他不过是个洋务买办（铁路局长？），在外面养了小，很少回家，保持着中国传统男权的不少恶习。传统中国的男权历史不仅半殖民化，而且陈腐不堪。玄溟真正操持着这个家族，统治着这些女人，她们自成一体，构成一个后母系社会。徐小斌是有意还是无意？这个家族的男性或虚弱不堪，或英年早逝（如天成）。这个家族不再是男权驾驭女人的强权社会，而是男人落入女人圈套的生存游戏。陆尘这个风度翩翩的男人，没有逃脱玄溟为若木设计的婚姻规划。徐小斌笔下的男人通常都是一些庸碌之辈，或者是一些漂亮脆弱的剪纸式的人物。虽然男权构造的历史庞大而充满暴力，但作为个人的男性却无所作为。男人是一些集体性的群居式的盲从动物。徐小斌的女人却始终不渝地有着她们的发展史，乃至于个体发展史。每一个女人都有她的存在理由，她的选择与目标，她们永远怀着最初的生命动机，坚忍不拔地走向生命的终结。玄溟着笔虽然不多，但整部小说却始终渗透着她的气息。这个女人历经半个多世纪，历史已经发生翻天覆地的变化，但她却依然故我，还保持着她对这个家庭的精神支配，她甚至连口味都没有变化，她没有迁就外部社会，她有着自身不变的历史——一种看上去微不足道的然而却是最具韧性的自在的历史。

玄溟的精神在若木的身上以更加怪戾的方式加以繁衍。若木跨越几个时代同样没有改变个人的品性，革命把陆尘变成一个平庸的技术官僚，但却没有改变若木拿着金钥匙掏耳朵的姿势。受过良好的中国现代启蒙教育的若木，知书达理只是她的外表，用于俘获一个理想丈夫的手段，她的骨子里却渗透着中国传统妇道人家的本性。这正如浸淫现代性的中国，并未摆脱它的传统本性一样。若木在年轻时就习惯于颐指气使，对女佣进行精神虐待毫不手软。成为母亲之后，她并不像中国文学里通常的母亲形象那样温柔贤惠，而是一个尖刻怪戾、反复无常、冷漠自私的女人，总之，她凭着她的本性生活，与玄溟一样拒绝被历史同化。

小说的主人公羽和她的两个姐姐绫和箫，这是几个个性鲜明独特的女子，能把几个女人写得活灵活现，性格迥异，也可见徐小斌的笔力非同凡响。绫与箫是不同类型的女子，绫的故事充满了女人凭着内心冲动去选择生活的渴望，绫机敏善变，但她从不屈从于环境，我行我素是她的本性，她选择丈夫和情人完全凭一时的冲动。这个开放的女子实际非常自私，她渴望男人，但她却用了低俗的手段去控制男人，甚至加害自己的妹妹箫。看上去老实的箫，也有着自己对命运的不动声色的主动把握，徐小斌笔下的女人都很有质感，就在于她们每个人都有自己的本体存在，有着自己不被外部世界异化的内心生活。在任何时候，女人的个人生活史都是一部不可更改的独特史。徐小斌从不回避直接表现女人的内心欲望，女人对自身的身体意识，反复地读解自己的身体，这是徐小斌表现女人自我意识的一种方法。尽管这种视角多少夹杂了一些男性的欲望化想象，但徐小斌优雅的叙述总是能创造一种动人的氛围。

　　当然，小说的主人公羽是徐小斌刻意创造的一个绝对的女性。之所以称之为绝对的女性，在于羽是一个非同寻常的女性，她的存在方式，她的经验已经超出日常生活中的女性，而是由关于女人的绝对概念构造而成。或者说，她是一个本质性的女性。这并不是说徐小斌描写的这个女人只是从概念出发，这与我们过去批评的"左"派政治所设定的概念化人物根本不同，后者不过是政治意识形态规定的同语反复的产物，而前者则是作家个人能动地认识世界的思想结晶。羽被刻画为神经质，具有神秘主义本能倾向，向往形而上学，对不可知世界的迷恋，文身，与佛教徒和异见人士的爱恋，变相的反俄狄浦斯情结（即仇母情结）等等，所有这些没有一个行动表明羽属于现实世界。羽始终觉得自己与世界格格不入，周围充满了生活的陷阱，但她只是顽强地保护着个人的内心幻想，她与周围的世界无关，她只根据她的内在本质行动。羽像是徐小斌理解的关于女人的本质，或者一种本质的女性。关于羽的叙事，完全采用了诗化的和神秘化的表意策略。对羽的表现可以看出徐小斌叙述的特殊方式，羽的幻想特征使小说具有双重世界存在的可能性，羽一方面沉湎在自己的拉康式的"幻想界"里，另一方面却经历着真实的"现实界"。她所经历的那些事件和人物，如果做些简单的考据学工作的话，可以找到纪实性的原始素材依据。但这些并不重要，羽的故事可以进行拉康式的读解，令人惊异的是，羽是对拉康理论的女性主义式的改写，也就是说，杀父娶母的"俄狄浦斯情结"被改变成一个女人作为主体的故事。与之相关的"菲勒斯"崇拜，也被最大限度地改写了。羽似乎从来没有成年，处在历史的脱序状态，她同时也疏离于母系社会的历史。"脱离了翅膀的羽毛不是飞翔而是飘零，因为它的命运，掌握在风的手中。"羽在飘落，始终向着黑暗飘落。徐小斌对一种状态和感觉的把握是相当出色的。

小说中出现了几个男人的形象，他们无一例外属于女性历史的反面。圆广/烛龙也只有在羽的幻想界里才具有超凡的精神力量，一旦回到现实界，例如烛龙，后来也不得不显出凡人的疲惫。男人的历史是可疑和可悲的，也许是无意的，徐小斌写到的两位可以为女人接受的男性，烛龙和朋，一个是流亡的异见人士，另一个是携款外逃的经济犯。这就是男人的历史。支撑这个世界的强大的男性力量，正处在深刻的危机中，这两个男人不过象征性写出了这个时代的男性与世纪初的男性（老爷之流）所遭遇到的不同命运。

但不管如何，《羽蛇》讲述的女人的故事无疑是独特而丰富的。这部"后母系社会"式的女性史，展示了女人是如何按照自身的历史延续性，拒绝和疏离男性轰轰烈烈的现代史的生活历程。在现代性的宏伟历史进程中，自在独立的女性史在徐小斌的笔下并不是平静自在自为的，这部女性的历史也不是和谐融洽的，女人在现代史的背景上，开展了自己的历史活动，成为女性书写自己历史的起源。就是在这个从社会学的角度来看作为一个由血缘关系构成的女性家族里，女性之间的排斥和敌对，构成其历史的主导内容。这也许是徐小斌的惊人之处，当她把女人的历史与男人的历史对立起来时，她并没有去讲述一部女权主义者惯常要关注的姐妹情谊（与男权世界对抗），而是女人之间，特别是女性亲人之间的敌对。这些女性都进入宿命论式的对立和仇视。一个排除了男权的女人世界，充满了令人惊异的压制与颠覆、爱与背叛的斗争。在所有这些斗争中，母女之间的对立构成矛盾的轴心，母亲对女儿的控制与戕害，女儿对母亲的逃避与反抗，形成层出不穷的环节。

若木在年轻时为母亲玄溟所支配，上学时母亲居然坐在后座监督，母亲设下圈套为她找一个如意郎君，女儿的生活按照母亲的意志发展。幸福这一概念被母系社会的权力所曲解。当若木成为母亲后，她也没有放弃对女儿的精神压迫，羽时时感受到母亲的冷漠，从小她就顽强地相信"母亲不爱她"。在女儿发现母亲的"不爱"时，羽又在找寻另一个母亲，她与金乌的关系，就更具有恋母的意味。确实，小说中不止一处写到"寻母"的情节，血缘关系似乎发生危机，而精神之母则在她们的心灵里占据着支配地位。金乌同样是一个"失母"的人，徐小斌在这里编织的故事有着某种哥德尔数学悖论式的怪圈。这些遭遇母亲遗弃的女儿，却在坚持不懈地寻找精神之母。而金乌和羽的相遇，更像是来自母系社会的某种原初记忆。她们在撒满鲜花的浴池里采取的性行为，在小说的叙事中，无疑有奇特的象征意义。这个行为如果把它理解为是对母系社会的原始记忆的某种恢复，不过是一种施行成人礼的史前仪式的象征行为。也许在徐小斌看来，血缘并不足以构成母系社会的内在凝聚力，相反，她看到血缘关系的困境。徐小斌骨子里是一个反社会的唯美主义者，她把一切社会性的结构关系，都看成是违背人性、压制人类之爱。只有"美"才是维系人类相爱相亲的根本纽带。在某种意义上，徐小斌讲述了一部后母系社会的历史，她又以血缘关系为支点对其进行解构。她显然在设想重建一种女性历史的可能，这就是以"美"的理念为新的历史起源。

三、关于美与神秘以及神话写作

徐小斌从来不掩饰她对美的赞颂，以至于这在她的小说叙事中成为一种障碍，她的主要人物几乎都是超凡脱俗的，美在精神上战胜一切丑恶事物，美本身就是最高的神性。在小说中不难看到，所有美丽的事物都遭遇到政治或人性的迫害或亵渎，但在所有与美的对抗中，政治或人性之恶在精神上早已处于劣势。金乌或金乌的父母都无不如此。徐小斌笔下的美的事物也经常夭折或最终毁灭，特别是她的作品中经常出现一些年轻的男子，他们主要是女性幻想的纯粹男性形象。徐小斌的审美理念的核心是女性的怪异之美，来自于女性的神秘本质。因此，"美"在徐小斌的小说叙事中，就不仅仅具有感官的特征，它们具有复杂的思想内容。特别是这些美的事物所具有的神秘主义倾向，使徐小斌的小说叙事透示出准宗教的精神底蕴。

神秘主义是徐小斌始终不渝追逐的思想意蕴，这使她的小说叙事在一种透明的质感中，隐含着某种不可知的宿命论观念。早在《敦煌遗梦》里，徐小斌就试图把宗教思想作为小说叙事的背景意义，起到隐喻作用。在《羽蛇》中，可以看出徐小斌的这一做法更加圆熟老练，羽的那种对外部世界、对母系家族统治的厌弃，根源于她内心的宗教冲动，她对神秘性事物的向往。她的类似梦游的刺青行为，是她幻想的宗教经验。烛龙不用说，完全是一个根源于她的女性原初记忆的男子。羽的行为和感觉，因为宗教的背景，而并不让人觉得怪异，使羽可以超越现实的逻辑，执拗地在自我的世界里行走。刺青不过是一种视觉效果，是徐小斌借此沟通神秘世界的一种符号代码。刺青是一种反常的重写身体的行为，它以符号化的方式给身体命名，通过对肉体的改写而遮蔽肉体，并给予肉体以精神性的象征意义，它使活的肉体与远古图腾，与已死的历史相连接。文过身的身体不再是单纯的肉体，它已经给予一个象征的和超越的来世。隐秘的文身是对现世的一种逃遁，就像当今时代展露在外的文身是对社会的反抗一样。确实，徐小斌借助了象征符号，赋予她的人物以特殊的超验性存在。因此，徐小斌的小说总是有一种形而上的超越性意义，她在那些日常性的世俗化的生活的深处，置入不可知的神秘主义意味，这使她的小说具有引人入胜的可读性，又不失玄奥的生命体验意义。

徐小斌的小说写作富有才情，想象奇崛瑰丽，她热衷于制造空灵优雅的艺术氛围，在处理那些年代久远的故事时，可以看出她的叙事得心应手，对徐小斌来说，小说叙事并不是形而上观念的产物，也不是一些概念化的演绎，尽管她的小说隐含着难以言喻的不可知论或宿命论的意义，但她的大部分故事主体都来自她个人的直接经验和记忆。仔细阅读徐小斌的这部小说，也不难发现，那种强烈的虚构色彩，与某种可以在经验中印证的事实相混合，构成小说叙事的内在张力。小说的叙事呈两极发展，幻想中的超验世界和可理解的现实世界。这两条线索平行发展或交叉运行，使小说叙事虚虚实实，变幻不定。可以看出徐小斌驾驭小说叙事的出色才能。但同时也可以看出，徐小斌在迷恋那些玄奥的观念的同时，也难以拒绝那些蛊惑人心的直接经验，这使她在如何把握小说叙述视角方面具有双重性：她不断地用描写性很强的句式去表现她那些"真实的"直接经验。并且随着小说叙事切近当代生活，特别是靠近当前的生活，小说越来越采用纪实手法。小说到后半部分差不多抛弃了对幻想经验的表现，而转向更实的现实经验。到底是这些已经发生过的真实故事吸引徐小斌，使她有理由相信，现实（已经发生的经验）比幻想经验更有力，还是因为那些玄虚的描述已经令人疲倦？一些当代作家只要一写到当前生活，就感到匮乏无力，他（她）们几乎处在双重困境：现实本身以两极形式呈现出无法捉摸的特征，要么现实就是一团毫无生气的日常流水账，它使文学虚构无从下手；要么现实本身就神奇精彩，它使文学虚构相形见绌。很显然，徐小斌一写到当代生活就遭遇到后一种情况，她的经验世界里存留了一些使文学虚构黯然失色的故事，她试图用实录的手法使之再现。小说的虚构功能已经难以与现实本身不断创造的奇闻逸事相媲美，对"事实"（或真实）的崇拜，已经成为当代由电视媒体制造的认知体系的首要真理，文学虚构不得不怀疑自己传统的审美观。如果说，传统现实主义对"事实"（或真实）的强调，不过是在意识形态先验论意义下的虚拟，那么，当代虚构文学已经不再严格依附于一种强制性的意识形态，它只是从现时代的认识论意义上，对"真实"和"纪实"表示认同（屈从）。但就《羽蛇》的叙事总体而言，徐小斌把握幻想界和现实界的关系还是相当成功的，一部叙事跨越近一个世纪的小说，并没有笼罩旧时代的氛围，相反，始终充满了当代气息，这得益于作者随时把握住的主观化的叙述视角，并自然地把故事引入当代现实。

总之，《羽蛇》是一部奇特而值得耐心读解的作品，作为一部少有的在历史变动中全力书写女性的小说，徐小斌揭示了一部意味无穷的女性系谱学，特别是她触及的存留在母系文化谱系中的深刻矛盾，既反映了人类最久远的经验，也提示了人类现在以及将来可能面对的问题。这部小说的丰富、深刻和优美，都表明了当代中国女性写作所达到的高度。没有任何理由认为女作家写的具有女性主义倾向的作品就是好作品，或值得一读的作品。就像中国任何概念都要迅速庸俗化和廉价一样，女性主义这只标签也快被弄得面目全非。指认徐小斌小说的女性主义特征，并不是因为作者的女性身份（正如女权主义者西泽斯所说的那样，女性作者完全有可能写作非常男人化的书），也不是因为作者讲述了一群女人的故事，更重要的在于作者以相当坚定的方式，揭示了一段含义丰富的女性自我认同的历史，女性自我异化的历史。性别身份的危机也许是徐小斌率先意识到的难题，这在当今中国文化中，其真伪一时尚难以断定，但徐小斌率先对此作了表述。徐小斌在这部小说的题记里写道："世界失去了它的灵魂，我失去了我的性。"事实上，世界并没有完全失去它的灵魂，因为文学一直在修复它；女人也没有完全失去她的性，因为文学使人们重新认识女人的性——这就是《羽蛇》的意义所在。

四、历史与文学相遇

在中国文坛，徐小斌虽然没有大红大紫，但她肯定是一个真正的实力派作家。没有人怀疑她对文学语言有着精致入微的理解，也没有人不为她所营造的神秘主义诗性所感动。她总是不温不火，不疾不徐走着自己的路。《羽蛇》是当代小说中难得的精品之作，数年过去了，徐小斌并未乘胜追击，只是不时出手一些唯美主义式的小说，若隐若现地印证着她所向往的那种飘逸境界。出人意料，2004年盛夏，徐小斌出版了一部长篇历史小说《德龄公主》（人民文学出版社），这显然令文坛大吃一惊。一直热衷于进入虚构的神秘诗性深处的徐小斌，何以会闯入务实的历史小说领地呢？历史领域曾经一度构成一部分先锋派作家的语言实验飞地，那是回避现实矛盾而又可以展示文本和个人独特感觉的有效空间。苏童、北村等人都有过类似的举措。但回归写实的道路来切入历史小说，这还是一种新奇之举，徐小斌这回可算是另辟蹊径。

这部小说讲述年轻漂亮而聪慧的德龄公主在欧洲长大成人回到中国，进入皇宫受到慈禧太后恩宠的故事。这个故事还交织着德龄公主与年轻的美国医生怀特的爱情，她的妹妹与光绪的感情纠葛。小说通过德龄公主的交往关系，展示了皇宫里种种人情世故，恩怨情仇。德龄公主目光所及，正是清王朝腐败无能走向衰败的历史时期，也是中国近代历史剧烈变动，内外交困的关键年代。小说把宫廷里的险象环生的权力斗争与风云变幻的政治风云结合在一起，揭示出从传统封建社会进入现代社会的历史艰难行程。总之，这是一个少女和一个帝国的故事，它呈现了一个庞大的古老帝国在风雨飘摇中度过的最后时光的情景。在全球化迅猛扩张的今天，看看百多年前古老的中华帝国初始遭遇西方文明挑战的场景，无疑更加令人触目惊心。

当然，"历史"在当今消费主义盛行的时代也变得神情暧昧，人们越是远离历史，越是失去历史，人们越是要以想象的方式重温历史。历史变成了人们消费的必需品，而历史也在消费中被放大或者消解。进入20世纪90年代，随着中国经济神话腾飞，媒体这个后工业化社会的典型产业的兴盛，"历史"成为小说、影视剧的热门素材。就近年而言，描写清史的小说或历史剧不在少数，徐小斌有什么过人之处还要做此选择？据说她花了整整四年工夫，阅读了从北图到首图的几百本资料，从收集资料到写作到修改，其中的甘苦不言自明。这显然比徐小斌做她擅长的虚构小说要困难得多。显然，徐小斌把握住德龄公主就等于把握住一个独特视角，而这一视角是过去的清史小说或影视剧所欠缺的。这一独特视角就是中西文化在近代转型时期的交汇与冲突。尽管过去的作品也写到这点，但都只是作为一个局部的视点附属于民族矛盾和政治斗争的主线，在徐小斌这里，德龄公主这一视角则是深入而全面地展示以慈禧为首的清廷对西方文明的极其复杂的心理和接受过程。

德龄的父亲是驻法公使，她自幼受到西式教育，她和妹妹容龄是舞蹈家邓肯免费收的二位学生，通晓西洋礼仪、教养、音乐和多国语言。慈禧对她的欣赏，与慈禧惯常给人的狭隘保守闭关锁国的形象大有出入。小说虽然也写到慈禧种种保守愚昧的思想与行为，但她对德龄的接受，对西方文明的有限吸收，似乎更深入细致地展现了清帝国对西方文明的回应。小说写到慈禧由抵触到接受卡尔给她画像的故事，这明显表明慈禧对西方文明做出的姿态，同时也表现了慈禧真实的心理变化过程。一个更具有积极态度面向西方文明的人物是光绪皇帝，小说写了光绪与容龄之间的朦胧的情爱关系，容龄教光绪弹钢琴、学英语，甚至还有西方宫廷舞，光绪显示出更加开放和富有热情的态度。德龄和容龄二人本身就是西方文明的象征，与其说她们是古旧的东方文明的女儿，不如说是西方现代文明的使者。她们带着西方的现代观念、现代生活方式、现代审美趣味走进这个古老的皇宫，她们带来了一股清新的更富有人性的自由气息。小说从这个角度非常细致透彻地表现了近代中国接受西方文明的艰难而富有戏剧性的过程，按照徐小斌所下的资料功夫，可以信得过她叙述这个中西文明在近代中国相遇时的情景和那些动人的细节。

小说始终贯穿的德龄与美国医生怀特的爱情故事，这本身就是中西文明交汇冲突的深刻写照。在那些日常生活的叙述中，这段爱情故事被写得充满浪漫气质。已经相当西化的德龄，一旦面对怀特的爱情，不同文化之间的差异性依然难以抹去。但徐小斌把这份爱情写得楚楚动人，那是更为纯粹的青春期的美好爱情，在这一意义上，人性超越了民族性。

多少年来在文学方面的磨炼，即使是在纯文学的水准上，徐小斌的叙述才能和语言功夫无疑是上乘的。做足了材料方面的功夫之后，徐小斌可以发挥她的想象力，这是一次历史的文学化，也是文学的历史化，它造就着一种新的文学品质。流行的（或者说主流的）历史小说主要以写事件为主，大起大落描写事件主脉，刻意构造戏剧性矛盾，罗织人物正反分明的冲突等等，使当今主流的大多数中国历史小说已经模式化。另一类则是戏说，无边无际的胡编乱造。在当今的文学格局中，历史小说一直是划归在通俗读物的范畴，在文学史的叙述中，也只是专列章节加以阐述，似乎与主导文学的现实没有实际关联。徐小斌的这部"历史小说"可以看出它鲜明的文学品质，这就是纯文学与历史小说的融合。从主流文学的意义上来看，徐小斌从历史那里借来材料，展开她对近代中国历史的探究，写出这个时代的帝王将相才子佳人的悲欢离合的命运。从历史小说的角度来看，徐小斌把纯文学的那种叙述方法融合进了历史题材，她强调叙述视点，强调叙述时间的变化和对比，强调人物性格和心理描写，强调语感和工整的句式，强调神秘体验和诗性氛围的营造……所有这些，都使这部小说达到相当高的艺术水准，也摸索出纯文学与历史小说结合的崭新道路，可以说开拓了历史小说表现的空间，把历史小说提升到主流文学的高度。

当然，在艺术上，这部小说让我们再次想起《红楼梦》的传统，想起作者沟通的那种古典记忆。这倒不是说慈禧使人想起贾母，光绪身后晃着宝玉的影子，德龄容龄也可见出宝钗黛玉的姿色，小说的笔法、叙述风格和人物性格命运的刻画，都秉承了《红楼梦》的格调，应该说作者是下了功夫吃透《红楼梦》，颇得《红楼梦》神韵。一部包含着历史悲欢的作品，对一段剧烈变动的历史的呈现，能讲述得如此精致细腻，如此楚楚动人，把一个少女引入一个古老的帝国，一部历史的裂变与一段情缘的诀别，诡异而凄美，惊心动魄却悠长如歌，这就是历史与文学相遇，文字与心灵相交，心灵与诗意相合。

在《德龄公主》出版的当年，《秋瑾的东瀛之旅》这部短篇小说也发表于《山花》（2004年第7期）杂志上，对《德龄公主》的历史讲述进行了某种补充。虽然这仍是一个与德龄有关的故事，但故事的主人公换成了另一位在中国近代史上赫赫有名的女性——秋瑾。秋瑾不同于徐小斌笔下其他的女主角，她主动进入了"大历史"场域之中，并始终以一位革命者的形象出现。徐小斌擅写的情爱在这里为历史变局的激情让出了空间，秋瑾与德龄的交往在一个更大的历史层面上折射出"革命"和"改良"两大变革思想的碰撞,这不再是"女人的历史",她们是成为了历史主体的女人。徐小斌已无须以神秘缱绻的诗情书写历史,历史本身便迸发出了浪漫的火星。

五、关于本真之美与重返童话

徐小斌的小说一直以追求唯美和神秘而引人注目,她多年前的小说《迷幻花园》《双鱼星座》等,给人以极深的印象,那是先锋小说渐渐落下帷幕的时期,徐小斌另辟蹊径,以语言的典雅唯美和对不可知的神秘探究,给纯文学注入了特有的女性气质。如果说这个时代确实有个人化写作,那么徐小斌应当是最为自然的个人化写作。

徐小斌出道甚早,20世纪80年代中期就写有《对一个精神病患者的调查》。徐小斌似乎在文坛边缘行走,保持着自己对文学的独特理解。要说世俗化或商业化,徐小斌可能最有条件,她所供职的单位,她所从事的影视剧编剧专业,不知有多少机会去赚取元宝。令人奇怪的是,徐小斌似乎与她的这份工作若即若离,她矢志不渝的是她心目中理解的文学。她对文学的那种追求,虽然不是狂热性的,但却是最为内在而最有韧性的。商业上的成功从来不能使她心里踏实,对她来说,只有文学,纯粹的文学上的自我肯定,这才是她要告慰的自我心灵。

很显然,2010年,徐小斌出版《炼狱之花》是她一贯的文学追求和人生态度的直接表现。这部小说破天荒地由人民文学出版社与长江文艺出版社联袂出版,与徐小斌过去的小说企盼形而上的神灵不同,这回徐小斌把一些海底精灵请到了俗世。过去徐小斌对于现实世界的表现,采取了神秘的超越方式,这回却是直接的揭示批判。其实近年来中国作家对现实的关切始终没有松懈,不用说那些底层写作延展的历史与阶级批判,现在有更多的作家,对现实进行精神性的思考,也就是说,他们时刻在追问:我们这个时代的人们的精神到底出了什么样的问题？范稳出版的《大地雅歌》在异域文化中探寻纯粹之爱来纠偏当代世俗功利；莫言的《蛙》通过戏剧糅合进小说的形式，反讽式地刻画当代价值的错位；有张炜的《你在高原》如此高亢的对当代现实的全方位质询；也有徐小斌这样的切入现实的某个区域，去揭开当代人的肉体与精神的困境。

《炼狱之花》讲的是影视娱乐业的故事，这方面的故事是否是徐小斌的亲历不好判断，但她有直接经验、有第一手资料这是毋庸置疑的。徐小斌当然不会满足于玩一些爆料的技法，她不过是把影视界或娱乐业作为故事表现的质料，她要探究的还是人性在这个时代的变质，人类的本真的善与美到底处于何种境况。

小说显然与《安徒生童话》的《海的女儿》有关，这个想变成人的美人鱼，如今在《炼狱之花》中是一朵海底的百合花，她也来到了人间，历经着人间一切是非非。不幸的是，她涉足了影视业，这个看上去美妙神奇的世界，却是充满了比其他行业更为密集的尔虞我诈。一个来自海底的几乎是纯真纯美的女孩，就这样历经着人世间的卑劣与丑恶。徐小斌通过百合这个人物，几乎是把童话世界强行与当下的现实世界重叠在一起，在童话的映衬下，她来观看这个世俗的欲望横溢的现实世界。这似乎是反着写童话，不是从人世间去往童话世界，而是从童话世界来到人世间。

这部小说明显是按照童话的美学规则来构思的，好人与坏人都清晰可见，几乎所有的男人这一谱系大都是坏人和害人的妖魔，女人则是好人和受害者。男人的谱系：铜牛、老虎、金马、阿豹……女人谱系：百合、天仙子、曼陀罗、罂粟、番石榴……男人属于动物科，女人属于植物。这本身包含着徐小斌的女性主义立场。动物凶猛、贪婪、富有进攻性和侵略性；植物则属阴性，自怜自爱，孤芳自赏。但植物也有毒性植物，如曼陀罗、罂粟几种。番石榴作为植物虽然属于果树，但这里作为一个女人的名字，却包含着坚实诡异。徐小斌的命名本身就是一种童话手法，她用童话的人物、童话的思维、童话的美学来重建当下的小说，那就是纯文学与畅销文学连体的一种方式。既获得可读性，获得更为广泛的读者受众，又依然不失严肃文学具有的品性。

海百合这个人物是作者设想出的中国版的"海的女儿"，她来自海底世界，对人的世界几乎懵懂无知，她以未经文明洗礼的纯粹自然的生命状态，来到人世。显然，徐小斌是想去探究一个完全没有世俗功利的女子，在今天的现实中将会遭遇到什么样的结果。这无疑是徐小斌设计的叙述策略，海百合天真无邪，她如一面镜子，映衬出一切现实的欲望。而她的善良天真也表达了徐小斌对当代人性异化的深刻批判。与她相对的那些人，在进行动物化命名的同时，也显现了他们的性格特征：铜牛如牛一样憨傻，却是内心虚弱；老虎也是只纸老虎；金马就更是非驴非马；阿豹也徒有其名，只是在罂粟的股掌之中。徐小斌的动物化命名，充满了对男性动物化的戏谑，这与百合所代表的非人类的本真之美的世界构成了鲜明对照。但在小说的叙述中，海百合就是只如镜子一般安详地放在那里，无须什么正面冲突，所有冲突，只是人类的这些男性动物不自觉地露出的蠢态。

天仙子也是作者寄寓的一个理想化的人物，作为一个追求纯粹文学的作家，天仙子与这个现实世界格格不入，最终只能遭遇到冷落和凄凉。天仙子的女儿曼陀罗却是怪戾狠毒，她的脸上长了一朵曼陀罗花——那或许是炼狱之花吧，她却要割下百合哥哥脚心的曼陀罗花。如此这般的故事，离奇得也只有在童话世界里才能被理解。天仙子对女儿失望，对人世间也失望至极，小说借天仙子之口，对现实世界的人欲与权力的横行给予猛烈抨击——她看透了人类世界的本质。

徐小斌在这部小说中，毋宁说是唱了一曲本真之美的挽歌。"海的女儿"几乎是她那一代人在动荡年代里接受的纯美幻想，徐小斌过了如斯年月，却要还此宿愿，她只好让她的"海的女儿"来到当今的现实，来到她所熟悉的娱乐世界。其实徐小斌作为一个叙述人，也充当了小说中的一个角色。那是她始终在场的叙述，由此表征了20世纪50年代人的美学记忆——如此纯粹，如此本真，奇怪地存在于那个政治极度强大的年代之外，而有一种一尘不染的古典之美，甚至延续至今，在今天被重新唤醒，来到如此解放张狂的时代，却徒有遗世孤立的美感。而向人们步步紧逼的是曼陀罗花般的后现代狰狞之美。与其说徐小斌解释和解决了当代道德和审美的困惑，不如说她留给我们更加不安的思考。

2018年的《入戏》是徐小斌又一部涉及影视业的力作，不同于《炼狱之花》的童话之美，徐小斌在这部中篇小说中直面了影视行业内部的潜规则。女主人公梅清风是一个以创作为业的典型的知识女性，却身处生活的烦琐与工作的阴暗的双重压抑之下，既心怀正义又无能为力，终于成为"入"不了"戏"的"失败者"。她的痛苦在于她活得太过本真，无法把生活当作一场荒诞而庸俗的戏剧。梅清风的形象延续了徐小斌对女性人物的创作传统，她是一个以自我的内部世界来对抗外部世界的人，但她更多地带有了不愿长大的孩子的天真与任性。在"影视行业潜规则"的社会化叙述之下，隐藏着一整个向纯真的"孩子"——女性——倾倒过来的"成熟"世界。不同于对梅清风的赞赏，在《无相》中，徐小斌对杰的态度更多的是嘲讽。这个故事同样具有影视行业的背景，杰是一个文化投机者，总以为自己可以完美地玩弄规则与控制人心，结果却只剩下空虚。杰曾经有过一个可能的救赎机会，那就是忠诚的女友珊妮，但她也在杰的操纵和推动下，被卷入了物欲的洪流。杰在投机与纵欲之后，又试图回归纯真女性的怀抱，而这显然已经不可能了，在社会批判的大主题下，"浪子回头"这个永恒的性别关系想象被彻底打破了。

向外张望的野心勃勃的男性和注视内部的孩子般的女性，是徐小斌小说中常见的一组性别关系。《别人》是一部专注于心理书写的笔法细腻的小说，躲藏在自我的世界里的"老姑娘"何小船神经质地在一副塔罗牌上寻找自己的命运，小心翼翼地避开爱情的伤害，却仍不免落入任远航的情感陷阱无法自拔。何小船一旦沾染上爱情便不由自主地完全奉献了自我，但她视若生命的爱情在任远航那里却要排在工作、名誉等许许多多社会性因素的后面，男女双方对爱情截然不同的态度必然导向最后的悲剧。小说的内涵不止于此，任远航对何小船的爱情始于那个颠倒错乱的激进革命年代之前保留下的孩童式的纯真，但在历史创伤和个人经验的双重扭曲之下，"本真"已经成了一个遥远的幻影，任远航可以不付出任何代价地追忆，却再也不可能为曾经的爱与真承担丝毫风险。相较于《别人》的绝望，《无执》这个同样涉及那个激进革命年代的故事则更多地留下了希望。在那个充满压抑的时期，出身不好、身体瘦弱如孩童的郑小米在周围的迫害欺压下，依靠幻想来自我拯救，并幸运地遇上了一个让她的幻觉成为现实的男人，但他们之间直到最后也没有发生实质的爱情，郑小米的"无执"让这段回忆停留在极端年代两个年轻人的友谊，也在严酷外部环境中为纯真留下了一个内在的空间。这些有关遥远的"本真"记忆的或无望或温暖的故事，都流露出徐小斌对现实的深刻不安与思虑。但她在内心深处也许还是愿意给希望留下一席之地的，这从徐小斌的新作《无调性英雄传说》中可以略窥一二。这是一部对古希腊神话的改编之作，神话和史诗中的神祇和英雄们成为了对抗压抑世界的革命者，从人类文明的古老源头之中，徐小斌重新找到了理想主义的纯真与力量。

徐小斌的写作始终在提醒着人们，文学写作的真正要义是什么，什么是一个作家理应长期坚持的本色。她也许不能完全梦想成真，但她已经梦想成精。

2019 年 3 月
改定于北大朗润园

自序　我对世界有话说

　　我对世界有话要说，可惜，这世上没有几位真正的聆听者。于是只好用笔说。

　　十七岁，我曾经试图写一个长篇，叫做《雏鹰奋翮》，写一个女孩凌小虹和一个男孩任宇的故事，写得非常投入，写了大约有将近十万字，写不下去了。多年之后我重看这篇小说，真是奇怪我当时怎么竟会有这样的耐心，写出这样密密麻麻、工工整整的蝇头小楷：出身于高级知识分子家庭的凌小虹与出身于干部家庭的任宇，有一种非常纯洁也非常特殊的感情。由于出身的不同，在那个特殊年代他们之间不可避免地发生误会。小虹的父亲被殴打致死后，她生活无着，被赶出自己的房子，到过去保姆住的地方蛰伏，却遭到保姆儿子王志义的性骚扰。性格刚烈的她在反抗中杀了王志义，只身潜逃。任宇寻找未果，痛彻心肺。后来任宇与几个好友一起囚渡红河，到越南参加抗美援越，遇到了一个酷似小虹的女子。写到这里，我不知如何往下写了，就停了笔。这沓子片叶纸，在交通大学院里的小伙伴中间传来传去。每个人见了我都会问：后来他们俩怎么样了？

　　多年之后《东方时空》总策划、我的好友杨东平把《雏鹰奋翮》作为"文革"中的地下作品写入了他的一本书里。

　　真正的写作其实是从大学时代开始的。

怪得很，也许因为那时是全民文学热，学经济的学生照样对文学爱得一塌糊涂，并且常不自觉地用一种文学品位与标准来衡量人。大学二年级，开了一门基础课叫做"汉语写作"，让大家每人写篇作文。我写的是杭州孤山放鹤亭，有关梅妻鹤子的故事，只有千余字，只是选了一个特殊的角度。（后来此文全文发表在《光明日报》上。）老师对我说："你为什么不写小说？你是个潜在的作家。"

事隔不久，汉语教研组杜黎均老师找到我，向我索要一篇小说。这位杜老师"文革"前曾做过《人民文学》的编辑。我拿了一篇四千字的习作给他，事后再不敢问起。谁知这篇习作后来竟登上了《北京文学》1981年第二期新人新作栏的头条，还配了很精美的插图。我惊喜之余又写了第二个短篇《请收下这束鲜花》，作为自然来稿投给我当时最喜爱的刊物《十月》。小说情节很简单，写一个情窦初开的小女孩爱上了一个青年医生，后来医生得了绝症，在弥留之际，小女孩冒着大雨赶去看他，那医生却早已不认识她了。完全写小女孩的内心秘密，无疑在当时的社会语境下是独特的。这篇小说后来获得了《十月》首届文学奖。记得发奖大会那天，《十月》当时的主编苏予特别向大家介绍了我——获奖作家中最年轻的一位，周围坐的都是当时的文学大家们，对我说了些鼓励的话，令我诚惶诚恐——从此，便穿上红舞鞋，再也脱不下来了。

80年代我的经历充满了戏剧性，其中之一便是与《收获》的相遇。1983年我写了生平第一个中篇《河两岸是生命之树》，那时，对外开放的大门刚刚开了一道缝，正因如此，门外的景色看起来如此新鲜。我被一种写作的激情啮咬住，它使我整天处于一种癫狂状态，我每天都和小说人物生活在一起，忘了我属于他们还是他们属于我，写到动情处，趴在桌上大哭一场，此小说应当是我情感最投入的一部，三十多年后的今天，依然有读者在问："这本书在哪里有卖？"

《河两岸是生命之树》是《圣经》中的一句话，全句为"河两岸均有生命之树，所产果实十有二种，月月结果，其叶可治万邦之疾"。——在一个伤痕、寻根的年代引用《圣经》的话，也算是比较特别了。

在宗璞的鼓励下，我把此小说作为自然来稿寄给了《收获》，竟然在一周之内就得到了请我去上海改稿的电报。最有趣的是当时的《收获》编辑郭卓老师手持《收获》为接头暗号在车站接我，上了编辑部的木楼梯她就边走边喊："接来了，是女的！"——后来她告诉我因为我的名字编辑部产生了歧义。后来就是李小林老师把我约到武康路她家里谈小说。当时小林老师对小说人物关系的分析深深打动了我——一个无名作者竟得到如此认真的对待，固执如我，也不能不彻底折服。那一天的大事是见到了巴金。当时巴老从一个房间慢慢走向另一个房间，我看着他和蔼的笑容，尽管内心充满崇仰，却说不出一句话来，甚至连一句通常的问候也说不出来——不知为什么那时我觉得凡心里的话表达出来就会变味儿——我的心理年龄始终缺乏一个成长期，人情事故方面基本是白纸一张。

此中篇发在了1983年第五期《收获》的头条，并选入了《收获》丛书，那是我出版的第一本书。

收到了很多读者来信。许多人为它一掬感动之泪，许多人把自己的经历细细地告诉我，甚至是秘密和隐私。我相信巴尔扎克那句话了："只有出自内心的，才能真正进入内心。"

1985年发表《对一个精神病患者的调查》。那时常有些古怪的念头缠绕着我——我常常惊诧于人类的甲胄或曰保护色。人类把自己包裹得那么严，以致许许多多的人活了一生，并没有露出自己的本来面目。渐渐地，连本来面目也忘却了。甲胄与人合为一体，这不能不说是一种悲哀。在适者生存的前提下，任何物种都要学会保护自己，或曰：学会伪装和自欺。在某种意义上，人类为自己涂上的保护色有如鮟鱇鱼的花纹或杜鹃的腹语术。

人要做自身的真正主人谈何容易？！

然而，总有些人要反其道而行之，我笔下的女孩景焕便不愿认同那条既定的轨迹，她拼命想挣脱，她想获得常轨之外的尝试，挣脱的结果是落入冰河。——然而上天给了她补偿。就在她堕入冰河的瞬间，她看见了弧光——那象征全部生命意义的美丽和辉煌。

人类的创造力产生于痛苦和偏差的刹那。那是另一种人生。

而大多数人则被一种无形的力量牢牢束缚着，周而复始地在一条既定的轨迹上兜圈子，很安全，但无趣，且无意义。

　　智利有位学者曾说："落后和不发达不仅仅是一堆能勾勒出社会经济图画的统计指数，也是一种心理状态。"这句话说得很深刻。

　　《对一个精神病患者的调查》改编成电影《弧光》，是我生平第一次与电影界合作。现在想起，在当时拍这样的电影，也是需要相当的勇气的。

　　打我很小的时候就有些奇思异想：走进水果店我会想起夏娃的苹果，想起那株挂满了苹果的智慧之树，想起首先吞吃禁果的是女人而不是男人；徜徉在月夜的海滩，我会想象有一个手持星形水晶的马头鱼尾怪兽正在大海里慢慢升起；走进博物馆，我会突然感到那所有的雕像都一下子变得透明，像蜡烛一样在一座空荡荡的石头房子里燃烧……"宇宙的竖琴弹出牛顿数字，无法理解的回旋星体把我们搞昏，由于我们欲望的想象的湖水，塞壬的歌声才使我们头晕"（[美]，威尔伯）。我想，早期支撑我创作的正是我对于缪斯的迷恋和这种神秘的的晕眩。

　　1987年写第一部长篇《海火》，过了两年才出版。二十年后再版，沈浩波说，这小说一点没过时啊。可是在当时，确实是被忽略的。

　　我写："历史，就是因照了太多人的面孔而发疯的一面镜子。"我写了当时的历史：改革开放的背景下年轻人的生活。一个美丽的女孩，同时却又妖冶、阴毒、险恶，一个不美的女孩，同时却又纯洁、善良、天真；然而，小说却违反了一贯的"中国式道德判定"。"恶"由于它的真实而具有一种魅力；而善良、天真等等这些字眼却显得苍白无力、令人怀疑。起码，这些字眼是无法独立生存的，也正因如此，美丽与不美的女孩正好构成了一个人的两种形态：外显与内隐，显性行为与潜在本性——所以，在小说最后的女主人公所做的梦中，两个女孩裸身在大海中相遇，不美的女孩问：你到底是谁？美丽的女孩回答：我是你的幻影，是从你心灵铁窗里越狱潜逃的囚徒。

20世纪整个90年代我对写作的热情近于疯狂。一口气写了很多的小说。

譬如很多人说看不懂的《迷幻花园》：许多年前的一个中午，两个女孩在苏联专家设计的平房前聊天。一个女孩掏出三张纸牌问另一个女孩，从此她们的命运就被决定了。那三张不同颜色的纸牌分别代表生命、青春和灵魂。

这听起来似乎十分荒诞，但却有着一种令人心悸的真实。人生并非希腊神话里的两头蛇可以向任一方向前进，有取必有舍，重要的是：你到底要什么？

《银盾》《黑瀑》《蓝毗尼城》与《密钥的故事》都深藏着隐喻，在本文集《迷幻花园》卷中我有详细的讲述，有兴趣的朋友可以看看。

《末日的阳光》其实是个很重要的篇什，然而可能正如某个朋友所说，此篇应当二十年后再发表。它写了一个小女孩在"文革"初期，被一种猩红色的死亡气息裹挟的另类故事，它的亦真亦幻太生不逢时了，但它始终是我最心爱的小说之一。

写《双鱼星座》的时候，我内心的痛苦已经到了崩溃的边缘。在一篇创作谈里我写道："……父权制强加给女性的被动品格由女性自身得以发展，……除非将来有一天，创世纪的神话被彻底推翻，女性或许会完成父权制选择的某种颠覆。正如弗洛伦斯·南丁格尔胆大包天的预言：下一个基督也许将是一个女性。"

这篇创作谈当时被一些批评家认为是中国女性主义写作的一个宣言。《双鱼星座》获得了首届鲁迅文学奖。

《羽蛇》成为90年代末我的最后一部长篇。

写《羽蛇》这样一部小说的想法，从很早就开始了。——一个深爱母亲的孩子被母亲抛弃了，来自母亲的伤害毁了她的一生。——所有的孩子被母亲抛弃的结果，是伴随恐惧流浪终生。

但是我们终于懂得，每一个现代人都是终生的流浪者。现代人没有理想没有民族没有国籍，如同脱离了翅膀的羽毛，不是飞翔，而是飘零，因为它的命运，掌握在风的手中。我们懂得了这个道理，但是付出了比生命还要沉重的代价。

我们是不幸的：生长在一个修剪得同样高矮的苗圃里，无法成为独异的亭亭玉立的花朵；为了保证整齐划一，那些生得独异的花朵，都注定要被连根拔去，尽管那根茎上沾满了鲜血，令人心痛。有幸保留下来的，也早已被改良成了别样的品种，那高贵的色彩在被污染了的空气侵蚀下，注定变得平庸；

我们又是幸运的：在当今的世界上，还有哪一国的同龄人可以有我们这样丰富的经历？童年时我们没有快乐，少年时我们没有启蒙，青年时我们没有爱情，中年时我们没有精神，老年时我们没有归宿——另一个世界的宠儿们闻所未闻的什么大字报、批斗会、通辑令……都曾经走马灯似地从我们年轻的眼前飞驰而过，那真是神话般的叙事，那一切都是发生了的，尽管中华民族有着著名的健忘机制，但是那一切却深深地镌刻在那个女孩以及许多同代人的记忆之中。

于是，在世纪末的黄昏，我找出一张仿旧纸，在上面记下听到、看到和经历过的一切，立此存照。

死去了的，永不会复活。我们也不希望他复活，还魂之鬼永远是丑恶的。

但我们还是忘了，从所罗门的胆瓶里飞出来的魔鬼再也飞不回去了。我们把它禁锢了许多年，每禁锢一分钟，它的邪恶就会十倍百倍地增长。它的邪恶浸润在这片土地上。它毒化了这片土地。它充分展示了另一种血缘中的杀伤力与亲和力，那是土地与人的血缘关系。于是，在我们这个有了高速路、网络对话与电子游戏的时代，形而上的、精神的、灵魂的土壤却越来越贫瘠了。

而羽蛇象征着一种精神。一种支撑着人类从远古走向今天，却渐渐被遗忘了的精神。太阳神鸟与太阳神树构成远古羽蛇的意象。在古太平洋的文化传说中，羽蛇为人类取火，投身火中，粉身碎骨，化为星辰。羽蛇与太阳神鸟金乌、太阳神树若木，以及火神烛龙的关系，构成了她的一生。一生都在渴望母爱的羽丧失了其他两种可能性。那是融化在一起的真爱与真恨，自我相关自我复制的母与女，在末日审判中，是美丽而有毒的祭品。

所以我在题记中写：世界失去了它的灵魂，我失去了我的性。

我写《羽蛇》，是在极端崩溃的状态下进行的，我不是不会哭的孩子，只是我的哭声无人听见。

《羽蛇》飞出去了，她被位于纽约的西蒙舒斯特出版公司签了，预付八万美元，我的代理人说：你高兴一下吧，你的预付比张爱玲还高两万美元呢。

《羽蛇》和五卷本文集出版后，我一直想写一个完全不同的东西。后在一个类似"清宫秘闻"之类的小册子上，发现了德龄姐妹的一段轶事，上面写了她们曾经是现代舞蹈之母伊莎贝拉·邓肯甘愿不收学费的入室弟子。顿时兴趣大增。

读了整整一年史料，一百多本，资料来源主要三部分，一是北图；二是故宫的朋友帮助搜集；三是各个书店，特别是故宫、颐和园等地的书店。在读史料的过程中我发现，有很多历史人物历史场景的描写在历史教科书中是有问题的。譬如对光绪、隆裕、李莲英、对庚子年、对八国联军入侵始末、对慈禧太后当时的孤注一掷、对光绪在中日甲午战争中的勇敢表现和之后的奋发图强，对隆裕和李莲英的定位等等，都有很大出入。

历史背景是大清帝国如残阳夕照般无可挽回地没落，本身就是一个大悲剧，而在前台表演的历史人物包括慈禧、光绪、隆裕等都无一不是悲剧人物，在大悲剧的背景下的一种轻松有趣愉悦甚至带有某种喜剧色彩的故事，这种故事与背景之间的反差本身就具有巨大的张力。

这部小说一不留神很畅销，很多人说："这部小说有阅读快感。"

更多人对我失望，他们原本是希望我写《羽蛇》那种风格的小说。

但我写什么，不是任何人可以左右的。人的成长过程便是一个祛魅的过程。我写了《炼狱之花》，讥讽了黑恶势力，还拿了一个加拿大的奖。

是的我终于不再自我折磨，我真的长大了，变老了。

然后我写了《天鹅》，写了真爱。在这个几乎没有真爱的时代写真爱，无疑是痛苦和困难的。在新书首发式上，评论家施战军说：《天鹅》是当代非常需要的题材，但也是作家几乎无法驾驭的题材，深以为然。

　　其实对于这部小说的最大难点来说，并不在于音乐元素与"非典"场景的还原，而在于写拜金主义时代的爱情，实在是难乎其难，稍微一不留神，就会假，或者矫情。何况，我写的还是年龄、社会文化等背景相距甚大的一对男女。

　　《天鹅》说是写了七年，其实断断续续都不止。

　　之所以写了这么久，简单地说只有一个原因，那就是：写的是爱情小说，可写了半截不相信爱情了——我是个不会做伪之人，对于已经不相信的东西我不知道如何才能继续。

　　突然有一天，我重听圣-桑的《天鹅》，如同一个已经习惯于浊世之音的人猛然听见神界的声音——有一种获救的感觉。这时，来自身体内部一个微弱的声音突然响起："写作，不就是栖身于地狱却梦想着天国的一个行当吗？"难道不能在精神的炼狱中创造一个神界吗？不管它是否符合市场的需要，但它至少会符合人类精神的需要。

　　就这样，经历了四年的瓶颈几乎被废弃的稿子重新被赋予了活力。但是我沮丧地发现，除了极少的一部分文字外，大多数都需要重新来过——因为整部小说都涉及了音乐，还不是一般的涉及，是主脉络都与高深的古典音乐有关——故事的层层递进是伴随着一个手机里的几个乐句如何变成小品变成独奏曲变成赋格曲最后成为一部华彩歌剧来实现的。于是只好报班听课。——在2011年的炎夏，我永远穿着同一套灰色夏布袍子往返于课堂与家之间，与那些下了课还不断问问题的人们相反，每次刚刚下课我便神秘消失。以至于培训班结束时一个穿着时尚的女子告诉我，他们给我起了一个外号叫"小幽灵"。

　　我十分务实地想：我才不想去追究那么高深的古典音乐呢，小说里够使足矣。然而，写起来却远不如我想象的那么简单，为了怕露怯，我再度展开了自虐苦旅，沉迷其中，竟几度被我的男女主人公虐得潜然泪下。

《天鹅》尝试了一种"仿真"式的写法。我弃绝了惯用的华丽句式尽量让她素朴自然。恰恰2000年前后我有一次"走新疆"的经历，于是把故事的发生地设置在那里。为了完成小说，我又前后两次去新疆，成本巨大。本来我以为，这样的写作会比之前容易得多，但是进入叙事语境后才明白，原来难度如此之大，我又把自己逼向了绝境。

在《天鹅》扉页我写了，爱情是人类一息尚存的神性。很多人一生是没有爱过的，而且他根本不懂得什么是爱，甚至没有爱的能力，真爱不是所有人都有幸遇见的。正如一位哲学家所言，真爱能在一个人身上发生，至少要具备四条，一是玄心；二是洞见；三是妙赏；四是深情。只有同时具备这四种品质的人，才配享有真爱。

玄心指的是人不可有太多的得失心，有太多得失心的人无法深爱；洞见指的是在爱情中不要那些特别明晰的逻辑推理，爱需要一种直觉和睿智；妙赏指的是爱情那种绝妙之处不可言说，所谓妙不可言就是这个，凡是能用语言描述的就没有那种高妙的境界了；第四个就是深情，深情是最难的，因为古人说情深不寿，你得有那个情感能量才能去爱。深情被当代很多人抛弃了。几乎所有微博微信里的段子都在不断互相告诫：千万别上当啊，在爱情里谁动了真情谁就输了等等，这都是一种世俗意义上的算计，与真爱毫无关系。

我历来不愿重复，可是有关爱，不就是那么几种结局吗？难道就没有一种办法摆脱爱与死的老套吗？如果简单写一个爱情故事，那即使写出花儿来，又有什么意义呢？——这是我面临的又一个难题。终于我找到了一个不一样的思路：物质不灭，但是可以转换形态，所谓生死，堪破之后，无非就是形态物种之转换——所以我设计了一个情节——男主角的遗体始终没有找到。而在女主角按照男主心愿完成歌剧后，在暮色苍茫之中来到他们相识的湖畔，看到他们相识之初的天鹅——于是她明白了自己该怎么办——她绝非赴死，而是走向了西域巫师所喻示的超越爱情的"大欢喜"——所谓大欢喜，首先是大自在，他们不过是由于爱的记忆转世再生而已，这比那些所谓爱与死的老套有趣多了。

我喜欢那种大灾难之下的人性美。无论是《冰海沉船》还是《泰坦尼克号》都曾令我泪奔。尤其当大限来时乐队还在沉着地拉着小提琴，绅士们让妇孺们先上船，恋人们把一叶方舟留给对方而自己葬身大海，那种高贵与美都让我心潮起伏无法自已。而这部小说最不一样的是关于生死与情感，是用了一种现代性来诠释了一部超越爱情的释爱之书。

2016 年 4 月我参加伦敦书展，是因为获得了 2015 年度英国笔会翻译文学奖。获奖小说叫做《水晶婚》（中文版曾经刊于《天南》），写一个平凡女子从结婚到离婚的十五年，折射出中国这十五年天翻地覆的变化。

按照西方批评家的分类，这部小说是绝对的女性主义写作。我写了我们所经历的两个时代：铁姑娘时代和小女人时代。

我们小时候听得最多的就是"妇女能顶半边天"，实际上是要在干体力活上做到男女平等，女孩要与男子干一样重的活，那是个崇尚"铁姑娘"的年代，我们这些当时尚在花季的女孩，哪个不是"谈美色变"？我曾经去过的北大荒，麦收季节，无论男女，都要扛着二百斤重的麦包上跳板——试想一个尚未发育成熟的十五六岁的女孩子扛着二百斤的重物，还要走独木桥式的三米长四十五度的跳板，然后把麦包卸进粮囤里，今天想起来是不是很可怕？！有很多女孩因此得了终身的疾病，也有很多女孩尽全力也无法完成，譬如我，被安排去背一百斤的"尿素"，这是很受照顾了，但即使这样，我也几乎被压得吐血。夏锄季节的口号更为荒唐：叫做"活着就要拼命干，死了埋在黑龙江畔"，人命是不值钱的，领导在动员大会上说，每人每天包一根垄，干不完，哭也得给我哭出来！要知道，黑龙江土地的"一根垄"，是整整十四里啊！那时我还只有十六岁，且患着严重的痢疾，中午老牛车送饭只能往人最集中的地方送，这就意味着我这个落后者永远吃不上中午饭，在那样可怕的劳动强度下生着病并且一口饭都吃不上，喝水都要把前面的水缸放倒，像小狗一样地钻进去，才能喝上一口已经见了底的满嘴泥沙的水。岂止如此，我们在特大涝灾中从齐膝深的水里捞麦子，在11月的寒冬从冰河里捞麻，即使来月经也绝不能请假，三十八个女孩睡在两张大通铺上，在零下五十二摄氏度的寒冬没有煤烧，为了活下去，我们去雪地里扒豆秸烧，喝尿盆里的剩水，——我至今吃惊自己是怎么活下来的，惟一的解释就是青春的力量吧？除此之外真的无法解释。

"铁姑娘"的时代终于过去了，但事情并没有因此变好，在今天，是一个地道的"小女人"时代，智商高不高无所谓，最重要的是要"情商"高，而中国式的情商指的是什么呢？就是指女人要懂得如何取悦男人，取悦上司。绝不能动真情，谁动真情谁就是输家。这类人不少，甚至有一批所谓精英女性都是如此。觉得自己很有生活智慧，譬如她们认为在情感中运用手段获取男性青睐，然后让自己在与男人的关系上掌握主控地位并从而获得更多的金钱财富是一件特牛的事。这种人被万千女生羡慕，被认为是高情商。

然而在我看来，这是一种严重的女性自我贬低和丧失尊严。甚至比铁姑娘时代更糟。

我笔下的女主人公杨天衣，无疑是个"低情商"的姑娘，她在这个金钱至上的社会，依然保留了自己完整的天性，这个在少年时代就深受中外爱情作品影响的女子，嫁给了一个与她的价值观截然相悖的人，但她并没有服从命运的安排，她的内心一直顽强地爱着她所爱的，她无法改变她的爱情观。他们的婚姻维持了十五年，十五年的婚姻叫做水晶婚。

20世纪中期之后，在政治需要与纯文学越来越壁垒分明的时候，人的壁垒也越来越分明了。写《羽蛇》的时候我还年轻，因此内心的疼痛也就格外尖锐，这种疼痛带着我对自己祖国的爱、悲伤与无力回天的痛心，也有着我个人的令人承受锥心之痛的情感。而《水晶婚》，是一个朴实的记录，无泪之痛，甚至比有泪的痛更加深邃，更加难以治愈。

本套文集中最新的一部小说，是发表在《作家》2019年第一期的《无调性英雄传说》。这部小说的电子版，我给一些朋友看过，他们的第一反应都是吓了一跳——原来小说还可以这样写？！之所以这样写，是因为近年不断地往返于中国和加拿大之间，与各个领域的朋友不断交流，深感时代已经进入了一个算法的时代，AI和量子纠缠已经进入了我们这个时代，无法回避，而文学也应当像上一次物理学引起的革命那样，有所反应。我的副标题是：《关于希腊男神与科学神兽的故事，以及对荷马史诗的改写》——我的朋友说，这部小说的形式不敢说是绝后，起码是空前的，至今为止，没有人这样写小说。

我深知我的创新是危险的。象征主义画家雷东曾经说过这样一段话："艺术家是一场灾难。在现实世界里他别想期待任何东西。他赤裸地来到这世上，没有母亲为他准备襁褓。不论年纪大小，只要他敢向公众展示出他那独特的艺术之花，他就会立刻遭到所有人的唾弃。所以，要做个艺术家，你就得准备好甘于寂寞，有时甚至是与世隔绝。"

我以为，所有真正的作家、艺术家都逃不掉这个诅咒。

但是没什么了不起的。历史就是一个怪圈，一切都可以触底反弹。何况，在量子缠绕的今天，就更不必惧怕那些长袖善舞的投机者、娱乐致死的堕落者以及暗流涌动的黑恶势力，要知道，他们以出卖灵魂换取的利益、在八面玲珑中编造的春风化雨不过是一堆垃圾，他们貌似成为赢家的人生，在历史的长河中不过是个零，甚至负数。

选择什么样的写作，是我的血液决定的，一切都无法改变，直到蜡炬成灰，我也别无选择。

我写作，因为我对世界有话要说。

目 录

别　人

————别人就是别人————

1

谁也说不清这副塔罗牌是如何到她手中的，包括她自己。她只是很喜欢它。喜欢它鲜艳的色彩和诡谲的图案。那些战车、女巫、飞翔着的怪兽、半裸与全裸的美女，以及国王、王后、女皇与高居于他们头顶之上的教皇、女教皇……个个都描绘得那么真实而又虚妄，那么栩栩如生而又荒诞不经，她不知造物主是如何把这两极捏在一起的，它们随时有分裂的可能，就像她的左半脑和右半脑，一半是倒吊着的义人，而另一半是女教皇。

她试着用温热但是干燥的手指去抚摸它们，她要它们属于自己，而不再属于任何别人。她相信它们是有灵魂的，恰如自己有灵魂一样。她坚信世界上的绝大多数人并没有"灵魂"这种玩艺儿，他们既无前生又无来世，在此生折腾够了，一次性消费，然后化为尘土。物质不灭，这些尘埃总是停留在大气层里，污染和毒化着那些有灵魂、有着前生与来世的人。

关于女教皇的传说，似乎可以追溯到 13 世纪，当时一个叫做马丁·波罗纳斯的人写了关于女教皇琼的传说。传说一个女扮男装、化名约翰·安格鲁斯的女人，在教皇利奥四世死后成为教皇，但两年过去，被发现怀了身孕，于是被揭穿。然而这个传说却盛行不衰。后来女教皇的身份慢慢与罗马女神朱诺、希腊天后赫拉联在了一起，在18世纪的法国纸牌上，女教皇一度曾经是带着孔雀的朱诺，而沃斯牌上，女教皇头戴三重冠冕，左手拿着圣彼德的钥匙，右手持一本书，令人惊讶的是书的封面竟然是中国的太极图！女教皇的镶着钻石的宝座是一只有翼的狮子，而冠顶则是一轮新月。到了韦斯牌年间，这张牌的异教徒性质更加浓郁：一个女人端坐在圣殿的门槛上，身旁两侧的柱子一红一白，头戴教皇冠冕，而新月却被踩到了脚下，女教皇半裸着，一只乳房上挂着太阳十字架，手持权杖，腿上则放着一本打开的书，书上"TORA"一词清晰可辨，那便是希伯来语"法律"一词的音译。噢，毫无疑问这是塔罗牌中很重要的一张牌！

她喜欢女教皇手中那根闪闪发光的权杖，那婀娜到有些夸张的身姿——那也是她在穿衣镜中无数次自窥过的，尽管没有那么夸张，但她的确曾经在并不出众的容貌背后藏着一个美丽的身体，如同曹雪芹之形容宝钗——丰若有肌柔若无骨，她无数次自我欣赏自己的胴体，却并不懂得如何利用它，她过于爱自己的身体，过于追求完美了，以至她终于成了一个老姑娘。

这个叫做何小船的老姑娘，这时在自己杂乱无章的房间里，嘴里叼着一颗烟，抚摸着那副来路不明的塔罗牌。她发现牌的背面是密密的纹路，那些纹路让她想起指纹，如同水一般柔软，刀刃一般锋利，在冥顽不变的深处，似乎可以窥见深深浅浅的足印，沿着那些交错的溪流河道纠缠不清，在它们的末端，渗透着神秘黑色的穹窿，让人想起末日审判的场景。

因此，现在镜中出现的，只能是个被岁月淘洗过的、留有浓重的沧桑痕迹的、发胖的、牙齿被熏黑的，甚至有几丝白发的老姑娘。

2

与一个老姑娘住邻居，实在是讨厌得很。他自从升迁之后，单位分给他一套二百来平米的房子，就听见妻不断在耳边唠叨，真倒霉，和一个老姑娘住邻居。

妻什么都好，就是爱叨叨，一件小事可以反复说上几十遍，但是他能够做到充耳不闻。他出身于一个干部家庭，他的父亲给一位大人物做过秘书，本来可以有机会成为高干的，而实际上也确实做过一阵子十一级以上的干部，但还没等到文革就被贬黜了。然后又是几起几落。他的命运自然也随着家庭的沉浮而沉浮。父亲被贬到西北局的时候他小学还没毕业，中学没怎么上就去插队，他的确有点傻乎乎苦干的劲头，没多久就做了公社团委书记，在他从小就耳濡目染的道德经中，包罗万象，却唯独没有爱情这个字眼。

高考制度改革后的第二年，他考回京城。其时老父也携老母返京——因为老父的问题也得到了昭雪，只不过不是彻底的昭雪，还留了个尾巴，于是老父的笑容背后也留了个尾巴。他继承了老父的沉默。他用沉默和苦干来面对这个世界，这两招在上世纪80年代还真灵，大学毕业后他便分到了某部委，之后一路升迁，威望颇高，过去觉得他不起眼的姑娘们都倒抽一口凉气：照他这个升法，将来前途难以限量。只是悔之晚矣，他那时早已完婚，妻便是在一家软性刊物工作的郎华。

郎华是朋友介绍的，届时他已年满三十，此前，他竟然没有谈过恋爱。他身体健康品行端正身材极佳可以说是相貌堂堂，而且在他的领域中堪称才华横溢。郎华对他没有恋爱前科一事半信半疑，她盯着他，用疑惑的声音问："就算你没动过心，难道别的女人也没对你动过心？"他怔了怔，举例说："这我就真的不知道了。大学期间倒是有个女同学，帮我打过饭。""帮你打饭？难道你自己不会打饭？"妻的眉头皱得跟老虎脑门儿上的"王"字似的。

"不，你不知道那时候，食堂还分甲菜乙菜呢，甲菜有肉乙菜没肉，我因为想多看看书，懒得去食堂排队，结果就总是吃不到肉，有天那个女同学专门买了碗肉给我，我不知什么意思，就把那碗肉退给她了。"

"天哪，你把那碗肉退给她了？当着别人的面？"

"是啊。当时我没想那么多，"他仍然用那种不紧不慢的口气，"我就是不想欠别人的，何况，我也并不想吃肉。"

"呵……"妻的嘴张得像一口深不可测的隧洞。自此她踏实了，她觉得自己嫁了个金不换的老公。

3

何小船从事着一种照别人看来是奇怪的工作——电脑游戏设计。但她自己乐此不疲。

很久以来，大概从少女时代便开始了吧——她的身体内部同时潜伏着两个人：天使与恶魔。每个人的心里可能都同时潜伏着同样的两个人，但人家都能自我调整到和平共处，她却相反，她身体内部的两个人经常在恶斗——她对这两人的喜爱同样强烈，于是唯美与邪恶便同时出现在她身上，令她两极分裂。在貌似温和的外表下，她常常担心她会精神分裂，但有时也想，用不着那么自作多情，说不定还没等到分裂就痴呆了呢，最近她明显地感觉到，脑细胞在慢慢退化，已经远远不如年轻时那般耳聪目明了。

于是她硬挺着，全身都在紧张着。每个细胞上升或者滑落的瞬间都在影响着她的心境。她迅速衰老，每逢看到熟人便自惭形秽无地自容，堆起一脸谁都看得出的虚假笑容。IT 行业的诞生救了她的命。她迅速爱上了电脑游戏，尽管双目从 1.5 变成了 0.1，但是她的两极终于融入到一种虚拟世界的两极之中，她爱这个虚似世界，它使她心安。起码这样可以暂时与她憎恨的现实世界告别，并且以天才、高傲、前卫的姿态，堂而皇之地埋伏在行业的功能圈里。

夜深人静之时，她总是打开电脑，那是她进入神秘通道的一面魔镜。阵阵凉风袭来，她打着冷战，披上一件泛着肉桂和豆蔻气息的旧衬衣。屏幕上，一个手持权杖的女教皇出现了，按照塔罗教义，正置的女教皇代表宁静与知性，清澈的洞察力与先见之明，是独立自主的女性，在爱情方面将会有一段触及心灵的恋情；而倒置的则代表诡异、猜疑、冷漠和迟缓，还有自我封闭、神经质、晚婚或者独身主义，没有结果的单相思，它似乎暗示着应当结束离群索居的生活，走出去，也因而能找到新的工作与伴侣。

她突然想起，她并没有装有关软件，在三D及PHOTOSHOP文库中，还并没有这样的设计与典藏，她有点吃惊，但仅仅是有点。在这样的黑夜中，她明白什么都有可能发生。

女教皇的眼睛在黑夜里渐渐亮了起来，颜色就像蓝色的萤火虫一样美丽。她沉思良久的眼睛突然抬起来，点起一颗烟，与屏幕中那耀眼的蓝色对视。

4

郎华的担心渐渐化为乌有。

已经搬来几个月了，他们夫妇和对门儿的那个老姑娘只见过两次，瞧见的还是背影。有一次是他们散步回来，看见她正用钥匙开启自己的房门，她显得手忙脚乱，手上拎着一大堆东西，她笨拙地把那堆东西扔在地上，然后笨拙地把钥匙捅进锁眼，好像是第一次使用这些钥匙，或者像是在开别人的家门，何况她的背影一点不漂亮：一个毫无特色毫无修饰的中年妇女——郎华释然了。

还有一次是在电梯里，他们几乎是同时上的电梯。然而老姑娘很快就背转身，面对电梯的角落，把一个大后背亮给他们。郎华上下打量她半天，没有任何反应，最后大家只好望天。出电梯的时候，老姑娘侧着发胖的身子，竟溜得比兔子还快。这倒把郎华作为女人的好奇心给勾出来了，有好几回，郎华竟想主动去敲她家的门，以送报纸，或者别的什么名义，但最终还是忍住了。

然而事情发生了变化。

那天他加班回来已经很晚了，在街心花园处，他第一次见到了她——对门儿那个老姑娘的正面，也就是说，他第一次在真正意义上目睹了她的芳容，她当时似乎正陷入冥想之中，对于他的靠近茫然无知。他趁势细细打量着她——啊，这是一张多么熟悉的脸啊！他回忆着，这张脸已经失去了回忆之外的任何意义，回忆载着他一直进入电梯，电梯工惊愕地看着他呆滞的脸，从一层到十五层，在十三层的时候，他凝固的眼珠动了一下，又一下，接着嘴里咕噜了一句什么。

他呆滞的表情直到见到儿子之后才有所缓解。他的儿子刚上幼儿园。他要孩子很晚。他对别人说本来是不想要孩子的。但实际上，是他的妻一直没有怀上。妻对他说，是因为他们在一起的时候太少了。

妻也是大学毕业，在学校功课还不错，也是爱处处占尖儿的人。可是因为身体太弱的缘故，一直拔不了尖儿。也曾为要孩子的事求过签，但卦签上说她"身弱不胜财，身弱不胜子"，她悲悲切切地回来，却硬是把眼泪吞进肚子里，一脸泰然地对丈夫说："算卦的说了，怀不上孕，完全是你的问题。"

于是他愈加诚惶诚恐，除了妻之外，他的确没有任何参照系，她说什么，他就信什么。他常常出差，几乎长年在外，这么一来，妻就有了怨他的更充足的理由，他也就有了对妻的更深的歉疚。

妻要的就是这歉疚。她心里很清楚，怀不上完全是她自己的问题，她属于很薄的那种女人，有一个十分贫脊而薄弱的子宫，那子宫若是摘下来放在阳光下，可以被轻易地穿透，上面的经络血脉粘连着，宫壁薄得像是上世纪 50 年代的那种皱纹纸。

妻很为自己的贫弱发愁。

直到很久以后，他们才有了一个孩子，一个瘦弱的、先天不足的孩子。

5

他本属于那种沾枕头就着的人，他循规蹈矩的心里从来不存妄念，就像一片蓝天。不，是白夜，与其用蓝天形容不如用白夜形容，蓝天还能有几丝白云，一缕清风，而白夜，是虚妄的白昼，可疑的夜晚，白夜有一种蒙蔽双眼和麻痹神经的作用，浑浑噩噩的、不透明的质感掩盖了一切，也许，一切正在发育和酝酿的过程中。

但是在今天，白夜没有出现，他睁着的眼睛穿透黑暗，穿透三十多年前的时光隧道，清晰地看见了一个奇怪的场景：在一个布置简陋的大房子里，有四五个戴红领巾的小孩子。有一个孩子正对着他，那孩子有两道浓眉，高鼻梁，薄嘴唇，还有凹进去的牙齿和凸起来的下巴，那是他自己，是他十岁时候的样子，那是他父亲调西北局的前一年，他还在北京上小学。当时他正专注地听着一个女孩子讲解航模——那时少年宫的航模小组就像今天的 QQ 一样时髦，那女孩子边讲边示范，把做好的航模零件一件件拆开来，又组装好。他眼睛不眨地盯着她的手，她的手胖乎乎的，有五个圆圆的小肉坑，她长他两岁，按照现在的说法，那时她是他心目中的偶像。

是的，当时他觉得她高不可攀，她是少年宫航模组长。在他眼里她很好看，还没消退的婴儿肥使她看起来像个大娃娃。她说起话来永远故作严肃，那是那个年代的好女孩的标志之一，那种做出来的严肃也让他觉得是一种气质，神圣不可侵犯的气质。最糟糕的是，他不能靠近她，稍稍近一点，他就会闻见一股香气，当然是她身上发出来的，那个年代的香气很简单，因为既没有香水更没有香精，顶多是香胰子的味儿，可她的身上是一种无法辨认的香气，那种香气笼罩了他整个的童年。

现在想起来，或许他后来在爱情方面毫无建树，似乎与她有着直接的关系。

但是刚才在花园中他分明看见了她——那分明是她！尽管已经

过了三十多年！她老了，真的老了。变化很大，依旧胖胖的，但再不是那种好看的婴儿肥，而是老女人那种不可救药的胖，黑暗为她掩盖了那些细碎的皱纹，但是掩盖不住她微微隆起的肚子和不再明亮的目光，那双眼睛岂止是不再明亮，简直就是混沌！而且，似乎还藏着一缕阴霾。但不管怎样，这就是她。他呆呆地看着她，看了好一会儿，直到她觉察到，他才发现自己失态了。他慌张地点了一下头，掉头而去。

他很快权衡了一下自己与对方的现实情况，然后很快做出了一个决定：回避。装作根本没认出来，什么也没发生。以他现在的身份，真的是惹不起麻烦的。而且从她目光的回馈中，他看到的只是一片茫然，显然，她没有认出他来，恰如三十年前他们一起做航模的时候，虽然她是他的偶像，而在她的眼里，他却始终是个今天见了，明天就忘了的小男孩。

6

她在摆牌。这种塔罗算法很是麻烦，她要把二十二张主牌从那一大堆牌中挑出来，然后，用冥想的办法把它们分为三堆，再然后是洗牌，她要把一大堆牌平放在铺着纯棉布的桌子上——那桌布一定要是纯棉的！然后用双手按照顺时针方向，把那些牌洗成一个个不规则的扇面，从那些美丽得近乎恐怖的扇面里，她拣出一张命牌，扣住。

然后她想，这时窗外的树一定被月光漂白了。万籁俱寂，她听得见时钟的滴嗒声，她知道她永远留不住时间，就像时间留不住她一样。

她就像是个患了瘾症的病人，狠狠地吸烟，大口地喝酒，似乎唯其如此才能填满她空荡荡的心似的。她拽开窗帘，因为用力过猛而撕开了一小条，露出了稀薄的经纬线，是的，窗帘该换了，所有的东西都该换了，但是房东似乎并没有这个打算。她想她一定要努力工作，挣一幢属于自己的房子，哪怕是很小的小户型，她要用塔罗牌来布置她的新房，买来那种迷幻色彩的壁纸，然后在上面画上女教皇的权杖、小丑的鼻子、义人的上吊绳和恋人身后的花园，还有遥远苍穹下那弯神秘的狰狞的月亮——她的房间，将和所有人都不一样！

对面的树真的被月光漂白了，她忽然想，不知住到那棵树上是什么滋味，她想如果能够住到那棵树上，她就一定要和那些鸟交往，为它们提供精致的巢，然后再吃几只鸟蛋，在开花的季节，那棵树一定会开满花，她会把自己沐浴在花香里，或者，干脆她自己就变成一棵树，开满香花的树，那香气一定会招来很多很多的飞鸟，供她从容挑选。

她这么想着，便开始设计一个关于树与鸟的游戏。她很快发现这二者的不平等：树是静止的，而鸟是流动的，主动权都在鸟那边，只有当许多鸟争相谄媚树的时候，树才是主动的，而仅仅一瞬间，便可以发生天翻地覆的变化：满树的鸟都一哄而散，树无法追赶它们，只能望洋兴叹。

7

无论他下了多大的决心，当他看见她拎着大包小包从出租车上下来，步履蹒跚地走向楼门口的时候，出于善良的天性，他不能阻止自己去帮助她，他帮她接过食品袋，开始是一只，后来是全部，她竟然也没怎么推辞，嘴里说着谢谢，就半推半就地松了手。

在门口，他听见她轻描淡写地说了一句："进来坐坐吗？"明明是习惯性的客套，他却鬼使神差般地接受了。

他进了门，看见这个一室一厅的家，装修简单，到处都是零乱的设计图。最醒目的是挂在墙上的那一幅画，正对画面的是一位少女，燃烧的红头发和清冷的面孔构成一种奇异的对比。身体像青白的瓷一般虚假。少女面前摆着五颜六色各式各样的酒杯，而身后有一扇门正慢慢洞开，那门用金色和草绿色装饰得十分华丽，衬托出站立在门边那个神秘女人的银光灿烂的皮肤。那女人正在走向这个生日晚宴，却无意理睬红头发的少女。那也许正是死神的化身。而少女给了她一个僵直冷漠的背影。可以看出少女不欢迎任何人，包括死神本身。她面前的酒便是与死神抗争的最后武器。整个画面一片死寂，仿佛被一种万古不变的浓稠静谧统治着，因此给人带来一种莫名的恐惧。

但是更令人恐惧的是那个老姑娘本身。她淹没在自己的设计图中，让他觉得，她似乎也成为了那些古怪设计的一部分——她似乎就坐在那个死神的晚宴前，顶着一头乱糟糟的头发，有一半从左颊垂下来，盖住了半张脸，盖得很笨拙，脸不仅没有显得窄小，反而让人看了更加难受，特别是嘴巴上斜叼着的那根烟，就像是万圣节上被插了一根菽节棒的稻草人，要多难看有多难看。男人可以接受不好看却能干清爽的女人，但绝对不能接受一个不好看而又显得笨拙、邋遢，混沌的目光中还透着傲岸的女人，何况这女人还很胖。

不过他还没来得及难受，就已经听见对方说了一句话，这句话如同晴天霹雳般把他惊呆了。

"任远航是吧？那天我回来想了半天才想起来。"

是的是的，那时他就叫这个名字，尽管他后来随着父亲的官复原职改了名字，但任远航这个名字毕竟在他的户口簿上待了差不多二十年。人是多么健忘啊，假如她不提，他差不多已经把这名字给忘了。

他莫名地兴奋起来："是啊，任远航，我那会儿就叫任远航。"

"那会儿是什么意思？你现在改名儿了？"

"对。我父亲平反之后，我就……"

"你父亲？好像过去当过一位大人物的秘书……"

"对，你还记得？"他继续笼罩在那种莫名的兴奋之中，"那你后来……"

"我留北京了。在工厂。"

"那比我幸运。我十六岁就插队去了，插了七年。"

"在插队的地方考的大学？"

"对。"

"什么专业？"

"政教，你呢？"

"我没考上。"她撩了一下头发，"电脑设计是自学的。"

他有点惊讶。灯光下看她胖乎乎的脸，笑眯眯的，他几乎产生了错觉，似乎还是在童年时代，她什么也没变，只不过大了一号，按比例。

就在这时，他闻见了她身上那种奇异的香，这样一个不好看的、邋遢的、笨拙又傲慢的让人难以忍受的女人，竟有着这样一种香气，那香气绝不来自香水或者其它什么人工的香料，那是一种非人间的香气，他竟有些迷惑，难道那从童年一直传承下来的香气是幻觉么？这样的香怎么会藏在这样一个女人的身体里，而且藏得这么长久。

那天他们聊到很晚。当她送他到门口，关上门的时候，他不知怎么突然一下子感到怅然若失。好像一不留神把什么东西落在了里面，他本能地举起手想敲门，又急忙把手放下了。

8

几天之后，他得到一个特殊的使命，让他去遥远的 H 城接手一份报纸，当然，是他的工作系统的报纸。他立即就走了，没有告别。他一贯如此，一贯被认为是个事业心超强的工作狂。不过从他的妻子角度来看，这是一种自私。她受不了。去遥远的 H 城，在她看来是天大的事，可他却一声不响地走了。一周之后才来了个报平安的电话，若无其事。妻早就觉得，她的这位老公不是个正常人，他们之间常常为此发生龃龉，败北的永远是她。在其它方面傻乎乎的老公在牵涉到事业、工作问题的时候，可以说是寸步不让，久了，她也就投降了。但这一次的离去，让她格外恼火。赌气似的，她下了班在外面吃饭，吃的是七十八元一套的日式套餐——他答应了好几回要请她又没兑现的。平时她哪舍得花这个钱。如今狠狠地吃着金枪鱼刺身，心里想着，让你走！这么好的金枪鱼你都吃不上，真可怜！可转念一想，在 H 城那个锦绣繁华地、温柔富贵乡，他又是报社老总，什么吃不上？这么一想，顾影自怜，满腹委屈，泪水一下子滴落下来。

睁大泪眼穿过灯盏，看见遥远的对面有个熟悉的影子在用餐，是那个老姑娘。她端坐在那儿，吃得有模有样，两眼放光，一望而知是个热爱美食的人。郎华在平常藏在心里鄙夷的冷笑，这时却成了堆满笑容的热脸。她现在需要和人说话和人交谈，哪怕是仇敌，她也要暂时妥协一下。

老姑娘显然被郎华的热情吓了一跳，她冷淡而客气、拒人以千里之外的态度并没有挡住对方的聒噪，郎华的话语如同刹不住闸的洪水一泻千里。她对老姑娘说，人还是要成家的啊，家再不好也是家，一个人算什么？女人到了四五十岁，就什么也没了。有个结发的丈夫，多少还有个关照，不然，一个人生了病，旁边连个递杯子的都没有，大家都是街里街坊的，短不了谁求着谁。我观察你好久了，瞧你可不是个俗人，一般人也不在你眼里，你说说，你喜欢什么样儿的，我给你留留心。

老姑娘刚要说什么，却被郎华喷涌而出的话语阻住了。郎华说，我们那口子你见过了吧？也就算是好的了，可他哪有一丝丝关心家里，成天就是单位那点儿事儿，这不又走了，还不知啥时才能回来！走了也好，在家我还得多操一份心，你可不知道他，油瓶子倒了都不带扶的，打酱油的钱不买醋……

本来是赞颂婚姻的咏叹调，可说着说着就变了味儿。变成了对丈夫和婚姻的控诉。可这些话对老姑娘来讲是费解的，那是另一个世界，一个对她来说完全陌生的世界……

可郎华已经搂不住了："不怕你笑话，我们的夫妻生活，一年也难保有那么一两次，幸亏我也是个病病歪歪的弱身子，要不，哼……"

女人就是这么一种奇怪的动物。两个女人之间可以完全无原因无理由地互相憎恨，也可以在一瞬之间，突然言归于好，化敌为友，而且竟可以抖搂隐私，交浅言深。自那天起，郎华便把老姑娘当成了朋友，她下意识地认定，这老姑娘决非她的潜在敌人，她知道丈夫喜欢什么样的女人，丈夫喜欢的女人与眼前的老姑娘南辕北辙，何况，她的直觉告诉她，这老姑娘还是个保险箱，虽说笨了一点，难看了一点，但确实安全。

老姑娘却不这么认为。她认为对方的倾诉与信任和友情完全无关。郎华不过是无人倾诉，把自己当成了可以随意宣泄的心理垃圾桶而已。

老姑娘何小船骨子里是自私透顶精明透顶的人，她可不想让别人占这种便宜，心理医生还收费呢！凭什么就该坐这儿听这种无聊的唠叨啊？自那日始，虽然脸上还挂着客气的微笑，可她总是找出各种理由，回避和这位难缠的对门儿见面了。

9

转眼到了 1999 年的圣诞前夕。老姑娘有了个在 H 城搞设计展的机会。展览三天的时间排得满满的，根本没时间逛街，于是，展览会之后，她让随行人员回国，只留了助手铃兰陪着自己，想在购物天堂的 H 城，买上几件漂亮合体的衣裳，直到这时她才想起了他——那个已经来 H 城一年多的邻居。

她给他电话，无非是为了一个最现实的目的，就是想找个便宜旅馆。殊不知他倒是彻底，彻底让她便宜了。他把自己的住房腾出来让她们住，他自己则去了新华社 H 城分社的朋友那里。

铃兰显然误解了他们之间的关系。第一晚，她找了个茬搬出去住了，显然是想给他们足够的空间。何小船竟然麻木到了根本没去想助手的心思，她满脑子全是即将进入她的世界的美丽的物质，满不在乎地和男主人谈笑了一番，然后就去洗澡，完全没注意到身后那个男人饥渴的目光。

她穿着睡衣从浴室走出来的时候，看到他的脸上现出一种奇怪的笑容，那是她过去从未在他脸上看到的。但是那笑容很快就消逝了，接踵而来的仍然是他那种一贯的表情：书卷气，带着腼腆的微笑。他们坐在那张简陋的桌边聊了很久，这时她才注意到，尽管房间肯定是打扫过了，但还是藏不住独居男人居住过的蛛丝马迹。那种干净不是一种彻底的明亮，而是一种临时为了掩盖什么的干净。她晚上睡在他的单人床上，看见电子表背后的灰尘，也看见了其实并没有洗过的床单上，还残留着几根落发。

她睡得很踏实。一点儿也没想过要发生什么故事。事后她想，给女人这种感受的男人，说好听点是有安全感，直白地说，他就是注定容易被女人忽略的那种男人，除非有什么意外的能令他表现的事发生。

半夜里她醒了一次，3点40。使她醒来的不是梦，不是口渴也不想小便，不是马桶的回水声，也不是钟表的嗒嗒声，桌上的那块电子表只发出淡绿色的微光，她毫无征兆地醒了，睁眼看着黑暗，黑暗柔和地包围着她，她忽然觉得自己刚才一直没睡着。

她记得翌日清晨的阳光，她还没睁眼就感觉到了美好。后来她看见那个简陋的桌子上，已经摆好了早餐：油条、豆浆，两碟小菜，还有一碗冒着热气的香菇鸡丝粥。

她觉得那个早晨无比美好，很久没有这种美好的感觉了。

10

他把每件事情都考虑得很细致，很周到。短短的三天，他们把 H 城主要的购物商场都转遍了，他还专门请了假陪她们，他是那样耐心，在 H 城 SOGO 六层打折的衣服店里，他陪她们一件件地试衣裳，逛街本来就是对男人的一种折磨，加之还要陪着试装，真无异是酷刑了。但当时的何小船压根儿就没有考虑这些，又自私又自恋的老姑娘只顾了那些美丽的时装，那些漂亮的颜色塞满了她的眼球，她一次次地走进试衣间，又一次次地出来，最后连自己都心生厌倦，穿了脱，脱了穿的重复劳动也就罢了，她还从内心里惧怕着那面穿衣镜——它毫不留情地撕碎了她一直以来自欺式的青春幻想，把她腰间新添的赘肉，已经开始松弛的腋窝……一览无余地展示出来，无可逃遁。

即使这样，每当她换好一款衣裳走出来的时候，他都坚持用一种欣赏的眼光看着她，她让他评说，他永远用最认真的态度做出最中肯的评价，这让她心满意足。

他领着两个女人跨进 N 个商场，不啻于一个将军指挥一场战役，或许比战役更加惨烈，但他仍是那样认真地、义无反顾地率领她们东拼西杀。看着他那工蜂般忠诚而又勤劳的背影，连一向爱挑剔的铃兰也不禁肃然起敬。

铃兰悄悄捅她："什么时候认识的？真是宝贝啊！这年头上哪找这么好的男人啊！"她只抿嘴笑一笑，并不理会，心里略略浮上一层骄傲。她们并肩推着 H 城 SOGO 手推车，目光齐刷刷射向身前那个背影。她好像头一回发现，他的体形很棒，典型的那种正三角，宽肩，细腰，窄臀，长腿，有这种体形的男人，多半是奔放的，张扬的，傲慢的，或者假深沉的，而他却总是那么内敛，好像竭力要把自己的长胳膊长腿收起来似的——她现在好像有点明白他身上最迷人之处：羞涩。他的冷漠似乎是要掩盖他的羞涩，他的无可救药的羞涩。

作为报答，她和铃兰为他做了一次扫除，整个上午她都在擦洗一块玻璃，她把它擦得很干净，干净得好像没有玻璃，好像只剩下空气和阳光。他的居所里可能有粮食，总是有几只米蛾子在飞。一只蛾子想飞出去，撞在了上面，窗台上的几只蛾子，扭动着身子在阳光中盲目地挣扎，她突然觉得，她自己的生活和这些蛾子没多大区别，她是一直渴望阳光的，但是却被什么挡住了。

11

　　老姑娘有一种奇怪的理论：谈恋爱，一次失败就意味着永久失败。一个人只要被一块石头绊倒，就会永远被同样的石头绊倒。基于这个理论，她只谈过一次恋爱，当然，恋爱以失败告终，而她也从此没有再涉爱河。

　　所有人都以为，那次恋爱的失败是没有道理的。她自己私下也这么认为。当时她还年轻，有着新鲜饱满的身体和堪称艳丽的脸蛋，有着焕发出来的光芒四射的热情，与她同学设计的一位众所追逐的男子看中了她，天时，地利，人和，没有任何第三者或第四者捣乱，他们甚至已经去拍了婚纱照——那时的婚纱照还刚刚开始，有点儿土，她从一大盘子绢花中挑出一朵杏黄色的，在鬓边戴了，走出来，所有的人都叫一声好。

　　人们等着吃喜糖了，可等来的却是解约。人们看到骤然发胖的她装出满不在乎的样子进进出出。手里总是拎着一袋袋小食品，什么跳跳糖、徐福记水果慕斯、卡迪那豌豆脆、来勒克杏仁什么的，应有尽有。

　　只有当夜深人静、她面对自己的时候，一幅清晰的说明书才能从黑暗中升起，那是她拍完婚纱照的当天晚上做的梦：她梦见自己走进一个农家的宅院，里面打扫得干干净净的，菱形格子的窗外，只有一串鲜艳的红辣椒。门虚掩着，似乎有什么正诱使着她向里面窥视——她没有窥视，她大大方方地打开了门——死去的父亲正盘腿坐在苇席编织的炕上。

　　在梦里，她似乎并不惊奇。她的父亲坐在那里似乎顺理成章。父亲还是那么瘦，父亲并没有看她，只是用一根干枯的手指指向地面，地面上，有一面寻常农民结婚用的画着"喜"字的镜子被打得粉碎。

　　她骤然醒来，沉思良久，认为这是上天的启示。于是她毫不犹豫地解除了婚约。

那一面土里土气的镜子，上面画了"喜"字和龙凤纹的，陈旧，却并不肮脏，旧得干干净净的，她甚至能看到背面脱落的水银。连她自己也懒得对别人说，妨碍她婚姻的，竟是这么一面土里土气的镜子，何况还是在梦中。

连她自己也不敢承认，其实说到底，还是她自己不想结婚。

她一下子胖了好些，胖得让人认不出来了。她本是眼神灵动目光犀利的，现在却变得混混沌沌如一摊污水。她抽烟酗酒暴饮暴食，吃个没完没了，特别是在有饭局的时候，她简直忘了一贯的优雅，吃起东西来像个饕餮之徒，竟是一副要和别人暗暗较劲，生怕吃少了吃亏的劲头儿！尽管肚子已经在发胀了，她还是英勇无畏地把一个个烤得焦黄酥香的蛋挞，那些浇着新鲜巧克力汁的奶油点心，那些令人馋涎欲滴的意大利肉酱面条……紧赶慢赶地往胃里装，实在消化不了，她就在餐后吃上两片最古老的酵母片，那玩艺儿还真管事儿，她暗自庆幸着自己身体的经折腾，在她看来，那些什么三高，什么心血管疾病，根本就跟她不搭界！

渐渐的，厨柜里的衣裳能穿的越来越少了，再后来，她悄悄走进过去根本不屑一顾的胖夫人店，看着试衣间大镜子中间的自己，怎么也不能相信那一身赘肉会是自己的。

12

H城之行很愉快。可还没来得及向对门儿汇报，人家就自己找上门儿来了，郎华梳一头利落的短发，小紫花短袖衬衫和淡驼色纯棉萝卜裤，颜色款式都得体，脸色晦暗，精神却比过去好了些，似笑非笑地盯了老姑娘一阵，调笑道："何小船你行啊，去H城也不打声招呼！早知道你去，我怎么也得给我们家远航带点东西啊！"

"我们家远航"几个字强调得特别清楚，也特别刺耳。她心里一紧，忙道："去H城开展三天，本来是不准备和任何人联络的。"

"可你联络了，而且还住在他那儿。"

她强作镇定："我们托他帮忙找个便宜旅馆，他一好心眼儿，就让我们住他那儿了，真不好意思。"

她强调"我们"就像对方强调"我们家远航"一样。

"你和谁？"

"和我的助手。"

对方似乎松了口气，换成一种略带讥讽的口气，她说我们家远航说了，你变化太大了，胖得都快认不出来了。

心里又是一紧，大大地一紧，这一紧让她难过了好久。晚上怎么也睡不着，眼前总是晃着对门女人那幸灾乐祸的眼神。看看表，已经是凌晨两点多了。完了，这一夜又要完了。多年来她最害怕的一件事就是失寝，可她越怕什么越来什么，如今似乎已经形成了条件反射，她一沾枕头心就会狂跳，而一旦夜半醒来，她就会听见各种莫名其妙的声音，无法入睡。是的，深夜里是有着各种声音的，如果仔细辨认，那些声音里会有一些压抑着的尖叫，那些声音让她想起塔罗牌的背面，那些密密的纹路，是如同水一般柔软，刀刃一般锋利的声音，那是冥间的声音，是冤魂缠绕的声音，从声音中似乎可以窥见深深浅浅的足印，在它们的末端，渗透着神秘黑色的穹窿，让人想起末日审判时来自上天的声音。

她颤栗起来，不知是因为恐惧，还是愤怒。抑或两者兼有。

她索性起身，把一个枕头顶在床头，使足了全身的力气一拳打过去，心里的紧张疼痛似乎轻了些，试着再打出一拳，心里又轻了些，于是她抡圆了胳膊，拳头如冰雹般狠狠打在那个倒霉的枕头上，又急又密。那枕头上画着一对蝴蝶的翅膀，照她看来，那翅膀上的一对花斑，就是对门女人那双鸡贼式的小眼睛。

力量不够。生平第一次，她感到力量不够。她需要另一个人，需要另一个人的力量，和她一起，应付这个世界。

可在力量不够的时候，只有躲避。

为了躲避那双小眼睛，她搬家了。当然，仍然是租房。

13

转瞬之间，千禧年到了。

这两年老姑娘越发寂寞起来，逆水行舟不进则退，事业上毫无发展，大大小小的电脑游戏设计工作室如同雨后春笋般兴旺起来，多半都是年轻人办的，风格走俏，营销策略也对头，因此很受人欢迎。而她的工作室客户日渐稀少，已到了门可罗雀的地步，前些日子，铃兰已改投新的东家。老姑娘心里充满了失败感，嘴上还不服软，脸上也是装出的一脸不在乎，可一个人在黑夜的时候，就多半辗转难眠。眼看着那一头浓密的秀发，一把把地脱落，发梢渐渐变灰，又变白。

最怕的是过年节和双休日。看着别人一家其乐融融也罢，吵嘴呕气也罢，都很热闹，自己却是青灯照壁，冷雨敲窗，父母早已是过世的人了，兄姐们也早都成了亲，有了孩子。回回买了礼物拎了去，人家却并不稀罕。只在嘴巴上透着关心。她心里明镜儿似的：即使她明天就死，他们的眼里也未见得能挤出两滴鳄鱼的眼泪。渐渐的她也去得稀了。

当然，在一个单身女人的日子里，也免不了那些纠缠和搔扰，还有染黑肺叶、染黄手指的香烟，安眠药和上网聊天，但这些只占她生活极少的一部分，而大部分的时间，她总是在半夜里醒来，与黑暗对视，或者抚摸她的塔罗牌，因为所有的塔罗都有一个特性，它需要不断地抚摸，否则，你就无法把灵魂赋予它，它就不准，换句话说，你不抚摸它，它就死了。

塔罗还有人抚摸，比我还幸福呢。她悲哀地想。

然而现在要过的可不是一般的年节假日，这是世纪之交的千禧年啊！千年等一回，她可不想在千禧之夜仍然像个孤魂野鬼似的独自在家，面对着那台新买的苹果机。那样的话，她真要疯掉了。可四周如此静谧，好像这个世界已经彻底把她遗忘了。

她试探性地打了几个电话，人家显然都有安排了，话里话外都透着喜兴，谁也没真的惦记她，谁也没真的想和她一起过千禧之夜。她味同嚼蜡地吃着泡面，她已经很久没有吃饭的兴趣了，人也瘦了许多。她想不明白，怎么自己就这么没人缘儿呢？反省再三，的确有些事做得让人不待见，拢不住人，譬如铃兰，虽说过于尖牙利齿了些儿，到底在大事上还是帮得上自己的，可自己心里怎么从来就没看上过她呢？是嫉妒？因为她年轻漂亮？不，她年轻是真的，漂亮可谈不上，皮肤黑，还黑得不均匀不透亮，黑得发乌，脸上又抹了厚厚的粉，越发像是打了霜的茄子，她常常奇怪自己的助手又没生过孩子，怎么会变成这样的大枣核儿？而且她那身肉是减不下去的，不是一般女人家的暗肉，那是运动健将式的肌肉，五官自然是端正的，可是既不美又不媚，整个一个铁姑娘战斗队。当初老姑娘接纳了她，不过是因为她做事精明能干，嘴又严，又懂得她的心思，天生就会一套热络，用话挠人，总挠到人的最痒处，她要想把谁搞掂，几乎没有失手的时候，且既不用色也不用财，这才是真正的硬功夫，老姑娘看中的就是这点，可她从来没真正相信过这个枣核形黑女人，甚至在潜意识中对她有种莫名的恐惧。有一天晚上，她梦见铃兰手持利刃向她扎来，她英勇地夺过刀，一刀一刀地把铃兰割成碎片，割成了一个骨头架子，但是没有血。自那天始，她断定她的助手是个没有灵魂的人。

　　是啊，在我们这个故事开始的时候已经交代过，我们的老姑娘何小船把人分成两种，有灵魂的和没有灵魂的。有灵魂的，有痛苦，有道德底线，有血；反之，则什么也没有。

　　她急忙去查五行，结果令她吃惊的是，竟然是她克铃兰，而非铃兰克她。铃兰是火命，她是水命，水克火，她心里踏实了些，但细想想，还是怕。所以当铃兰主动提出要走的时候，她连虚伪的客套也没做一下，就痛快地答应了，心里竟大大地松了口气。

　　但是现在，在铃兰真正走后，她才发现，自己是完全被孤立了，被隔绝了，自己与这个世界唯一的一架独木桥，消失了。

　　她在黑暗中摆起塔罗牌，用冰冷的汗湿的手扣住一张牌，翻过来，半天不敢看。就在她几乎完全被黑暗吞噬的时候，电话铃响了。电话铃在暗夜中听起来像炸雷一般爆响。

她打开灯，突然眼前一片灿烂：那张翻开的塔罗牌上是一对恋人，恋人身后的花园里，鲜花怒放。

14

电话那边响起了一个温厚的、既熟悉又陌生的声音，那声音问，千禧夜你有安排吗？

她觉得转瞬间成为了一个幸福的女人。

他是任远航。

15

他们约了很多个地方，都一一推翻了。最后他说，还是去你家吧，你的新家，我还没有去过。她说好。

她说好的同时看了一眼自己的家，肮脏，凌乱，连插脚的地方都没有，但是荷尔蒙立即起了作用，她好像一下子激情万丈，小时候听到过的下定决心不怕牺牲排除万难去争取胜利就在耳边回响，她现在怀疑毛主席的心理年龄大概也就在青春期，只有青春期的少年才能喊出这样的口号。她也一下子回到了青春期，那时候做值日，无论多么脏乱差，她总能蹚出一条路来，最后收拾得干干净净纤尘不染——那已经是多么久远的事了啊。

待她动起笤帚抹布来，才知道擦掉那些积垢是如此之难。她暗暗地叹息着：一个女人家竟然也可以如此的脏乱，过去，她曾经嘲笑过哥哥恶臭的袜子，可哥哥结婚之后就洁净了，难道一个婚姻的制约力量如此之强，一个单个的人，孤独的人活在世上如此之难？

当她的房间终于艰难地露出本来面目，她腰酸背疼地打开水龙头的时候，才发现喷头不知什么时候已经坏了，坏了的喷头把她变成了一只被水花追赶的鸭子，她在水花的缝隙里穿梭，只觉得那水在慢慢变脏，变得如同老照片一般陈旧。

他进门的时候她已经十分疲倦了，她强打精神，为了使自己看得过去，她专门穿了最大号的婷美内衣，好让自己的一身赘肉能在他面前藏一藏，躲一躲。但是她穿上就后悔了，内衣胸部的金属丝正好硌着她的乳房下缘，硌得生疼，特别是弯腰的时候，简直疼得不能忍受。但是一切都来不及了，他已经站在了面前，彬彬有礼，无可挑剔。她只好强颜欢笑地去给他倒一杯茶，她放了很多茶叶，但是在打开矿泉水龙头的时候却犯了错误，她开错了龙头，她把凉水冲进茶叶里，她一冲进去就发现了，于是身子一拧，试图让自己肥硕的身躯挡住这个错误，但是依然被他发现了。

"没事儿，我不喝茶，凉水最好。"他说。

她羞愧难当。这才突然想起——自己已经很久很久没接待过客人了。甚至连自己也不曾接待——她想不起每天的饭菜是怎么打发的，反正是到了饭点儿才想起有吃饭这回事，于是到楼下买一个面包，抹上花生酱，心情好的时候再煎两个鸡蛋，就这么打发了完事儿。说实在她吃得很少，睡得更少，鬼才知道她那一身肉是打哪来的。她心里最佩服的是两种女人：一种是怎么吃也胖不起来的，另一种是怎么做爱也不怀孕的。但她明白自己恰恰相反。

他坐在那儿，对她的失误毫不在意。她猜不透是真不在意还是装的。好在她还有杀手锏——她有碟，有数不清的盗版碟，有最好的 DVD 机，她在万分难堪的时候给他拿出了一张碟——意大利性感美女莫尼卡·贝鲁奇的新作：《西西里的美丽传说》。画面清晰音响一流，总算没出什么差错。她舒了口气，希望他把注意力集中在画面上，这样她的手脚就动弹得自如些了。

这一招的确很灵：他专注地看着，时不时发出些赞叹：意大利性感美女对全世界的男人都有同样强烈的诱惑。她趁机走进厨房下排骨汤面，排骨是炖好的，在楼下小超市买上几个小菜，开一瓶红酒，应当是顿不错的晚餐。

一切准备好了，她影子一般闪进卫生间飞快地点了一下唇膏和眼线，当然，都是淡淡的若有若无，对镜子里的形象，她掩耳盗铃地不敢细看，只能说大体上还过得去。一切准备停当，她走出去，看见他依然老老实实地呆坐原处，连动都没动一下。于是她拉了把椅子，和他一起看。

已经到了尾声：西西里那些嫉妒的娘儿们把莫尼卡（当然，她在片子里叫玛琳娜），揪出来，连撕带咬，其莫名仇恨让人想起中国的文革，连撕带咬的结果是性感大美人莫尼卡被剥成了准裸体，在男人的欲望与女人的嫉妒中发着抖，竭力想遮住已经露出的一侧乳房，那乳房已经被抓得鲜血淋漓。

她悄悄向她身旁的男人看去，他倒吸着冷气，皱着眉，一脸的质朴的同情，这样的表情让她喜欢。

他们一起吃了排骨汤面。他忽然说：太巧了，今天是我的生日。

16

大概世界上所有的女人只分为两种，一种是被开发出来的，而另一种是没有被开发的。

所谓开发，其实远不仅仅是性，更多的是爱，和另外一些更为复杂的东西。

有一种女人，大抵是所谓"好女人"，只适合"捆绑成婚"。因为在她触碰性之前，已经有了太多的理念，一个人，特别是一个女人，关于这些方面的理念越多，她的恋爱婚姻之路也就越困难。老姑娘不幸便是这样的人，更不幸的是，她属于有一滴水就能复活的人。一旦复活，她的生命活力将大得惊人，大得可怕。那种可怕的力量，只有女人，只有积蓄已久的女人才能爆发出来。

应当说老姑娘毕竟是老姑娘，她不是个小姑娘也不是成熟女人，她没那么容易被点燃，那天晚上发生的事，虽然让她重重地震撼了一下，但是离燃烧的温度还远着呢，这么些年来她一个人孤独惯了，遇事自然先想到自己，她早就立志做个真正自私自利的人。自私，没什么可指摘的，要把自己养得好好的，调理得漂漂亮亮、水水灵灵的，就像那些常青树般的影星，六十、七十、八十……依然美得一塌糊涂，但是这个一厢情愿的想法很快就被现实击碎了。人家那些大明星，一生不知经过了多少男人，总有雨露滋润，即使是换来换去的影响荷尔蒙分泌，也比一个人干熇强得多。性这种东西，就是用进废退，以老姑娘的年龄，早该是一口枯井了，好在她天生内分泌旺盛，还来得及赶上一点点尾巴，她应该死死地抓住这尾巴啊！

她辗转反侧，细细地想啊想啊，整个过程的每一个细节都没有疏漏。当第一缕晨曦穿过窗帘的时候，她坐了起来，坐到了电脑桌前，她干了一件莫名其妙的事——她把整个晚上的每个细节都记录下来了，记录下来，变成文字存入硬盘，她的心才踏实下来。

何小船日记1

……吃完面又聊天，已经九点半了，我催他，快走吧，郎华要着急了。他站起来，伸出手："握握手吧。"我刚把手伸出去，他就一把抱住了我，我吓得心跳都停了。半晌，我害怕地小声说：等你回来再说吧。你不是要出差吗？他不理，更紧地抱住我，屋子里的气氛好像要窒息似的，后来他把我抱起来，抱起来的时候没忘了向窗外瞟一眼，小声问：安全吗？我点点头，心里很慌，不知下一步会发生什么。他把我直直地抱起来走向卧室，我这么重，他竟然能把我抱起来，他的力气可真大啊！他开始解我的衣裳，我里面穿着紧身衣，他已经很急了，但还是笑着说，我解不开你里面这个……但是他已经把紧身衣的上端褪下去，我本来就大的胸被紧身衣勒得格外丰满，他已经等不及，用嘴喥住了我的奶头，我的头嗡的一下，全身一麻，没有了力气，他的手继续向下游走，然后压在我的身上，我看到了他那儿！原来男人那里是这样的！看来艺术品是把那玩艺儿大大地美化了！……真恐怖，真难看，我想我今晚一定要做恶梦了！这么想着，好像是有魔咒似的，他忽然不行了，他看起来很急，说：等一会儿。他进了卫生间，过了一会儿又走回来，我又偷偷看了一眼，他那儿硬了，不大，但好像属于小而锐利的那一种，我吓得快哭出来了，我哆哆嗦嗦地说："我……我从来没有过这种经历……"他并没有被我的样子吓倒，他坚决果断地进入了，我痛得一口咬住了被子角，几乎大声喊起来，能感觉到他也紧张万分。他压低声音急急地问：有安全套吗？我想起铃兰好像放在这里一盒，就指给他看，他匆匆戴上，可不知为什么，他进入我的身体之后半天没动，不知是安全套的问题还是他戴得不对，我下面的一侧一直在疼，我忍着。好在很短时间他就完事了。我的心终于回到了腔子里。这一切太突然了，我不知该说什么，只好小心翼翼地问他："你……你为什么要这样？你喜欢我吗？"他笑着由衷地点头："喜欢。"然后他说，小时候，我是他崇拜的偶像。天哪，我怎么一点感觉也没有，然后他讲了自己的童年，自己的父母和简单得不能再简单的恋爱史。然后他一声不吭地靠在床头躺着，半晌无语，我也只好把我的那点事说了。然后又没话了。后来他问我的感觉，我说很好（其实一点也不好）。他又摸我的胸，突然说，你一定吃过什么东西，这儿怎么这么大？我的脸烧得通红：什么也没吃过。没办法。他笑着说，叫你欧版吧。中国女人好像没有这样的。他走的时候我躺着，他吻了我，说：你身上有一种奇异的香气，你知道么？

什么香气？我莫名其妙。

他神秘一笑，没有回答。

他走了之后我起来洗澡，感觉到下面一侧一直在疼，我拿了个小镜子在下边照了照，果然一侧已经红了，但奇怪的是，并没有出血，我以前看过书，书上说世界上极少的一些处女是不出血的，因为处女膜比一般人厚，那么我就属于这一种了？

我想可能他的安全套没戴好，有一侧已经卷起来了，卷起来的那一侧硌疼了我。于是我去药房买了最贵的世界名牌杜蕾斯，我买杜蕾斯的时候远远比平常勇敢，尽管我已经瞥见了药店那几个人异样的表情，可我完全不动声色，我忽然感到我前所未有的自信。看来，这件事还是利大于弊，完全可以进行下去。

17

他在回家的路上感觉很爽。

如果用房间来形容女人的身体，那么，他觉得她就是一座宫殿，一座有着特殊香味的宫殿。他没想太多，作为男人，爽过也就爽过了，想是不愿多想的，他只是震惊她竟然还真的是个处女。他想他得对她好点儿，但是在心里，他倒是有一种终于越轨的愉快，多年来，他和妻长期分居，早已形同陌路。在男女之事上，他根本没有什么特别严格的理念。只是有一条：别妨碍了工作。无论什么人，若是妨碍了工作，那，对不起，立即斩断情丝，包括妻子，儿子，甚至父母大人。

这是从小的教育赋予他的。他对她说，他最爱好的，就是"做事"。他喜欢做事的过程而不问结果。他说这话的时候自以为诚实，其实连自己都骗了，他当然考虑结果。岂止是考虑，他为的就是结果，没有结果的奋斗有什么意义？所以所谓只问耕耘不问收获完全是一句屁话，没有任何人不问收获。除非真正的SB。

活了四十多年，他终于有了自己的隐私，自己的秘密。不可对人言。对妻子更不能言。想起这个就让他感到有一种莫名的兴奋。他的晚归当然引起妻的不满，她的第一个举动吓了他一跳：她突然扑到他面前，身手敏捷有如雌豹，他吓了一跳，但他立即感觉到她没有真正进攻的意思，她像条狗似的把鼻子伸得长长的，嗅着他的全身，一点一点地嗅。他突然紧张得快要窒息了——他想起她身上的香，那种不可思议的香，好在他即将窒息的瞬间，也就是他的妻停止的瞬间，他惊出一头冷汗。

然后妻的手柔柔地放在他的前额上——瞧这一头汗，干什么来着？他又是一惊，他还不大会撒谎，他喉咙里掠过不为人知的一声叹息。妻指着桌上的饭说：快吃吧，今天是你的生日，多做了两个菜。他简直要瘫倒了，当他吭吭哧哧地说出吃过了的时候，他觉得自己简直犯了天大的罪孽，他想自己一定要给妻子补偿，为了今天的出轨。

于是他到卫生间去通马桶。马桶是上班前堵上的，现在看上去很污秽，他拿着揣子拼命用力，终于咕咚一声，水通上来了。妻子的脸色才缓和了些，他洗洗手，将桌上的菜一样样放进冰箱里。妻说："好不容易给你做的，连尝都不尝一口？"他又急忙一样样拿出来，每样都尝了一下，装作兴致勃勃地称赞，但这并没有让妻回心转意，她一直唠叨着，就像一只马蜂死死叮住他的脑门儿。

他觉得脑门儿在疼，照照镜子，才突然发现，原来自己已经开始谢顶了！脑门儿越来越宽阔，已经宽阔到百会的部位了！他抻了几根头发往上拽，暗想，这么着下去，连"地方"支援"中央"都很难办了！是啊，岁月催人老，再过两年，说不定想做那事儿都做不动了！所以古人说：人生在世须尽欢，莫使金樽空对月嘛！他虽然不敢"尽欢"，但总得"欢"一下，要不可真是白来一世了！

18

何小船继续记日记。她决定把发生的一切如实记录下来。自从上次那个匪夷所思的夜晚之后，他已经来过两三次了，每一次都很不同。迄今为止她依然不能把他——那张温文尔雅的面孔和床上的这个凶悍、霸道、不可一世的人联在一起。她奇怪他面孔的转换，想探究他，穷尽他，胜于对他的喜爱。

尽管自私，但她毕竟是女人，凡是女人，只要不是钢铁炼成的，就会对她的第一个男人有一种臣服感。

她把他想象成一个外冷内热，内在岩浆奔突，对她的爱与渴望都达到沸点的男人。因为在她的想象中，凡这种外表冷静的男人一旦爱起来便是真爱，她的全部经验其实只是来源于书本，而那些所谓外冷内热型的男人，也不过是她读过的牛虻、保尔、英沙罗夫者流的翻版而已。

她忍着疼痛和不适进入一条神秘的通道，一条过去一直无法染指的通道，当然这通道给予她的远远不止疼痛，更多的是喜悦，甚至是狂喜。譬如他们那次坐在一起看 DVD，是刚刚获得戛纳大奖的《亲密》。片子里的男女主角刚刚亲热起来，他的手就以不可阻挡之势探入了她的怀里，她奇怪地看着他的表情，他的表情毫无变化，仍旧温文尔雅，但他的手却有如一股狂野的风，把她精心挑选的外衣内衣席卷一空——不能不承认，她的所有衣裳都是精心挑选过的，在貌似不经意的掩盖下，她狠狠地花了一番功夫，特别是里面的紧身衣，真是难受啊！好像连气也喘不上来，吃东西的时候，胃与食管之间打了个隔断，吞下去一口东西，老半天才能进到胃里，尽管如此，她依然坚忍不拔地昼夜穿着这件紧身衣，她的目标是：减去二十斤。

他的抚爱仍然让她感到陌生和不舒服，但她咬紧牙关承受。她决定采取"死扛"的办法，像她对很多事情那样。无论发生什么，她都警告自己，要扛，要扛住，一定要看到这件事情的结果。

何小船日记2

他来电话，约好下午见。我放了个片子，是戛纳获奖的法国片《亲密》。片子里男女主人公总是在每周三做爱，正巧那天是星期三，他以为是我的暗示。我靠在他的怀里，他的手很快就放在了我的胸上，我当时穿了一件薄毛衣和一件皮背心，隔着衣服我也能感到那手的颤抖，还有潮湿，我有些抖，又有了那种像是电流似的感觉，他似乎比头一回胆子大了些，他几乎是扯开了我的胸罩，把胡子贴在我的乳房上使劲地蹭，他的胡茬很硬，我被蹭得又痛又痒，呻吟起来。他做完了，我靠着他，问他："想我了吗？"他点头："想了，我想欧版了。"我没想到他会开这样的玩笑。我心里其实有些害羞，就转移了话题。我说："那天你走了之后，我就跟做了一场梦似的，简直不相信是真的。过去咱们认识那么长时间，我只是觉得你是个诚实善良的人，可以做很好的朋友，别的没想过。你知道，我……我一直挺洁身自好的……"我想说，你得懂得珍惜，但终究还是没说出口。他一直在点头。我们偎依在一起，他的手又开始在我身上游走，歇了一会儿，再发起一轮更猛烈的攻势，我的身子不由自主地扭动起来，他进入之后，这次我强烈地感觉到了，可是依然无法达到高潮。我想起过去曾经看过的一本性常识一类的书，突然觉得，我之所以没有高潮，是不是他根本无法到达我的"G点"呢？！

他走之后，我狂上网，寻找 G 点，高潮之类的关键词，看来我需要恶补这方面的常识。

19

与她做爱让他兴奋。

过去他一直以为，所有的女人都是一样的，起码是大同小异。但是第一次出轨的经历终于让他知道，女人之间竟有如此大的不同，他的妻子，几乎是个太平公主，微微隆起的胸上有两粒葡萄那么大的褐色乳头，而身上则是瘦骨嶙峋，皮肤也已经略略有些松弛了，最要命的是，妻子的妊娠纹竟然长满了全身！做爱的时候，妻子永远像江姐受难似的，打死也不哼一声，他永远不知道她真实的感觉，因此每次也只能草草收兵。而何小船却恰恰相反，胸部丰满是不必说的了，两粒乳头是淡粉色的，就像是含苞待放的花朵，身上不管哪个部位都是饱满的，摸不到骨头，一抓一把肉，还很结实，很劲道。一碰就呻吟，那一种呻吟让所有的男人听了都像是冲锋陷阵的战鼓，连他如此审慎、如此瞻前顾后的人也变得一往无前起来，尽管，每次完事儿之后，他都有一种空荡荡的类似悔恨的感觉。但这并不妨碍下一次的热血沸腾，有如一个吸毒者，上了瘾，明知前途叵测，却无法自控。

在她家深橘色窗帘的暖光映衬下，她的皮肤闪闪发亮，西贝柳斯的D大调小提琴协奏曲悠扬动听，还有那一股奇妙的香气……呵，真是如入仙境啊！

他自然是喜悦的，自打有了自己的隐秘之后，他便也有了所有男人在此时应有的骄傲。然而，却总是有许多意想不到的事在打断这种心情，譬如儿子的学习成绩突然下滑，譬如老婆总是唠叨着调换工作，再譬如老父的病。

这世界上他最亲的人大概就是父亲了。从小，他对父亲便有着一种莫名的崇仰，并不仅仅因为父亲身边那位大人物，他敬爱父亲的一切。小的时候，他记得父亲是有脾气的，父亲的脾气足以把母亲镇压下去，他可没有父亲那两下子，老婆的唠叨，再难受也只能忍着，他没有别的办法，他不知道怎么对付女人。

如今父亲上了年纪，变得和蔼可亲，更加令他可敬，每个周末，老人都掏钱做东，请他们全家出去吃饭，且每周都要换个地方，老人说趁着有生之年要吃遍北京。

没毛病的谁都热爱吃饭，那些日子也就成为了快乐的日子，老爷子是浙江人，自然爱吃淮扬菜上海菜江浙菜，他们先吃了火遍京城的张生记，那里的老鸭煲味美得需要限量供应，还得提前一天订座，因为东西精致好吃，又不算太贵，环境又好菜量又足，不但老爷子，全家人都吃得眉开眼笑。叫了一桌子菜没吃完，还打包带走，在郎华的精心安排下，那些带走的菜品还吃了两顿呢！

接下来吃孔乙己，位于后海，环境极佳，外面有一丛丛的绿竹子，里面有浓郁的江南文化气息。什么炸响铃一口香，什么黄泥螺大闸蟹，什么鸭蛋黄炒南瓜……那儿的菜谱连儿子都背得出来了。然后就是咸亨的干菜焖肉、炸臭豆腐和手剥笋，楼外楼的西湖醋鱼、宋嫂鱼羹和东坡肉，新开元的宁波烤菜和上汤烩三鲜，太古城的醉鸡和排骨炒年糕，西湖船菜的老鸭面和杭椒炒牛柳，古越人家的醉虾和鳝鱼丝，当然还有娃哈哈的元宝虾与铁板鲈鱼、大江南的叫花鸡与桂花香芋泥……

总之凡在京城的江南美味都列入了他们周末聚餐的名单，每逢此时，他便十分兴奋，他乐于主持所有的会，当然包括宴会，当然宴会最好不要由他出钱。在 H 城几年，他已经习惯了勤俭，对己，对人都是如此，每一分钱都是辛苦挣来的，若是为了一顿饭花出去，他肉疼。但他又的确是个热爱吃饭的人，于是每周由老父买单的聚餐便成为了他的节日。

可是，他们的聚餐突然中断了，原因就是，父亲病了。

20

在他们全家聚餐的时候，她的幻想如同开闸的洪水一泻千里无法阻挡。

她首先想到的是约他一起出去，到一个山明水秀的地方，两人好好地处上一段，地方大致已经想好了，就在梅州。梅州是她非常喜爱的地方，尤其是一户富贵人家的旧居，更是令她流连忘返。也许正是在那时候，她才算明白了什么才叫真正的有钱人。现在的有钱人，怎么瞧怎么像暴发户，一不留神，从齿缝里也能闻出酸菜味儿来。就说围墙吧，想绝了也不过是弄点子洛可可式的精美铁艺，再罩上一层防护网什么的，可那个时代的有钱人到底不同，人家竟然用一条河来做护墙！一条碧绿如洗的水，现在自然已成为游客们的乐园，可是遥想当年，当那条水成为了围墙的时候，与紫禁城的护城河又有什么两样？是啊，那庄园的主人便是这里的帝王，看到那座美丽的中西合璧的庄园，她就想，来生有缘，一定要携心爱之人，重游此地。

现在，还没到来生，缘就来了。

他的家乡，恰恰是在此地，这真是再好不过的借口了。于是她筹划着每一个步骤：如何瞒天过海暗度陈仓瞒过他的太太，她说，你跟郎华说你出差就好了，很简单。他呵呵一笑，言外之意简直就是痴人说梦，他说你还不知道吧？我住的是我们单位分的房子，我的顶头上司就住楼下，郎华下楼一问不就真相大白了？

她依然执着。她坚持认为，只要想做，就没有做不到的事！世界上什么招儿想不出来？可他总是含笑不语。说急了，他就说："要不咱们去金海湖玩一趟怎么样？""金海湖在哪儿？"她一头雾水。"就在北京郊区。报纸上看到的。名字挺好听。"他翻了个身，用一条胳膊搂住她，然后用手指在她光滑赤裸的身体上划着弧线。

她知道，现在跟他说什么他也听不进去，他此时此刻的心思，全在她的身体上，恰如他平时的心思全在工作上一样。

但是她总是隐隐地感到不满足，见到他，那些不满足就像飞鸟一般飞驰而去，而他一离开，那种情绪又像苍蝇一般，纷至沓来。

21

他其实心思很乱。从H城回来就面临着一个重新安排的问题。对这个安排，他其实并不满意。他并不愿意重回过去这个局，谁都知道现在是商品时代，这个局，没有任何油水好捞。他几次提出想去的那个局，可以管理工商界的大亨巨鳄们，谁都知道是块肥肉。他想，这或许是组织上对他的考验吧？他想无论如何还是先要干好组织上分配给他的这摊工作，但同时还要寻找一些更适合他干的工作，譬如平面传媒，再譬如IT。总之收入更丰厚一些的，与文字有关的，现在这年头儿，即使他不为收入考虑，老婆孩子也不能答应。郎华的一个新节目，就是成天对他唱谁谁又发了的咏叹调，让他如鲠在喉。

他知道何小船最近接到一个好活儿，一个阔佬儿为她包了房间专门搞电玩设计。三八节到了，恰恰他下午没什么事，晚上安排了全家一起吃饭。他想起她，其实确切地说，是想起了她的某个部位，他当然不敢告诉她，现在他每每想起她，先想起的肯定是她的身体，是她身体的某个部位。他给她发了短信，说去看她。她立即回道：几点？

那是个四星级宾馆，她住的房间是个套房，很大。他看到她今天穿了一件特别鲜艳的毛衣，并且扑了粉，点了唇膏，他心里明白这是女为悦己者容。但是他其实用不着表面上的这些花里胡哨，他要的是最实际的东西，最现实的需要。他明白眼前的女人在分分钟之后就会去掉这些花里胡哨的外包装，那里面才是真正精彩的。他恼怒的是她还在不紧不慢地开着玩笑，他坐在床边，她走进两个床中间的过道去拿杯子给他倒水，他再次显示出动如脱兔的风范：他一把拽过她，手直直地伸进她的衣服里，她的衣服如同秋风扫落叶一般纷纷落下，他再度感觉到她皮肤的娇嫩，就像婴孩一样娇嫩，他的手长驱直入，摸遍了她肌肤的每个角落。她再次瘫软下来，由着他抚弄揉摸，他轻轻咬她，她好像有点痛，在躲闪，她躺进他的怀里，他吃惊地发现，她在哭。

他大吃一惊："怎么？你哭了？你怎么了？"半晌他才听见她哽咽着说："我真的很想你……可是你上次走了之后，怎么连一点消息也不给我？……"他嗫嚅："……当初我跟郎华结婚的时候，她也受不了……我到H城，一个星期后才给她电话，后来她知道我就这德性，总算习惯了……我以后尽量注意吧。"她竭力忍住眼泪，小声说："打电话不方便，就是发短信也可以……起码让我知道你在哪儿。"他从后面摸她的身体，她能够感觉到他的指尖在她身体的曲线上划过，然后他开始用很大的力气揉搓她的胸部，她先还忍着，后来终于疼得叫出声来，他这才放轻了些，他疯狂地抽送，用了极大的力气，他的确是想让她感到快乐，在他有限的性经验中，他觉得性和爱是一回事，完全是一回事。

22

她真想告诉他，别这样，她真想引导他，怎么才能使自己快乐，但是她不敢，她还是害羞。她发现爱与纯粹的性交还是有很大的差别的，换了别人，她会毫不客气地引导他们，而对他，就是不行，好像他是玻璃做的，一碰就要碎似的。她想糟了，她好像真的爱上他了。她曾经牢牢记着巴尔扎克的一句名言：爱得越深的，越受制于人。她从来不愿做受制于人的人，但是现在她才发现，什么叫做不由自主。

她觉得事情变糟了，她越来越离不开他，她过去总觉得自己不是俗人，可今天她才知道，自己比谁都俗：当她的身体有了臣服感的时候，灵魂也随之有了臣服感，所谓臣服，就是奴隶对主人的恭顺啊！他成了她身体的主人，一个四十多年都没有被享用过的身体。那里面的储藏已经在发酵了啊！四十多年的汁液即使酿成酒，那酒味也该是浓烈的！那是一股汹涌的复杂的情感的酒，总是想化作泪水往外流，可是面对他的时候，她往往不知道说什么才好。她的尖酸刻薄都变成了糖球装进了口袋里，百无一用。

她发现自己不知不觉地在讨好他，取悦他。听到他对 IT 业的向往，立即出主意说，现在这个阔佬儿东家正巧要开一个策划会，她会把他介绍给那个阔佬儿，会请他来参加策划会，还能赚一笔策划费。他听了这话就笑了，他的微笑让她觉得如饮醍醐，她完全迷醉其中，她说我可以给你开两笔策划费，他疑惑地看着她，她得意地说很简单，你代你父亲写个书面意见，你再亲自来开会，这样两笔钱不就齐了吗？

何小船日记 3

后来他对我说，他要早一点走，和父母约好了，要去父母那儿吃饭。我心里立即紧了一下，委屈万分：他怎么就这么不体谅我呢？好不容易见一面，还恨不得做完爱就走，我几乎又哭了出来，忍了半天才忍住眼泪，后来他穿好了衣服，神情变得非常严肃，他说："你快把衣服穿上吧。"我很不愿意在他面前穿衣服，但是我不愿违抗他，只好穿上紧身衣，他皱着眉头问："你为什么非要穿这个？"我呆了一呆，小声回答："胃怕凉，可以护着点胃。"我在他面前穿衣服，有一种裸体示众般的难受，我觉得自己一定很难看，我真的不想让他看见，可还是这么做了，我的脸烧得通红，好久都不敢看他。

尽管勉强，他最后终于还是和我一起吃晚饭了，我一高兴，为他点了很多菜，有他爱吃的水晶虾仁、清蒸鲈鱼等等，他吃了很多，但一直板着脸，很不高兴的样子，我的心一个劲地往下沉，好几次都想问他："你到底怎么了，这么不高兴？"我还是忍住了，耐着心听他板着脸高谈阔论，他主要讲的是政治新闻，后来又讲一些大人物之间的关系，我觉得这和我们毫无关系，当然，当着餐厅里那些女孩的面，他的确需要掩饰，但即使如此，我也无法想象刚才还充满爱情和欲望的脸，现在能突然变得如此一本正经。

那天晚上，她送他走出很远，因为他的车停得很远。他向她微笑了一下就上了车，她也急忙还了一个微笑，然后车开了，她的心一点点地疼痛起来，她突然觉得自己好可怜，好贱啊！

23

深夜，已经由老姑娘蜕变成真女人的何小船，披着一头乱七八糟的头发，瞪眼看着床上那一个个乱七八糟的塔罗牌形，冥思苦想。

在爱情金字塔的经典塔罗阵里，她再次看见了月亮。为什么这可怕的月亮要反复地出现呢？在塔罗奥义中，月亮代表反复无常，深不可测，神秘动荡，甚至含有背叛与谎言之意。反复摆下牌阵，爱情的未来，总是出现月亮。

爱情金字塔是这样排列的：第一张牌，代表自己，放在正中，第二张牌，代表对方，放在第一张牌的左边，第三张代表目前关系，放在第一张牌的右边，最后一张牌放在第一张牌的正上面，代表未来关系。也就是这样一种牌形：

#（未来关系）

#（对方）#（自己）#（目前关系）

奇怪的是，她三次摆牌都得到了同样的结果：自己是隐士牌，对方是倒置的战车牌，目前关系是女教皇牌，而未来关系则是月亮。

自己是隐士，这是对的，自己现在几乎不与任何人来往，虽然还间或接点电脑游戏方面的活儿，可这并不能说明什么，大隐隐于世嘛！

对方是倒置的战车，代表事业家庭方面出了些问题，一个理由是，很可能他并不适合离开工作三年的 H 城回到内地，也许，这对他来讲是个灾难。

目前关系，那真是再准确不过了，在塔罗奥义中，女教皇代表在两人关系中女人的主导地位，这大概是在暗示她在爱情方面将会有一段触及心灵的恋情；幸亏不是倒置的，否则就是没有结果的单相思了！

而未来却总是月亮，这轮她一直很喜欢的，现在却变成如此可怕的月亮。他们关系的前景竟然如此眇茫吗？！

她披头散发地走到穿衣镜前，把自己也吓了一跳。她突然意识到，自己已经完成了一场重要的革命——从姑娘到女人的飞跃。她不再是老姑娘了，她是个女人，货真价实的女人，她一天天地感觉到身体的变化，她内心的喜悦冲破了她的甲胄，飞出来了，只是她隐隐地感到这种喜悦其实是有毒的。美丽，却有着巨毒，恰如所罗门王禁锢在胆瓶中的魔鬼，飞出来，便再也回不去了。那种美丽的毒具有强大的杀伤力，足以毁灭一切。

突然，她从镜中看到了另一张脸，那是女教皇的脸，不，确切地说，那只是女教皇的冠冕，脸却是另一个女人的，那女人有着一双鸡贼似的小眼睛——那是郎华。

24

父亲坚决不愿做检查，这让他很伤脑筋。父亲非常顽固，可他心里明白，父亲回避这个，恰恰是父亲意识到了什么。

他是个典型的现实主义者，唯物论者，无论现实多么残酷，他也敢于直面之，而在这一点上，连老父也做不到。

即使是最亲爱的老父，他照样不打破他铁定的习惯——必须在不影响工作的前提下，才能陪老父看病，他连续出差，一来二去，已经过去了不少时间，但就在他准备陪老父做关键性检查的时候，老父又突然好了，老父精神矍铄地邀请他们全家吃饭，老父说，自己找了个医生朋友咨询了一下，没什么大事，几服中药吃下来，已经好多了。

他大喜过望。郎华也很高兴，撺掇孩子点名吃三千里烤肉，他皱皱眉头说，父亲刚刚好，恐怕还是要吃些容易消化的东西。郎华便不言语。郎华是东北人，口味重，每每公公请饭，总是挑那些江浙人喜爱的上海菜、苏州菜或者淮扬菜，她总觉着不够味儿，又不敢直言，在家里，表面上她很张狂，但关键时刻，还是丈夫一锤定音。她只好解嘲地对孩子笑笑："他不让咱吃，妈妈给你做烤肉吃！"说罢，赌气似的拿出微波炉里配套的餐具，把一整块牛肉切成三块，裹上面包渣和配料。他又皱皱眉头说："你们这会儿吃饱了，一会儿和老人一起吃不下了，岂不扫了老人的兴？！"

郎华手里拿着那个烤肉的餐具，微波炉开着，放进去又不是，不放进去又不是，孩子的小眼珠滴溜溜转着，看看爸爸又看看妈妈，郎华脸上下不来，终于狠狠地把那烤肉铲子一摔："你也太过分了吧？！你心里除了老人和工作，还有没有我们母子俩？！你去 H 城一去就是三年，对孩子你尽了多少责任？！难道孩子不是你亲生的？！你到底照顾了多少？！我身子不好，你到底关心了多少？！我在这个家，到底还算不算个人？！……"

郎华痛说革命家史，一说就搂不住了，一直说到涕泗横流，终于他大吼了一声，才算把这滔滔江河截住。他吼完了，其实心很虚，他觉着亏欠了妻子，厉声将孩子吼出去，然后放低了声音，嗫嚅地说："你看你这是怎么了？当着孩子，你给我留点儿面子好不好？"郎华这才大放悲声，细数他的种种不是，只不过口气不再是凶恶，而是哀怨的了。他沉默无语听她数落，末儿没忘了找补一句："在我这儿你尽管出气，待会儿见着老人可得象样点儿，要不我饶不了你！……快快快，时间不早了，看你眼睛红的，快去化化妆，换换衣裳吧！"

夫妻两人的矛盾，从来都是以郎华表面的胜利，他实质上的胜利告终。

果然不出郎华所料，去的又是个江浙菜馆，什么"来今雨轩"，说是要去品尝红楼梦里写的那种"茄鲞"，前戏很久才上来，一尝，也不过如此，但老爷子爱吃，晚辈们也只好跟着凑趣。就在这时，郎华听见丈夫的手机响了，好像是短信的铃声。郎华从他那张永远面无表情的脸上什么也看不出来。

25

何小船日记4

今天约好的是下午两点，但是一直等到三点还没响动，我真的急了，发了个短信，口气很不客气：怎么还没到？又等了好久，我实在忍无可忍了，拨他的电话："你在哪儿？""保险公司。""我们不是约好下午两点的吗？"

我气得声音都有些变了。"是啊是啊，我吃完饭一点多一点就出来了，刚才……出了点儿事儿……""什么事？！"我大惊失色，一定是车祸！"唉，也没什么，"他轻描淡写地说，"就是并线的时候和另一辆车蹭了一下。""天哪，你没有伤着吧？""没有。""那是谁的责任？""当然是我的责任。我现在正在保险公司办赔偿呢，等我一会儿，我过会儿就去。"

接下来的二十分钟，我的不快情绪完全被对他的担心所替代了。我真的担心他，牵肠挂肚这个词一点不夸张。我怎么会变成这个样子，要知道他远远称不上完美，我怎么会为这么个人放弃我一贯的自尊？！天哪，我现在简直像他藏在后宫的奴隶了！好不容易听到门铃响，看见他走了进来，戴了一副墨镜，一脸严肃，面无表情，他板着脸的时候我真的有几分怕，我赶紧递给他一瓶番茄汁，他咕咚咕咚喝了几口，就一屁股坐在沙发上。我挨着他坐下来，轻轻靠在他的身上，他的双手立即就搂定了我的腰，然后就开始抚摸我，他也太直接了，其实我并不想这样，为什么不能先说说话，听听音乐呢？今天我穿了一件极性感的印度出产的内衣，是玫瑰紫的，周围是剔空的花，一边开叉很高，露出大半截雪白大腿，胸口是大V字，一直开到胸罩下缘。潜意识里，我当然是为他穿的。他把我仰放在沙发上，贴着我的脸亲了一会儿，我突然想起有个朋友曾说，若是想知道男人对你是不是真的爱，就看他的眼睛，看他亲吻你的时候眼睛里有没有爱意，我于是睁大眼睛认真地看了他一会儿，他的眼睛近在咫尺，那双眼睛里岂止是爱意，简直就是爱火！有熊熊的爱火在燃烧着，我放心了，闭上眼睛，尽情享受着他给我带来的极度快感——我现在真的有快感了，看来什么都需要一个过程：他轻轻地用指尖在我的乳尖上划圆，一圈儿，又一圈儿。我痒得不行，他逗我说："你不是说，要表现好点吗？"我想说，人家又不是说的这个，但最终还是没说。然后他的手往下游走，小声说："上床吧，乖乖的，好吗？"我趁势说："那你抱着我。"

他把我抱到床上，亲我爱我，从脖子开始，一点点地往下吻，我闭上眼睛想，大概这就是幸福吧，我真的很好，很舒服，好像要融化了似的。这一次的感觉，要比以前任何一次都好。

完事之后照例要洗，我在坐便器上蹲了半天，从此事伊始我便一直担心着怀孕，一个几乎被人立了贞节牌坊的老姑娘若是怀了孕会怎么样？按说现在倒是安全期。但是……什么都有意外啊！

他还在床上等着我。我早就发现他很奇怪，在做爱的间歇阶段他总是呆呆地想着什么，一言不发。我问："你在想什么？"他总是说："没想什么。"我说："你不笑的时候太严肃了，挺吓人的。"他说："真的吗？"就抄起旁边的一面小镜子，照自己的表情，我觉得好笑，这时的他完全没有面具，非常可爱，他绷起脸问："这样怎么样？"我说："太吓人了。"他就微笑了一下说："这样呢？"我说："这样还差不多。"

当时正是下午四点来钟的时候，暖色调的窗帘反射出外面金黄色的太阳，他裸身曲着腿，我看着他，充满爱意，双手抱着他的膝盖，把脸贴在上面。他说："其实我脾气挺急的。"我说："是啊，要不你的网名怎么会叫秦明呢？霹雳火嘛！不过你在我这儿还没露。""还没露馅儿对吧？"他开玩笑，他很少开玩笑，偶尔一开，总觉得有些突兀，他说，今天在单位就发了一次脾气，他说，他在H城的时候脾气挺大的，后来因为血压高，自己才慢慢调整。我喜欢和他这样轻言细语地聊天，比做爱更好，搂在一起，很温暖也很安全。

26

何小船的月经突然延期了。

何小船的月经几十年如一日，到点儿就来。可这回，一下子就过去了五天。

她第一反应自然是害怕，她想找个人咨询一下，想来想去，就是没什么合适的人，家里人肯定不行，那要炸了锅，朋友吧，有限，能说这事儿的，她似乎都能在想象中看见对方幸灾乐祸的脸。只有一个人差强人意，那人便是弃她而去的铃兰。

她壮起胆子给铃兰电话，先扯一通别的，可熟知她的铃兰及时截住了她的寒暄："出什么事了？"她吭吭哧哧地说了个大概，铃兰冷笑道："这有什么难的。吃毓婷呗！吃了就打下来了，难道你没听说过毓婷？""没……没有，你知道这方面的事我一点不懂，那……那从什么地方能买到……""药店呗，你在哪买的安全套就在哪买毓婷。你呀，真该进扫盲班！"

她庆幸铃兰看不见自己的脸，要不就会看见一团烧着的火炭，还冒着热气呢。铃兰略带讥讽的声音又传过来了："我说，你总该先确诊一下你到底是不是怀孕了吧？"她的声音抖起来："我……我不敢，那要到医院验尿……再说，我的例假一向很准时，这回……"铃兰索性哈哈大笑起来："我的小姐呀，你让我说你什么好啊？你那都是哪年的老皇历了？还验尿！告诉你，如今早就用试纸了，方便得很嘛！"

一向处处占尖儿的老姑娘，在这一次电话对谈中可是彻底败北了，她觉得自己一下子沦为了铃兰嘲笑的对象，或者说，是她们过去共同嘲笑的对象——SB。她怎么连试纸也不知道？这就像三十多年前不知道什么是"一身蓝，白边懒"一样，太可笑了，真是被时代淘汰了！她的脸红得要炸裂，连头都跟着红起来，涨起来，炸裂开来，这时她才发现，她已经被时代甩掉太远太远了，就是追，也追不上，她怎么会连试纸都不知道，连毓婷都不知道？！她是什么时候落伍的？都是那个该死的 IT，是它的出现，让她躲进了一个人的王国里，对周围的一切视而不见极端轻视，她以为她是国王，是女王，可今天她才知道，洞中方数日，世上已千年，她是不折不扣的井底之蛙啊！

她红头涨脸地去买了毓婷和试纸，她一下子买回来，她不能忍受分两次买，扛一次就够了，再扛一次，就是要她的命了！

她心口乱颤，拿了个一次性杯子做尿杯，紧张得连尿也撒不出来了，好不容易挤了几滴，然后抖着手把试纸放进了尿杯里。

试纸不过是个狭长的小棍，说明书上写着，假如试纸浸泡在尿液中，出现一道红色便是无妊娠，出现两道便是怀孕，她想，若是出现两道她就死定了，就是这么一根狭长的小棍，竟决定了她的生死。

她闭上眼睛，根本不敢看试纸的变化。

她索性站起身，无目的地兜起了圈子，眼光落在房间内所有的角落，唯独不敢落在那条试纸上。她像条狗似的嗅嗅这儿又闻闻那儿，突然，一股异香攫住了她，那一股香气，不是飘零的香，而是沉重的、侵略型的香，她很害怕那异香会慢慢渗透到她的骨头里。她突然想起他那句莫名其妙的话：你身上有股香味，知道吗？

她沉浸在那股异香里睡着了。

一觉醒来，她的第一个清醒的意识就是：刚才的那一切不过是一场梦而已，并没有什么怀孕，什么试纸和毓婷……然而，她的目光一下子就捕捉到了近在眼前的试纸：那条变化了的试纸，既不是单线，又不是双线，而是上面一根清晰的红色单线，下面还有一条虽然模糊却赫然存在的线——

——她呆了。

27

他也在医院观察一条线，是他老父心脏的线。

心脏还好。他舒了一口气。但是切片结果还没有出来。前几天，父亲突然吐了一小口血，大夫们都紧张了，各种检查做了一大堆，今天，最关键的检查结果，就要出来了。

他坐在医院的走廊上，一动不动。他历来守规矩，他绝不可能潜入医生的办公室去偷听他们的谈话，更不可能像一般病人家属似的悄悄抓住一个医生或者护士探问底细，他只是等着，老老实实地等着，直到主治医生挥手叫他进去。

主治医生直视着他："任局长，老爷子的结果出来了，是肺癌。"

像是被钢鞭抽了一下似的，他抬起头，尽量保持着沉着。医生从病案里拿出厚厚的一沓纸，那上面有着各种各样的图片和文字，他知道，那些图片和文字，就是他老父一生的结果。

他的手其实已经凉了，但这并不妨碍他的头脑还算清醒。他听见主治医生继续用一种职业医生的声调、不含任何情感色彩地说着："您可以看一下，瞧，这是他的正面、侧面的片子，这是我们为他做的一个支气管镜，用了一个金属毛刷，还有今天的切片结果，这所有的一切都证实了他的确是肺癌，而且，"医生稍稍顿了一下，"已经是晚期了。"

他觉得自己的心在下沉，下沉，但是医生看着他的脸却深感奇怪，怎么这位局长大人毫无表情，连一点点吃惊的表情也没有，难道做了局长就要摒弃掉所有的人情味，包括对父母双亲的感情？

医生哪里知道，他的脑子已经变成了一片空白，他挣扎着微笑道："大夫，这儿，能抽烟吗？"医生毫不客气地回绝："对不起，这是病房，不准抽烟。"他点点头，把那一沓子埋藏着父亲生命密码的图文揣进自己的公文包里。他说："大夫，那么下一步……"

医生盯着他，仍然用那种职业性的语气："当然是手术。趁着还没有转移，赶快手术，当然，如果你们家属同意的话。"

他点点头，这才说出一句此时应当说出的话："不知道这种手术预后如何？"

医生的目光越过他的头顶，看着他后背的墙："预后一般不大好，但也有奇迹。"

他竟然忘了他那辆刚买不久的富康，按照很久以前的习惯走过那条地下通道，他恍然看着那些乱七八糟的箭头：地铁一号线，二号线，十三号线……他站立在那儿，不知道该顺着哪个箭头走，一个四十多岁的大男人就那么站在地下通道的十字路口，他看见那些久违了的人们，手中拿着土烟，衣领沾着汗渍，包里装着一些廉价的面包和榨菜，蹲在角落里，喉结一动一动地吞咽下食物，没有表情。他很想知道那些食物的去向，他想起刚才那个医生，也许此时正在用一种特殊的工具在观察老父内脏的秘密，而老父，已经变成砧板上的肉，变成那医生贴上了保鲜膜的零件。

他终于点燃了一支烟，在烟雾缭绕中他看见一个美女从身边走过。他没记住她的模样，在他眼里，她不过像一堆往事，虽然美，却无法挽回。

28

何小船日记5

他的父亲病了，是肺癌。他着急得很，日夜在医院忙碌，我也为他着急，到处求医问药。可是早孕反应让我心惊胆战，我查遍了所有的医书，接着又在网上查询，越查越害怕，那两条一深一浅的线我终于弄明白了，是弱阳性，还是怀孕的可能相当大。我百般无奈，只好给他发了一则短信：有急事请速回电话。过了一会儿他回电了，我说：我怀孕了。那边沉默了两秒钟。然后微弱地呵了一声。能够感觉得到他是多么紧张。我告诉他，试纸试出了弱阳性。我说：你来，我害怕。他说：我还在病房，没人替我。我说：让郎华替你一下，要么，我过去。他说：那我十点钟以后来吧。在这中间我还给他打过一次电话，我说：我过去行吗，就在医院附近找个地方，说几句话就行。他说："说什么呀？现在全家人都在这儿，我说了去就肯定去，你等我。"我心里这才略略踏实了一点，无数影视小说中出现的那种女方怀孕之后男方恶劣的表现，好歹没在他身上出现。十点以后他终于来了，我靠在他身上，小声告诉他自己内心的恐惧，我说，关键是：十天之后我要去法国，是上次去H城办展，有个法国佬儿对我的设计很有兴趣，邀请我……到底该怎么办？他说："还是出国前先做了吧，我照顾你。"就这一句话温暖了我的心，我说，要么做药流吧。他说，千万不能做药流，我弟弟的爱人就做的药流，结果一直流血，到现在还不干净。说着说着又抱在了一起，他脱我衣裳的时候还说："小船，今天就比划比划吧，别做了，我真的是害怕了……"我这时倒是变得万分勇敢，我说没什么，只要你愿意，那天他很轻，做的时间也很短，直到十一点多才走，临走前他再三说，还是早做了好，哪天做通知他，他会陪我去。

哦，今天是痛苦的，也是幸福的，我没看错人，他是个负责任的男人，是个可以依靠的男人。

深夜，我睡不着，找出那盒"毓婷"，仔细看上面的说明，突然发现上面俨然写着：禁忌：四十岁以上禁服。我心里一惊，暗骂铃兰，他妈的我到底怎么得罪她了？她竟想害我，她明明知道我早已过了四十，怎么还想让我服毓婷？！哼，幸好暗中神明保佑没让我听她的，等着，等我这口气儿缓过来着，我决不饶恕！

那晚，何小船写完日记，倒头便睡。翌日，她竟然顶着骤然而起的狂风，跑到崇外的同仁堂分店去买名医施金默儿子施小默的预约卡，她毫不犹豫地买了两张昂贵得让一般人不敢问津的卡，目的很明确：施小默一周有一个号，而她知道他是大孝子，他是会陪他父亲来看病的，这样，她就能常常见到他了。

29

她觉得自己在 2001 年的中秋节无比幸福，还是第一次，她与一个男人，一个与自己真心相爱的人一起过节，他拎着一盒大三元的月饼来了。几天前，她刚刚为他和他的父亲开了两笔钱——名义上是所谓的策划费，实际上就是送钱，她发现他在经济上并不宽裕。一向自私的小船不知不觉地堕入了情网，和所有的傻女人一样想把自己和一切自己能给的送给心爱的男人。她把钱点给他，他说，我那份就不要了，给你吧。你现在需要。她当然不答应。

他们那次做爱甜蜜而苦涩，他们搂在一起的时候，他小声说："小船，你真好……"他说这话的时候真的动了感情，眼睛里似乎亮亮的汪着泪水。她也含着泪，两人似乎有着一种末日将临般的感觉。后来她附在他的耳边小声问："我的身体好看吗？"他毫不犹豫地说："好看！"她还是头一次问一个男人有关自己的身体——为了他，她恶减了十八斤，但他好像没什么感觉似的，她只好厚着脸皮自己问了，我们的何小船，我们自私而又矜持、视男人于无物的准女权主义的何小船，终于在自己拟造的爱情中低了头，变成了一个地地道道的温柔的、女人味的、三从四德的标准乖乖女了！

这话说出来便让她心里害羞，而他的回答令她兴奋，她又问：你爱我吗？她已经是第 N 次这么问了，他毫不含糊地回答："爱你！"但是她心里仍然不满足：他为什么总是这么被动呢？！为什么不能主动说一声"我爱你"呢？！

昨天她去医院检查，做 B 超的结果却是"未发现胎囊"，她仍然不敢掉以轻心，因为都说验血的结果最准，而血的结果，却要四天之后才出来——她心里依然背着沉重的包袱，那包袱越沉重，她内心的爱火也就越旺盛——养育了四十多年的爱火啊！简直就是火山的熔岩！她心里那些关于爱情的美好的词，就像是一块块羊肉，穿在感情的铁钎上，一滴滴的滚油，滴到炭火里，冒出一小缕烟的时候就可以吃了，那真是大快朵颐啊！

她明白自己想和身体作对已经不可能了。

她轻轻地、轻轻地抚摸他的脸颊，感觉到那滴泪水，浸透了松针和野草的清香，那是恐龙时代的一滴雨，是在森林的大火之后，一颗幸存的琥珀。

触上去，有燃烧后的冷。

他们分吃了一个月饼，是她自制的，做得很好吃，比外面买的好吃。之后他们就一起到外边吃饭。中秋节，竟然所有的餐厅都人满为患，他慢慢开着车，一直走到很远的地方，是他父亲住的那所医院的旁边，叫做千岛湖餐厅，杭州菜。好不容易坐下来，她说："这次该你请客了吧？"

他们交往了这么久，他还是头一回请她吃饭，她只点了一个炒青蚕豆，他又点了一个鸡肉卷和一屉包子，一个汤，都是最便宜的，但她已经非常非常满足了。中秋夜，能和他一起过，已经喜出望外了，她想原因当然有那笔策划费，还有怀孕。但是她不想追问这原因，只想认为是他的爱。吃饭的时候他说：今年是怎么了？怎么什么倒霉事儿都让我碰上了？你看，你怀孕，我爸得癌症，我儿子又被人打……""你儿子怎么了？""咳，小孩子们一起打着玩，结果他大腿根那个地方被人打着了，青了，大夫说，没办法，只能慢慢吸收。"她开玩笑道："你还是去趟戒台寺消消灾吧，很灵的。"他看了看她，突然说出一句让她胆战心惊的话："你说，这会不会是报应？！"她呆了："你……你是说……"他点点头，她还从没在他脸上看到过如此恐惧的表情："是啊，是对我犯了错误的报应……"

她瞠目结舌。

她好像突然才意识到，她爱上的这个男人，他是有家的，是一个女人的丈夫，还是一个孩子的父亲。

并且，这个女人，她还认识。那个她根本看不上的郎华，那个小心眼的琐碎平庸的郎华，那个曾经被她当作假想敌、半夜起来打枕头出气的郎华，那个她为了躲避而搬家的郎华，她还存在着，她还是她在这个世界上唯一真爱的男人的名正言顺的妻子啊！

她奇怪在此之前她竟把郎华忽略了，竟把这么个大活人忽略了！

她奇怪自己在动了真情之后，眼睛里就只有恋人，而其余的一切全都就地蒸发了！

她突然想起那天深夜在镜中出现的女人，那个戴着女教皇冠冕的女人，却有着一张郎华式的俗脸——天哪，报应？！这是神明的提示吗？！

30

一进医院，他就紧张，看着父亲，他就像看到自己的童年，千岛湖的童年，在他的记忆中，千岛湖虽然短暂，但远远比后来的西北要印象深刻。

父亲的脸好像在慢慢破碎，有如他家乡的青瓷。那些昂贵而易碎的物品。他觉得自己正在努力打捞着它们。那些青瓷，碰撞在巨大的现实表面，已经被撞得粉碎。

时间就这样摆脱了沙漏回到故乡，而在片段中停留，那一个个的碎片，蕴含着破碎的光芒，慢慢闪现在眼前。他想起父亲曾经带他去过一个小渔村，在那个秋天的傍晚，那个满面沧桑的老渔夫，驾着小船带他们穿行于湖水，四周是那么安静，挂在天边的太阳有些苍白。他好像听见水鸟飞起的声音，那扑棱棱的翅膀，在水中叠印出羞涩的身影，那时他没有忧愁，没有向往，甚至没有话语。他羡慕那种安静的渔家生活：湖水开朗，渺渺炊烟，鱼香和酒味飘散在院中。平静、健康，黄昏时候，云朵静止不动，好像象征着永恒。

其实没有什么是永恒的，现在，当他面对父亲，面对被一堆吊瓶和管子弄得破碎了的父亲时，他突然把父亲和那个划船的老人弄混了。那个老人还在世吗？是的，他一定在世，一定还在健康地活着。他的小曲一定还在迎风荡漾。他想起那个老人的时候，就奇怪地把老人和父亲的脸叠印了起来，最后融为一体。

医生走进来，抱着厚厚的一堆病案。他一惊，他听见医生对他说，你们请个护工吧，你父亲的情况不容乐观。他惶惶地走出病房，听见一个女人在远处不合时宜的笑声，他突然想起她今天要去查结果，天哪，怎么什么都赶到一块了？是的，一定是报应！是他们不该走到一起，一块阴影像乌云一般移到他的头顶，笼罩了他。

一个爱笑的女人可以帮他驱散头顶的乌云，她爱笑吗？妻爱笑吗？她是爱笑的，同时也爱哭，一个爱笑的女人必定爱哭，郎华不爱笑，因此也不爱哭。

关于女人，他知道的的确很少，而且没有什么了解她们的愿望。对她，他算是很破例的了，可她似乎还是不满足。他现在没工夫想这些照他看来是无聊的事。部里的情况纷纭复杂，一切都不像他去 H 城之前了。官场有官场的游戏规则，玩不好就出局。目前部里把大量的文字工作压在他的头上，他想无论有多大难处都要完成好，从 H 城回来，感觉内地的变化实在是太大了，既有外在也有内在的，三把火起码要烧得旺旺的，给上级领导留下个好印象，当然，还有老父亲的病，这样算下来，自己的时间就真的所剩无几了。

父亲呻吟了一下，他立刻知道，父亲是要大便，父亲今天还一直没有大便呢。他把父亲的身子抽起来，在父亲身下垫上便盆，就这么几个简单的动作让他出了一头汗，他惊异地发现，尽管父亲瘦得皮包骨头，可那身子却是惊人的沉重。

31

她到医院看结果吓了一跳，验血结果竟然比正常值高了四十多。冷汗顿时流下来，再次找到那个护士长，护士长看了看化验结果，凭护士长的经验认为并不像是怀孕。因为怀孕的人一般都高达几千。但正常值是在五以下，她的血检结果分明不正常。所以只好又请了个产计科的大夫看了看，那大夫主张再做一次血检，因为凡怀孕者的指标都长得极快。护士长主张她不必马上做，下周一再做——啊，下周一？那离出国的日子已经只有四天了！

接下来的三天她简直就像是在地狱里煎熬，打开搜索网站，查"绒毛性腺"——那便是女人怀孕的祸首。看的资料越多越害怕，这几天，他的表现的确可圈可点，不断发来手机短信："我十分惦着你，你怎么又不在家，千万保重。""给你打电话，你不在家，只好发短信了，我在医院里看护父亲，向你问安"……全是类似的短信，文风啰唆又无趣，但却被她视若至宝，一直舍不得删掉。

临走前的第四天，也就是周一的上午，她再次来到合同医院，又做了一次血检，这次检测第二天就报了结果，另外她又找了产计科的主任大夫，主任问了情况，建议她做尿检，并且再做一次B超。

这回可真是兴师动众啊！请了产科B超第一把手，整整做了二十分钟，十多个主治大夫实习大夫围在四周，她也顾不上害羞了，听到什么"卵泡""胎囊"之类的词儿就冷汗直流，直把她折腾得下身酸痛无比那大夫才算住了手，告诉她，对不起，那么多双眼睛看着，也没发现胎囊，宫内宫外都找遍了，看她的子宫，倒像是接近绝经期的子宫。

她只好把全部赌注押在了尿检上，尿检出来，她甚至不敢去看，把铃兰叫了来为她壮胆，才算是看了，结果是"阴性"。她一高兴，请铃兰吃了一顿贵得一塌糊涂的饭，先前的恨意，早已忘到九霄云外。但仍不敢大意，直到第二天，检验科的大夫打电话通知她：血检结果正常，指标在五以下。

她这才一屁股瘫坐在那儿，觉得那根快绷断了的弦儿终于缓过来了。她想马上告诉他，但鬼使神差般地，突然转念一想，决定不告诉他了。对，不告诉他！让他着着急！谁让他总不采取安全措施呢？！凭什么就该她一个人担惊受怕，男女平等，这回也该让他受受罪！

32

他开着那辆富康风驰电掣地赶到她那儿，已经是汗流浃背。她要走了，要去法国，是带着身孕走的，是带着他的孩子走的，他心里惭愧，并且，担心，心疼。当然，还有一种难以名言的情绪，那就是，突然觉得好累，本来是一件快活的事，现在似乎成了负担。

世界上真的没有免费午餐。

她一直跟他要照片，他挑了挑，挑出一张在 H 城时照的，最普通的衣裳，最随意的姿势，最自然的微笑。他知道她最喜欢自然的，毫无矫饰的形态。

但是照片还没来得及拿出来，活儿就来了。她要他帮她捆箱子。他努力表现，努力得过了头，捆箱子的彩色带子居然断了。

带子断了。他们俩同时一惊。他们现在真的风声鹤唳草木皆兵。他抬头看着她，她也瞪大了眼睛。四目相视，他突然看到了她的变化。是的，她瘦了，瘦多了，而且漂亮了。眉眼还是那样的眉眼，可怎么就变漂亮了呢？

窗外有风，树叶哗哗作响，在这个有风的早晨，他开始吻她干净的皮肤。

屋里是安静的。地板上扔着花朵一样凌乱的软纸。果盘里放着几只香蕉、半只火龙果。椅背上搭着一件银蓝色的睡裙。他们静静地互相抚摸，他们已经了解了彼此身体的秘诀，这是他们自己的真相，不为外人所知。她仰起下巴，双手吊在他的脖子上，而他，很喜欢为此把高大的身体低俯下来。

他带着她在机场高速路上飞驰。没有说话。风吹出瓦蓝的晴天。他眼角的余光一直罩着她。他一直讨厌用貌美如花来形容女子，他宁可喜欢她那种莫名的散发往事的香气，还有她的才情与刚刚出现的美丽。他坚信她不是薄命的女人，她是个福将，这个突然而至的词安慰了他的惶惶，在异国他乡，她会有办法的。

临别时，他照例躲开了她的吻，与爱相比，他还有更重要的东西：荣誉，工作，父亲，家人，至少是脸面。

33

他不让她吻他，这让她伤心，更伤心的，是他再次忘了把照片交给她。她的伤心很快变成了愤怒。

在她与他的关系中有一种奇异的特质，那就是，见到是火，离开便成冰。这是爱么？她问自己。

刚才在他车里坐着的时候，她还怀着对一切的感激之情。有风吹过，心会在温暖和凉爽中交替变幻着，对这样的风，她都心存感激。

可是现在，他远去了，再次忘了她再三至嘱的事，让她觉得她在他心里的位置很值得质疑。她几次欲言又止，想把"怀孕"的真相告诉他，但是现在，她决定把谎言进行到底。

谎言贯穿了整个旅程。每当她走到一地，她便到旅馆的商务中心去发 E-mwil，她编造的故事情节天衣无缝：她在巴黎认识的充当翻译的女孩，成为了她的好友，女孩不但带她去看男性脱衣舞，还带她去做了药流，是巴黎最好的医院，药流很成功，为了让他更动心，她特别加上了：只是很痛，至今仍在痛。

她要让这个故事成为他一生的歉疚。

但是回国后的第一个晚上，她便发现她的故事对他来讲并不大管用，起码，不像她想象的那样管用。的确，当天晚上他就来了，而且又是那种急风暴雨、排山倒海式的做爱，能感觉到他内心的激动和真爱，她只来得及说一句轻一点儿，他便已经进入了。可是当激情过后，她听见他说，前一段他的电脑出了问题，直到两天前他才收到她所有的邮件，他说，他两天后要去外省调研，十天回来，原来是准备回来后陪她去做人流的。

她听了几乎叫起来，难道他不知道等他调研回来就会错过做人流的时机么？（当然，是假定的人流）难道他的所谓调研比她的命还值钱？！男人有功名心她可以理解，但是涉及所爱女人的生命还不顾惜，那这份感情就大可怀疑了。她把要说出口的话生生吞了进去，她不希望刚回来就惹不痛快，何况，刚刚他在床上那么卖力。

她把她精心挑选的礼物拿出来，是法国枫丹白露的画家手绘的T恤，上面用法语写着：祝你好运。

34

他觉得越来越摸不透何小船了。

小船过去在他的印象中一向是个乐观开朗的人。包括那次在H城，虽然胖，但她每次从试衣间出来，都蹦蹦跳跳地给他看，脸上还带着少女式的调皮微笑。可是现在，她的眼神里总是有一丝哀怨，好像在埋怨他什么，好象他欠了她什么，让他很有压力。

不过他现在顾不上多想，一是老父亲的病，二是单位里堆成山的工作，三是他本来也不是个爱多想的人。

父亲终于做了手术，很成功。医生说，起码一两年应当没有问题，他松了口气：一两年好像是个很遥远的概念，一两年中可以发生很多事，有很多机遇，说不定这两年中能发明什么可以根治肺癌的药呢。这么一想，他心情立即好了许多，所以当他接到她的电话的时候，立即很痛快地答应去见她。

她看起来心情也不错，就是更瘦了，脸色也不好（木讷如他者也感觉到了），她嗲声嗲气地说，要去吃新开的一家苏州菜，然后再去附近的那家公园晒太阳。

她的建议让他哭笑不得。他蓦然想起若干天前她竟穿了一身妖娆的艳红色裙子去单位找他，说是什么天气好，想出去散散心。当时他对她解释说他和她比不了，她是个自由职业者，而他是公务员，是堂堂的国家干部，上班时间，哪能如此随意？！看来，她并没有真正听懂他的话。

他只好在床上尽自己所能抚慰她。而她，也努力装作高兴，她趴在他的身上，几乎是贴在他的脸上细细地看，她用手指轻抚着他的眉毛说："你像一个古代英雄。"他问："古代英雄什么样？"她说："就像你这样，眉毛又浓又长，鼻梁又高又挺，嘴巴有棱有角，还有硬硬的胡子，对了，你这样不刮胡子就对了，你留胡子更好看。你明明是关羽吗，哪里是什么秦明？你的脸若是再红些，那就整个一个关公二世了！"说着，她又抚摸他的嘴角："这儿是我的，听见没有？谁也不许动！"她的这些孩子气的话让他好笑也让他喜欢，要是她总这样该多好啊！可惜，她的表情总是说变就变。

果然，在他接了一个电话之后，她的表情立即变了。那是郎华的电话，他对她解释说，郎华有个朋友在羊桥，郎华要去看她，他准备开车送她去，郎华已经快到他的单位了，他得马上回去。

他说完这话就惶惶不安地看着她。她的脸色一下子沉下来，连过渡也没有，让他想起很久以前曾经去钓鱼，一个朋友用两根电线把鱼电晕，晕厥的鱼被人捞起，放进鱼篓，刚刚活蹦乱跳的鱼一下子变成了晕厥的鱼，让人无法接受。但是他决定扛住，决定不惯她这毛病，他起床，穿衣，从容地对镜整理头发。蓦然回头，正碰上她那含怒而无奈的眼睛。

"你眼里好像藏着两个人。"突然他说。

说完了这句话，他们俩同时吓了一跳。

他是被她吃惊的表情吓着了，而她，突然觉得，大事不好。

窗外好像有乌鸦在叫。在这瞬间，她好像听见了自己体内的声音。那声音在说，疼就别压抑了，哭吧哭吧！但她没有哭，她只是说，那个公园今天的太阳很好。

他看见她双唇的嚅动，没听清她说的什么。是啊，天气冷了，冬天来了，一个好太阳的天气很难得。但是掺杂了女人的一切来得如此模糊，一层涟漪被另一层涟漪包围，他应付不了如此复杂的局面，他只想随时抽身逃离。

35

她被他的话惊着了。半晌没动窝。

他为什么总是这样？！要么不说，要么说出一句话就惊心动魄？！

她恨他，恨死他了！

上次他说的关于报应的那句话便让她胆战心惊。是啊，她心里也在想，为什么呢？为什么她现在的工作如此不顺，身体又渐渐虚弱，难道都是报应吗？不，不不，这不过都是些偶然的巧合。但是在内心的最深处，她把它看作一句可怕的箴言。

但是今天呢？他到底在她的眼睛里看到了什么？！

她颤抖着拿出那副已经被她抚摸得柔软的塔罗牌，一张张摆开。

她在算自己。

她用的是精神状态占卜法：

10. #（遥远的未来）

9. #（不久的未来）

8. #（现在的影响）

7. #（社会状况）　6. #（潜意识影响）

4. #（左半脑）　5. #（右半脑）

3. #（最近的过去）

2. #（遥远的过去）

1. #（现在的自我状态）

牌揭开了，她大吃一惊。

第一张，现在的自我状态，是倒置的恶魔。恶魔代表精神上的死亡，等于把原来的自己搁置一边，迎合别人的需要，但实际上，原来的自己与自己的魔力并未消失，它们只是休眠了，随时都可以醒来。而倒置的恶魔，则代表深陷泥沼爱恨交加的感情。（她想，对极了。）

第二张，遥远的过去，是倒置的女皇，女皇原意是极致的完美女性，是孕育大地的母亲，代表一种积极的感情，代表与伴侣的生活和谐而欢乐，而倒置，则恰恰相反，代表自负、任性，使人难以接近，并且过度自我保护。两性关系上很失败。（她不服气地想，都是女皇，一正一反怎么区别那么大啊！不准，下回我没准儿就摸到正的了呢。）

第三张，最近的过去，是正置的死神。更可怕了！是指失败，停滞，毁灭之日将近，味同嚼蜡的生活和不幸的即将终止的恋情。呵呵，她不能不承认，这塔罗牌实在是太准，准得让她不敢再算了！

第四张，左半脑，又是女教皇。好不容易的一张好牌！这证明她本来是优秀的、聪明的、知性的、有洞察力与独立自主的女性。

第五张：右半脑，是倒置的义人，呵，这代表无谓的牺牲，没有回报的爱情，在感情中居于劣势，不但如此，还缺乏共同奋斗的伙伴，会独自一人承受恶运，受到惩罚。

第六张：潜意识影响，是倒置的力量。代表犹豫不决，丧失自信，误用力气，爱情无法继续和危险的赌注。（她已经在出冷汗了。）

第七张：社会状况，是倒置的正义。不用说是张糟糕的牌，它代表先入为主的观念，性格相悖、不利条件及无视社会道德观的爱情。

第八张：现在的影响。是倒置的星星。（天哪，她怎么这么多倒置的牌，要是都正过来该多好啊！）更是直接代表了挫折与失败，代表了事与愿违，代表了不可期待的对象，不过好歹给了一点点希望：只有清除你生命中不再有价值的东西，你才能重新获得希望。（看来，这段没有价值的感情，是该结束了。）

第九张：不久的未来。是倒置的节制。代表着一种消耗，是啊，是不融洽的爱情带来的消耗，假如她不立即停止，她有可能被彻底消耗掉。她已经从一个过于旺盛的胖姑娘变成一个干巴巴的瘦女人了，感情的消耗实在是太可怕了，她现在看着牌，只是发抖，什么也不敢想了。

还好，最后一张牌给了她希望。最后一张牌，是二十二张主牌中最好的牌：世界。也就是说，只要她斩断情缘，停止消耗，那么在遥远的未来，她将踏入世界的终极幸福之地，她的一切梦想与快乐都会实现，她将获得永久与持续的成功，她的爱情将如同阿弗罗蒂德手中的月桂树叶那么美丽——

——但是那太遥远了，遥不可及。她的目光又停留在那些恶魔，死神们的画面上。天哪，怎样才能穿越他们呢？……巨大的消耗，事与愿违，挫折与失败，不利条件，危险赌注，丧失自信，在情感中处于劣势，误用力气、无谓牺牲和没有回报的爱情，味同嚼蜡的生活与毁灭之日将临！！！

她踉踉跄跄地奔到镜子面前，看见自己的形象很可怕，真的像个恶魔。呵，他看出来了，他竟然看出了她一生的秘密！她心里的两个人，天使与恶魔！他都看出来了！她心里的惊悚仿佛不期而至的鬼魂，她一转头，头发披下来遮住了半张脸，有一股炙热的香味袭来，又是那种怪异的香味，那种不可思议的香气把她笼罩了，就像白娘娘被法海的钵盂罩住了似的，她突然一头栽在地上，手里还攥着一串钥匙——而那并不是圣彼德的钥匙，她没有那么大的权力，说到底她只是个小人物，就算一个人死在家里，怕是臭了也没人知道。

桌上的食物在那股蓦然而至的香气中变得酸腐，满屋都是搬运的蚁群，而冬日的阳光穿过玻璃，直直地照在灰色的瓷砖和她灰色的五官上，泛着灰白的光。

36

老父的病情突然恶化了。几乎是在同时，他接到她住院的电话，他们——这两个他生命中最重要的人总是同时向他发难，这让他手足无措。

当然他要先处理老父的事情。

父亲住进高干病房，所有的指标都查了，他请了护工，交代完了所有的注意事项之后，才拖着倦怠的身子，发动了他那辆白色富康。

多年置身官场并且极其看重仕途的他早已养成了谨言慎行的习惯。他在进入她病房的时候，习惯性地向四周一瞥，确信无人注意，再从病房门上头的玻璃往里看看，确信躺在床上的那个人是她之后，才悄然走进虚掩着的门。

她躺在病床上打着点滴，脸色青白。这些日子，她一天比一天瘦，他看着她，想起她过去那圆圆胖胖的样子，心里揪了起来，到底还是有感情的。他坐在她身旁，看见她黯淡无光的眼睛慢慢地、一点点地亮了起来，她眼睛里的亮点凝成了两大颗水珠，既不滚落也不消失，就那么待在眼角上，然后他觉得自己的手被一只小而滚烫的手抓住了。

"我快死了。"她说。

他早已习惯她说夸张的过头的话，但这一次的话还是让他难受。他说："别瞎说了，我看你的生命力强过常人，只怕是地球人都没了你还在呢！"他显然是在逗她笑，她也努力地做了一个笑的表情，却不是笑，那两颗硕大的泪珠突然承受不住似的滴下来了。她定定地看了他，定定地说："我爱你，有生以来我还没这么爱过别人。"

而他的反应却是首先吓了一大跳，环顾四周，在确信无人之后，他才缓缓地说："你现在生病，就别想那么多了，先把病养好了再说。你们这些人哪，就是老爱胡思乱想……起来吃点东西吧，我给你买了凉瓜炖排骨。"

"你别打岔，我说，我爱你，你听见了么？你说我眼里藏着两个人，不对，只有一个，那就是你知道吗？你呢？你爱我吗？"

"好了好了，这是在病房，咱们别说这些了好吗？"

"不，我今天就要你说！"

他心里恼怒，暗想郎华有时候也要逼他说些类似的话，他想女人们真是无聊，一个个都忘了自己多大了，还非要说这些哄小姑娘的话！坐在这儿，聊聊天，吃吃饭，该有多好！非要找不痛快！但她是病人，就依了她罢，遂把嘴凑到她的耳边，小声说了句我爱你，就立即打开汤罐子，用一勺汤堵住了她的嘴。

她的面容立即变得柔和了。像是终于为自己的自欺找到依据了似的。她开始慢慢地喝汤，她吃得那么慢，就像是个老人，而他恰恰相反，三口并作两口，那样子活像是吃完了就要去赶场似的。

他的确要去赶场。下午他还有个会，有个很重要的会。虽然心急如焚，他还是耐着性子等她吃完，然后去刷锅刷碗。他觉得，自己已经做得很好，很尽力了，但是当他做完一切，说要走的时候，他还是清楚地看见她的脸色立刻变了。他看见她在努力克制着自己，她脸色灰暗嘴唇颤抖眼泪汪汪，他心里那片柔软的东西几乎要胀破，他几乎要说，算了，我不走了，下午的会我请假。但他还是起身了。临走时他轻轻吻了她一下。为了掩饰自己，他说，那个装莲藕的罐子是谁送来的？已经有哈喇油味了，别喝了。他听见她说："那你给刷干净拿走吧。"于是他用旧报纸裹好那个罐子，他又听见她说："你把抽屉里的那个盒子也拿走吧，是他们送来的红参，给你父亲拿去。"他期期艾艾地说："还……还是你自己留着吃吧。""不不，"她十分坚决："我吃不了这些东西，一吃就上火。"

每次他见到她的结果，都是大包小包地拎出来什么，可其实他并不愿意这样，他觉得拎着的东西无比沉重，那是他根本不愿承担的负担，他想，有朝一日他一定要卸下这负担，当然不是现在，不是在她病中。

于是他拿着大包小包走了。并没有看见她抬起身子，眼巴巴地看着他。

37

他走了，她的泪唰地流下来，她明白这就是爱。

她奇怪，见到了他，她就把塔罗牌的暗示忘得干干净净。消耗吧，挫折吧，毁灭吧，爱就是牺牲。

他的身后是一片空白，他在，什么都在，他走了，什么都没了。

她恨自己，活得那么自我、那么贪图享受的人，竟然在这一年之内，被一个男人迷得如此五迷三道，每次望见他的背影，她都会明白"心如刀绞"这类的词一点不过分。

一开始她是觉得他神秘，想探究他，穷尽他，可现在，她觉得自己根本没有这个能力。

打开窗帘，外面已经开始落雪，雪总是这么静静的，只能看到，不能听到。一只流浪猫沿着医院斑驳脱落的墙漫无目的地流窜，它一定很冷，她想把它请进来，和它偎依在一起，但现在，她做不到，她自顾不暇。她的心里也在静静地下雪，她知道自己太不知足了，他是个好男人，是个诚实善良的好人，那么她还要什么呢？她要的恰恰是他不能给予的，也是这个世界不能给予的。这个世界再不需要什么眼泪，痛苦，真诚和感动，这些词都已经和即将过时，她张开双臂拥抱的，不过是一种华丽的虚幻，这个世界需要的是说谎和假笑，连她自己不是也在说谎吗？为了他的感情天平向自己倾斜，她不是一直没有戳穿自己制造的那个谎言么？

生活是什么时候开始变作噩梦的？雪花越来越大了，有了风的声响。仿佛是《安魂曲》轻轻奏响，是上帝又带走了一个人。这是医院，上帝几乎每天都从这里把人带走。

她知道，自己早晚也会被上帝带走，也没准儿是魔鬼，没所谓。她就像是一条不会游泳的鱼，早晚要溺死在自己营造的水里。不，她不想再这样下去了，与其不死不活，还不如彻底死掉，然后死而复生。塔罗牌暗示得对，她要结束一切没有价值的东西，重新开始。她要再给他最后一次机会，最后一次。她想起再过几天又是他的生日，一年就这么过去了，对，就在他的生日那天，她要和他摊牌。

38

他觉得自己越来越无法面对妻儿。

自从父亲病重之后，郎华表现很好。郎华因妇科病而在家病休，倒成了专职厨师。郎华做菜的本事虽然也不算高明，却总比小保姆或者小时工强些。且她认真，肯钻研，每天每天，她都拿了一本食谱，按照上面的做法煲汤。什么老鸭虫草汤，什么猪手花生汤，莲藕排骨汤，枸杞羊肉汤……天天换了花样，滚滚地装进饭盒，由他拎到病房去。而儿子，更是每天乖乖地等他回来，睁大天真的眼睛问一句："爷爷好些吗？"

他被儿子眼睛里的天真弄得心如刀绞。

而夜晚，他更是受不了偎依在他身边的妻子。妻睡得很实。在她想象力有限的梦中，她无论如何也不会想到自己以诚实可靠而著称的丈夫，还秘密地享有着另一个女人。

无论如何，妻子和儿子都是无辜的。

一种渐渐升起的原罪感像是暴风雨前的乌云，在他头顶上越聚越多，渐渐浓密。

而最促使他下决心的是那天晚上，他向部里领导汇报工作，小船打来手机，他没接，结果座机响了，一接竟是她，他惊慌失措，她兴师问罪的声音响彻整个办公室："什么意思？为什么不接手机？！"他努力镇定地回答："哦，手机没电了，一会儿我给你打过去。"但事后，他怒火中烧，觉得无法原谅她。

要摆脱，一定要摆脱！他想。

但是一想到越来越苍白消瘦的她，他心里那块柔软的东西就又出现了，这实在是太难了！！

他走进病房，看见埋在一堆管子里的老父亲艰难地睁开眼睛望着他。他知道父亲在盼着自己，父亲已经很久不说话了。大夫说，老爷子已经没有任何办法可想，只是熬日子罢了。他每天去给父亲按摩，也不过是尽人事而已。但是他每天触到父亲日益干枯的身体的时候，仍然忍不住心痛，这种心痛是那么剧烈，简直就是痛彻心扉。痛得把他陈年的病也从老黄历中揪了出来，现在他即使服药血压也降不下去，而且，牙周松动，肾脉虚弱，他想，他要拼尽全力扛过这一段，等父亲的病有个结果的时候，他再去治疗，他感谢他的单位，感谢他的领导，他们已经给了他太多的时间照顾父亲，他想他是一定要为这一切做出回报的。

当一个人被这许多东西涨满、连最后的空间也被挤垮的时候，实在是没有一丝缝隙可以放入爱情这种可有可无的东西了。

他想了很久才做出决定：他要离开她，但不能伤害她，唯一可能采取的办法就是，慢慢远离，一点点地静静地离去，像电影镜头那样不着痕迹地淡出。这种淡出是要很高的技巧的，他知道自己并不具备这样的技巧。

不过一个机遇来了，摆在了他的面前：出国，单位让他出国组织一次会议。他立即问了医生，医生说，他完全可以去，他的父亲的病情在这短暂的会议期间不会有什么变化。

他有了主意。

39

当她把最后一支蜡烛摆好的时候，门铃响了。

烛台都是从枫丹白露买来的，枫丹白露是著名的巴比松画派的发源地，十足的法国风情。那些烛台镶金嵌银，十足华丽，以致于他一走进，便有一种晕眩的感觉，还有那股奇怪的香气，更是扑面而来，他本来准备得好好的一套话，此时一句也说不出，只能迎着她的"生日快乐"，说出一句"谢谢！"

他们又抱在一起，紧紧的，这回他真正发现了她的瘦，本来那么圆润丰满的身体，突然之间手感全变了，肩胛骨突了起来，拥抱的时候，肋骨竟然把他硌得生疼，这实在令人恐惧。而且，脸色也不对，比在医院的时候，更加灰暗。但是这张灰暗的脸上绽放着硬做出来的笑容，让他毛骨悚然。

她知道自己的形象不佳，但她的内心在拼命地挣扎着，"我要拼命地对他好，感动他，今天无论如何也要撑下来！"——即使将来散了，也要让自己不后悔——成了她今天唯一的信条。

他的眼睛里出现了担忧："你怎么了？不舒服么？你还不该出院

啊！"她装作无比欢娱："这不是为了给你过生日嘛！你看！……"她跑到房间的另一角举起一个蛋糕："当当当当——喜欢吗？"

一个制作精巧的水果蛋糕，但再精巧也不过是个蛋糕而已，他勉强自己装出惊喜。

"知道么？它不一样的地方就是，它里面装的是刚刚摘下来的新鲜水果，是我今天一大早到怀旧山的果园里摘的，然后去蛋糕房，看着他们做的。"

"怀旧山？你今天去过了怀旧山？"这回他是真的惊奇了。

"是啊，打车去的，来回只用了两个小时，六点出发，八点采了鲜果回来，八点四十到蛋糕房，排队。十点以后才把蛋糕做好。你看，这图案是我自己设计的，上面是你的属相，羊，下面是你的星座，狮子座。"

"可这明明只有两只犄角啊。"

"这两只犄角代表金羊开泰，难道你不知道？"

"哦……还有这么一说……"他半张了嘴的淳厚样子让她喜爱无比，她的胃在尖锐地疼，可她还是装出一脸灿烂的笑，那笑容实际上很枯干。

她很努力地让自己兴奋起来，她去点蜡烛，是一种新式的蜡烛，一点上，荷花就会开启，可是她慌乱之中点错了地方，那火一下子烧起来，把那朵荷花烧成了灰烬。他在一旁看得目瞪口呆。

好不容易他才找出一句话圆场："这是说明我要大火了，大火了，运要大旺了！……"

她也在一旁附和："是啊是啊，你的运看来要大旺了！……"

可她的心里泛起更多的不祥。那一天吃完晚饭，她终于把塔罗牌拿了出来，对他说："我们摆一卦吧。你来洗牌。"

他按照她教的方法认真地洗了牌，然后她一张张地摆开，按照爱情金字塔的模式。这回用的是"自己"和"对方"。

"自己"的牌是恋人。代表真诚的爱与信任，献出真心和全部的爱，而对方的牌又是"月亮"。

"看，又是月亮，"她说，"月亮代表动荡不安的心，一段秘密恋情……"还有谎言和背叛，她没有说。

她等着他，他却什么也不说。他把她揽在怀里，她默默地靠着他的肩膀，她本想就这么静静地坐着，什么也不说，但最后还是决定按照原计划摊牌。她问了一句愚不可及的话："将来，我们能在一起吗？"当时他很温柔，好像从来没有那么温柔地回答："那不可能，我不想骗你。我们只能保持现在这种关系……我们有爱情，又有友谊，是最好的朋友……"她没有动弹，好像早就料到了这样的回答，她的精心修饰过的小小的头慢慢地从他的肩膀上往下滑，一点一点地下滑，她听见薄薄的的玻璃花破碎的声音，她知道那是她的心，她的心就在他的怀里一点点地碎裂，嚓嚓的响声，而过去她是没有心的，没有心就没有痛苦，是爱把心给了她，同时也是爱把她的心弄碎了。

她想到过摊牌的结果，但想不到的是，当他说出她已经预想到的那个回答之后，她竟然没有像预想中那样决绝地、义无反顾地离开他，相反，她竟然一动不动，就像一只等待着被屠宰的、喜欢受虐的羔羊。

他现在抱起她来是轻而易举的了。他把她轻轻地抱上床，温柔地做爱，这次他不再注意她白得发青的脸色，还有渐渐突起的肩胛骨。她的皮肤还是那么光滑，她的乳房还是那么丰满，这就够了，作为一个正在冲动中的男人还需要什么呢？

忽然，她在他身下抬起头，轻声说："我明天做胃镜。挺害怕的。"她说得轻松愉快满脸笑容，好像根本就不害怕。他问："怎么了？""有好久了，吃不下什么东西，一吃就往上反。挺难受的。""哦……我明天出国。""我只是告诉你，并没有想让你陪我的意思。""我也只是告诉你，我明天要出国。"

她沉默良久，然后才问："哪国？""美国。"她装出高兴的样子："那好啊，美国太该去了。多看看，好好玩。""哪能玩啊？我们是去工作，是开会，一天到晚排得很紧，哪像你们……"

那天他走后，她的胃一直在尖锐地疼，她睡不着，心的疼痛甚至超过了胃疼，躺着就疼得不能忍受，只好那么坐着，坐着，闭上眼睛不看黑暗，但是她知道，黑暗在看着她，盯着她，盯得她无法逃避。她突然睁眼，与黑暗的眼睛相撞，那种强力几乎把她震碎，她知道那便是死神的眼睛了，除了死神，谁也不可能有如此强大的力量。她这才知道原来死神就在眼前，原来死竟是这么容易，不，她现在还不想死，她要和他说清楚，说清楚再死，她要把她这一年来心里的痛与身体上的伤害，统统都说清楚，她要问他，既然如此，何必当初？！既然压根儿就不想和她怎么样，那么何必要开发她，撩拨起她的情欲？！让她心里燃起熊熊爱火，然后再用冰水把火泼灭？！

一丝月光洒在床单上，白得凄惨，有些瘆人。她本来一向喜欢月亮，可是塔罗牌告诉她，月亮也有狰狞的一面。她不敢打开窗子，她害怕窗外盯着她的，是一个狰狞的月亮，就像在屋子里盯着她的狰狞的死神一样。

她在劫难逃。

她挣扎着起身，打开电脑，开始写一封信。

40

他一走出她的门儿，她的一切就暂时扔在一边了，现在是要往医院赶，去看老父亲。他握住方向盘，心里再度被一种强烈的负罪感所笼罩，郎华还在医院，而他却在这里，在另一个女人的房间里，寻欢作爱。

刚才，他是在努力抑制着自己的情绪，尽量让自己表现出开心，好不辜负她一番心意，可是，她越是这样，他就越感觉沉重。是啊，怪谁呢？只有怪自己。她没有错，郎华没有错，父亲和儿子就更没有错，他们都是无辜的，唯一的罪人是自己。他要摆脱这罪，摆脱这情网，他固执地觉得，是自己做错了，是自己犯了罪，才导致老父的病与全家的不幸。但面对她的时候，他怎么也开不了口，那一次他刚刚提到报应的问题，她的反应便强烈得出乎他的意料，一看到她那张表情丰富的脸，他就只能把自己想说的硬憋了回去，他害怕看见她的眼泪。

机械地数着步子，机械地打开病房的门。郎华已经趴在椅子上睡着了。一动不动的老父亲看了他一眼，他明白父亲心里还清楚，父亲知道，是他来了。他搓了一下手，拭拭父亲的额头，然后叫醒妻子，把一把零钱塞到她手里，让她打车回去。

"你几点回家？"郎华强睁着迷迷糊糊的眼睛。

"会比平常早点。明天我出国。"

"东西收拾好了吗？"

"没什么可收拾的。"他沉着脸，不敢看妻子的眼睛。

妻子走了。他把小船送的音乐碟放进微型音响里，这个音响还是单位同事送的，他和父亲唯一共同的爱好，就是音乐。

音量调得很轻，是西贝柳斯的 D 大调小提琴协奏曲。她怎么知道自己喜欢这首曲子？他看见父亲听见这首曲子嘴角就动了一动。他拿着一杯温好的牛奶，把吸管小心地放在父亲的嘴里，父亲的嘴随着音乐有节奏地动起来。

整个晚上父子两人都沉默不语，他一手放在父亲的被子上，另一只手搭在木制扶手上。他承认他仍在想她，他承认他在走开的时候还想回去。数不清是第几个夜晚，数不清是第几次回去。这种感情，在他还是头一次，这就是爱么？

她的卧室朝南，总是有很多剩余的阳光，每次去，她总是放着音乐。他的位置侧一下身就能看到外面闪烁的街灯。可他从不分心。他被音乐打动，被芳香的肉体吸引，难道这就是所谓人类的原罪么？

他喜欢听她讲西班牙名导阿莫多瓦的《对她说》，那种只有在文艺片里才有的匪夷所思的爱情，还喜欢她讲伊丽莎白·泰勒，爱得那么狠，那么频繁，而且从不变老（NEVER GROW OLD）。但他并不喜欢这些女人，他只喜欢她，他喜欢她讲述时的那种神态，他知道她现在除了爱什么都不需要，也许在她的字典里，如果爱一个人，其他的都很多余。

而在这之前，他作为政府官员，自然也曾经被地方的官员接待过，但他拒绝享受那些照他看来是龌龊的东西，他是出了名的一身正气两袖清风，当然，作为男人，他也免不了偶尔对几个过分妖娆的女孩想入非非，但他知道，他永远不会有什么举动，他不是为她们准备的，他也绝不会让她们爱上他。而对她，他是真的，只是，他还是第一次遇上这样的事，很多时候不知如何是好。

　　她在摆塔罗牌的时候很忧伤。照他看来，那忧伤有点让人莫名其妙，她一口咬定他对她的感情是月亮，而照她的解释，月亮代表动荡不安，神秘而短暂的恋情。

　　他拉开一道窗帘，看见一轮明月高悬在空中。月亮把父亲的脸映得格外苍白。父亲的生命，才是眼前最重要的，其它的一切以后再说。他觉得自己的思路非常明晰了：抽掉他与她关系中性的部分，这样就让自己没有罪恶感了，他还是愿意回到从前，做坦然的无话不说的好朋友，那样无论对他还是对她，可能都会是一种解脱。

41

　　铃兰本来是拿了药就想走的，是胃镜室里传来的一种奇怪的声音让她驻步。她探头进去，一下子看见了她曾经那么熟悉的脸——竟是那个古怪的老姑娘何小船！

　　若不是超人的眼毒，她可真没法子一下子认出小船了，小船的变化，照她看来就是戏文里唱的“伍子胥过昭关一夜之间白了头”，怎么一夜之间，那个虽不漂亮但还显得丰腴自信的老姑娘变成了一个干巴小老太太？！那个小老太太半张了嘴，正由一个白大褂用一个管子在里面插来插去，随着那管子每动一下，小老太太就发出一声作呕的声音，那声音让铃兰听了也一个劲地想吐。

　　铃兰的第一个反应就是趁小船还没看见她时溜掉，但又实在忍不住好奇，反转身来，打开胃镜室一角门，就那么盯着看，直到大夫做完胃镜，出门儿找家属的时候，她想跑也跑不掉了。

于是她大义凛然地迎上去，像一般三流影视剧里的好人那样说一声："有什么事么？找我说好了。"于是大夫给她看刚刚做出的彩色胃镜图，那些图片张张鲜血淋漓，让铃兰看了害怕。大夫指着那些图片说："看，她的贲门在自发性流血，而且化验结果，有鳞状上皮增生，这就是食管癌病变前期啊！你是她什么人？""我……我是她妹妹……"铃兰心眼一动，为了套出大夫更多的话，自己也不知道怎么在转瞬间撒了这么个谎，可大夫却不说什么了，大夫回过头去，看着已经坐起来的小船。小船头发乱得象像草，枯干的脸上泛起一层病态的红，眼睛直勾勾地看着铃兰。铃兰只好急忙更换一下表情，一溜小跑地奔到小船面前，急急地说："哎呀小船，你是怎么搞的啊？怎么瘦成这个样子了？看着真让人心疼！"何小船定定地看了她一会儿，眼睛里渗出一层清亮的眼泪花儿。

刚才那一番检查，可真是撕心裂肺痛彻心腑啊！她没想到世界上还有这么难受的事情，她一直要吐却又吐不出来，那种恶心的感觉弄得她几乎窒息，她盯着那个谢了顶的大夫，觉得自己的眼神正在被撕碎，直到眼睛也被撕碎，她不知道，究竟是她看不清还是不想看清。

爱情是一种病，忘了是什么人这么说了，说得太对了。可这病充满了诱惑，手执权杖的女教皇曾经在暗夜中对她说：诱惑也会有价值，没什么大不了的。可现在被遗弃的，依然是她，也许还不算什么被遗弃，他会从国外回来，在他悠闲的时候，依然会对她的身体充满渴望，可她觉得，自己已经被遗弃了，是一种无法主宰、无法控制的被遗弃。爱情之病正在她这里行凶，她早已身染重疾，她想不出放逐的方式，于是只能被病吞噬，让自己内心所有的智慧变得一片狼藉。

她觉得自己的生命之光正在慢慢熄灭，那天夜里已经相识的死神正在走出黑夜，将她的前生今世串成疼痛，让她的病不定期发作，这是多么残忍的事情！而他，现在正在异国他乡，享受着异域风情。眼前这个女人，离她而去的女人，站在她的面前，用一种这个时代很时尚的假笑，饰演她惯常的伎俩。而最糟糕的，还是她自己一不留神，仍然让泪水滚落下来。

她的泪在流，但她的心里冷冷地笑了。

铃兰看见何小船的脸上出现了一种怪异的表情，她有些害怕，帮小船穿上衣服，扶她走出医院。

何小船突然变成了一个勇者，她想，没什么可怕的，什么都不可怕！杀人不过头点地，慈禧说，谁要让她一时不痛快，那么她要让这个人一生都不痛快！何小船想说，谁给了她疼痛，她要让这个人一千倍地疼痛！

42

他觉得很奇怪，回国之后，办公室的电话经常响一声，一接，却没有声音。他在想，是谁？是小船么？他现在忙得两脚朝天，暂时还没空跟她联系，相信她会理解的。

但是打开邮箱的时候，他呆了。一封邮件——她的邮件，跳出来了！

> 我知道你已经回来了，却无论如何想不明白，你为什么至今不和我联系。昨天，我给你打了手机，你也没接。临走前你说，我们是最好的朋友，可是，你还不至于出了一趟国就把"最好的朋友"忘了吧？

> 那天给你过生日，我其实是忍着很大的痛苦，是身心两方面的痛苦。第二天，我就要去做胃镜了，心里紧张，而且那几天几乎吃不下去什么。总觉得胸口一阵阵疼痛，我不愿扫你的兴，尽力希望你生日快乐，清早便去一家蛋糕专卖店去定做新鲜的水果蛋糕。可是我内心深处多么希望，你也能像我关心你的十分之一一样，稍微关心一下我啊！哪怕只是口头上的关心，我也就很满足了。可是没有，与往常一样没有，我的贲门在自发性渗血，真的是很

难受，可是你听了，竟然没有任何的反应，连一句表示来看看我的话都没有，而这时，我是多么希望自己心爱的人在身边，给我一点力量！做胃镜的时候，我的恐惧、伤心达到了极点，就像在法国做人流一样。你可以替我想想，我也是个女人，我孤独一人面对地狱的时候，是什么样的心情。但是我都没对你说。我只是轻描淡写地告诉你，为的是怕你有任何的负疚。这原因只有一个，那就是我爱你，真的爱你，真爱一个人，是宁愿自己受苦也不愿给心爱的人添什么麻烦。是的，我没有给你添任何麻烦，我可以说，恐怕除我之外，任何女人也做不到这一点吧。但是那时，我依然很感动，因为你当时至少还是真心着急的。

但是这件事的后果是我自己始料未及的。我的身体一向很好，但是仍然没顶住这次人流带来的恶果，身体的免疫能力开始全面下降，以至常常感到非常不舒服。但我对你没有一句怨言，还是那句话，我不想让你有任何负疚的感觉。可是万没想到的是，在寒风呼啸的日子里，我生病了，你明明知道，也明明知道我是一个人，我需要你，你却只看过我一次，且行色匆匆。而我们曾经是那么亲密，你要我的时候，真的有一种骨中骨、肉中肉的感觉，似乎是上帝在将分离之二人合而为一。我至今不明白，你为什么能狠心若此！！

去年，你生日的那天，我真的像是做了一个梦。因为在此之前，我连想也没想过会和你在一起。真的，尽管我们已经认识了很多年，尽管我对你的印象一直很好。此前，我一直把你当作一个好朋友，一个诚实善良的人，我从来也不曾有过非分之想。在这方面，我是个名副其实的好女人，小的时候，是个名副其实的好女孩。我的身心都很纯洁，这点你可能已经感受到了。我敢保证，活到这个年龄，还保持着我的这种纯洁的人并不多。后来我想想，我之所以毫不犹豫地接受你的爱，是我觉得你的婚姻并不幸福，起码是不够完美，这究竟是不是错觉，我也不清楚，但正是这种感觉让我接受了你。我是极自尊的人，假如不是这种感觉（或许是错觉吧），即使再爱一个人，我也不会允许自己充当这种角色的。

但是事实很快就告诉我，真爱，连自尊竟然也能舍弃，在你面前，我有多少次因为心里的真情奔涌而丧失了一直以来保持着的自尊。但是我不后悔，在这个人欲横流的世界上，一个人竟然还能保留着作为人类最重要的感情：爱情，爱一个人的能力，是多么可贵啊！也正是在这个意义上，我也同时意识到你的可贵。

但是神祇很快昭示了我。塔罗提示我：我对心爱的人是全心全意的"奉献式的爱"，他在我心目中的地位像是一个国王，而对方对我则是一种动荡不安的感情，仅仅是一种"秘密恋情"而已。但是我并没有觉得不平衡，我充分理解你的处境，你常责备我"没有考虑你的处境"，决非事实。有多少个孤独的夜晚我想听到你的声音啊！我是知道你家里的电话的，一个热恋中的女性，需要多么可怕的力量才能克制自己不打电话啊！那简直就是一种自虐！这点，你是不理解的，完全不理解！

我自己也知道，我走向了一条情感的不归路。我无时无刻不在想着你，每一次我们分手，我的心都痛如刀绞，但是这些感受我都没对你说，仍然怕的是你背上什么包袱，我希望你好，希望你轻松快乐，不管我出国还是出差，都想着你，为你带一些你需要的东西，在法国的枫丹白露，我买到那件写着"祝你好运"的手绘 T 恤，真是高兴，想着你穿上它的时候，一定非常英俊，但是自始至终也没见你穿过它，那天刮着大风，我跑去买施小墨的预约卡，为的是陪你和你父亲一起看病，也有一点小小的私心，想由此多见你几面，可是就连这一点小小的愿望也没实现。但我依然觉得没什么，你忙，回内地后诸多不适，我都理解。我的确是为你做了许许多多的傻事，真爱的人智商真的是最低的，但我至今无悔。仍然是那句话：在这个时代，我的内心仍完整地保有一份美丽的真情，我只为此感到骄傲。

是的，也许你将来还会遇到各种各样的女人，比我年轻漂亮的女人可能比比皆是，但是像我这样真心的、奉献式的爱你、理解你、为你做事却不要任何回报的人，你恐怕是再也遇不上了。

当然，这些对你来讲也许并不重要，对很多男人来讲，最重要的便是金钱和权力，其它一切都是扯淡。我相信你不是这样的人，但是我看重的未必是你看重的。我在你心目中的位置我已经非常明确了。

你的确误解了我的意思，我问：将来我们能在一起吗？我的所谓"在一起"，并不是指世俗意义上的婚姻，而是一段共同生活的日子，从生命的意义来看，如果不能与真心相爱的人共同生活一段时日，将是一种终生的遗憾，而和你相爱的时候，我只想到《诗经》上那四句话：死生契阔，与子相悦，执子之手，与子偕老。这也许是一种无法实现的梦想，但至今，我都无法从这个梦中醒来。

你对我说，我们是最好的朋友，可是说过这话之后，你就消失了。你答应我，会试着给我发短信，可是一走后就杳无音讯，直到现在，你回来了，却依然没有回音。你的沉默究竟意味着什么呢？我们都是成年人，都尊重自己和对方的感情，不是那种玩弄感情的人，所以这无论如何需要一个解释。

他反复看了两遍，立即抄起电话拨了她的号，忙音，再打手机，关机。他一下子靠在椅子背上，发怔。

老父亲充满痛苦的脸在眼前出现了，他的手好像都能感觉到父亲苍老脆弱青筋脉脉的身体，那身体轻得好像一把便能抓起来。

报应，报应！——一定是报应，"报应"这个词，以不可抵挡之势从九霄之外穿越而来，直抵他已经累得疲惫了的心脏。他心里充满了痛悔——他唯一的一次错误，给父亲带来了生命的代价，他固执地认为那是报应，是对他的错误、他的罪孽的报应。要结束，一定要结束，既然她提出了问题，那么还是快些解决为好，夜长梦多，以他对她的有限的了解，她的性格充满了危险，她激动起来说不定会干出什么事呢，他想起他的家庭，他的妻儿，那都是他的亲人，都是他必须保护的啊！

他淡出的可能性几乎为零了，于是他决定，立即结束，但是要巧妙，尽量不要刺激她，否则一切都很危险，在她貌似温婉的措辞背后，他似乎已经闻得见炸药味儿了！

还有一个其实是最最重要的，也是最最隐秘，无法对人言的原因，就是他的那玩艺儿不知什么时候已经失灵了，好几回过夫妻生活，都以失败告终，还好郎华身体不好这方面总是比较淡，换个老婆早就要兴师问罪了。有一天深夜，他起来小解，突然看见郎华撑起身子，在黑暗中盯着他，他心里突地一沉，一瞬间竟以为东窗事发，心一下子悬到了嗓子眼儿。郎华盯了他半天，才打了个呵欠说："……哎呀我刚想起来……快去厨房把昨晚那碗剩菜放冰箱里，要不蟑螂该爬进去了……"

他立即到厨房去找那碗菜，菜还摆在那儿，不过颜色变了，变成了黑糊糊的一片，那黑色还在蠕动着——竟是密密麻麻的蟑螂——他觉得头皮一麻，反身便走，后背竟觉得一阵麻痒，仿佛有无数蟑螂贴了上来，他狂奔到床边，喘息不止，在郎华已经完全清醒的眼神下，他一下子吐出来，黑暗中他看不清自己吐的什么，可他觉得那全是黑糊糊的蠕动着的蟑螂粪便。

43

她从一种昏睡的状态中醒来，习惯性地打开手机，一个短信伴着音符跳了出来：

我反复想过了，我想我们还是做回朋友吧。

这几行字一下子让她醒了。她反复看了又看，知道他们的关系已经到了最后的时刻。

做回朋友？这意味着不再有性，凡明眼人都可看出，这是一种婉拒，一种谢绝，一种客气的断交方式。

她突然发现自己一直在等着这个时刻，从他们好的那一天开始，她就知道会有这样一个时刻，或迟或早。

如果说她的伊妹儿还是努力压着怒气，试图用哀怨来打动他，那么，她现在准备爆发了。

有开始就会有结束。但她很不愿意提出结束的一方是他而不是她。一年多来所有的事都涌上心头，刺骨的爱瞬时转成了刺骨的恨，刺骨的恨通过手机短信发送出去，字字都像暗器："做回朋友？你不觉得你的话很虚伪吗？我们还是彻底分手好些，从此之后形同陌路。我的确爱过你，但我发现，我有生以来第一次的爱被亵渎了。""你是个自私怯懦的小人，是地道的伪君子，我不恨你，但我看不起你"……如此这般的短信，竟发了九条之多。

他一直沉默，无论她使用多么恶毒的语言，他沉默。这种钢铁一般的沉默让她发慌。终于在她弹尽粮绝之时，他的短信过来了。

"一开口不是教训就是指责，这不叫什么爱。你根本不了解男人，也不了解我，你现在过于情绪化，等平静下来我们再交流。"

短短数语，一下子把她镇在那儿了，她反复看着那几行字，泪水一串串涌了出来，她心里明白，她还是爱他的！还是爱他的！这是她生平第一次的爱，也许，也是最后一次。

有人敲门，是房主，房主探头进来，催她交房钱，她已经好几个月没交房钱了，她想起有好久没人找她干活了，只有前天的一个活儿，她做起来很费力。她没钱了，她得搬家了。她想她还要攒一点力气搬房子，不能把所有的力气都耗给他，他不值得。

她原来并不知道爱注定就是双刃剑，一面是爱，一面就是伤害。

她已经遍体麟伤奄奄一息，但她仍然挣扎着，不想从战场上退下来。

她身上的香气是他发现的，在幻梦中，她把自己想象成一株开满香花的树，而他，是一只鸟，栖息在树上，鸟和树都有着同一种本质：鸟的翅膀，树的花叶，都会在风雨里慢慢落掉，是的，她眼角的鱼尾纹渐密，头发渐白，且大把大把地脱落，她迟早会变成一棵光秃秃的树，在满树的花与叶没有落光之前，鸟就会飞走了，她顶多能保留一两根羽毛。

但是她怎么能拒绝鸟呢？鸟天生就是主动的，天生就有选择的权力，而树没有。

她躺在那儿，觉得自己还活着，因为还有泪。眼泪还在流动着。她忽然想起自己好像好久没吃东西了，她挣扎着起床，想给自己倒杯水，但是一只脚刚刚沾地就摔倒了。然后，她看见外面的太阳一下子黑下来，一个恐怖的黑太阳，她知道那是乔装的死神，她一抬眼，眼神就被那恐怖的黑色封住了，她用尽最后的力气拿过手机，随便按了几下，好像是发送，又好像是没发送，她不知道。

好像在一个封闭的棺材里待了很久，电话铃响，她下意识地接电话，是他的声音，她挂断。电话铃不断地响，不断地响。她不理，她心里清楚，她躺在地上，把好不容易设计的一份图纸，压得皱巴巴的。

终于，她觉得有了说话骂人的力气，她抓起爆响着的电话，劈面骂去："滚蛋！不要再搔扰我！……""你怎么了？我就在你们家楼下保安这里，我马上上楼，给我开门！""你听见没有，我不想见你，我叫你滚蛋！！……"她咆哮着，其实声音很小。

44

他最后是在物业和保安的双重监督下，由110指定的专门撬锁的师傅撬开了她的门。

他喂了她几口水，她渐渐缓过来了，眼角上还有残留的泪。

他被她最后发送的短信吓坏了，那短信上写着：我 ### 死神 **——他不知道是什么意思。

他踩一脚油门就出发了，路上，他第一次认真地想他们的交往，第一次认真地反省，第一次认真地想起了她的好，她的确是在爱着他，用她的方式，他深信这点。但她的爱的方式，恰恰是他不能接受、或者说不喜欢的一种方式，他觉得，对于爱，成年人应当有更成熟的表达，他可不愿意装嫩，譬如那些"亲爱的"之类的称谓，都是他一向拒绝的，而她却恰恰喜欢叫一些花里胡哨的称谓，那些称谓让他肉麻，开始他还忍受着，后来终于绷不住了。在每一个小小的细节上，他们几乎都是不一致的。但是现在，他觉得没什么，表达方式并不重要，重要的是她真心地爱着自己，他不能让爱他的女人一个人孤零零地病倒。

他竭尽全力地抚慰她，全盘认输。他知道只有这样才能让她回黄转绿，起死回生。他能够清晰地感觉到，怀里的女人在慢慢由僵硬变得柔软，这时他可以细细地看她，他可以清楚地看见她眼角的细纹，一年多的时间，她从一个丰满的女子变成了一个中等偏瘦的妇人，他现在可以轻而易举地抱她起来，其实，无论是丰满还是消瘦，他觉得都无所谓，他一点儿也不主张她减肥，他心目中的原始心象一直是三十多年前的那个"大娃娃"，无论她肥或者瘦，美或者丑。

但是他很快知道，她缓过来之后就是他的灾难。

她刚能开口就变成一个泼妇，她破口大骂，骂声中眼泪早已灰飞烟灭，他惊奇地看见她的嘴唇渐渐发紫，她的脑门儿上像是冒了一股烟，可以烤熟任何坚硬的东西，她说你是人吗？我觉得你不过是个像人的东西而已，很多东西在黑暗中像人一样，在黑暗中所有的东西都像人，可惜我是在黑暗中看到的你，对不起，我把你当成人了！

他的血一下子涌到脸上，从小到大，还没人这么骂过他，他压着火嘟嘟着："好啊好啊，只要你能出气，骂什么都行！"她一点儿没有因为他的退让而缓和，她说你到底把我当成什么了？一个随时候着你的婊子？！你想来就来，想走就走，什么都由你掌控，什么崇拜，什么偶像？！完全是放屁，你不过是急于进入我的身体，想当个不花钱的嫖客罢了！可是你想过我的感受吗？！我跟你的时候还是个处女！是个处女！！你头一次让我知道我的身体原来这样空，这样需要填充，你开发了我，然后又跑了，害得我就像个傻逼似的永远苦苦等着下一回！与其这样，还不如永远不被开发！！我告诉你我看不起你，因为你还不如马路上那些民工，你和他们在本质上一样粗俗，可你还要装成一个诚实君子，所以，你比他们更恶心！对，我是不年轻了，也谈不上漂亮，我已经有了皱纹和白发，还有被烟熏黑的牙，对，我屁股太大，脖子太长！毛衣上掉了一枚纽扣，裤子上还有油渍，我的发型和脸不搭，我的鞋和袜子不搭，我爱发脾气！懒散邋遢！抽烟酗酒！可我是真的爱你，为了爱你，讨好你，我把什么都交出来了！把我自己的身体都毁了！！毁了！！！"

她咆哮着，披头散发口沫横飞，完全像一只失心疯的母狗，把狗毛都晃得炸起来了！连她自己都不明白为什么刚刚还奄奄一息的她竟还有着如此大的能量！她心里充满破罐破摔的快感，而且还在身体上做出了迎接重拳出击的准备，她想他一定会狠狠给她一耳光，或者，拳打脚踢！好啊，反正她豁出去了！不是说狠的怕横的，横的怕不要命的吗？！她就不要命了！她早就忍无可忍了，她再也不想装贤惠、装温柔了，她想好了，来就来它个鱼死网破！实在不行，直接去找郎华，然后再去他单位，当众往他脸上泼一杯水，像他的这种单位，如果当众出这么一次丑，仕途上就永远出局了！

可是他一动不动，甚至一句话也不说，嘴角闭得紧紧的，好像这辈子也不打算开口。

她骂了又骂，把这一年多来所有的鸟气都骂出来了："……告诉你，这事儿没完，世界上哪有那么便宜的事儿？！便宜都让你占了？别人都是傻逼？哼！你没想到吧？我把你做的事儿都写在了日记里，不愁你不认！你不信可以看！你看哪！看哪！！……"

她把自己的日记翻开，拿到他的眼前，她看到他的瞳孔慢慢张大了，大颗的汗珠流了下来。她心里这才有了一丝平衡，一丝快意，她又作势乘胜追击："还要看流产记录吗？这儿有全套的！包括胎儿的 DNA，我随时都可以告你！不怕你抵赖！……"

她越说越有快感，自己也奇怪从不会撒谎的自己不但把一个谎言进行到底，而且越说越溜儿，越说越像真的，说得连自己都相信了！她在为自己的急智感到得意的同时，也不自觉地扮演着谎言中的那个角色，为那个角色而鸣不平而流泪——啊，她真是一流的演技派演员，假如她从影，怕是很多明星都该稍息了吧。

但是她心底的一个角落在说：完了，你完了！你们彻底完了！那个角落在不断地拉住她，但当她已经变成一只疯狗的时候，谁也拉不住。

他的目光呆呆地看着她，脸色慢慢变得青白，汗流下来，她有些害怕了，嘴里还在骂着："装什么呀装？！你以为你装成这样我就怕了？你就可以逃避罪责了？！……你为什么不说话？理亏说不出来了是吧？说话呀你！你为什么不说话啊？！……"

她彻底慌起神，这才想起他这么些日子一直在医院看护父亲，那滋味她是知道的，过去自己的父母临终时，她也曾经看护过，我的天，那罪可不是人受的！不过现在有护工，好多了，但是那也折磨人哪！一瞬间她突然觉得他是可以原谅的，就像过去无数次那样自动给他找着台阶，不过那只是一瞬间，疼痛还在她心里泛滥，她已经搞不清究竟是身体上还是心里上的痛，反正，眼前的这个男人，要为她的疼痛和疯狂负责！是的，疯狂，有一件往事，是她积郁心头的一个秘密，她的母亲是先疯后死的，母亲的疯狂是因了一个男人，那个男人，不是她的父亲。

这是她的家族的一个巨大的秘密，一个耻为人知的秘密。她并不知道任何细节，她与兄姐们提及此事，大家永远顾左右而言他，讳莫如深。她只是知道这件事的结果：母亲割破了双侧股动脉，那时她还很小很小，但她清晰地记得那两股血的喷泉，她家的白墙变成了红墙。她家的窗外人头攒动。父亲的脸好像变得很小很小，父亲的嘴里嘟嘟着，父亲看着墙说太脏了太脏了。

从那时起她常常做一些与母亲有关的怪梦，譬如她梦见有一群头戴紫冠而且身首分离的人，在月亮底下唱歌，有一颗头颅挂在枝上，她看见那正是母亲的头。母亲的头在单音节的歌声中缓缓落在水中，水声像是呻吟一样低沉，她在梦中觉得那些戴紫冠的人来自末世的清宫。

又如有一回，她梦见母亲从河流中缓缓升起，像出嫁时的一匹柔软的红绸，但她心里知道那不是出嫁时的红绸，而是溅在墙上的血，那些照父亲看来是肮脏的血。

偶尔，她也梦到母亲变成了一个路边卖烧麦的老板娘，戴一朵极艳的粉红花，香而华丽，红着脸给一个男人斟酒，道一声：客官慢用。那些滴着油的烧麦喷香扑鼻。可她，就是看不到那个男人的脸。

现在她看到了，那个男人的脸近在咫尺。世界上所有男人的脸都是一样的，大同小异。既然如此，还要选择什么呢？她羡慕她的母亲，她母亲是被开发了的女人，而她，还没被开发出来就折在了第一个男人的手里。

算了，放过他吧，她在心里对自己说，生活不过是一次艳遇，如果没有他，也许自己一辈子都不会遇到。要学会感恩。

她的目光再次停留在他苍白的脸上，她知道现在是出手最好的机会，他在她这里，鬼也不会知道，她可以用最毒辣的手段让他永远消失。或者，他们一同消失。

然而就在这时，他开口了。他只说出两个微弱的字：头晕。

45

让他担心的事终于发生了。他最怕的就是病倒，特别是：在她这里病倒。部长要稿子，父亲要看护，儿子要教育，妻子要抚慰……还有她，他觉得她随时都会疯狂，她已经疯狂了！天哪，疯狂的她会干出什么事儿来啊!

他最看重的当然是自己的事业——仕途。从小他就被教育:男子汉首先要干出一番事业,虽然心里还有很多无奈,但既然走了这条路,那么按照他的秉性,就要走好。他没有什么背景,走到今天这一步很不容易,当然他不愿被一个女人砸掉。换一个女人,他一定会用冰一样的冷漠逼她走开,换一个女人,整件事情根本就无法发生!可眼前这个女人,是他从小就崇拜的对象,是他在妻子之外唯一的女人,也可以说是他迄今为止唯一真正爱过的女人——这个女人,原本胖乎乎的、可爱的、开朗快乐的女人,什么时候变成了这样?

他应当重新认识她。他早就应当重新认识她!

现在,最糟糕的事情发生了:她竟然把他们的性史写进了日记!还有,她竟然留了做人流的资料!这就是一把达摩克利斯之剑,高悬在他的头顶,随时都有可能落下来,将他杀死。

那么他只有两种选择,既然不能杀人灭口,那也就只好妥协了。他得乖,得装孙子,他强忍怒火,继续以静制动以柔克刚,他看到她的脸由酱红转成铁青,又由铁青变得苍白。他知道,她的暴怒已转成悲伤,而他的死刑也已改为死缓。

他喃喃着:"骂吧,你骂吧,只要你能出气,只要你病能好,怎么着都成!……以他这样一个七尺大汉,说出软话来特别让人心动,骂累了的她这时悄悄看了他一眼,就这一眼,剑拔弩张鱼死网破的心一下子塌了下来,刚才还是血影刀光的剑锋,却突然化成了殉情的音乐。深渊就在眼前,房门就在身后,恰如那幅死神来临的设计图,房门敞开着,宴会尚未结束。恨与爱的转换如此之快,没有满足的那一部分情感一下子化作眼泪,她号啕大哭,哭得惊天动地势不可挡。哭到他生气,哭到他不耐,哭到他害怕,哭到他——被感动。

他的决心再次被她的眼泪粉碎了。

他叹了一声,把她拉进怀里:"我到底有哪点儿好值得你这样啊?"

那天晚上他留下了。她奇怪,看上去已经倦怠无力的他竟然还有那么可怕的力量，两个刚刚还在绝境中挣扎的人这时好像互相抓住了救命稻草，他们死死地抓住对方，好像要在彻底枯萎之前抓一个殉葬者，他们从床上翻到地上，淹没在汪洋大海般的体液中，他们被洗劫的骨架，他们虚幻的血肉，都在那片汪洋中慢慢融化。后来他身子动不了了，仍然坚持矗立着，她把身子弯下去，紧紧贴着他，她想把自己装进去，重新变回他身上的一根肋骨。

他迷迷糊糊地睡着之前还在听她讲着故事：

东海有一只鸟，叫做精卫……

她在讲精卫填海的故事。她把我当成小学生了。他想。

但他并不知道她其实想讲的是另一个故事：东海还有一种鸟，名叫意怠，和别的羽族比起来，这种鸟迟钝无能，无法单独生存。一定要跟同类互相牵拉着才能飞翔，一定要跟同类互相搀扶着才能站稳。这种鸟胆怯懦弱，前进时不敢在最前，后退时不敢在最后，吃东西时谁也不敢先吃，只能着等级顺序，吃剩余的残食。它们严格服从着尊卑纲常，内部秩序井然，外敌无法侵害它们，也正因如此，它们很少遇到大灾难，它们长久地生存了下来。

假如一株开满香花的树，碰上意怠这样的鸟，又会怎么样呢？

她久久地看着梦中的他，心情慢慢安定下来。她觉得自己好多了，心病还需心药治，解铃还需系铃人。不过这种死去活来的感觉，她真的不想再经历第二次了。

他睡相很好，像个乖孩子。

46

次日清晨，阳光明媚。他醒来的时候她已把早餐做好：燕麦面包，煎鸡蛋，鲜榨水果汁，牛奶和两盘凉拌青菜。非常丰盛，他大口大口吃得很香，她穿着一件颜色绚丽的内衣，笑眯眯地看着他，眼里充满爱意。

阳光如同浓酒一般洒在她的肩上，在这么美好的阳光下，她想洗去所有的阴霾，她终于明白了，他是真的爱她，面对真正的爱人，她不想有一丝的阴影。"我想跟你说一件事。"她说。

"哦，什么？"他喝了一大口加奶的鲜梨汁，十分惬意，好像好久没有如此惬意的感觉了。

"有件事我想来想去，还是得跟你说实话……那个……"她似乎有些犹豫，"那个怀孕的事儿……"她看到对方抬起眼睛来了，直直地盯着她，似乎有些紧张，但她还是继续说下去，"是假的。"

"你说什么？！"

"别这么看着我亲爱的，我跟你说……"她用尽可能动听的声音把事情和盘托出。

她看见他震惊的眼神慢慢暗淡下来，说白了他只是略略有点吃惊，然后很快恢复了常态。她暗暗佩服他的承受能力不同凡响。同时，也暗暗感激他的理解。

"我想，对真爱的人，不能有任何的隐瞒，所以……"她看见他站起来，扣好最后一个纽扣。"怎么，你这么早就走？今天不是周末吗？"

"哦，不是跟你说过吗？最近这段很忙，还有我父亲的事……"

"那你头晕好些了吗？要不要我陪你去看？这附近有个老中医，医术很不错的……"

"不不，我好多了，"他甚至微笑了一下，"车还停在你们家对面，挺不放心的。"

"好，那就走吧，路上开车小心。"她显得很贤惠很豁达的样子，去给他开门。顺手把一小瓶治头晕的药放在他手中。

门关上了，她整个人仍然沐浴在幸福的阳光里，她心满意足。他的确是个诚实君子，感谢上帝把他赐给了我，我要感恩，她想。她跑出去，打开十一层的外观窗，从这里正好能看见楼下那片空地，还能看见马路对面的停车场。

她看见他了，他没有坐电梯，而是从楼梯上走下去的，所以，当她走到窗口的时候，他刚刚在楼下那片空地上出现。她很希望他能回头看一看，但他根本没有回头，而是逃似的穿过马路，走向他的车。

她立即拨响了他的手机，她想这么远远地看着他接手机的样子。她想远远地看见他的一个微笑。

但是他没有接，她从窗口遥遥看见，他拿出手机看了一下就揣进了衣袋。她再拨，手机里响起寻呼台小姐的声音：对不起，您拨叫的用户已经关机。

她的心一下子沉了下去，感觉到有一件事，有一件不可挽回的事发生了。

47

他关了手机，踩了一脚离合器，再踩一脚油门，把车头掰出来，他很熟练。马路对面是他去过多次的那幢楼，那楼的外装修漆成了暗淡的粉色，过去他看见那座楼的时候总觉得很美，但是现在，他觉得那楼的颜色有一种掩盖不住的乡气，而且，也太陈旧了。

他没有看那楼一眼就拐了弯，他要去营业厅换手机号，连家里电话也换掉，再装一个来电显示。然后他再买个电脑的杀毒软件，郎华要的，还有儿子要的文曲星。买完这些他会去附近的图书馆给部长赶稿子，这篇稿子部长点名要他来写，估计中午就写得差不多了，图书馆一楼有快餐厅，他吃个便当就去医院，他知道，父亲在等着他。

中午时分阳光反而暗淡了。他走进医院的时候看见门口的垃圾桶，于是把那一小瓶治头晕的药扔进去了，没准儿是毒药呢，他想。他总算领教了女人的所谓爱情了——无非是一种包装美丽的毒药而已。他想，他在有生之年再也不可能与药的主人见面了，那样的话，他也许会控制不住杀了她的。

他回想起她向他坦白的那一刻，他突然发现，她是那么老，那么丑陋，她的皱纹与白发都在阳光里纤毫毕现，还有那一口被烟熏黑的牙齿——天哪，过去怎么竟然没有发现这个，一想起他竟然与这么丑的老女人做爱，他简直要吐出来了。

打开医院的门，他一惊，郎华、儿子和弟弟一家人都在这里，穿过他们的缝隙，他看见父亲脸上盖着的白布。

郎华哭喊着扑了上来："你上哪去了？你上哪去了啊？！你这个该死的！你也学会骗人了！！你告诉我说昨晚在医院，你到底上哪去了，今天人家医院打了一上午电话，也没找到你，老爷子死的时候是睁着眼的！你知道他是惦着谁！你这个伪君子，你不搭理我们母子俩也就罢了！你竟然舍得让你们家老爷子睁着眼死！！……"

郎华还说了些什么，他都没有听清。他只是机械地摸向口袋，呵，手机还在，只是，他忘了开机了。他清晰地看见弟弟与弟媳鄙弃的眼神，然后，他觉得自己的面颊突然湿了，然后就是一阵无法克制的晕眩，他在失去知觉之前突然看见窗外阳光强烈，郎华的身影在强烈阳光的背景下舞动，有如一场慷慨激昂的皮影戏。

48

她从来没像今天这么恐惧，她捂住心脏，好像不捂住那心就会血淋淋地蹦出来，越是不想看，她越是满眼看得都是塔罗牌上面的奇形怪状的小丑和恶魔，一旦受魔力控制，生命就会变成一支离弦的剑，于是陨落就成为你的宿命——她已经败坏的脑子里突然出现了这么一句话，她知道自己已经被魔力控制，她力量不足无法摆脱，她抓起电话不知该找谁，毫无办法，只能找铃兰——那个让她又讨厌又无法离开的铃兰——她知道，目前世界上愿意做倾听者的，只有铃兰一个，铃兰永远可以在倾诉者那里找到快感。

果然，她的肝肠寸断的倾诉引起铃兰的一阵狂笑："哈哈哈……哈哈……你说让我可怎么说你好哇？！"铃兰故作高深地摇着她梳着光滑发髻的头，"你看你都成了什么样了？原来是为这个！这是十几岁女孩的课题，怎么如今让你来做啊？咱得想想咱不是十几岁，不是二十几岁，不是三十几岁，咱已经过了不惑之年了对不？

行了，既然过了不惑之年，咱也用不着那么些废话了对吧？这么跟你说好不好？"铃兰摆了个姿势，正对着她坐下，"男人，和女人，本来就是两回事儿，明白吗？女人每月只排一次卵，只有一颗卵子，而性交的时候，有几亿个精子风驰电掣地奔驰而来，要钻进那颗卵子，跑得慢点的，自然就被淘汰了，而侥幸进入那个卵子的精子下一步要干吗？它要摆脱！……懂吗？这就是男人和女人根本的区别，男人进入得快，进入之后唯一的想法就是摆脱，而女人恰恰相反，她慢，但一旦男人进入，她所能做的最大努力就是包容！就是紧紧地把男人拽住！那粒进入卵子的精子跑不掉了，它被包容进去了，孕育了生命，而男人和女人不同的生理结构，被法律形式固定下来，这就是婚姻。"铃兰得意洋洋地喘了口气，"看你这儿乱的，连个干净杯子都找不到！……"

"这么说，男人和女人结合之日，就是男人想逃跑之时？"

"差不多吧。所以说爱情的保鲜期充其量只有十六个月，你可以了，知足吧！……"铃兰望着老东家的一脸困惑，如指点迷津般惜字如金地说："所以，你不能坐以待毙，你要做个伟大的女人！"

"你的意思是……"

"伟大的女人，首先一条就是爱自己，善待自己！男人不是跑得快吗？伟大的女人叫他跑不掉！为什么，伟大的女人会为自己安排许多备份，伟大的女人会用智慧把所有的正选与备份统统摆平，然后根据自己的需要来安排他们出场的时间。告诉你个秘密，一个女人拥有多少男人，并不完全靠相貌年龄这些硬件，只有一条，就是把性与情分开，学会充分享受欢乐！而绝不能像你这样，还没怎的就先要了自己半条命！……你好好琢磨琢磨吧！"

何小船觉得自己彻底失败了，如今她看铃兰光彩照人，在铃兰面前，她只有高山仰止的份儿。

"你把他照片儿拿来瞧瞧。"铃兰威严地命令。

她急忙拿出他的照片，就是那张他在Ｈ城拍的，她要了好几次才拿出来的普普通通的照片，铃兰看看那张照片，突然想逗逗自己的老东家，于是她古怪地一笑："这人并不值得你这么要死要活啊，床上也一般。"

"你这么厉害？……看他的相貌就能知道他的床上功夫？"

铃兰又狂笑起来，笑得不可抑制："完了，你算是彻底没救儿了！……还是告诉你吧，我们到 H 城的头一个晚上，他离开你就去找我了，我们做了一晚上，我还不知道他那两下子？"

何小船这才把目光转向照片上的那个男人，真的，那个男人普通得不能再普通，平常得不能再平常，那个男人是谁？刹那间她似乎认不出他来，他是一个与自己完全没有任何关联的人，他不过与她一样，是个独立的生命个体而已，对于她来讲，他不过是别人，始终是别人，而对于他来讲呢？她不可抑制自己好奇的联想，答案是：对于他来讲，她也照样是别人，别人就是别人，别人永远也不可能成为自己。

铃兰接下来说的什么，她已经完全听不清了，她甚至已经记不得那天晚上铃兰是什么时候走的。她只记得，当恢复意识的时候，她挣扎着起来，找出一把剪子，把那一堆塔罗牌和他的照片一起统统铰碎，扔进了垃圾桶。然后她打开电脑开始做设计，她必须做，她已经接近一文不名了。

但是恐惧再次吞噬了她——黑暗中，电脑屏幕上再次显现出塔罗牌的形状，女教皇手执权杖，目光炯炯地与她对视。

女教皇一定是伟大的女人吧。她想。

女教皇有着一双美丽的蓝宝石一般的眼睛，这双眼睛正在慢慢把她洞穿。

做绢人的孔师母

1

50 年代出的那些月份牌，凡画着女人头像的，似乎与三十年代上海滩的没什么不同。也是一律的柳叶眉、丹凤眼、檀口含丹、香腮带赤，像是初学工笔的人画的画，连衣褶的线条都是一样的。段家的人除了书茵以外，没有哪个对这种月份牌感兴趣。可是十二岁的书茵却欢喜得了不得——妈去合作社买回来的这张月份牌，她揣在手里看了又看，才舍得挂在墙上。

月份牌上画的是个古装的姑娘，拿一把宫扇，巧笑倩兮，美目盼兮，最别致的，是旁边一个架子上踏着一只鹦鹉，毛色斑斓得很，好些年后书茵才知道，那是鹦鹉中的名贵品种，叫做琉璃金刚鹦鹉。

如今月份牌已经挂在墙上一个多月了，已经到了旧历年的年根了。家里从来重的是旧历年。奶奶忙着腌腊鱼腊肉，蒸包子，做梅干菜，糯米酒……两只手洗得通红，青筋暴着，左手戴的银镯子碰的瓷盆哐啷啷响，嘴里唠叨着："……老话哪有错的？二十五，打豆腐，二十六，年办足，二十七，样样齐，二十八，洗邋遢，二十九，样样有，三十夜，桃花谢，初一早，年拜了，屁股一舅，手一托，糯米糍粑就到了手！……"——本是说笑的，偏就有人认真。妈半捂着鼻子似笑非笑地哼一声："三十夜桃花谢，哪有冬天开桃花的？可见是不通了。"爸说："费那么大劲赚一块糍粑吃，不吃也罢。"说得奶奶十分无趣。

书茵知道奶奶只盼着孔师母来。孔师母那时四十出头，是图书馆长孔先生的太太，本人也是大学毕业，不过上的是家政系。孔师母有极好的人缘，并不算特别漂亮，但是很会打扮，很有风度，皮肤微黄，但是很细，连嘴角边的纹路也是精致的。平常，她脸上要扑很多粉，所以显得一双眼睛很明亮，总像睁不开似的看人，不但不难看，还很媚气。微笑起来也要半捂了嘴，走路没有一点儿声音，步子软软的，就像戏台上的青衣那样斯文。书茵觉着她有些像月份牌上的人物，如果再年轻十岁，就很像那个鹦鹉姑娘了。

孔师母娘家姓边，50年代的大学家属院，依然时兴随夫姓的叫法，某太太，某师母，都是随夫姓。那时明哲大学的出名，和家属院的两样事情有关系，一是绢人，二是玻璃纱绣。明哲大学家属院揽下的这两样活儿，都是50年代不多的出口产品中硬邦邦的项目。恰巧这两样活儿又都和孔师母有关。在明大，即使有些后勤员工不晓得孔师母，一提"做绢人的"，也就都只有点头的份了。

孔师母有两个儿子，大的上初三，小的上初一，都是名牌中学，人都说，那是孔师母的一对眼珠子。又养了一只叫做华丽的小京巴。华丽全身雪白，胖胖的看不出脖子，吃鸡蛋只吃蛋黄，喝牛奶只喝一层奶酪，从不吃沾酱油的东西，所以奶奶和妈生气的时候就说，孔太太家的狗，比你们家的人还干净。书茵曾有意听一听，奶奶和孔师母说那么热闹到底说的是什么，细听起来，才知道主要是奶奶在说，孔师母在听。说的都是过去的事，因此妈妈说，是在讲古。但是书茵奇怪奶奶讲古不找个老太太，偏找个四十多岁不老不小的女人，偏那女人又是极文静、极寡言的。日子久了书茵才知道，孔师母不讲便罢，讲起古来，奶奶可不是她的对手。孔师母是老北京，最知道老礼儿的，到了年根底下，就送来各色绒花，绢花，红绿挂钱儿，"气死风"的大红灯笼，孔师母一来，书茵一家的女眷就笑着出来拣绒花绢花戴。都是孔师母亲手做的，精致得很。书茵手慢，有一只粉红色的，眼睁睁看中了，却被四姐抢了去，自己只好拣了一只杏黄挂银的，几天都不高兴。

2

书茵兄妹七个，她最小，最得老人心疼。她嘴又乖，行动又伶俐，是妈心尖上的人。兄妹几个，只她最了解妈的性子。她心又细，常常连爸爸也想不到的事，她为妈想着。妈有什么忌讳，她最清楚。譬如奶奶一提孔师母是家政大学毕业的，书茵就急忙把话头岔开，她知道妈最不爱提哪个女人大学毕业，因为妈只念过几年会计中专。四姐就说，妈好嫉妒，书茵说不是，是妈太要强。

当然最不能提的是哪个女人漂亮，除非妈自己提，妈提了别人也不能提，譬如有一次妈在餐桌上兴奋地说：演《五朵金花》的那个女孩子，真漂亮。爸爸就接了一句：听说她叫杨丽昆，才十七岁。妈眼睛里的光当时就暗了下来，并没有说什么，只看了爸一眼，爸立即就蔫了。妈的那双眼睛分明说：你倒知道得清楚。但妈分明又什么也没说。在大多数情形下，妈是非常体贴爸的，总给人一种夫唱妇随的形象。

妈年轻时据说相当漂亮，有照片为证：梳一个简单的鹊尾头，穿阴丹蓝士林旗袍，眉眼和嘴巴非常美丽，可以说，段家的几个女孩，都没有真正承继那种美丽。那种美，一点也没有危险，让男人感到非常安全。并且有一种小家碧玉式的精明，让中产阶级的男人觉得，要找就得找这种老婆。

姐儿五个比较起来，当然是四姐书棣最漂亮。也是妈年轻时一样的眉眼，嘴巴像爸，很大，但并不难看，一口美白可以做广告的好牙齿，有些西洋女人的味道。妈对书茵说体己话的时候就说，五个姑娘里，我最担心小四的婚嫁。书茵笑道：妈妈真是为古人担忧，四姐最好看，哪儿还嫁不出去？妈抿抿嘴：你知道什么？古话说红颜薄命，一点儿不会错的。书茵就说：那妈妈这么好看，难道薄命了？谁不说妈妈有福气？妈粲然一笑：小鬼头！偏你会说话！你四姐要是有你一半会说，妈就不会为她担心了！她虽然继承了我的相貌，却没有继承我的脾气秉性儿，你哪知道一个女人活在世上有多难！妈活到现在平安无事，还不是靠一个"忍"字？你四姐那个性子，将来有的磨炼呢！年轻轻的姑娘，模样儿倒在其次，第一就要性格儿好，我看你倒是个乐天的样子，性格儿好，一生无忧呢。

书茵知道妈接下来就该说奶奶了，急忙岔开话儿，让妈躺下：那天你说腿疼，我给你捶捶？妈就躺下，说：真是妈的心肝宝贝儿！才多大，就知道心疼妈妈了，可见妈没白疼你！说着往上撸裤腿儿，因太窄撸不上去，只好把裤子脱了。书茵从小就爱看妈的白腿白屁股，白得连里面青青的脉管也看得出，什么香水也没喷过，天然就有一种肌肤的香气。看见妈的白腿书茵就想起小时候曾经有一回，妈洗屁股的时候，书茵失口叫道：妈妈的屁股好白啊！就这一句话，把奶奶也引来了，奶奶说了个笑话：说从前有个女孩，到姑妈家借锹，半路摔了个跟头，就把事儿给忘了，直到晚上姑妈洗屁股的时候，女孩说：姑妈的屁股好白啊！姑妈骂她一句家乡话：敲死啊你！女孩才突然想起，自己是来借锹（与敲同音）的。这个笑话让所有人都哈哈大笑起来，妈也笑。但是一转脸，奶奶刚走，妈就沉下脸来：在孩子们面前拿我开心，安的什么心？！四姐就悄悄对书茵说：哼，妈就是这样，两面派！书茵说：你懂什么？这正是妈懂礼的地方，妈忍着背后说，从不当面撕破脸，这样才能跟奶奶相处，要是背后也不说，怨气积起来，不撕破脸才怪呢，像妈和奶奶这样的人，一撕破脸，就再也别想过了！四姐呆了半天，说：难怪妈和奶奶都那么喜欢你，小小的年纪，怎么这样世故？书茵说：一家子相处，总该有些谦让的地方，说作伪也行，就是不能事事依着性子来，譬如咱们家，光孩子就七个，老人要操多少心！要是个个都依着性子来，还不把妈妈累死？所以说，做人处事，还是有规矩的好。四姐书棣听了，嘿然不语。

3

　　书茵照着那张月份牌画了一幅《鹦鹉姑娘》。孔师母看了，说：明儿到我家去吧，我收你为徒，可好？书茵呆了半天才笑起来：您说的可当真？孔师母说，当然当真。书茵疯了似的在屋里飞跑了一圈儿，震得墙灰沙沙地掉。

　　第二天，书茵采了小院里刚开的鲜花，有玫瑰，百合，康乃馨……满满地装了一花篮——这是妈妈的主意，拜师总要送礼，"孔师母什么没见过，我们哪送得起，只有送花，又不花钱，又高贵，料想她也喜欢。"妈妈果然猜得不错，孔师母见了那些花儿，果然看了又看，闻了又闻，害得那小京巴都生了气，才叫佣人拿了瓶子装起来，瓶子是钧窑的大花瓶，装了那一大束带露水的花，好看得很。孔师母就端出点心匣子，一盘盘地倒了出来，让书茵挑着吃。荒年刚过去没多久，书茵的胃肠还没放开，哪见过这么多好吃的东西？又怕被人家笑话，只捡了一块马蹄酥和一块核桃糕，小心翼翼地用手接了吃，那时发高级点心票，有个童谣叫做"高级点心高级糖，高级老太太上茅房"，书茵当然也是知道的。孔师母又叫人倒了水，说："有好茶，只是你小人儿吃不惯茶，这茶要你奶奶来，慢慢地品。"吃了喝了，孔师母才领她进里屋，看她做的绢人。

　　书茵还是头一回见到孔师母亲手做的绢人，只有摇头咋舌的份儿，哪儿还说得出话来？分明是一出出的戏，只是那行头太抢眼，穆桂英穿大红平金的大氅，绣花鞋竟是金丝编的；崔莺莺穿玉色马甲，湖蓝长裙，上绣银色仙鹤；铁镜公主戴的冠上，密密麻麻镶了各色珠宝和花朵，还有杜十娘的百宝箱，里面那些袖珍的首饰真不知是怎么做的。书茵还在发呆，耳边已听得孔师母在问："知道这是出什么戏吗？""是《杜十娘怒沉百宝箱》嘛。""这个呢？""《四郎探母》。""那个呢？""是《打鱼杀家》吧？""是，难得你这孩子竟都知道。是奶奶告诉你的？""不，是妈妈。""唔？妈妈还教你这些？"孔师母有些意外似的微微一笑。"是啊，她高兴时还唱两段呢！""有没有教过你？唱一段给我听听。"

书茵就真的唱：……听他言吓得我浑身是汗，十五载到今日他才吐真言，他本是杨家将把名姓改换，思家乡想骨肉不得团圆，我这里走向前重把礼见，不知者不为罪你的海量宽……孔师母听了更加喜欢："'没想到你小小的人儿，戏唱得这么好。好，我更觉得没有错看了你。来，我今天就给你上第一课，画绢人脸。"

书茵看见几个一个模子做出的绢人头摆在桌上，孔师母拿起一个，看了看说："就让她做白娘娘吧。白娘娘有什么特征？"书茵说："白娘娘长得很美。也很善良。"孔师母说："还有呢？""还有……就是有点软弱吧？"孔师母喜道："说得好！白素贞的特点就是美丽、善良、软弱，不，也不尽然，她其实是个外柔内刚的人，譬如"水漫金山"这一节，明明知道不是法海的对手，可是为了爱情，还是拼啊，还怀着小孩子。所以呢，白娘娘的眉毛特别重要，一定要弯下去，要这样子，比小月亮还长一些，眼睛呢，不宜过大，但是要含情脉脉，还要有点忧郁。"书茵听了这许多形容，有些慌神儿，一笔下去，眉毛就画粗了。孔师母"呀"地一声："怪我，不该说那么多的，说得你紧张了，好，你在这里画，我去叫保姆准备中饭，一会儿在这里吃饭好了。"没等书茵说出不字，孔师母已经进了厨房了。

到吃中饭的时候，书茵已经画好了四个小人头，孔师母细细看了，喜道：个个都好！佣人仇嫂端着菜走出来，笑道：难得孔师母说好，从今后总算多一个帮手了。说得孔师母和书茵同时一怔，孔师母旋即笑道：哪有让书茵姑娘做帮手的道理？书茵急忙应道：要是能让我当上孔师母的帮手，就真是我的福气了！正说着，孔先生回来，孔师母急忙走上去为他宽衣，换拖鞋，又敬一杯茶。书茵见了，暗想原来孔家还有这套规矩，爸爸下班何时见妈妈敬过茶了？难怪孔家从不吵架，原来这便是所谓相敬如宾了。

于是坐下来吃饭。书茵这才看清孔先生是小枣核脑袋，戴深度近视眼镜，倒像是满脸只有一副眼镜似的。孔先生只向书茵打了个招呼，坐下来就心无旁骛，一心吃菜，菜一定是孔师母夹到碟子里的才吃。旁边一小杯酒，吃得有滋有味。菜是淮扬口味：无非是一个清汤狮子头，一个油浸鱼，一个菜心，一个豆腐，两碟开胃小菜，一大碗乌鱼蛋汤。孔师母说，狮子头和鱼是专门为书茵做的，都是典型的淮扬菜，书茵尝了尝狮子头，果然鲜美异常，孔师母笑道：也没什么窍门，不过是加了一点马蹄而已。后来书茵才知道，所谓马蹄，其实就是荸荠。那天书茵只看到孔师母忙不迭地布菜，自己好像只吃了一点点饭。吃过了，又拉着书茵的手进了房间，把那四个小人头摆在桌上，一一评点。

谁知仇嫂就在外面叫：段太太来了！话音未落，书茵见妈已经闪了进来，穿银灰明绣丝绸旗袍，梳 S 头，还扑了一点粉。孔师母急忙让座，嘴里说道：段太太今天好漂亮的！书茵见妈满脸堆笑，道："到孔府来嘛，哪敢怠慢？自然要梳洗了才能来，怕的就是这个傻丫头给您添麻烦！"又叫书茵：还不快回家吃饭？下午不是还有自然课？仇嫂在一旁笑道："书茵姑娘已经吃过了。"妈顿时一脸惭愧：这是怎么话儿说的？这个傻丫头！还真叫我猜着了！晚来了一步，就叫孔师母添麻烦了！说着就去拉书茵的手："还不快走？难道孔师母这里好，你就长在这里了不成？"一头说一头笑，说得仇嫂也咕咕地笑。孔师母急忙说："是我硬留下的，我只两个儿子，就稀罕个姑娘！书茵又懂事儿，巴不得给我做个伴儿呢！"

出了门儿，书茵就见妈的脸一下子拉下来，冷若冰霜。书茵知道自己这下子犯了妈的规矩了，吓得一声不吭，等着挨说。谁知妈一路上一句话也没说，只是死死攥着书茵的手，走得飞快，书茵几乎要小跑才能赶上。

4

有一天，孔家大哥哥孔令胜看见那幅《鹦鹉姑娘》，皱皱眉头说："不好。"问他为什么，他说，鹦鹉只会学舌，有什么好？说得书茵几乎落下泪来。急得孔师母直说：书呆子！瞎说什么？

孔家客厅里有一架旧风琴，平时只有孔师母自己弹弹玩的，到了节假日就归孔令胜了，弟弟小乖是从不问津的。开始孔令胜也不过是玩玩的，后来竟入了迷，有天晚上弹《致爱丽丝》，孔师母听了以后就不再弹了。小乖看见妈妈坐在堂屋的角落里，屏心静气，慢慢地，有迷茫的泪水沾湿了睫毛。小乖真的猜不出妈妈为什么那么伤感。

华丽也对孔令胜最好。小狗华丽绝顶聪明，对每个人态度都有不同：孔师母是喂养它的人，它自然要对她好，但只局限于吃饭的时候，小华丽又摇尾巴又作揖的，为的是那点儿好吃的，但小舌头把好吃的一舔完，就一阵白旋风似的跑了，孔师母叫都叫不应，气得孔师母直说：太功利了！但下次仍然照喂好吃的不误，小华丽似乎摸透了她的脾气，越发肆无忌惮。要玩儿的时候，就找小乖，小乖可以和它玩红白两色的皮球，可以和它翻倒在床，尽情疯闹，唯独对于孔令胜，它却是真心的喜爱，似乎不带任何功利色彩，忠心耿耿，鞍前马后。每到周末，小华丽就等在走廊上，孔令胜不回来不吃饭。清早，华丽就蹿上孔令胜的床，用小舌头把他舔醒，让他带着出去玩。他洗完脚，它就立即把他的拖鞋叼来。有时孔先生吼儿子一句，小华丽就几天不理孔先生。孔令胜弹琴，华丽就一动不动地趴在风琴盖上，含情脉脉地看着他。孔令胜对华丽却是有一搭无一搭的，气得小乖不高兴时就揪它耳朵："哼，单相思，剃头挑子一头热！"孔师母听了这话，就要训小乖："你别以为它是没嘴的畜牲，就欺负它！跟你说，它懂！什么都懂！"

书茵到孔家学画，自然也要过华丽这一关。开始她有些怕，她不是单怕华丽，是所有的小动物都怕。她怕它们的眼睛，因为它们的眼睛不会笑，显得很阴险。但是日子长了她发现，华丽的眼睛虽然不会笑，但它会哭。孔令胜一弹琴，它就眼泪汪汪地趴在那儿，好像听得懂似的，一副小布尔乔亚见花流泪望月感伤的样子。渐渐地，书茵也带些棉花糖、花生米之类的哄哄它，它很爱吃花生米，但是一定要书茵嚼碎了它才吃。小华丽渐渐喜欢书茵了，书茵一来，它就叼着她的裙边，领她转遍所有的房间，见过所有的人，才算放心。书茵做绢人，它就乖乖趴在她的脚边，偶尔也用那还没长牙的小牙床咬咬她的脚指头，怪痒痒的，书茵忍不住，就咯咯地笑。

5

明大的孩子们都很会玩。差不多大的孩子，聚在一起竟有二三十个，组织起来是很不容易的，偏偏就有很出色的组织者，一个是书棣，一个就是孔令胜。孔令胜当时已经上了男四中，书棣也上了师大女附中，但都玩心不减，每逢周末回来，只要不是太忙，是一定要玩一场的。

书茵最盼着周末的一天。除去喜欢玩的儿童心理外，还有一重隐隐约约难对人言的：她有点喜欢孔家大哥哥孔令胜。孔令胜是明大孩子们里边学习最拔尖儿的，长得也好，比他的父母都漂亮，就是瘦了一些。小哥哥孔令迟，小名叫做小乖的，长得就远不如他哥哥，但是小乖因为和书茵年龄相近，常常在一起玩，所以大人们都以为她和小乖最好。

这次玩的游戏叫"救人"，是书棣设计的。把一个女孩藏在一个秘密地方，让男孩子开动脑筋去找，其余的女孩则给他们布下重重陷阱。那个藏起来的女孩自然就是公主，找到公主的男孩就是骑士或者侠盗，总之就是男孩里的大哥大了。若是在规定时间里找到了呢，女孩就归男孩统治了，或唱或跳，点到了就得表演，若是不过关，还有惩罚。若是没找到呢，女孩就可以向男孩提出任何条件，譬如，要小礼品，像那时时兴的弹球、洋画什么的。这个游戏多少年前玩过一次，兴师动众的，那次是书棣当公主。那时，靶场还没修建起来，那片地方还是一片处女地。高的乔木矮的灌木都被青草藤子缠绕到了一起，间或还有花，有一种花，上面铺盖了很厚的绒，沾一点在手指上，手指就变得亮晶晶的，有一种奇异的香味，据说有剧毒，孩子们给这种花起了个极其恐怖的名字，叫做"死人骨头花"。偏偏那条清亮的小河边就长满了这种花。那条小河一清见底，只是靠近岸边的地方有碧绿的苔浮着，下大雨的时候，全校的孩子们都跑到这里拦鱼拦虾，是极小的鱼虾，但是裹了面炸，极香。傍晚的时候，孩子们都端了炸鱼炸虾的小碗出来，比着吃，没有拦到鱼虾的，在这时就会尝到均贫富的乐趣。

那一次，一直到夜晚，男孩子们也没能找到书棣。但是天幕越来越黑的时候，一个男孩看见在一棵野麻果树那里，聚了一群亮闪闪的萤火虫像流星似的飞来飞去。男孩跑过去一看，书棣真的就躲在那棵野麻果树的后面！大家都奇怪着：为什么书棣的头顶上要飞着一群萤火虫呢？！一个喜欢书棣的男孩说，书棣肯定不是凡人，一个嫉妒书棣的女孩说，书棣的血招虫子，于是两种说法都不胫而走，明大的人便对美丽的书棣有了些疑惑。

但是书棣在孩子们中间依然有很高的威信。这次玩救人，依然是通过抓阄儿来确定"公主"的人选。书茵恰恰抓住了那张写着"公主"的纸条。书茵并不怎么高兴，她更多的是惶恐，恰如一个当惯了丫头的人，硬要她当小姐，她怎么也找不着那种感觉的。

不过惶恐之后还是相当兴奋的。特别是在四姐书棣亲自给她化妆的时候。小小的书茵还是头一回化妆。妈总是说，女孩儿家，小小年纪千万别用化妆品，倒把好好的皮肤给毁了！但书棣一向对妈的话置若罔闻。书棣不但给妹妹擦了粉抹了口红，还给她戴上了精致的骨质项链和手镯，穿上了绣金线的新疆紧身背心，细细地编了十几条小辫儿。书茵从镜子里看到，自己完全成了个漂亮的新疆姑娘！

多少年之后书茵还记得那种感觉，每当不如意的时候，她就面对镜子，不停地化妆和卸妆。

另外还有个念想儿在缠绕着她，要是找到她的人偏巧是大哥哥孔令胜，该有多好！书茵的胸口一直扑扑地跳着，她的脑子里一下子闪过许多念头：若是他找到了我，让我唱歌，我该唱哪一首？《上学歌》？《快乐的节日》？《让我们荡起双桨》？还是《美丽的田野》？想起唱歌，她不由得沮丧。应当说她的声音还是蛮好的，可惜走调儿，也就是妈说的，左嗓儿。那么还是跳舞吧。正好穿着新疆服装。那时很时兴新疆舞，无论是中学还是小学，在学校里风头最劲的姑娘，一定是会跳新疆舞的。女孩们都学着动脖子动肩膀，会动的，就令人羡慕。

书茵有个毛病：一紧张就想撒尿。记得刚开学的头一天，放学的时候，她沿着铁路走了很远很远，怎么也找不到回家的路。她一紧张就尿了裤。虽然只是九月的天气，妈已经给她穿上了薄棉裤，一尿，棉裤就透了，粘在身上，冷风一吹，变得硬硬的，把两条腿都磨出了血印。书茵回家就哭了。妈哄了又哄，心疼得不得了："都怪妈没去接你，妈该死。"书茵边哭边说："不怪妈，都怪我笨，我怎么就不认识回来的路呢？"

那一天，书茵躲在靶场的一个弹坑里，风一吹，就条件反射似的尿出了一点。她就在风里害怕起来，怎么办哪？周围又没有厕所。越这么想那尿越鼓胀起来，膀胱变得越来越硬，像是要爆了似的。没办法，她开始数数，自己骗自己说数到一百就好了，就憋回去了，但是数到了一百仍然不行，越来越急了，她开始跳，两个脚换成一只脚，一只脚又变成两只脚，怎么着也不行。小肚子开始痛，隐隐约约地，越来越剧烈，天哪，那种疼痛已经蹿了上来，变成一种全身性的痉挛，要出事儿了要出事儿了，她想。看看周围没人，她几步跳进弹坑里。不行，新疆服得脱掉，那美丽的粉红纱要是沾了尿可就完了，但是脱衣服似乎又耽误了两分钟，她已经感觉到裤档里湿漉漉的了。终于蹲了下去，因为憋得太久尿出来得很缓慢，又一阵秋风吹过，她打了个寒噤，尿水突然像高压水龙似的喷射了出来！——全身的疼痛和痉挛，一下子缓解了。

但是就在这时，一个声音在空中炸响："投降吧书茵，可找到你了！"但声音的尾音已经变了，这是个时间差，孔令胜在刹那间已经看见一点模模糊糊的白，那是一种缺乏质感的纯粹印象上的白色。他下意识地往后一闪，还没容他有进一步的反应，后面的孩子们已经跑过来了。

书茵在呆了一呆之后接下来自然是女孩子们的看家本领——

哭。书茵的嘴巴瘪了又瘪，本来是想光流泪不出声的，可是她从模糊泪眼中看见了四姐书棣，顿时又害怕又羞愧，哇地就哭出了声。

那个秋天的傍晚，明大的孩子们看到的是这么一幅图景：女孩书茵半提拎着新疆大裙子，裙子一头拧着麻花卷儿，显然是慌乱之中抓起来的，裤衩还没来得及提上来，露出两条光腿和小半个屁股。脸色惨白，鼻涕眼泪一块流，而孔令胜的模样儿更是尴尬：满脸血红中还带着一种奇怪的表情，一副准备逃跑却又跑不掉的样子。

许多年之后书茵想，这一切全都是冥冥中的安排，太巧合了！假如书茵没有一紧张就要尿的毛病，假如那时没有冷风吹来，假如在冷风吹来之前他们就找到了她，假如第一个找到她的不是孔令胜，假如……

如果假如确实存在，世界上的事或许会好办得多。

6

书茵哭了整整一晚上，痛不欲生。但是第二天就好了，还是奶奶给编的辫子，擦的梳头油。学校因为是明大的附小，离得近，老师们也都知道了，生怕书茵伤心，说话就特别注意，大伙都装不知道，倒让单纯的书茵觉着，学校里的人都不知道。这样胆子就大了些，慢慢儿地，一切也就恢复正常了。孩子们总会有些新鲜事儿，新的事儿代替了旧的事儿，兴奋点转移了，见着书茵也就不起哄了，书茵是天生的绵性子，最是息事宁人的，事情过去了，就不再去想，有点掩耳盗铃的意思，只是孔师母家，从不再去。妈看了心疼，就特特的从家委会接来十字绣的活儿，让书茵暇时也有事做，不胡思乱想。

过了秋分，天气一天比一天凉，倒是孔师母沉不住气，主动上段家来找书茵。书茵见了孔师母，又羞又臊，无地自容。孔师母倒是很大度，一个劲儿说自己儿子的不是，说："他从小就毛毛躁躁，顾东不顾西的，书呆子一个，瞧不出眉眼高低！全是他的不是！哪儿有书茵姑娘的错儿！如今你不去我家了，别说是我，连小华丽都想得慌，倒把你送的那个铃铛，叼来叼去地玩儿，想是闻见你的味儿了！段太太，我看书茵学绢人是块料，还是让她继续学吧，别荒废了才好。"

书茵妈妈听了这话，微微地把嘴一抿，说："孔师母，孩子们都大了，咱们都做不了孩子的主是不是？你问问书茵，她愿意去就去，我不拦着。"书茵把头一扭，声音比蚊子大不了多少："妈，我学绣十字布挺好的，接了活，就不动弹了。省得到时候交不了活儿，还要挨罚。"话说到这个份上，孔师母也就不好再说什么了。自己觉着待不住，就到厨房找奶奶说话，奶奶正切腊肉，有现成自己发的蒜苗，准备中午做个腊肉炒蒜苗，一个熬小白菜，一个辣酱爆柿子椒，金裹银儿的花卷儿蒸在锅里，起了这么好听的名字，其实不过是棒子面裹白面而已。即使这样，也比那时的一般人家吃得好得多。奶奶就照老一套唠叨："哪天不是买了回来做，摘洗切炒，样样都要我做，腊肉也是自己做的，书茵的爸挣那几个钱，要养活一大家子人，哪买得起？她们做的，我又瞧不上，真是天生的劳碌命！"孔师母见切开的腊肉，红白相间，肥肉都是透明的，又新鲜又劲道，极口赞道："腌的好腊肉！像是上等的火腿了！等空闲了，伯母也教教我？老孔馋腊肉馋得不得了呢。"奶奶听了，就在案板上切下一块腊肉，用张片叶纸包了，硬塞给孔师母。两人你推我让了一阵，孔师母千恩万谢出了门。

书茵妈半天没做声。听见厨房里锅铲响罢了，这才命书茵拿一颗烟来。书茵就在书架上拿一颗红双喜，点了烟，妈吸了一口，清清嗓子。妈说："她这是怕了，来道歉的！她心里没鬼怕个什么？可见她那个儿子不是好东西！"书茵最怕提这个，眼里含着泪叫一声："妈！"意思是让妈别往下说了。可妈就像没听见似的，说："告诉你奶奶，如今买肉都要凭票儿，一人一月才半斤肉，自个儿还不够吃呢，还送人！送个好人也就罢了，送这样的人家儿，不如喂狗！"

孔师母走的是后门，这会子才走到窗前葡萄架子底下，听了个正着。手里拿着那块腊肉，拿着又不是，扔了又不是，喉咙里咽下一口气，回到家，把腊肉往小华丽那儿一扔，气就往上顶，眼泪就唰地流下来，呜呜咽咽了一会儿，小华丽连腊肉也不吃了，就上来拿小舌头舔她的眼泪。孔师母一把抱过小华丽，见两个儿子呆若木鸡地坐着看书，越发觉着委屈："养个儿子不如养条狗，你们从小到大给我惹了多少事！现在可倒好，人前人后抬不起头，让人家戳脊梁骨！"孔先生原是坐在书桌前的，听得太太哭了，急忙走出来，点着孔令胜的鼻子："你就是祸根儿！老大不小的人了，谁让你跟那帮孩子玩的？！眼看要高考了，不好好复习，我看你考不上大学怎么办？！别以为进了男四中就万事大吉了！告诉你，你还差得远着哪！你算个什么东西？！老子当年总分第一考进辅仁大学，你爷爷还嫌我国文功底浅呢！老子十几岁就离开老家，一切都靠自己，你们靠谁？还不是靠老子？！今天我还就把话说明了，你们两个都听着，满十八岁，就给我滚蛋！多一天都别待！！老子没有义务养你们！老子够了！！……你还在我眼前晃什么？还不快给老子滚得远远的！……"

孔师母先还听着，后来听着不像，就想去拦，哪知孔先生越拦越来劲，暴跳如雷地抄起一个衣架，照着孔令胜就没头没脸地打，那孔令胜也呆，竟不知道躲，就那么干挨着，几下之后，衣架上的铁钩子就沾了血。孔师母慌了，上去抱住衣架，哭道："不能打了！再打，就先打死我，再打死他！大家干净！"孔先生哆嗦着说："这倒怪了！我不管，你又唠叨！我管了，你还不满！我也不知道该怎么办了！这个家也没法过了，散伙了算！"孔师母哭着，心里觉着奇怪，老头一定是有了什么不顺心的事了，借题发挥，不然，家里的事就是再大，他也一向不管的，就是管，吼两句也就罢了，从来也没见他像今天这样——一定是出了事儿了，出了大事儿了！

直到晚上孔师母才明白出了什么事儿：丈夫的一大堆文件夹里，有一本油印的明大右派言论集，打头的七个人都是明大的老教授，每人都有一幅漫画像，画孔先生手握一条九头毒蛇，每个毒蛇头都吐着信子，冒出一句话，每句话都是反党反社会主义的，一句话就可以让孔祥仁一家子掉脑袋。不过实事求是地说，孔师母最初的反应却不是害怕，她半张了嘴端详了那幅漫画好一会儿，惊奇地发现：那个核桃仁儿似的、戴着大眼镜的小脑袋竟如此逼真，原来这个人就是她的丈夫，是这个人跟她生活了二十年，还跟她生了两个儿子！

这时她才知道害怕。冷汗涔涔流下来，流得人发懈，瘫软了下来，没有力气了，但心里头是明白的，恍惚觉得，还有一件更可怕的事在慢慢发生着，她觉得脑子很乱，梳理不清自己的思想，定一定神，细细地想着，是了，是孔令胜，她的大儿子，没吃晚饭就出去了，出去后就没回来。

也可能是一气之下提前回学校了，今天是周末，宿舍传达室没人值班，连个接电话的都没有，去找吧，现在末班车怕是也已经过了。

孔师母打开台灯，柔软的灯光流泻了一地，台灯还是粉红纱罩子，画着四季美人，最老式的那一种。孔先生历来对灯光敏感，灯一亮，就把胳膊一弯，挡住眼睛，哼道："不好好睡，又犯什么神经病？！"孔师母呆了一呆，气道："别说这么难听好不好？儿子到现在没回来你知道不知道？"孔先生原是个真怂假刁的人，心里有气专会往家里人身上出："他回不回来关老子屁事！哼！死在外头又怎么样？！"孔师母是大家闺秀，从不会说一句重话的，这时只气得全身发抖："好好，你不管你不管，但是你也不必管我！"说着，就下了床，本想外边套一件旗袍的，谁知手哆嗦得厉害，竟然半天都扣不上扣子，情急之下，只穿着睡衣睡裤就奔了出去。

夜风有些凉，睡衣裤是 50 年代出的那种棉绒小花布的，一出去就吹透了。平时很注意保养的孔师母也顾不得许多了，边走边喊着，喊的是孔令胜的小名。孔令胜的小名叫大乖，大概除了孔家的人没人知道。孔师母这么叫儿子，当然为的是最后一点自尊，其实完全是掩耳盗铃。

孔师母转遍了明大的家属院，特别注意那些边边角角的地方，她记得前些年闹别扭小乖就是躲在极不显眼的水泥管子里的。明大后面就是农村，那时叫做菜园子，孩子们平时爱从幼儿园的墙翻过去，到菜园子去玩。管菜园子的叫菜园子老张，有个疯儿子，那时明大的孩子谁不听话，当妈的就说，疯子来了！就这一句话就管事儿。

孔师母平时最怕疯子。不是怕，是硌硬。孔师母是有洁癖的，最怕脏东西，偏那疯子一年四季都穿一件衣裳，满是鼻涕嘎巴。孔师母远远见了就要躲开，百米开外就闻得见味儿的，这会儿却也不怕了，明大找遍了，就奔菜园子而去。

菜园子的灯自然早就灭了。菜地里好像是刚刚灌过水，到处湿漉漉的，一踩一脚坑儿，有几次，把孔师母的鞋也粘下来，她这才想起，脚上穿的还是拖鞋。

看见菜园子老张家的门了，那是外面的一道柴门，她想也没想就扑了过去，但是几乎是在扑过去的同时，柴门里面也有个什么东西扑了过来，黑糊糊的有半个人高，发出一种嘶哑的汪汪声，在黑夜里格外瘮人，平时温文尔雅的孔师母吓得三魂走了七窍，心下只有命悬一线的感觉。天哪天哪。小屋里的灯蓦然亮了。

就在这时，从靶场方向传来一阵枪声。

7

其实，对那件事反应最强烈的是书棣。

明大所有的孩子们都记着了书棣捂着脸狂奔逃离现场的那个瞬间，但是谁也不知道少女书棣为此付出的惨痛代价。从那时起，书棣竟然停了经。本来红扑扑的脸变得蜡黄蜡黄的。性情儿也变了，书棣一辈子也忘不了，孩子们在怔了片刻之后，由坏小子王三儿带头儿嘻嘻一坏笑，哄的一下散了，远远的，像是有人在起哄：噢噢噢！报告司令官，有人没裤子穿！……噢噢噢！那哄笑声常常像一把刀，在书棣没有防备的时候，突然蹿出来，在她娇嫩的胸膈处，致命一击。

当然，这一切的理由只有一个，那就是，书棣和孔令胜一直在悄悄地相爱着。

在那个年代常常被忽略的情感，只有在突发事件中才会显出本色。在那之前，书棣只是觉着，在街上行走的时候，满街的行人似乎都是孔令胜。那是她最快乐的时候，她哼着歌，总是不知不觉地反复哼一首歌的旋律，可以从家门口一直哼到学校，等她坐在课桌旁，清醒着的时候，她才突然想到，她哼的那首歌就是孔令胜最近常弹的一首曲子。师大女附中和男四中结成友谊班之后，他们的关系更微妙了。有一次去颐和园划船，大家起哄叫书棣唱歌，书棣悄悄盯着正在划船的孔令胜，信口唱起电影《两个小足球队》插曲：有一天伙伴们来到海上，共同度过快乐的时光，我们的舢板迎着晚风破海浪，亲爱的朋友们要去远航，你看这天空多么晴朗，你看这海鸥自由飞翔，你看这划船的小伙子多么健壮，就像那真正的水手一样……

看上去孔令胜没有在听，他的眼睛一直停留在一个遥远的国度。但是从他渐渐变得温柔的目光里，书棣知道他在听。在她和他的关系中，他一直是听者。那一架古旧的大风琴，涌动着太多的月色温柔，还有潮汐与船，他从小就能清晰地分辨和弦与琶音，却听不清她在倾诉什么。她说的总是太多，杂乱无章。就像初学写作的人，总是想把每个字都变成华彩乐章，于是华彩乐章就不存在了。

但最终他还是听懂了。在一个月光如水的夜晚，借着泻析在大风琴上的光线，他们的眼睛第一次笔直地相对，眼睛里映着的小月亮闪着迷人的寒光，像钻石一般犀利地把五线谱分割开来，于是他懂了。从那天起，他看的所有小说的女主角都变成了一个人，少年人所有的幻想都集中起来，那一切都与眼前的少女有关。

但是月亮、风琴、潮汐与船都是脆弱的，不堪一击的。那是海市蜃楼的幻影，特别是在那样一个奇怪的年代。

8

孔令胜俯卧在靶场的秋风里。多少年之后人们还在争论：他到底是不是真的要自杀？无论如何，他自杀没有道理嘛。一件小事情，纯粹小孩子的事情，已经过去很久了，大家都快淡忘了，为什么他还要自杀？不可能。即便被父亲吼两句，也不至于就寻短见。但是如果不是自杀，他为什么大晚上的一个人跑到靶场？特别是跑到靶子那里，那不是活活的要人当靶子打么？不，不对，持反对意见的又说了：他怎么知道那天大学生要在那儿练夜间射击呢？！不错，明大家属院里是张贴了告示，但是像孔令胜这样一天到晚窝在家看书学习的人，是绝不会注意家委会门口张贴的告示的，岂止是孔令胜，几乎所有明大的孩子们都不会注意那一块专门贴各种告示的塑料板儿，他们历来认为，那是老太太们的事儿，与他们无关。

　　但是孔令胜的确是死了。不管人们如何猜测，结果总是一样的。孔师母一见到孔令胜的尸体就昏过去了。小华丽扑上去，悲伤地舔着孔令胜苍白的脸颊，粉红的小舌头一伸一缩的，一双大眼睛显得很惊恐。孔先生狠狠打着自己的耳光，把自己牢牢锁在房间里，后悔不该对儿子说出那样绝情的话。小乖一声不吭缩在墙角，好像一下子人都风干了似的，变得很小很小……当然有很多前来悼念的人，都说着同样的话，然后带着同样的表情离开。家委会的主任黄大妈回到家里，把几个儿子都叫到一起说，"你们可得走正道儿，看看当流氓有什么好？他自己也活得没脸了吧？没脸了，就只好走这条道儿！就只可怜孔师母，白白把他养活这么大！"说着忍不住掉下泪来。

　　书茵的奶奶也在家流着泪，数叨着："年轻轻的孩子谁不犯错儿？偏这孩子想不开！可惜了儿的，长得多好一个孩子！孔师母在家不定怎么哭呢！"又催着书茵妈："还不快瞧瞧去？孔师母好强的人，可别再出人命！"

　　书茵妈一直埋头在织毛衣，头也不抬地说："我看就别赶那个热闹了！谁家出了事愿意别人掺和？何况也不是什么光彩的事！——"一语未了，谁也没想到一直阿头写作业的书棣一下子跳起来，直逼到妈妈的脸上："人都死了！你还要怎么样？还要怎么样？！……"

书茵妈因为完全没有精神准备，手一抖，毛衣就掉在了地上。书棣的声音又高又尖利，把正在哭着的书茵也吓得跳了起来，书茵就往外拉书棣，就在这时，一直关门写检讨的爸走了出来。

爸一走出来，妈的眼泪就像自来水龙头打开了似的，好像受了天大的委屈。爸正在心烦：前几天教研室又把火烧到自己头上，说是自己已经走到右派边缘了，需要别人大喝一声，才能猛醒。几遍检讨稿也通不过，好不容易休息一天，写得很投入了，没想到一声尖嗓门儿，一下子把他的思维搅乱了。爸对孩子历来的政策是两个极端，惯么惯得要死，凶起来又凶得要命，爸一凶也没什么别的本事，就是摔东西，逮着什么摔什么，这时随手抓起一个从苏联留学带回来的铅笔盒，也不管是谁的，狠狠往下一摔，再一踩，呜呼哀哉，铅笔盒变成了糖耳朵。

书棣苍白的脸呆了几秒钟，突然用瘆人的音调尖声哭了起来，痛哭中喊了一句："你们是不是要我也去死？！"就转身向外跑去。

一大家子都呆若木鸡地立在了原处。半天，妈问："四丫头说的什么？"奶奶和爸互相看看，都不作声，唯书茵答道："四姐说的是，你们是不是要她也去死！"妈就止了泪，悄然无声地走到盥洗室，对着镜子洗洗脸，擦擦雪花膏，又扑了点粉，走出来说："你们谁也不许去追小四儿，谁追谁负责！"说罢把爸的衣角轻轻一捻，两人进了里屋。

妈软软地靠在爸爸的肩上，皱着眉："这可怎么好，看来小四是出事了！"爸还在发愣："出什么事？"妈说："你这书呆子，还问出什么事！这还看不出来吗？几次说孔家大儿子，她护在头里，跟要了她命似的，我也是傻，早该想到的，前些年她不是老去孔家学琴么？两个人一来二去的大了，都有了心事儿了，怪不得孔师母见面总那么客气，想是她也知道点子什么了，就单瞒着咱们两个老傻子！"爸就嗔怪："哪来的事，你也太多疑了！孩子才多大，就操这个闲心了！"妈说："你知道什么？如今的孩子懂事儿都早，再说也都不小了，孔家老大都十九了，咱们小四也十七了！看她最近脸黄黄的，我还以为是胃口不好。闹了半天……要是再大点儿倒也罢了，怕的就是这么半大不小的，最容易出事儿！……"

后来妈真的查清书棣的秘密了。知道了这个秘密之后妈就吓了一跳：这孩子停经了！还真是这么回事儿！一点儿没冤枉她！

妈亲手挑了十字绣的桌布，送到校医室王大夫家里，求王大夫给四姑娘做个尿检。王大夫很好地掩饰了冷笑，答应了。但是书棣死也不去校医室。没办法，妈只好连哄带骗地拿了女儿一点尿样，自己去了。当然结果很出意料，妈呆了一呆，算是放心了，立即后悔着那块十字布，绣了四天四夜啊，漂亮得很，连自己也舍不得铺呢。

但是从那时起，四姐书棣就有些神叨叨的了。一年之内，从班里的尖子学生滑到了补习生，第二年，索性就休学了。慢慢地，书茵发现四姐连长相也变了，脸还是那张脸，五官还是那个五官，可精神气儿没了，一种灰秃秃的东西慢慢侵蚀了那个青春勃发的形象，就连个子也像是变矮了似的，美丽离她而去，再没有人说，看人家段家四姑娘，够多美！

书茵生平头一回从姐姐身上发现了美丽有多么脆弱！闲来无事妈常常暗自垂泪："红颜薄命，到底让我说中了！"

9

日子一下子过去了八九年，1966 年 8 月的太阳好像格外燥热。世界一下子翻了个个儿，对于明大的孩子们来说热闹极了，好玩儿极了！哥哥姐姐们臂上的红袖章让小孩们羡慕坏了，满腔热情不知道如何发泄，好不容易盼着一个大哥哥出来挑头说，要成立革命造反兵团，先把明大反动权威的家抄一遍，孩子们一片欢呼不能自已，当晚就去了段书茵的家，书茵的父亲现在是二级教授，自然该算反动权威了，何况她家里没有男孩，反抗能力弱，正是批资产阶级反动权威的最佳突破口。

但是谁也没想到结局并不美妙。

那天晚上，也是太急了些，一冲进去，大哥哥就把贴在墙上的一幅画一把扯掉，那时候墙上好像只能挂毛主席像，何况那张画上人的穿着猛一看好像是过去的军阀，但是扯完之后大哥哥就知道大祸临头了。他突然认清了画上的人穿的是元帅服。书茵妈静静地坐在一边，悠悠地说：把林副主席穿元帅服的像撕了，怕是不大好吧。就这一句话，小将们都呆了。

　　双方默默地对峙着。后来大哥哥说："我们走吧。"惊呆了的孩子们一下子作鸟兽散，走到门口的时候，大哥哥低着头向里面甩了一句话："是我的错，我会向毛主席请罪的。"

　　阶级斗争虽然如此复杂，孩子们的革命热情却并没有就此被扑灭。第二天，大家又风风火火地找到家委会的新负责人，说是现在全国的革命烈火都被毛主席点燃了，唯独明大家属院还捂着阶级斗争的盖子，其实家属中间也一样有历史反革命，有黑五类。出身三代贫农的新负责人说，说得对，还是小将们觉悟高。于是立即召开会议，把资产阶级教授太太的名字列了一个表，首当其冲的，就是做绢人的孔师母——因为孔先生不但是反动学术权威，还是摘帽右派；何况还有一段关于孔令胜的陈年老账：一级教授的儿子耍流氓，尽人皆知。过去只敢在背后指指戳戳，现在广大革命人民终于可以扬眉吐气当面锣对面鼓地与坏人坏事做斗争了！

　　石台本来是个乒乓球台子，孩子们要打球就在中间放上几块砖，现在成了开批斗会的最佳场所。把反动权威臭老婆押上来的时候，书茵妈就在台子边上站着，因为林副主席头像事件书茵妈一下子扬眉吐气，立即从资产阶级臭老婆的队伍里解放了出来，而那个戴着袖标去造反的大男孩一夜之间成了现行反革命。书茵妈暗叹如今这反革命也太好当了。

　　书茵却不以为然。二十岁的书茵刚刚考上了清华建筑系，对于风起云涌的革命造反运动非常没有兴趣。但是逍遥派也不是那么好当的，书茵只好躲在家里看看书，做做家务。这天中午是书茵做的饭，一个肉末雪里红，一个蒸蛋羹，一个辣酸白菜。书茵被辣椒呛得边咳嗽边说："妈，那批斗会您就甭去了，不是什么好事，没的现眼。"妈淡淡瞥她一眼，不吭气。书茵又说："风水轮流转，您怎么就能知道现在挨批斗的将来不翻身？最好别掺和这些事儿。"妈又看她一眼："你怎么年纪轻轻的说这话？我看连你奶奶都比你积极。"八十岁的奶奶耳朵还挺好使，躺在床上接茬儿："是啊，活到老学不了嘛。前几天书德回来还告诉我，阶级斗争复杂得很哪。"爸在里屋就说："书茵说得对，最好别掺和这些事儿。"妈就急："家委会通知的，不去行吗？我表现不积极，头一个就对你不利。你是猪脑子啊？这点事儿想不明白？"这些年来妈越来越厉害了，过去奶奶在场她还有所收敛，现在可管不了那许多了，常常出口伤人，对别人还好，唯独对老头，是寸土必争，寸权必夺。那个年月的人说话都是高声大气，生怕别人听不见，事实上说话声音小了也是听不见，因为高音喇叭一天到晚开着，噪音污杂已到了无法忍受的程度，不过那时的人们决想不起向有关方面索要扰民费就是了。

可是就在一片噪声喧哗中，突然有一个细悠悠的声音如一根细丝一般飘向空中，眼看就要断了似的幽幽叹一声气：……问君能有几多愁，恰似一江春水向东流！……好像京戏里青衣的念白。段家人对这种念白已经习惯了，并没有什么惊奇。这自然是书棣的声音。这些年来，书棣的病越来越沉重了，不梳头，不洗脸，更不洗澡，偶然妈强迫她洗一回，竟像杀猪似的号叫，街坊四邻都以为出了人命。结果头发结成了钢筋似的络儿，没一个钟头绝对梳不通。她自己竟还编了个大辫儿，上面扎着三寸长的红头绳。红头绳都变黑了。大拇指盖里面全是黑的，还常放在嘴里嗑。妈历来要强，哪儿见过这个？索性把她往小屋里一锁，三顿饭时候才放出来。吃饭时也并不省心，眼错不见，她就能把菜饭撒上一地。然后嘻嘻笑着，端着空碗边跳边唱："毛主席是我们心中的红太阳"。闹得现在当妈的吓唬小孩子不说菜园子的疯子来了，只说一句"段家四姑娘来了"，就吓得孩子们鸡飞狗跳。

当时书棣拿个小凳子摆在堂屋正中。一边吃辣酸菜一边往地上甩肉末，然后用脚踩。心疼得妈直抢，奶奶在床上躺着哼唧："造业哟！天打五雷轰哟！一个月二两肉，就这么糟蹋哟！她不懂事，难

108

道你们当老家儿的也不懂事?!"这话妈听了自然不受用，立刻说:"这话是说给谁听呢?难道是我愿意让她疯的?十月怀胎，自己的亲生女儿我疼还疼不过来呢，现在小四这样子，难道不是剜我的心割我的肉?你老人家就省点事，别在我伤口上撒盐了!"一番话把奶奶镇下去了，又抹泪:"那个缺德的!把我的宝贝漂亮女儿逼成这样，他们一家子都不得好死!"

多少年之后书茵想起妈当年说这话的样子还心惊胆战。当时妈咬着一排细牙齿，文雅的脸微微有点变形，平时一向冷漠美丽的眼睛里蹿着火苗。事情的发展真的证实了妈的话。妈妈的话在那个燥热的八月，成为一个可怕的箴言。

10

那天明大家属批斗会的排列次序出了一点问题。最后还是决定把前家委会负责人赵兰芝放在第一位，孔师母放在第二，当三代贫农张玉桂大姐一声高呼:"把反动权威的臭老婆边秀芷押上来"的时候，书茵妈打了个怔儿，一时没反应过来"边秀芷"是谁。待到"边秀芷"真的押上来了，她才突然明白，原来这个起着美丽名字的女人就是孔师母。可不是嘛，早知道她娘家姓边么。这个女人今年该是五十岁了，但是看上去一点不老。她大儿子死后就没怎么见她出来过，按说受这么大刺激应当老哇，她怎么还是那样儿呢?书茵妈下死劲地盯了那女人两眼，像锥子一般刺入她的骨髓，奇怪啊，竟然没发现什么破绽。那张长着浅色雀斑的脸还是那么白净，有几丝皱纹，眼皮低垂着，看不清她的表情。身上干干净净穿了件灰褂子，虽然极普通，可穿在她身上就另有一番风韵。

这个安静又干净的女人和周围的气氛是那么的不协调，以至于她被"押"上来之后所有的人都怔了一下，就像是一面红旗招展凯歌震天的画里，突然走来一个老月份牌式的人物，让大家恨又不是爱又不是，不知道该怎么办才好。

但是那种犹豫和踟蹰仅仅延续了一刹那，三代贫农张玉桂同志就身先士卒，率先把事先准备好的一大桶糨糊往孔师母边秀芷身上浇去，让你干净，让你安静！我让你干净不成安静也不成！！大家都黑凭什么你白？大家都高声大嗓凭什么你细声细气？！大家都脏兮兮的凭什么你又干净又安静！！老娘不到四十就一嘟噜一串凭什么你五十岁了还有身条儿？今儿老娘就得把你一勺儿烩喽！让你比我们还脏还丑！不然显不出老娘我的手段！——张玉桂同志内心想的正是当时明大革命家属的共同心声，张玉桂同志喊出来的口号倒是堂堂正正："坚决把反动权威的臭老婆边秀芷斗倒斗臭！""热烈拥护革命小将的革命行动！""敌人不投降，就叫它灭亡！"……

站在台边的书茵妈也跟着挥胳膊喊口号，看着台上那张白白净净的脸在慢慢变样，灰乎乎的糨糊正沿着前额打了络儿的头发，慢慢地淌下来。像是浸淫了许多污淖的黑雨，淋遍了她的全身，没有一个部位躲得过。然后，火爆的太阳就把那些污染的糨糊留在了她脸上和身上，变成了别的物质，侵蚀着她的肌肤，让她也慢慢变成了别的什么东西。她真的变成别的了，像一棵色彩斑驳的树或者别的什么，唯独不像人。

"现在……揭发批判开始！"张玉桂的塘嗓儿在空气中像是要劈裂。

家属老太太们一个个地跳上台去发言，跳得很轻盈。后来连仇嫂也跳上去了。掺杂在众人中的红卫兵小将们暗中敬服：原来这些大妈大娘们的阶级觉悟这么高，身体这么好！是革命让她们重新焕发了青春，怪不得说革命人永远是年轻呢，看她们没日没夜地练"忠字舞"，那架势哪儿像五六十岁的人哪，活脱儿像被爱情烧糊涂了的纯情少女！当然，她们爱的是伟大领袖，这是一种高尚的爱，一种纯粹的爱，一种有道德的爱，一种脱离了低级趣味的爱，一种有益于人民的爱！

有爱必有恨。

世界上没有无缘无故的爱也没有无缘无故的恨。

但是孔师母边秀芷怎么也想不明白，一夜之间人们对她充满仇恨。要命的是她不会恨，不知道什么叫恨。

小时候她在教会学校念书，首先学的就是爱，忍让，原谅，宽容……这些字眼。她记得老师把"爱"字写在黑板上的时候，特别强调了"爱"字中间的那颗心。"要用心去爱"，老师说。她把这句话记得很牢，五十年来，她没和任何人红过脸，遇到事，她只有一个"忍"字。"张公百忍得金人"——这又是老师说的一个典故，说的是古时有个叫做张公的人，经常受人误解和欺辱。一天，张公家来了个疯子，吃饱喝足后，非要在他床上睡，那人满头癞疮，全身脓水，看着就恶心得发昏，但是张公还是忍受着同意了，他睡到了马厩里。等他醒来一看，天哪！他床上躺着的，竟然是一个十足赤金的人，沉得搬都搬不动。张公于是家道中兴，晚景火爆。原来是张公的忍耐与仁义感动了上苍，上苍给了他补偿。

孔师母想，假如是她，她不要这补偿。她一定会把那些金子分给穷人。她天性爱可怜人，又胆小怕事，最怕得罪人，就连对一个孩子，她也是小心翼翼的。遇到事情，总是先想自己有什么不对，只要不是自己不对，便很释然。因为凡别人的错误，再大她也能原谅。从没想过，一个人还需要与人争执，还需要自我保护。

也许是看到孔师母那种奇怪的神情，批判中断了一会儿。张玉桂同志气乎乎地开始点名："吴辉呢？吴辉上哪儿去了？书茵妈，你还不发言？！"点到"吴辉"的时候大家怔了一下，连书茵妈自己也没反应过来。称呼也是随着时代变的，50年代叫段太太，60年代叫书茵妈，文革一开始，一切都革命了，大伙见了都叫名字。

书茵妈走到台子上去了。

11

几年之后的"红卫兵成果展览"里有张照片，题目是"把黑五类分子斗倒斗臭"，选用的正是书茵妈指着孔师母悲愤控诉的那一刹那。书茵妈见着孔师母就想起死去的孔令胜，进而想起因孔令胜

111

而发疯的四姑娘书棣。"伟大领袖毛主席教导我们说，革命不是请客吃饭，不是做文章，不是绘画绣花，不能那样雅致，那样从容不迫文质彬彬，那样温良恭俭让，革命是暴动，是一个阶级推翻一个阶级的暴烈的行动。"书茵妈尽量沉着地开了口，然后就一个转身，有些像京剧里的"抢背"，悲从中来，用兰花指指定了孔师母："边秀芷，你还认识我么？"那姿态很像一个著名连环画家画的"白毛女"。当时，刚刚从深山回来的白毛女指着黄世仁和他妈说：你们还认识我么？！"那时一般苦大仇深的人都这么开口。但书茵妈是有文化的人，水准到底不同些，她说完这句话之后就话峰一转说："看见你我就恶心！边秀芷，难道你忘了，八年前，你的宝贝儿子因为要流氓，没脸活着，自杀了，那样不要脸的东西，死了也就死了吧，可他害得我好好的姑娘死不死活不活的，一辈子都完了！我们好好的一个家，就这么完了！……"说着，泪如雨下。底下老头老太太们，都跟着唏嘘。可是谁也没想到，一直深埋着头的孔师母这时竟抬起头来，呜咽着说："书茵妈，怪我教育无方，是我对不住你，对不住你们全家！！我在这儿再次向你道歉了！假如有什么可以补偿的，就是倾家荡产也可以……"书茵妈先是一怔，书茵妈一怔是因为她先前控诉的那些话，她说出来的时候心里实在没底，实在发虚，她说出那些话的时候其实是准备着孔师母反击的，但是一拳打在一个软棉花包上，倒让她平添了许多勇气，她想，她说得对，她没冤枉这个女人，下面的口号震天价地响起来，她看见那个女人被小将们拉到一张条凳上，人们让她在那张细长的凳子上跳"忠字舞"。

　　孔师母的脸青了，青了又变白。她嚅动嘴唇好像是在说什么，但声音太吵了什么也听不见。悄悄来到会场的书茵看见站在条凳上的那个女人好像一下子变得非常瘦小，瘦小得可怜，那个瘦小的身子与其说是舞动不如说是在挣扎，挣扎了几下子，就软绵绵地倒下了，那一天，骄阳似火，好像要把那瘦小的身子烤化了似的。书茵下意识地扑了上去，但很快就被身后的无数双手拉住了，书茵觉得自己像是一只想要挣脱蛛网的蜘蛛，后面无数双手构成的蛛丝使她的挣扎变得徒劳。

12

孔师母的死法和她心爱的儿子几乎一模一样。一年之后，斗批改进入新阶段，学生们开始学军。又一次明大学生的夜间打靶练习。据事后当事人回忆，他刚刚举起枪，就有一个影子飘进了他的射程，他按动扳机的手已经来不及有任何反应了。恍恍惚惚的，他觉得自己打中了一只小野兽，那只野兽瘦小而羸弱，好像还没撞着子弹就倒下了，软绵绵的。

对于明大人来说，这个消息引不起任何刺激。孔师母早就在他们的视野中消失了，他们的视线，早就盯上了新的、更有意义的东西。火葬场的车是深夜来的，因此，整个明大的人都没看到孔师母的遗体。孔师母就这样悄悄消失了，如同生前一样，没给旁人带来一点麻烦。

倒是书茵，因为始终惦念着陈年旧事，第二天一早，听到消息后悄悄地去了孔家一趟，看见家门大敞着，好像要搬家的样子。书茵静静地走了进去，这套曾经那么熟悉的房子好像变小了，书茵明白这大约是她人长大了的缘故。家里乱得很，所有值钱的东西都被抄走了，只剩下一排排白色的绢人头，在地上床上凌乱地堆积着，那些没有头发没有五官的白脸，很恐怖。

书茵正发呆，一个黑影忽地斜刺里窜出来，扑向她的腿，她恍惚间竟不知道害怕，半天才认出那个黑乎乎的小脏狗儿是小华丽，华丽长大了，瘦了，当然没以前好玩了，但伸出的小舌头依然是粉红的，多少年了，它竟还认得书茵，一蹿一蹿地要抱，书茵心里一热，也顾不得脏，把它抱起来，它把毛茸茸热乎乎的小身体深深地埋进她的领子里，小舌头一下一下舔着她的细颈子，很有劲道。书茵感觉到抱在手里的这个小生命，眼泪就忍不住了，迷迷糊糊地看见，小华丽的眼里，竟然也有泪——她记起小华丽虽然不会笑，但却是会哭的，小狗的生命最多十三年，在生命的最后时刻，它也应当哭一哭了。

后来，书茵在一个纸箱里发现了那幅《鹦鹉姑娘》的画，还保存得很完好，她心头一抖，把画折了起来，放进衣兜里。回家之后，照例被妈搜了出来，妈看了皱皱眉头说，撕了！书茵回答，不！口气很坚决。这是书茵第一次对妈说不。

书茵发现"不"说出口之后反而轻松了，她知道在以后漫长的岁月里，大概要常常用到这个字。

吉耶美与埃耶梅

1

吉耶美的故事发生在三十年前。

那个仲夏的上午，教室正被一层雨雾湿湿地笼罩着，语文老师正在为我们抑扬顿挫地朗诵着许地山的《落花生》。教室的门被推开了。教导主任领着一个外籍学生走进来。教导主任说给你们介绍一下这是泰国学生吉耶美。大家的反应淡淡的——我们那个中学是当时首屈一指的名牌，外籍学生多的是，学习好的却寥寥无几，因此我们于他们，颇有些沙文主义的味道。

但是就在那一瞥之间，大家的态度却迅疾地发生了变化。教导主任身边站着的分明是一株被雨淋湿了的植物，是的，吉耶美有一种奇特的植物般的美丽。她的阴湿的紫色丝绸袍子上，用手工绣了藤蔓、火焰、稻穗和竹芽，那些凸起的花纹都跃动着仿佛一株植物上结着的奇奇怪怪的果实。她的肤色是那样一种恬静的蜜合色，和衣裳相比似乎质地是一样的，只是色彩不同而已。她一只手捂着书包，另一只手沉甸甸地垂着——那手臂上挂着四五串手镯，上面镶着一种叫不出名字的饰物，后来我们才知道那叫珠母，是用花纹艳丽的珠蚌切割成的，实在是好看。

当时班主任说：吉耶美，欢迎你，跟同学讲句话吧。接下来静默了大概两分钟，所有的人都觉得她是不会开口的了，班主任正想打圆场，她忽然抬起眼睛，用一种与年龄不相称的沉潜的声音说：我叫吉耶美，是泰国王室的公主，很高兴认识你们。

所有的人都呆了，包括年逾半百的教导主任。她抬起眼睛的时候，有一道光笼罩了整个教室。那是一种明亮的光，在雨天里格外璀璨。多少年之后我仍然记得那灿烂的一瞥，那是一种横行霸道蛮不讲理的美丽，让人抵挡不住，这种美丽似乎注定要带来灾难。

何况还有骄傲。她仰起脸儿，精致的鼻线像一钩傲慢的银月，它属于王族血液。装也装不出，学也学不会的。

她傲慢地落座了，那样子就像身后跟着数以百计的侍女。她的傲慢使本来便矮小的我一下子又矮了半头——她正坐在我的旁边。

几个星期之后，她开始友好地对我微笑，并且给我看一些她带来的宝贝：镶珠母的槟榔盘、檀那卡香粉、泰国木琴、极大的朱拉和巴宝风筝……她越是对我友好我便越是受宠若惊，又过了几个星期，我自觉已经变成了她的一个侍女。一个自愿不拿薪水并且甘受驱使的侍女。

2

母亲迅速地苍老了。

母亲好像是一下子苍老的。在黄昏里母亲的脸上仿佛满是精致的银丝一样的皱纹。她属于那种至死纯情的老太太。她满脸的皱纹没有一根属于邪恶，一生受挫依然无怨无悔。

但是她听到埃耶梅的名字时脸上出现了一种咄咄逼人的表情，这种表情在她是很少见的。我安慰她说虽然埃耶梅是泰国王储的女儿，但是人很随便，并不是那么难伺候的。母亲脸上的肌肉被什么牵动成近似一个冷笑的表情。母亲轻声地嘟囔了一句但是我没有听清。妈你说什么？母亲的眼光依然回避着我。门铃就在这时候响起来了。

我第一眼看见埃耶梅就觉得她犯了一个错误。我曾再三交代她要打扮得不着痕迹，衣裳越素雅，模样儿越清纯越好。可她偏偏穿了最艳的衣裳化了最浓的妆。我知道母亲对此一向深恶痛绝。

但母亲的表情非常奇怪，好像与厌恶或者喜欢之类的情感没有什么关系。母亲只是睁大着被皱纹覆盖的眼睛，好像在仔细辨认着什么。母亲把一杯沏好的杭菊花端到她的面前。埃耶梅媚媚地一笑：家母顶喜欢喝贵国的杭菊花了。母亲的目光变得无比锐利：你的母亲，可是叫吉耶美？

梅梅（这是我对埃耶梅的爱称）的眼睛一下子瞪得大大的，青莲色的眼线像要跳出来似的：这是家母年轻时的名字，很少有人知道的，伯母怎么……母亲冷冷一笑：怎么？她改名字了吗？哼，到底还是离不开皇家……

母亲在我们惊愕的目光下从容不迫地拿出一本相册，从相册的夹层里拈出一张旧照，照片上有两个少女，一个穿普通的白衬衣蓝裤子，那自然是母亲；另一个我从没见过，虽然穿军装戴袖章，但一眼看去就像个"夷人"，凸鼻凹眼，尖下颏，眼睛像浓墨那么黑，一看就是东南亚少女。当然，要是冒充中国的广东广西人也还勉强可以。

我觉得自己在这个家里白长了二十多年。

3

吉耶美到班上不久，教育革命就开始了。用那时的说法就是"山雨欲来风满楼"。山雨欲来未来时总是很让人兴奋的。那时我们总是处在一种莫名的兴奋之中，当然，与青春骚动不无关系。

但那时谁也不愿承认这个。正派的男孩女孩们都对此讳莫如深。上生理卫生课的时候所有的人都眼观鼻、鼻观心，心诚目洁意守丹田，但还是忍不住脸红心跳。只有一个人是例外，那就是吉耶美。各门课都有课代表，唯独生理课代表大家都抵死不从。吉耶美便自告奋勇地挑起了这副担子。她学得很认真。有一次因为临时改课，生理课和五班撞在一起了，便没有了挂图。吉耶美竟然在黑板上认认真真地画了两幅男女解剖图，除了极个别的地方，她画得相当准确。当时我们都呆了，连老师也感到莫大的震惊。那是在1966年的第一学期。虽然革命的烈火还没有正式爆发，但《红旗》杂志和《人民日报》社论已经透着很浓的火药味儿了。男女生之间为了证明自己的纯洁一直在分着"男女界限"。那是个特殊的年代。在那样一种特殊的情境中，一位美丽的泰国公主，在众目睽睽之下在黑板上画下男人和女人的生殖器官，那情景的确撩人心魄。

我们班绝大多数同学都出身于高干或高知家庭，按照后来流行的概念，是一群小小的精神贵族。像我这样地道的平民子弟寥寥无几。我在这样的集体里总是自惭形秽，尽管我成绩一直名列前茅。吉耶美和不少外籍学生一样，成绩平平，有些课程甚至很差，譬如作文，她总是不断地犯一些文法错误，她的文章几乎篇篇都有一个好的开头，但是第一个自然段之后便原形毕露了：不但叙事糊涂，连你我他也常常搞混。二十年之后我看到中国大陆盛行的"意识流"小说时才恍然悟到，当时吉耶美的作文或许应当算作早期的意识流吧，或许她该算是个没被发现的天才呢，谁知道。

但那时的风气却是不可更移的：女孩再漂亮，如果学习不好，也休想被人看得起，尤其是在名牌学校。

所以吉耶美在画解剖图之前一向不受重视。而从那之后，男生的目光里似乎多少有了一点变化。但是王室公主似乎对中国男孩不屑一顾——只有一个人除外：数学课代表严丰。严丰的父亲是总参某部部长，母亲原也是军内高干，五六年军衔制硕果仅存的女大校，只是因为身体不好才转到了国际关系学院。当然，吸引吉耶美目光的绝不是这些，我怀疑她到最后也没搞清楚严丰的家庭背景，但这并不妨碍她爱上了严丰——要知道"爱"这个字眼在那个时代具有特殊而复杂的意义。而且吉耶美的爱又是那么……那么可怕。是的，那真是一种可怕的爱情，现在我回忆起来都胆战心惊。

严丰的确是出色的：连续两年的全市中学生数学和物理竞赛冠军，我们这个名牌学校公认的第一才子，在男生中他威信很高，但是因为他的严肃、沉默寡言、气质冷峻而高傲，女生们虽然都佩服他，却谁也不敢接近他，连句玩笑都不敢开。特别是我这个美术课代表，同学三年连句话都没跟他说过，每次让他交美术作业都是写条，要命的是他似乎对美术课十分轻视，每次不是晚交作业就是忘记做了，于是我每次都要写条提醒他——这也成了我们班的一道景观：个子最小的一个女生一脸严肃地从教室的前面背着书包走来，把一张条子放在个子最高的男生桌上，然后目不斜视地从教室后门走出去。时间一长，当我刚刚一起身，便听见后面的男生说："严丰，赶紧把美术作业拿出来，别让人家催了！"每当这时，他总是大咧咧地一笑，"着什么急，不就是两笔画吗？课间十分钟就行。"

听到这话我总是很生气。他对美术的蔑视就好像是对我的蔑视，这使我在他面前越发自惭形秽。

4

我是在一家中外合资的大饭店里认识梅梅的。当时她作为外方雇员正在同时打几部电话。她熟练地转换着不同的语言，包括中文。她竟然能够讲一口流利的北京口音的中文！她的这种超人的语言游戏一下子吸引了许多人，那简直是一部多乐章的大型交响乐！问题是她一个人就构成了一部交响乐：那么多美妙的小提琴与大贝斯，圆号与长号，定音鼓与钹，长笛与黑管，都在同时优美而有条不紊地进行与展开，那真是一种奇妙的景象！何况，打电话的人又是那么奇异的美丽。

梅梅是奇异的。她那张脸是典型的东南亚式的脸，典型的马来人种。但是她的眼睛应当是属于西亚的：大而深黑，凹进去的双眼皮，弯卷的睫毛又硬又长，像钢丝似的弹性十足。那是我想象中的波斯女郎，最早在《一千零一夜》里出现过的，那么遥远，那么古老，那么神秘，那么能引起遐想——那是我最欣赏的人种，无论是圣经故事中美丽阴狠的"莎乐美"，还是那些妖冶的肚皮舞女郎，都源自那块神秘的土地。那块土地养育的女人，都是女人中的尤物，是真正的女人，比较起来，周围的中国女人都像一堆清水挂面似的，毫无味道。

我的这种观点自然不能跟父母说。特别是母亲。母亲应当属于上个时代的人。她是那么真诚那么纯情，那么认真负责一诺千金。母亲这样的人真的成了这个时代的稀有动物，我真不知道像她这样的人是怎么平安逃离了上个时代而进入这个时代的，她是上个时代的漏网分子残渣余孽。我知道我的母亲她对于现在有诸多不满，但她埋在心里，从来不说。她的不满与很多人的不满完全不同。她是个怪人，别人在乎的她不在乎，别人认为无所谓的事她倒是非常在乎。譬如过马路，现在的路况谁都知道，行人过马路就是一种"奔逃"，可她非要等着绿灯亮了，并且一定要走在人行横道上，若是在转盘上，她这么一等往往得等上几十分钟，有一回她正走在人行横道上，一辆车横冲直撞毫不减速地开过来，险些把她撞倒。她气愤至极地对我说："他怎么可以这样呢？这个司机他怎么可以这样呢？！"我觉得这话问得糊涂，就反过来问她："他怎么就不可以这样呢？现在抢上一步是一步，差一步就可能赶上塞车，一塞车就是个把钟头，要是您儿子开车，也得这样！"她立即很凶地说："你敢！告诉你，人行横道是行人过马路的地方，任何车开到这儿也得减速，这是对人的起码尊重，尊重人，你懂不懂？"我嬉皮笑脸地挽着她，"我懂，老妈，不过那是以后的事，您儿子的车还不知道在哪儿呢。"

现在我有车了。我在电视台做了一份足球转播的工作，收获颇丰。我开起车来横冲直撞，比那位司机有过之而无不及。要是让老妈知道非气死不可。

但是梅梅喜欢我开快车。我晚上常常带她在三环路上兜风，当然，我的捷达车现在还不大上档次，三年之后我要换雪佛兰，然后是奔驰和凌志，然后……

对车的幻想是我和泰国王储的女儿埃耶梅的共同爱好。她说她还没有坐过劳斯莱斯，这句话把我镇住了。我一手握着方向盘一手拍拍她的玉肩，说："让我们共同为劳斯莱斯努力吧！"

5

她终于还是嫁给了皇家，那个吉耶美。她的女儿长得可真像她——但是没有她年轻时那么美。人种是不是在一代代的退化？抑或是一种精神上的退化？两个一模一样的美女，假如其中一个缺乏了一种内在的精神，一定会在容貌中体现出来，当然，也许在现在这个时代人们不一定看得出来，现在以假混真太容易了，到处都是假冒伪劣。

一切都是从那个新年联欢晚会开始的，当然，也可能开始得更早，因为我们太木而没有察觉罢了。总之那个联欢会上有人出主意让每个同学带一份礼物，礼物上面包一张纸条，纸条上写祝词和馈赠礼者的姓名，谁接了礼物便要念出来，然后由馈赠者点一个节目让得到礼物的人表演。事情就那么巧，我接到了严丰的礼物，吉耶美接到了我的礼物，而她的礼物则给了严丰，这一切都像是上天的安排，后来事情发展的格局证明了这预示惊人的准确。

严丰的礼物是一套油画颜料和油画笔，正是我需要的，后来才知道这套礼物十分昂贵；我的礼物虽小却也是吉耶美渴望已久的：一块地道的中国真丝手帕；唯独吉耶美的礼物——一盒泰国香粉显然与严丰差距太大，尽管他尽量保持客气，但无意中暴露出的身体语言还是说明了一切：他拿到了那盒香粉就随随便便地往旁边的座位上一搁，根本没有收起来的意思。这个下意识的动作全班同学都看到了。我看到吉耶美的那双大黑眼睛里一下子涌起了一层泪水。我心里一动，这时我听见吉耶美用她那种很沉潜的声音说："让我先点节目吧，我请严丰唱支歌。"大家噼里啪啦鼓起掌来。严丰也没有推辞，用俄语唱了一首苏联歌。这是我第一次听严丰用俄语唱歌，他唱得真好，首先不是好在嗓子，而是一种内在的情感，让人闭上眼睛就能想象出一片辽阔的俄罗斯原野，在黄昏的地平线上传来的歌声，苍凉悲怆，让人泪水翻涌，热血沸腾。

> 当年我的母亲通宵没合上眼睛
> 伴我走遍家乡为我一路送行
> 在那拂晓的时分
> 她送我踏上遥远的路程
> 给了我一条手巾
> 她祝我
> 一路顺风……

那是我第一次听到这首歌，第一次听到它就有一种异样的感觉，想流泪，想跟着歌者去流浪，还有别的什么，想不清楚。但是我完全没有想到这歌后来竟成为伴随我一生的旋律。

那天接下来是我点吉耶美的节目。我希望她来一段泰国舞，可她自己执意要朗诵普希金的诗，她先是低着头，然后抬起又黑又深的大眼睛，泪汪汪地直视严丰：

> 我曾经爱过你
> 爱情
> 也许还没有完全在我的心里消逝……

她那声音和表情都把我们结结实实地吓了一跳，静寂了几分钟之后突然爆发出一阵热烈的掌声，天哪，大家都认为吉耶美是在演戏！可我不这么想，看上去严丰也不这么想，我清清楚楚地看到他皱了一下眉头，然后就像他平时那样冷冷地面无表情了。那种情形现在想起来仍然十分鲜活，它使人想起了一句中国成语：对牛弹琴。

接下来发生的事把晚会推向高潮。严丰点我的节目实在出人意料：他让我当场为他画一幅速写！他说徐茵你不是爱画画吗？给我画张像吧。就是那种漫画式的速写。他的这个建议让全班都呆了。真的，那一天就是最木的人也觉着有点儿什么不对劲儿了，这种建议太不符合他平时的行为方式了，我简直觉得他疯了。

所有人的目光都聚在我的身上，我看到了他的眼睛，同学三年我们的目光还是头一次对视，他的眼睛纯洁平静还带着一点温柔，就是那一点温柔一下子打中了我。我觉得我内心深处一个不为人知的地方一下子燃烧起来变成熊熊大火。我避开他的目光我知道自己面红耳赤。我抄起一张纸，发着抖拿起笔来，我试着画了几根线条之后放下了笔。大家都在看着我我总得说出一句话来。我就那么嗫嚅着说："……不……不行，我画不了。""为什么？"我听见他问，我低着头良久不语，最后，我像奔赴刑场似的把头一扬，尽量平静地把我要说的话说出来："因为……因为你长得太端正了，太端正的人……真的很难画……"我说完了，满脸通红，好像得了传染病似的，他的脸竟然也一下子红了，同学们哄笑起来。笑声中我看见吉耶美站起身走了出去，她那根肥大漆黑的辫子像鞭子一样狠狠地一甩。

6

现代人的婚姻真是个说不清道不明的东西。还有爱情。我真的不知道什么叫爱情。照我看两人好就在一起，不好就分手，这再自然再正常不过了。譬如说我和梅梅，现在我就是觉着和她在一起感觉特好，特愿意天天见着她。

爱情应当是一件很简单的事，就是让母亲这样的人给搞复杂了。母亲动不动就是什么精神，什么价值，可就是挣不着钱，父亲跟她完全相反，从来不读书不看报，真不知道这两人是怎么走到一起来了，可在不会赚钱这点上两人完全一致。父亲先是个机关小职员，后来瞧见别人下海眼热，也搞了个公司，整个一个赔本儿赚吆喝，有火儿就憋着回家发，那几年我和老妈可倒霉了，尤其是老妈，为了养这个家，供我上学，又受累又受气。我记得特清楚，三十七岁生日的时候母亲还像个小姑娘，可四十五岁时已经是

123

个老太婆了。那八年真够她受的。母亲平时不爱讲话不爱埋怨，我甚至没怎么见母亲哭过。只有一次我半夜醒来，看见客厅的灯仍然亮着，我看见母亲坐在沙发上一针一针地打毛衣。眼泪一滴一滴地落下来，竟然把毛线都湿透了。我吓坏了，急忙跑过去抱住她，我说妈您怎么了，她看了我一眼，答非所问地说："明天是 9 月 16 号吧？"我说不，今天已经是 9 月 16 号了，现在是 9 月 16 号的凌晨三点。她低下头，又一串泪水落下来，"哦，已经是 9 月 16 号了……"我摇晃着她再三问怎么了，直到最后她才说了一句："我有个朋友，一个好朋友，到今天已经死了二十年了，整整二十年，二十年怎么那么快啊？……我看着她那样子，整个人都碎掉了似的，再没敢问什么。我猜一定是老妈过去的情人。

那么沉重的爱情我可不敢问津。我和梅梅在一起永远是轻松愉快的。当然，也有别扭的时候，那天她让我陪她去燕莎买衣裳，她一眼看中一件新款的羊绒披肩，鲜红鲜红的，很长的流苏。1880 元。喜欢就买呗，瞧她那吊腰子劲儿哟，穿了脱，脱了穿，一直折腾到小姐脸上笑容也没了，眼神也不对了，连我都觉着脸上没光了，她这才哼唧着说："给我留着，我先到别处转转再来买。"小姐鄙夷地说："小姐，我们这儿有规定，你要是真的有心想买，得付定金。"她立即掏出六百元定金，就在她试衣裳的过程中，我两条腿来回倒脚，那滋味别提多难受了，一听她说转别处还要回来，我可真急了，"怎么着？就这么点儿事儿还得折腾两趟是怎么着？不就是不到两千块钱吗？我替你付了！"没想到她还来劲了，脸一拉，正儿八经地冲着我嚷："你这个人怎么什么事都不懂？女人买衣裳，当然要挑，在我们国家，我可以坐在这里挑上一天但是可能什么都不买，服务员照样要对我笑脸相迎，否则我可以投诉她，炒她的鱿鱼！你要是不愿意陪我，你走好了！"幸好关于炒鱿鱼的字眼她是用英文说的，但是足以使小姐们对她肃然起敬了。我转身就走，在我转身的一瞬间认为她和我认识的其他女人一样愚蠢。

我到楼下咖啡厅坐着喝了两杯酒抽了三颗烟，正抬屁股想走，她来了。换了个人儿似的，眉开眼笑，身上已经披上了那件鲜红的羊绒披肩。她展开双臂，略略一蹲，显然是模仿维多利亚时代仕女们的礼节。她笑得像一朵花，一朵绽开的玫瑰，"漂亮吗？"她问。我这才正经八百地打量了她一番，说实在的，我真觉得没有她穿泰国服装那么好看，可我还是点了一下头。她立即扑上来亲我，小鸟呢喃似的耳语："亲爱的，将来你去我们国家，我要带你去帕塔亚游海水浴，到披迈石宫看湿婆神，请你吃最好的帕劳……还去看南耶皮影，那是整张的牛皮做的哩！……"

于是我们和解了。我俩相拥着去电影院看大片，片名叫《生死时速》。埃耶梅一下子就爱上了那个男主角，那是个黑头发的男人，据说有四分之一中国血统，她说他简直帅呆了，酷毙了。我立即问她跟我比怎么样，她调皮地眯了一下眼睛说比我要强上那么一点点。我满不在乎地笑了一下，我说那你到好莱坞找他去好了，我可是没看上那位女主角，她好像比你还差。我说完了这话就跑，我们就在夜间的马路上追逐起来，后来到了一家叫做"兰波"的酒吧里喝酒，她要了蓝带我要了王朝干白，一直泡到凌晨两点。

但是这一天的快乐都被结尾毁了。我快走到家门口时才发现忘了带外面大铁门的钥匙，大铁门是为了防备那些外地民工随便进楼而设置的，每天晚上十二点之后就上锁，我又捶又打全无反应，最后只好打碎一楼居委会的窗子钻了进去。我进家门的时候头上流着血，我正想穿过卫生间回到自己的房间，忽然背后一声怒吼："怎么这么晚才回来？到哪儿鬼混去了？！你妈病了，住院了，到处找你找不到，养你这种儿子有什么用？！"

我呆了，"妈得的什么病？"

父亲阴沉着脸："不知道，发高烧，现在还在输液呢，我刚刚从人民医院回来……你头上怎么了？跟人打架了？"

他后面说的什么我根本没听清楚，我掉头就往外跑，仍然是从居委会的那扇破窗子跳了出去，两分钟后，发动了我的捷达，然后一脚离合一脚油门儿蹿了出去。那是个无星无月的夜，路灯下的地面像是铺了一层白霜，我像个梦游患者似的浮游在夜色之中，我心里只想着老妈儿子来看你来了，我得让她知道这儿子没白养，沧海横流方显出英雄本色。

7

　　像是躺在火焰山上似的那么热，可我心里是清醒的。那天那姑娘走了之后我就感到不舒服。她和她妈长得那么像。看那双勾人的大黑眼睛！儿子怎么会认识她的？难道冥冥之中吉耶美仍然在施展她的妖术？难道她毁了我还不够，还要让她的女儿来毁了我的儿子？！三十年了。我好不容易已经遗忘了，我小心翼翼地护住我的伤口，可现在它连皮带肉一下子撕开了，它撕得那样鲜血淋漓痛彻心扉——我这才知道什么叫疼痛，不仅仅是心疼，是所有的感官在一瞬间都突然地醒了过来，那是整个的身心的剧痛，不可遏制不可转移，就像是地狱酷刑的煎熬，我没有到过地狱，但我想就是地狱也不过如此了。

　　现在我的身体在地狱的烙铁上烤着，我的身体滚烫，医生们在用针用药用冰袋为我降温，但是我很清醒，始终很清醒。我想的一切一个字也不想告诉别人。他们不懂。我所经历的一切这个时代的人们不懂，那是上一个时代被埋在棺材里的故事，在上一个时代色彩斑斓的经文里，有一段血写的文字已经被遗忘。那是叛逆者的书写。有一个真正的天使因为反抗上帝而被贬黜为恶魔。在那个上帝的巨手无所不在的时代，他死得很惨。

　　……那个新年联欢晚会之后我们的关系变了：我、吉耶美和严丰。吉耶美病了，班里同学去看她，她对着别人说话却连看也不看我一眼。直到最后同学们马上要走的时候，她才像公主一样回过头，眼睛越过我的头顶看着我身后的墙壁，"你留一下，我有话对你说。"同学们早已习惯了她的这种傲慢态度（特别是对我），都不以为意地走了。她一下子赤着脚跳下床来，把门关得严严的，然后离我很近，居高临下地看着我，"问你一句话，你要说实话。"我点点头，早已预感到了什么，但是她紧接着的那句话仍然惊心动魄："你爱他吗？……我说的是严丰。"这句话如果放在今天，简直没有任何舞台效果，可是在当时，这句话就是一颗燃烧弹，一下子在我心里砰然炸裂火光冲天，我被没有任何退路地逼到一个死角里。说实在这对一个当时的十七岁少女是一个太复杂的问题。我从来没有也没敢想过这个问题，起码是在那个晚会之前。严丰于我是一个太完美而又太遥远的形象。但是在那个晚会之后，我真的是在想他了。在每天上过晚自习回来的路上，我总是故意走在同学们的后头，一个人在铺满月光的藤萝架下，静静地想，那是一种每天不断的重复的温习，重复，却永不厌倦，那种新鲜的感受充塞了我的全部感官和肌体，我眼前总是出现他那双纯正又带着一丝温柔的眼睛，我简直承受不住那种温柔的压迫而要有什么满盈的东西流淌出来——那是少女清冽纯净不含一丝杂质的泪，我的眼泪是滚烫的因为它积蓄了太久，它好不容易流淌出来为的是与我同龄的一个男孩，他和我同样纯洁，刚刚走出伊甸园在这人世上还无所适从。

而现在却有一个人一下子撕开了那神秘的帷幕，那么美丽朦胧耐人寻味的镜花水月一下子赤裸裸地呈现在眼前，我心里小心翼翼埋藏着的秘密一下子暴露在光天化日之下这完全让人无法忍受。我被我的敏感脆弱胆怯羞涩压迫着摇了一下头，就在我摇头的时候我心里狂跳了一下，我知道是我的心在对我说不，可是已经晚了，我的心在转瞬间痛恨着自己。

她长吁了一口气她说那么好，从今以后你不要理他。我还没有来得及回答，敲门的声音就响了，班里的男生们来看她，严丰也在其中。她见到严丰眼睛就亮了，我相信在那个时候她满眼里只有严丰而别人都成了虚无的泡沫。她挑衅似的看着他她说你知道我得的是什么病吗？紧接着她不等他回答就说："我得的是女孩子的病，是痛经知道吗？就是月经不畅。你老不上生理卫生课，所以在这方面特别无知，女孩子成熟之后就会排卵，卵泡里的残余细胞就形成黄体，黄体萎缩了，子宫内膜就脱落出血，就是月经。我是课代表，有责任给你讲。"

这一番话简直石破天惊。我低着头，直想往地缝里钻，我可以想象所有的男孩子他们是多么的吃惊和尴尬，我乘人不备地溜走了，就像做了贼似的，走出去的时候我还听见了一句："女孩子来月经的时候是不能生气的，可我生了气……"

现在回想起来，也许倒是吉耶美是自然健康正常的，不正常的是我，是我们，和那个时代。

8

我挂着五挡冲向人民医院，走的是西二环，上了西直门桥之后，黑暗之中忽然有一辆车逆行而来，我车速太快刹车不及，两辆车就那么义无反顾地接吻了——幸好捷达经撞，就这样我也撞了个左臂撕裂性骨折，至于对方司机则受了重伤。因为责任在他，他还得给我出医疗费。

躺在医院倒也踏实了。第一个反应就是不能让老爸老妈知道，所以先给单位最铁的哥们挂了个电话，让他给家里电话说是单位最近连着加班，暂不能回家了，让老两口别惦着。第二个电话自然是打给埃耶梅的。电话打了不到半个小时，她来了，我想起今天正是双休日。

她今天倒是一身素静，一副洗尽铅华的样子，眉眼之中还有几分忧戚。她带来了我最喜欢吃的猕猴桃，用水果刀切开，用不锈钢小勺一勺勺地喂我。我闭上眼，尽情享受着一位泰国公主的温柔。尽管我已经不那么疼了，可还总是间或地皱一皱眉，露出强忍痛苦的样子，以便让她觉得我是条汉子并继续对我温柔。可是几口酸甜的猕猴桃下肚，再张嘴等着却不见动静了。我睁开眼，她正泪汪汪地看着我。她忽然问我："何昆，你真的爱我吗？"她这句话问得十分严肃正经和平常的口气大不一样，于是我也很严肃地回答："当然。你怎么忽然想起问这个？"她垂下她那美丽的又黑又硬的长睫毛，她说昨晚和我分手之后做了个梦，梦见我把她甩了。她哭着追我，追啊追啊，可就是追不上，她说那好像是一片旷野，远处的草被风吹得摇来晃去，草丛里开着金黄色的花，黄星星似的闪着光。她是哭醒的。"何昆，你将来会不会像帕罗森对娘刚丽那样对我？"我像听外星语言似的犯迷糊："什么叫帕罗森？什么叫娘……娘什么？"

她说帕罗森与娘刚丽是泰国著名的神话。她很小的时候母亲就带着她看过那个神话剧，她的印象非常深。她说娘刚丽是个极其聪明美丽善解人意的姑娘，是固丹那空公主。她手上有一味家传的灵丹妙药，娘嘱咐她这味药不能给爹娘之外的任何人。有很多很多人追求她，可她爱上了一个叫帕罗森的小伙子，她和他一见钟情地结了婚，可就在婚后第二天，帕罗森就带着宝药逃到固丹那空去了。娘刚丽追啊追啊，跨过了多少大山大海，娘刚丽边追边哭，她的眼泪都流成了河，最后她泪尽而死。然而她到死也不知道她的爱情背后有一个可怕的家族秘密，那是一桩由阴谋构成的血仇——她挚爱的帕罗森根本不爱她，他为复仇而来，她不过是他手中一个复仇的砝码而已。

埃耶梅讲到这里翻起眼泪汪汪的大眼睛看着我，我说："讲下去，有点儿意思。"于是她接着讲了。她说原来那娘刚丽的母亲讪塔曼虽为王后，却是个女妖。女妖化为绝代佳人，被固丹那空国王立为王后，但她却无法容忍那十二个美丽的王妃，她谎称有病，硬是要取那十二个王妃的眼珠做药引，那个昏君竟然听信谗言，挖了十二妃的眼睛，又把她们打入山洞，只有最小的王妃保留了一只眼睛。王妃们在山洞里各生一子，只有小王妃的儿子帕罗森长大成人。讪塔曼依然不放过他，以治病为由，让他去娘刚丽那里取药，并且暗中指使手下在路上杀死他。没想到，聪明勇敢的帕罗森绕开暗礁将计就计，娶了娘刚丽，拿到了宝药——那便是十二妃的眼睛。最后的结局是皆大欢喜的：十二妃复明，讪塔曼听说娘刚丽的死讯，气绝身亡，帕罗森则继承王位，成了固丹那空的新国王。

"可娘刚丽是无辜的！她根本不知道那背后的一切，她只知道爱帕罗森。真的昆昆，那个剧到现在我仍然记得很清楚，那个娘刚丽，穿着一身艳蓝的纱衣，上面缀满了银的星星，头上戴着一顶月牙的银冠，她美得让人发疯，后来她死了，那蓝纱就在黄昏的地平线上飘啊飘啊，就像是要在夜幕里消融了似的……舞台的天幕上出现了蓝色的星星，又大又美，美得让人心都碎了。这时是一段忧伤的萨克斯管独奏，娘刚丽是倒在旷野上的，就像我梦中那样，旷野上的风把她的头发高高扬起，像草那样飘啊飘啊……"她说着说着又要哭了，使劲儿地将头发，把两只眼睛弄得吊起来，活像戏里的女吊。

这个故事倒是挺美的，我听了也不是一点不感动，可我不想加入她的咏叹调。我说谢天谢地你说的那个帕什么和娘什么没成，要是成了就麻烦了。她眼睛瞪得跟包子似的她说你在说什么哪？我说很简单，他俩是同父异母的兄妹，要是结了婚岂不要生葡萄胎了？她半张了嘴呆了好一会儿才缓过劲儿来，她一下子扑到我身上用小拳头一下一下地捶我："你坏你坏！"——看来中外女孩的用词都差不多，这让我深感人类尤其是女性的想象力的匮乏。

我似笑非笑的没说话。我在想：我知道我坏，可我也知道男的不坏，女的不爱。

但是当夜深人静的时候，她的故事忽然活生生地十分灵动地跳到了我眼前的黑暗里。这是个充满仇恨与阴谋的故事，爱情占很次要的位置，她为什么要讲这个故事，这实在有点蹊跷。难道她知道什么我不知道的事情？我的母亲认识她的母亲，看起来过去还很要好。但是自从见到她以后，母亲病了，是的，那天母亲见到她时脸色很不好，这里面有故事，一定有故事。去他的帕什么娘什么，去他的什么旷野上的草飘啊飘啊……

9

……爱情的讯息很快被革命的烈火扑灭了。那一年的五月底，山雨终于来了。北大大字报出来的第五天我们学校的几个男生就串在一起，成立了一个叫做"井冈山"的战斗小组。领头的是高三的邵飞和我们班的严丰。当时规定应届毕业生要有两次考试：毕业考和升学考。本来这种极其重要的考试应当关系到学生的身家性命，可当时那种逐渐升起的热潮已经在滚动着，像是被炸开了的地火爆出滚烫血红的岩芯，学生们年轻的心被裹挟着升腾着一股股势不可当的热气，如血海中一片星光粲然。那个夏天格外炎热，焦渴的土地在发出大贝斯一般的低吟，一切都在预示着什么。现在回忆起来那一股还算纯洁的热气好像是一个时代的结束与另一个时代的开始。

第一次冲突是在当天吃晚饭的时候。当时我正在食堂把最后一口汤喝完，有的同学还在不知滋味地埋头大吃，有的同学已经在刷碗，这时校广播室传来文校长带着怒气的声音："……最近出现了一股反动思潮，北大出现了反革命大字报，我们学校也有一部分同学迎合这种思潮……同学们，这是很危险的！……"事情就是在这个时候发生的，就在全校近两千学生听着校长讲话的时候，话筒里忽然传出异样的声音，一阵嘈杂的声音过去，一个声音厉声发问："文敬仁，你敢对你的讲话负责吗？！"大家都听出那是邵飞的声音，接着是文校长在说："你太不……不像话了！你们要干什么？！……"接下去完全是纷乱的杂音和麦克风的锐叫。食堂里的学生像听到号令似的忽地往广播室拥去，我远远地跟在大家后面，心嘣嘣地跳。这时我看见校卫队的一帮工人气势汹汹地奔向广播室，接着在人头攒动中我看见一些人保护着文校长离开现场，广播室被反锁住了，邵飞他们被锁在了里面。外面的人拼命砸门根本无济于事，这时更多的学生拥过来，我被人流裹挟着靠近了广播室的大门，我心里非常非常害怕，拼命地往外挤，可四周全是铁壁铜墙，我的那点力气绝对是蚍蜉撼树。就在这时我看见了严丰，他并没有看见我，他脸色苍白，显然十分气愤，他的做派完全不像周围那些吱吱喳喳出着各种主意的男生，他二话不说向着广播室门上的玻璃就是一拳，他的拳头瞬时变得鲜血淋漓，被血染红的玻璃碴如颗颗透明的霰弹一般四散飞溅开来。人群忽地向四周一闪，就在这时我感到右胸上一个尖利冰凉的东西划过，然后立即是一种火烧火燎的疼痛。我的声音突破了紧紧咬住的嘴唇冲了出来，那是一声闷叫，但是严丰已经听见了。他吃了一惊地看着我，低声说了一句对不起，然后让另一个同学把我护送出去，他自己就那么用那双血淋淋的手拔掉了那扇窗子残留的玻璃，硬是把邵飞他们一个个地拽出来了。

吉耶美就是这时赶到的，她尖叫了一声就扑向严丰，一定要拉他去校医院，严丰对她的拒绝简直是粗暴的，最后我听见他大声说："你要没事干就去管管徐茵，她受伤了！……"当时我已经远离人群，大概正走在操场上。这时我才看清自己右胸部位的衬衫已经被鲜血浸透了。有一股纯净而暖热的汁液不可阻挡地向外涌动，我按住它，张开的五指立即被黏稠的东西滞住了，我闭上眼睛不敢看它，我怕我会忽然地晕厥过去。我就那么迷迷糊糊地想，真可惜，恰恰是我最喜欢的这件紫花衬衫，要是早上换件衬衫就好了。

我伤在右侧乳房上，做了手术，取出了残留的玻璃碴子，缝了十二针。手术后我被送回家里休养。那是我们学校、也是全市中学在那场运动中的第一次流血事件。

吉耶美对我表示了空前的热情。她换上中国学生的白衬衫和蓝裤子，越发显出她的丰乳凸臀，她也不知道从哪儿找了个红袖章自己戴上了，满脸神气活现流光溢彩，她每天都有许多惊人的消息告诉我，我疑心有些是她杜撰的。但是我们俩的谈话始终逃避着一个话题，那就是严丰。我们心照不宣地不提他，尽管我心里真的很想他，我甚至有一种很奇特的感受，好像这一切都是宿命，命里注定他以这种方式进入我的血液里，那么锋利的利器很像他的风格，迅雷不及掩耳，不可抗拒，无法阻挡。我只有承受和包容，就像我现在静静地躺在床上承受着星星的光亮一样。窗帘没有拉上，星星在夜幕里，又大又美。可是每一颗星的距离都是那么遥远，一颗单个的星星是多么的孤独啊。我一个人看着星星的时候，泪水总是抑制不住地流下来，毕竟，我只是个十七岁的女孩，而且，因为家里的孩子太多，在我十一岁那一年，父母把我过继给了没有孩子的姨妈。不会生养的姨妈脾气有点怪，对我很严厉，连我偶然回一趟父母的家也会引起她的不满。看来她并没有通知我的父母，看着她的脸色我什么也不敢说。悄悄地撩开被单看一眼被绷带裹着的右胸，心里总有一种伤痛。左胸裸露着，那是一个完整洁白的少女的乳房，淡粉色的乳头即使在全身松弛的时候也总是紧张地翘起，那是一种美丽迷人的姿态，可它们现在已经不完整了，它们还没有呈现出任何功能便已经被无情地毁伤了，我不敢想象那道疤痕，我真希望奇迹诞生，在我熟睡的时候，月光菩萨会用她温柔的手抚平我的伤口。远处高音喇叭慷慨激昂的声音常常打断我的遐想，我会忽然回到如火如荼的革命氛围中，为自己的小资产阶级情调脸红。

10

为了帮埃耶梅摆脱那种莫名其妙的忧伤，我带她去看足球。球王马拉多纳来了，全部的宣传媒体都为他开动了。内部票很紧张，我还是托人才搞到票，二百八十元一张的，位子还不怎么样。但无论如何我们见到马拉多纳本人了。比赛结束后我凭着记者证走入禁区，带着埃耶梅。球王很幽默，合影的时候非要与梅梅单独照，把我排斥在外，大家都笑了。

没想到埃耶梅自此之后得了病：足球病。也可以说，是马拉多纳把他的病传染给了埃耶梅。整个一个赛季过去，她对国内甲A的情况比我了解得都多。范志毅成了她的偶像，范志毅的履历她倒背如流。范志毅的一举手一投足都深深吸引着她包括范大将军那独具特色的步态。有一回我故意气她："喂，告诉你一件事，你可别自杀。"她睁大眼睛不解地看着我。我故弄玄虚，站起身把刀子剪子绳子等等统统收拾起来。然后我一字一句地说："知道吗？范志毅有未婚妻了。"没想到她听后哈哈大笑她说你的消息也太闭塞了亏了你还是足球节目的导播！然后她笑眯眯地告诉我范大将军业已完婚，妻子叫李倩，是个美丽的空姐。她那神气活现的样子让我又好气又好笑，她说这回你放心了吧？我咬牙切齿地说这回我就更不放心了，说完我就把她扑倒，我们俩一起又笑又闹，把我们精心布置的"榻榻米"翻了个个儿。

我承认梅梅聪明绝顶。她的中文水平是外方雇员里最好的。她说这得益于她的母亲吉耶美。吉耶美在中国待了整整八年。一个抗日战争都打完了。她说她的母亲把一生中最美好的岁月留给了中国，回国以后很久才结婚。"但是母亲从来没有真正爱过父亲。母亲爱的是个中国男人，母亲把她一生的爱都给他了。连一点点都没剩给别人，包括我。"

"你的母亲她到底爱上了谁？"

埃耶梅垂下眼睑，那浓黑弯卷的长睫毛像一道神秘的帷幕遮蔽了她的表情。良久，她抬起眼睛，目光如炬："她给我讲了那个男人的故事。那时候他们真年轻，比我们还要年轻得多。那时候她在中国念书，据她说是在一所名牌中学。那个男孩子曾经是中国红卫兵的领袖，很有魅力。后来据说他和几个朋友去越南参加抗美援越去了，死在越南……可这都是后来的事了，但是这件事非常有名，听说连贵国的总理都被惊动了，你不知道这事？"

父母对于他们的过去从来讳莫如深，以致使我成为一个毫无历史感的人。但是我不能在一个小丫头面前跌份。我故作冷淡地说："哦，泰国王室的公主爱上了一个中国红卫兵头子，够浪漫的。"我虽然没有赶上那个年代，可"红卫兵"这三个字在我心目中青面獠牙，简直是野蛮的代名词，我立即对她的那位高贵母亲的品位表示了怀疑。

埃耶梅真挚地说："说真心话昆昆，我很羡慕他们，你想啊，爱情和革命在一起，够多刺激！现在什么都有，什么都那么容易得到，就什么刺激也没了。我听妈妈讲她的故事，像听神话一样过瘾。"

"那也不过是听听而已。"我倒在"榻榻米"上，"我倒是庆幸我们赶上了好时代，没有革命，我们可以专心一意在被窝里闹革命嘛！"我说完这话埃耶梅又笑得喘不上气来，用一对小拳头捣着我，"你坏你坏！"

那是我们第一次真正做爱。"动真格儿"。她第一次向我展示了她的身体。她的汗毛很重，也许是金黄色窗帘的映照，我觉得她的汗毛一根根地变成了金色。她沉重的鼻息里透出的是一种陌生的香气，那是一种迷迭香与番红花混在一起的气味。这种气味在提醒着我是在与一个"夷人"做爱，这使我内心充满了刺激。她的身体比我想象的要丰满，但乳房很小，这种结实的小乳房很合我的胃口。形状像两枚金黄色的芒果。从腰到臀的那一段曲线很美，是一种极美丽的弓形；还有弹性，如果有谁不知道弹性这个词的含意就应当让他触一下这位泰国王储的女儿，她的全身充满弹性，连头发都一根根的很有劲道。

让我想不到的是她居然还是处女。她装作很老到的样子，可终于还是露了馅。汩汩流出的鲜血在金黄色窗帘的照耀下呈现出琥珀的色彩，那曾经是女人的骄傲是贞洁的证明，可现在似乎成了她的羞耻，她怯生生地看着我，那样子好像是她骗了我似的。我再一次感受到她的聪明。她太了解我了，她知道我是那种喜欢轻松愉快的人，她知道她自己的血把事情变得沉重了。

事后她哭了。她哭着对我耳语她说觉得自己太幸福了。她爱上了一个人，就可以跟他睡觉，这太幸福了。而相比之下母亲太不幸了。母亲用一生爱了一个人可什么也没有得到，甚至连一个吻也没有。"这对一个女人来说太残酷了。这等于把她的一生都毁了。"她流着泪继续耳语着，向我叙述她的母亲是多么的美丽、聪明和高贵，她说她的母亲要比她美上十倍，"妈妈年轻时比我个子高，比我皮肤好，特别是这儿，"她指了指胸部，"美极了，就是现在也还很美，我在她身边常常感到自卑，所以……所以我到现在才……"

她越是描述我越是感到怀疑。我说既然你母亲那么美而又十分地爱那个男人，而最后连一个吻也没有得到，那么事情只有两种解释，一是你的母亲虽然美但是缺少魅力或者有什么致命的缺点；另一种可能是那个男人有毛病。我本来还想说第三种可能但我及时咽了回去，我想说的是，你在撒谎。

她好像听懂了我的潜台词，她急急地说她说的完全是真话。那个男人之所以不爱她的母亲完全是因为他专一地爱着另一个人，一个中国女孩，也是他们班上的同学，那个女孩长相一般，而且很虚伪。

她说完了，我们面面相觑。我们的眼睛告诉对方我们忽然想起了同一件事：那是母亲拿出来的照片。两个十七岁的少女，其中有一个"夷人"，那自然是吉耶美了，可我并不觉得她有多么美。时间对于真实来讲确实有一种改变的作用，何况每个人眼里都有属于自己的真实。

11

多年以前我喜欢北京的夏天，原因之一便是有蝉鸣。现在那些蝉不知跑到哪里去了，那种放大了的耳语，那种催人入睡的魔咒啊。那一个夏天我对于蝉鸣的记忆分外清晰，因为那里面融入了我一生中最重要的一个日子。那个午后，我迷迷糊糊地从睡梦中醒来，仿佛觉得姨妈在跟什么人说话，那个人的声音让我一下子从睡梦中惊醒，我睁开眼睛，我看见了他。姨妈说你看看她伤的，蛮重的，怕是要养一个夏天哩。姨妈说着就拉下我身上的毛巾被，她让他看我的伤，可她完全忘了纱布和绷带只遮挡了我一侧的胸部，而另一侧完全裸露着。她就那么武断地拉下我的毛巾被，让我的身体完全暴露在他的面前。他震惊的瞬时过去之后就被羞怯烧红了脸，他避开眼光不知所措地站了起来，我当时右侧身体完全动不了，只好艰难地用左手拉上了毛巾被，我心里被羞涩、恐慌和对姨妈的愤懑完全占据了。只有一个瞬间，但这个瞬间已经足够长了。

不知过了多久，我听见他低得不能再低的声音："……真是对不起。"我鼓起勇气看看他，他已经重新坐下了，两条长腿伸得远远的，头低得不能再低，因此我只能看见他那黑发茸茸的脑袋。我当时心里真的很想摸一下他的头发，他的头发看上去很柔很柔，是那个时代最普通的平头，一股突然的温柔狠狠地抓了我的心一下，我几乎落下泪来。我想他小时候一定是个很重感情但又很倔的男孩，我急急地说没有关系，但是因为说得太急又太紧张而几乎呛出了眼泪。这时我们俩的目光相遇了。

那还是我头一次那么近地看着他，他那种羞怯、那种愧悔、那种惶然不知所措的样子比平时的镇定自若还让人怦然心动。我的心剧烈地跳着，一句话也说不出来。这时我听见窗外震耳欲聋的蝉鸣。那种声音带着一种特殊的暖意淹没了我们，那一种无言的美丽被无边无际的蝉鸣衬托着，如一片灵动的浮云，高高悬挂在我们的头顶上，那是一片祥云，像佛光一样，没有阴影，这时蝉鸣变成了乐声，那是来自天国的音乐，那纷繁的千百种声调恰似交响乐分解成许多乐章与乐句，那是奇怪的声音，就像是宇宙深处最隐秘的一扇门洞开了，传出宇宙灵魂的赋格曲。多少年之后我一想起那个中午，就一定会响起一片神秘的乐声。

后来乐声消失了。他告诉我，我参加红卫兵的申请没有得到批准，原因是我的舅舅们都在海外，那时"海外关系"是一条不可饶恕的罪行。尽管已经有心理准备，但我的眼泪还是沉甸甸地滴落了下来，或者可以说我本来就想哭，总算找到了一个宣泄口。他显然是被我的眼泪吓住了。他结结巴巴地说："别这样，我再去争取。"他不知怎么办才好，拿出一本书放在我的枕边，"没事儿就看看书吧，屠格涅夫的《前夜》。我那儿书挺多的，想看的话给你带来？"我不点头也不摇头，等我哭够了，我说："你不要再去争取，就是批准了，我也不参加。"我忽然变得斩钉截铁，"我这辈子决不参加红卫兵。"

事隔多时之后他告诉我，我当时的样子完全像个赌气任性的小姑娘，他就是在那一刻爱上我的。

12

我拉着梅梅去看母亲已经是半月之后的事了。我拆了石膏，母亲也早已出院，正靠在门口的躺椅上打毛衣。见我们来了，她连头也不抬地说："家里有现成的饭菜，你放在微波炉里热一下吃吧。"

太阳照得母亲的头发白花花的。埃耶梅凑上去说:"伯母打毛衣打得真好。"母亲像被什么打中了似的微微一怔,然后笑着反问:"你会打毛衣吗?"梅梅摇摇头,母亲说:"你妈也不会。你和你妈什么都像。"梅梅像是被触犯了自尊心似的急急地说:"我的舞比妈妈跳得好,不信,我给你老人家跳上一段!"说着她就扭起来了,扭得还真有点味儿,像那么回事儿。母亲就真的放下毛衣看着她,微微地笑着,好像想起了什么遥远的往事。梅梅跳完了。母亲摇摇头说:"你的舞跳得不如你妈。"梅梅把两只大黑眼睛瞪得圆圆的,好像受了天大的委屈,我说行了行了,就是你什么都不行,我也爱你,这还不成吗?梅梅刚倒过气儿来,母亲又说:"你们说爱就像说吃饭一样随便,有意思吗?"瞧,她老人家今儿是成心出么蛾子找我们的别扭,横是气我们这些时光知道在一块儿起腻了,没及时去看她老人家,她哪儿知道她儿子出了档子车祸呀?!幸好我是练就了的嘴皮子,想也没想立马就说:"爱可不就跟吃饭一样吗?您还要让它像什么?古人不也说食色性也吗?"气得老妈斜楞我一眼,没理我,我趁着这个时间空当,冲着梅梅使了个眼色,两人乖乖到厨房热饭去了。才吃了几口梅梅就掉眼泪,"我总是生活在家母的阴影之下,凡是见过妈妈的人,都说我不如她漂亮,不如她聪明能干,什么都不如她。没想到跑到中国,妈妈的阴影还是笼罩着我……"她说得多么好用词多么得体多么书面化啊,我想象不出有什么比她更加聪明的女孩子。我得为她平反昭雪。

吃完饭我撺掇我妈和她下盘棋。我妈下象棋特有瘾,就是缺对手。这下子可是让梅梅大显身手了,她是得过泰国女子象棋冠军的,三下两下,她把老妈干掉了。

妈慢慢地把棋子推开,第一次正视着埃耶梅,话里有话地说:"你不简单,有两下子。"这时我注意到梅梅的表情非常奇怪,她的一双眼睛在睫毛的遮蔽下闪烁如星。我头一回忽然感到,她也许并不像我想象的那么单纯。

13

那天之后他常来。每次都是送书，他掐的时间很准，总是在我刚刚读完一本书的时候。大批俄国人的名字进入我的生活：车尔尼雪夫斯基的《怎么办？》、陀思妥耶夫斯基的《白夜》、托尔斯泰的《战争与和平》《复活》《安娜·卡列尼娜》……书中那古典理想主义与当时那如火如荼的革命构成了一种十分古怪的不谐和音。我们的话题也渐渐多了起来，甚至有了争论。我说我最喜欢英沙罗夫，他说他最喜欢拉赫美托夫。我说我喜欢英沙罗夫是因为他的坚强勇敢为他的祖国保加利亚献身的精神。他说英沙罗夫的这些品质拉赫美托夫全都具备，但拉氏更有着一种职业革命家的素质，一种超越的理性。接着严丰说出一句让我目瞪口呆的话，他说祖国这个概念还是太狭隘了，他并不欣赏完全为祖国而战的人。这在当时那种中国至尊的神话氛围中简直太大逆不道了。我怔了好久才转移话题说，我之所以不喜欢拉赫美托夫是因为这个人物形象太书面化了，好像纯粹是作者想象出来的，不真实。其实我想说的是拉赫美托夫对于爱情似乎远没有英沙罗夫那么投入，我还是喜欢真性情的人，我觉得《怎么办？》所设置的爱情太虚假了，我甚至怀疑车尔尼雪夫斯基根本没有经历过真正的爱情——当然，这些我只字未提。尽管有分歧，但是关于小说人物的讨论非常的有意思，时间变得越来越短，我甚至产生了一种错觉，好像他刚一坐下太阳就跟着他沉下去了似的。夕阳下逆光的一幅剪影——那是我少女时代的记忆中一个永恒的画面。

有一个晚上，月亮特别的亮，那是一个白夜，一个完全裸露的白夜。吉耶美就像一束白色玫瑰突然游进了我床前的月光里。她跪下来向我告别。她说学校已经正式找她谈话，因为当前中国的运动，所有的外籍学生都必须回国。她说着说着就哭了起来，一颗颗硕大美丽的泪珠像泡沫一样膨胀又消失，她把我哭得好难受。我只好安慰她说运动很快就会结束，运动一结束她马上就能回来。她哭够了，从手袋里掏出一堆东西，她的手袋就像百宝箱似的掏也掏不完，有珠母做的手镯，有各色泰式服装，有檀那卡香粉……她像一个真正的公主那样慷慨，可这些几个月前还那么令我神往的东西现在已经失去了它们的意义，我虽然躺在病床上也知道外面的世界正发生着天翻地覆的变化，这些昔日美丽的东西正在被扔进垃圾箱，而且据说是历史的垃圾箱。最后她把一个小塑料袋交给我，让我一定想办法转交严丰——这是这么长时间以来我们之间第一次出现他的名字。我看着她那深黑色眼睛里的泪立即动了恻隐之心，我想告诉她明天早点儿来，或许能够碰上他，可话到嘴边还是咽了下去，我想起了对她的承诺，她发起公主脾气来太厉害了，我怕她。而且，我真的把严丰看得很重，我怕失去他，怕得比什么都厉害。

可是，第二天严丰没有来，第三天第四天……那时外面乱极了，每天都在发生着意想不到的事，流血、死亡、批斗、自杀……这类事情早已不能让人惊奇，一些人越来越疯狂，另一些人越来越麻木，我从心底里不愿意让他卷进去，无论是疯狂还是麻木。伤口已经愈合了，我去找他，拿着吉耶美送他的那包东西，我想那是最好的借口。

我到处找他，找遍了北京城。那个八月的北京到处都是人群，有那么多的人啊！好像都是从地底下钻出来的似的，东安市场变成了东风市场，扬威路变成了反修路，那些被摘下来的牌匾在烈日下被大卸八块，连美丽的华表上也糊上了膏药似的大字报，到处弥漫着一股刻骨铭心的仇恨，那仇恨令人胆战心惊，我觉得那仇恨势必会化作一种剧毒毒化整个的社会，我对即将到来的一切充满了恐惧。

终于有一天，黄昏，在一条寂静街道的拐角处，我看到了一份传单。那个年代的传单和这个年代的商品推销单一样多如牛毛，可那份传单是独特的，那种语言，那种句式，除他之外没有别人能写出来，特别是那种胆量："想当初小将可爱造反有理，看现在血统高贵什么东西"——这不是明明指向那位伟大的旗手吗？我一把撕下那张叫做"青年近卫军"的小报传单，我的手臂立即被抓住了。有什么人从身后推推搡搡地把我推进了一个小院，连害怕还没来得及我就看见了他，他正在满头大汗地摇着手摇油印机印着报纸，他怔住了。一个少女这时从房间里走出来，她穿着当时最时髦的军装，扎着两条短辫子，尽管她改了装束可仍然是个夷人。她是吉耶美。

14

双休日，我开车带梅梅去郊外一个叫做"龙脉温泉"的地方去游泳。那地方可真不错，跟康乐宫差不多可价钱要便宜得多。现在什么都离不开钱。钱。钱。我佩服那些外地小贩，人家就是敢挣钱，挣你北京人的钱，现在北京的外地人光注册的就三百多万，什么浙江村新疆村的，别说人家怎么脏乱差，没有人家，这帮北京大爷们大概连油条也吃不上。

龙脉温泉太遥远了，踩油门儿的那条腿都麻了，可梅梅一直在我身边优哉游哉地嚼着口香糖。当女的真好，不劳心不劳力的，有个漂亮脸蛋儿就什么都有了，下辈子托生我一定得当女的，而且得是个绝代佳人。

现在身条儿好的女孩子太多了，梅梅穿着泳装走出来也没有什么倾国倾城的感觉，仅仅有点儿异域风情而已。梅梅身后跟着的那个女孩好像要漂亮得多，皮肤又白又嫩，一掐冒水儿，相比之下，梅梅太黑了，腿也没那个女孩长。这是我头一回跳出感情色彩欣赏她，远远地隔着一个泳池的水，戴着墨镜，我可以肆无忌惮地饱览满池春色。

游了差不离个把钟头，她说她饿了。于是我们就到泳池边的咖啡吧去小憩，买了点儿花生瓜子儿啤酒饮料什么的，刚喝了两口热露露，她又来情绪了："昆昆，给我买件新泳装吧，要蓝色的。""干吗非要蓝的？""……嗯……""甭问了，是范志毅喜欢蓝色吧？"她点点头，很动人地向我一笑。"那我不喜欢蓝的怎么办？"我板着脸。现在的女孩真他妈奇怪，傍着一个还得想着一个，毫无疑问傍着的这个得是个冤大头。她刚要向我撒娇，身边一个戴眼镜儿的开口了，光看那副镜架好像就值两千以上。眼镜儿没开口之前我只把他看成了一把椅子，可一开口就一泻千里："这位小姐也是球迷吧？看了这次亚洲杯吗？你觉得最根本的失利原因是什么？""哦，先生也是球迷？……最大的失败原因当然是主教练指挥不当，你看他那紧张劲儿，哪儿有大帅风度，恕我直言，贵国的球员应当是亚洲一流的，可组成了一个二流的球队，请了一个末流的教练！……"

　　得，看她那表情，一下子着迷了似的，怎么现在是个人都觉得自己有资格谈足球啊？中国足球到了人人都可以蹂躏的份儿上，也是惨点儿了。我装作满不在乎地站起身，侃吧，要侃大伙儿一块儿侃！我扫视一圈，一眼发现那个白皮肤的小姐就离我近在咫尺，我心里一喜，温文尔雅地向她点了一下头，"可以吗？"我问，她点点头，有点儿莫名其妙的样子。我点上一支烟，十分绅士地为她倒了一杯茶，这时我感觉埃耶梅的眼光就停留在我的身上，我装作不知，继续向"白"小姐献着殷勤，说着各种无聊的笑话，逗得她咯咯直乐。从她笑的那副样子我断定她不过是个美丽的白痴。她问我是做什么工作的，我说我是贩卖人口的，她就笑起来，笑个没完没了，然后她问我知不知道附近有什么好餐厅，我说附近的餐厅没我指点绝对去不得，因为很可能上了孙二娘的人肉包子店，她又笑得哆嗦，问我是不是个大款，我说当然是，我的生活有诗为证，诗曰："酷哥不怕远征难，千杯万盏只等闲。鸳鸯火锅腾细浪，生猛海鲜走鱼丸。桑拿浴中三温暖，OK厅里五更寒。更喜小姐白如雪，三陪过后尽开颜。"说完之后我起身就走，把一串银铃似的傻笑声留在了身后。

　　我可一点儿笑不出来。我忽然觉得，一切都好没意思，到处都是假冒伪劣。我忽然羡慕起母亲那一辈人来。她们好像经历过一场大战役，战役嘛，其中就包括无数的战斗，还包括那么多陌生的字眼：什么批斗，什么串联，什么大字报大辩论，什么通缉令……这一切都是多么让人兴奋令人神往啊！我觉得母亲她们这一代经历的，甚至超过了抗日战争和解放战争，真的，一个人心里的战争，比任何战争都更可怕。

15

我扭身就往外走，像风一样。他追了出来，他一步顶我三步，在那个拐角的地方他追上了我，我把手上的小包甩在他的手里，"这是吉耶美让我给你的……"我上气不接下气的话还没说完，那小包散开了，里面竟然是一包女人的内衣，显然是吉耶美的。我们同时都呆住了，我扭身就跑，我跑起来的时候心开始发痛，那是一种难以忍受的钝痛，仿佛随时会炸裂开似的。我的下巴在发抖，下巴发抖的结果是眼泪被抖了出来。先是一滴滴一串串的，后来简直成了倾盆大雨，难以抑制。

一个十七岁女孩的承受力实在有限，我锁上房门一头趴在床上哭得喘不上气来，任凭姨妈在门外不停地敲，她可真是吓坏了。我哭了又哭，一直哭到眼泪变成了浅红色，真的，难怪古代有"泣血"之说，泪腺和血管一定是连着的，在泪尽的时候，血就涌了出来。

我大病了一场。全身内分泌紊乱，上下一起流血，止也止不住。例假竟然提前了十多天，而且量多得吓人。我想我真是没出息透了。我拼命让自己想革命、理想、前途、命运、主义……这些庄严的字眼，可是根本没用，我全部的思维都被一个词填满了，那就是：爱情。纯得不含一丝杂质的爱情被亵渎了。

我咬着牙始终没去医院。吓坏了的姨妈把父母叫了来，在他们苦口婆心的劝导下我一字不吐，最后他们只好悻悻地走了。到了第五天我不再哭泣，也能喝上一小碗粥，但是我在所有人的脸上都能找出他的影子，包括画报上的人。在我信笔涂鸦的那些画里，也都是他的面孔……我有些怕了，害怕自己会发疯。那一场病整整闹了一个月，真是惭愧，在同学们都风起云涌闹革命的时候，我躺在床上生病，并且是为了一个难以启齿的原因。

天气不知什么时候渐渐爽快了，有桂花的香气从院子里飘来。

有一天我忽然觉得自己好了。我起来照照镜子，吓了一跳：镜子里的人瘦了一圈儿，而且苍白，但是眉目之间似乎比原来漂亮了，这真让我惊奇。我抬起胳膊梳头，手臂还很软，梳几下就要歇一会儿，就在这时，他推开门静悄悄地进来了。大门是开着的，纱门也是虚掩着的。他可以这样推开门，因为他在门口可以看见我。我心里所有准备要说的话都在这一瞬间消失了。他瘦了很多，很疲倦，他看我的目光里似乎多了一重含意，他怔了一下，问我："你怎么了？病了？"我心里一紧，眼泪差点儿又流出来，我急忙抬起胳膊梳头，用梳子挡着脸，"你有事儿吗？"我尽量使自己的声音平静。他低下头，急匆匆地从那个洗得发白的军用挎包里掏出一沓报纸和一个本子，塞给我。我看见报纸上的五个"毛体字"：青年近卫军。

在京城已经流行了很久关于"青年近卫军"的传说。说是有那么几个反动学生，办了一份反动报纸，专门攻击中央文革，攻击"旗手"。果真是他！我拿着报纸的手心出了汗。我听见他压低的声音："形势可能有变化，我可能被捕，这点儿东西，放你这儿行吗？"

经历过那个时代的人都懂得，这是性命相托！我心里一惊，然后一股热流在全身膨胀起来，多少日子冰冻了的身体活了，我想说你放心一类的话，可怎么也说不出来，我只是沉默着点点头，这时我听见他说："……我们一直在吉耶美的住处印报纸，上次你看见了。那个地方安全，她也热心，想法子留下来说是一定要参加中国革命，不管怎么说，精神可嘉。至于其他的，她毕竟是个外国人，有些风俗习惯和咱们不同，多谅解吧……"他好像还要说什么，但终于没有说出，转身走了。

我叫住他。我心里一下子感到澄明。我问："报纸的事为什么不告诉我？"

他站在门边停了一下，没有回头，"我不愿意让你卷进去。"

他说："我不愿意让你卷进去。"我至死都记得住这句话。

16

真没想到让我来转播中美足球友谊赛。

健力宝回来几个小孩，报纸上又开始大吹特吹，说什么小将给国家队带来活力，中国队本届世界杯出线有望云云。依我看，这纯粹是杀鸡取卵揠苗助长，不但老国脚们依然如故，连唯一的一支希望球队健力宝也给拆散了。这对于中国足球来说绝对是毁灭性的。毁了健力宝，即使这次世界杯出线也没什么意义。

小孩们的个人技术明显高于老将，下半场隋东亮进的那个球多漂亮！生生的被裁判给吹没了，真可惜。我的转播总的来说比较成功，就是下半场把马明宇和曹限东的名字给掉了个个儿，问题不大吧。回家时已经很晚了，老爸老妈都还没睡，老妈在给学生出测验题，老爸像每天那样一边无聊地看电视一边用周林频谱仪照他的罗圈腿。假如我不回来，这房子真像死一样寂静。我真的不知道母亲如何忍受父亲这样的人，并且是忍受了几十年之久。也许真的像什么什么人说的那样：人不是理智的动物，也不是感情的动物，而是习惯的动物吧？一旦什么形成定式就很难改变，中国人尤其如此。我懒得问我转播的情况，反正他们谁也不看足球。过去我每次都是要问埃耶梅的，可自从那次龙脉温泉之后，我们大概得有仨星期没说话了。熬吧，看谁熬得过谁。这么想着，忽然电话铃就响了，父亲伸手就抓住电话——他接电话时永远是个快手，因为太无聊，他大概总盼着有什么事发生，但他的电话极少极少，这使他十分失落。他对着话筒问："你是哪里？""你找他有什么事？"我就知道必是我的电话了，我扑上去抢过电话背对着他，以免看到他那凶恶的目光。我听出对方果然是她，梅梅，她终于"熬"不住了，我大喜过望。

"你转播得不成功，错了好几次，把马明宇和曹限东都闹混了。"

"那又怎么样？你打电话，就是要对我说这个？"

"……不，我想，我想说，妈妈想见你。"

"见我？你妈妈到中国来了？"

"不，她想请你到泰国去。"

"到泰国？那好啊，我正好没去过呢。让咱也见识见识什么什么帕劳，什么南……什么皮影，就是用整张牛皮做的那玩艺儿！"

"昆昆！……我们什么时候能见面？"

哇塞，她终于投降了。我压住喜悦，尽量平静地说："明天我有事，后天怎么样？"

那边明显怔了一下，然后怯怯地说："那今天呢？今天行吗？就到老地方，那个酒吧，我请你。"

我觉着谱儿已经摆得差不离了。我说："今天我有点儿累……也好，今天就今天吧，我可是舍命陪君子啊。"

在酒吧的门口我们互相发现了对方，黑暗中她一下子抱住了我，就像一只发情的猫似的，我暗暗得意，忽然想起最近看的京剧《沙家浜》，据父母讲那是他们年轻时代的"样板戏"，那里面的指导员郭建光有一句台词："最后的胜利往往产生于再坚持一下的努力之中！"

看着眼前亲我爱我的梅梅，觉得这句台词真是太精彩了！

17

那个冬天。

好像是在一场大雪之后，忽然接到了让我返校的通知。一进校门儿就见到黑压压的人群，还有几个全副武装的军人和警察，绝不像是传达毛主席最新指示什么的，好像是出了大事了。

果然，我看到"井冈山"的那帮人都上了台，被几个军人押解着。那是个小小的平台，是过去全校活动的时候校长讲话的台子。我一眼看见了他，还有邵飞，他们分开站着，都很沉着。在台子的附近，我看到吉耶美，她被围巾口罩捂得严严实实的，只露出那双

146

又黑又深的大眼睛，那双眼睛直盯盯地瞪着严丰，那里面的两团火光令人不安。这时我听见一个军人对着麦克风讲话了，他声色俱厉。他说："同学们，今天我向大家通报一个重要情况，那就是，在我们学校里，出现了现行反革命！"他挥舞起一份报纸，"大家看看，现在京城到处都是这个报纸，叫什么……《青年近卫军》的，内容极其反动恶毒，影响极为恶劣，系统攻击了我们的中央文革，攻击了我们敬爱的旗手……根据我们的调查，办报者就是我们学校的学生！……这一期多了一份增刊，是油印的，手写体，我们特意把大家请来，按照伟大领袖毛主席的指示，发动群众依靠群众，我们请大家来辨认，这，究竟是谁的字体？！……我们决不冤枉一个好人，也决不放过一个坏人！……"

我的腿一阵阵发软，感觉到一股凉气从脚心往上钻，我一直担心的这一天终于来了，没想到它来得这么快。周围人声鼎沸人头攒动，开始有很多人在说着什么，听不清。接着好像是麦克风里的声音又在说："大家也可以写条子，也可以采用其他方式揭发，我们肯定会为揭发者保密……"

人群一下子静了下来。这种静寂让人异常恐惧。静寂之后，人群中再次爆发出更大的骚动，好像是有什么人在"揭发"着什么，嗡嗡声告一段落之后，突然有一个人被推了一下，我踮起脚尖，看到那是邵飞，同时有一个很高亢的声音在喊："……邵飞，你听见没有？……这么多人都在揭发你！……坦白从宽！抗拒从严！"但是很快人群又静下来。静下来的原因显然是另一个人走到台前，那个人从容不迫地对着话筒说："别追查了，这事儿是我干的，和邵飞无关。"我的心狠狠地顿了一下，然后狂跳起来，这当然是他，不必看就知道，不可能是别人。接着又有尖利的声音在喊着什么，还有许多乱糟糟的声音，后来就听见他说："……你们不信，可以当场鉴定字迹……"

这之后，我已经什么都听不见了。我知道他有个本事，就是能把各种字体摹仿得惟妙惟肖，何况他为了掩护邵飞，此前肯定早已做了准备。

那天，寒光闪闪的手铐拿出来的时候，会场上忽然爆发出金属迸裂般的一声狂叫。吉耶美像疯了一样冲到军人的面前，用身体挡住严丰，因为动作太大，她的围巾口罩一下子都散开了："不是他！不是他！我作证不是他！……"军人严厉地吼了一声："你有什么证据？没有证据就是无理取闹！""我……我可以作证……"吉耶美断断续续地说着，"他没有参与这件事，写文章的是邵飞！"吉耶美真的是疯了，她完全不顾严丰的怒喝，严丰用了平生最大的力气喊："住口！住口！！……"两个军人紧紧抓住他的胳膊，他挣不脱，最后狠狠地踢了她一脚，他也疯了。吉耶美被踹到台下还尖利地喊着："邵飞，你这个胆小鬼，到这份上你还不敢承认吗？！胆小鬼！胆小鬼！……"

　　我永远记得那一瞬间。吉耶美的彩色围巾在寒风中飞舞，四周飘起了雪花，她的黑发黑眼黑睫毛构成了雪地里的一朵黑色花。一个个魔幻绮丽的断片如同无法洞穿的秘密，纷繁颤栗。那是一种非人间的美丽，她就像是一只美丽的雌兽，所有的美都通过动作声音释放出来，毫无保留。她是我迄今为止见到的最美最有魔力的女人，那种美在碎裂的刹那达到了极致。

　　寒光闪闪的手铐戴在了邵飞的手腕上，但是严丰也被一起推进了警车，警车的叫声令人肝胆颤裂，吉耶美冲出人群狂追不舍，这时夕阳西下，逆光把人群剪辑成一幅幅黑白剪影，我这时才像大梦初醒一般，飞似的跟在吉耶美的身后跑出去……我狂奔着，追着那辆警车，恍然觉得后面还有人跟着跑，警车越来越远，我仍然不想放弃努力，就在这时，我看见吉耶美被前面的一群人截住了。

　　我认不出那是些什么人，反正不是我们学校的。她被他们围在中间推搡着，天哪，他们开始撕剥她的衣服，我顾不上想别的，一头钻进人群，护住她的身体。"你们要干什么？！"……我看到我眼前一群陌生的、淫欲的面孔，他们笑了，他们笑着说："没想到还有个自投罗网的……"我的上下牙齿开始磕碰起来，他们的包围圈越来越紧……

　　那一天我回到家里已是半夜了，姨妈给我开门时吓了一跳。姨妈的表情使我半天都不敢照镜子。我知道自己状貌"狰狞"，那是我一生中的第一次生死搏斗，心里终于很踏实，原来只要不怕死就都好办了，你不怕死，别人就都怕你。连我自己也难以想象我怎么会面对一群流氓抄起一块"板儿砖"，我说："你们要敢再走近一步，我就杀了我自己！"不知对峙了多久，一个大个子向我伸出手来，他的手刚一伸出我就把砖头狠狠地往自己的脑袋上砸去，我头晕目眩地坚持着没有倒下，有一股黏糊糊的液体慢慢淌下来，流到我的嘴唇上，又腥又甜。从他们惊惧的眼神里我猜想到自己的样子一定很恐怖，但我丝毫没有害怕，倒隐隐的有一丝快意。连后来赶来的高三学生们也都吓坏了，事后他们说徐茵你够可以的，在学校这么长时间都没露，你还有这一手，冲着这个绝对要发展你入红卫兵，现在就入。我对他们笑笑我说我永远不入红卫兵，我对你们那些事丝毫没有兴趣，我追出来是想救吉耶美，你们看见她了吗？他们面面相觑都摇摇头，然后我就转身走了，把呆若木鸡的他们都扔在后面。

那天我极度冷静地到医院去包扎了伤口，想想真好笑，我这个深居简出的人竟然在半年之内连受了两次伤，伤得都还不轻。奇怪的是这次我完全没有了第一次的那种顾影自怜，相反我很沉着，很踏实，我明白了什么叫做"百炼成钢"。

连姨妈也被我给震住了。她对我的态度好像好了许多，她买了只乌骨鸡，活的，说是要给我补血。我好久没喝过这么鲜的鸡汤了。我喝了很多，在我喝鸡汤的时候，脑子里出现的是那副寒光闪闪的手铐。那副手铐不知铐在谁的手上。经过时空的隔绝，一切都走样了，也许，是我的脑子出了毛病——被砖头给砸坏了。

我喝完了鸡汤就走到街上，脑袋上还扎着纱布，44 路车来了。我随着人流上了车。还找到一个座。我坐下就不想动弹了。一直坐了下去。环城第四圈的时候售票员注意到了我。她走过来的时候一脸怒气："你到哪儿去？"我看看她淡淡地说："我也不知道。"我说的是实话，可她大发雷霆："神经病啊你？坐车不要钱怎的？交两块钱，下车！"那时候的两块钱，够买一盘足足实实的油焖大虾了，她可真够敢要的。可我别说两块钱，连两分钱都没带。她一怒之下把我拉到了总站。总站的人一通训斥之后，说是要打电话让家里领人，我呆呆地看着他们那一张张凶恶的脸，我说你们别费这个事了，你看我身上有什么值钱的，拿去好了！那个售票员气得发癫，她说你简直是无赖！什么值钱？我看你那块手表值钱你能给我吗？！听了这句话之后我就把手表从手腕上抹了下来。我说现在我可以走了吧？说完之后趁着他们发怔的时候我转身走了出去，走出院子的时候我听到他们的骂声："纯牌儿的神经病！……没准儿是刚从安定医院跑出来的呢！……"

夜色很快把我吞没了。那是个雨夜。我躲在一家廊檐下，看着雨夜里出没的那些车和人，那些动荡不安的元素。有一队摩托车开过去，高喊着"打倒联动、镇压流氓"，但是那种也许在白天会显得很雄壮的声音在雨夜里变得又单薄又滑稽。还有些人冒着雨在贴大字报，趁雨水还没把糨糊冲干净的时候把大字报横七竖八地贴了一墙。那曾经是宫墙。宫墙里面的皇帝做梦也不会想到他神圣的宫帏会在几百年之后遭此亵渎。

那美丽的宫墙外面是一片湖，刚上初一时我们过队日，一起唱着《让我们荡起双桨》在湖上划船。我的目光穿越了历史停留在一个少年的脸上。只有少年才有那样干净的脸，那样干净的眼神。不过是在四年之后，这个少年成了反革命。有一副闪闪发光的镣铐遮住了他的脸，现在我看不清他的眼神。

18

我很喜欢这个酒吧里的红色碗蜡。它似乎比一般的碗蜡要大一点，装在香槟酒杯里。我喜欢看它一点一点被燃尽的样子。梅梅和我坐得很近，低头一小口一小口地抿着我给她叫的绿薄荷，显得挺乖。这是女孩的惯伎。每当她们有所求的时候总是显得很乖。

果然，她开口了。但是她一开口便把我吓了一跳。

"告诉你一个不幸的消息，"她连眼皮也没抬，"我怀孕了。"

我努力镇定着，可端着黑方的杯子依然在亮晶晶地晃荡。

"你开玩笑。"我说。

"谁有空跟你开玩笑。"她懒洋洋地说，"听着，不管你怎么想，这孩子我想要留下来。懂吗？"

"你开什么玩笑？……"我只会反复嗫嚅着。

"对你当父亲心理准备不足，是吗？从一开始你就没打算和我结婚，是吗？"她的声音有些发颤了。

我把酒杯放下，"这么说，是真的了？"

她抬眼认真地坦然地看着我，"当然。"

"听我说，我没你想的那么坏。谁说我不愿意娶你？不过不是现在。"

她嘴角上显出一丝讥笑，"就是你想现在也不太可能……我想回去了。"

"回哪儿？"

"当然是泰国。我到底还是泰国人。"她站了起来，那样子十分尊贵，那样子使我突然意识到我面前站着的是一位公主。

呵，公主！只有在童话里才存在的公主啊！现在她不但活生生地站在我的面前，而且她还奇妙地怀上了我的孩子！慢着，一个公主怀上了我的孩子！难道我还要让公主去做人流吗？笑话！生活在20世纪90年代的何昆与公主相爱得了一个孩子，这个孩子将是一位真正国王的孙子！而何昆也会因为这个孩子而成为一个国家的驸马！如果何昆不要这个孩子，那不是天字第一号大傻瓜吗？！

我也站了起来，慢慢举起手里的杯子："好了梅梅，别吵了。让我们为这个孩子干杯！"

以后的几天我一直沉浸在"驸马梦"之中，直到我看到梅梅的一封信。

我们的活动一般都安排在双休日，但那天我因为去昆仑饭店附近办事，临时给她来了个突然袭击。她房间的门虚掩着，我走进去，听见流水的哗哗声——她在冲澡呢。我悄无声息地坐下来，忽然发现眼前是两页展开的信纸。信是用英文写的，毫无疑问是梅梅的笔体，有两行字跳进我的眼里："……你给我看过严丰的照片，据观察，何好像不是他的私生子，他们两人好像没有什么共同之处……如果你不相信，我也可以带他回国，你亲眼看看，他现在对我百依百顺。你给我的任务基本上完成了，妈妈，我就要回国了……"

我的血一下子涌上头顶，因为涌得太急太凶我感到头痛欲裂，我的烫过的仍然弯卷的头发都像钢针一样一根根地立了起来，我总算懂得了什么叫怒发冲冠。所以当她笑嘻嘻地裹着浴巾扭出来的时候，我劈面那一记耳光响得惊天动地，她几乎被打得飞了起来，起码是那条浴巾被打飞了，像白蝴蝶的翅膀似的扑扇着蜷缩起来。她全裸着被甩到另一边，一头湿乎乎的头发上，溅上了鼻血。

我破口大骂："你这个下贱的婊子！奸细！间谍！！……原来你是带着任务来的！你根本不爱我，装得可真像！……你记着，以后做这种间谍工作的时候，最好用你的母语，这样就谁也看不懂了！！"

我推门就走，我听见她低哑的哭声："何昆，你听我说……"我砰地关上门，把她的哭声连同她的谎言一起关在了另一个世界里，可是刚到了外面我的威风和狂怒便在太阳光里融化了。我一下子软弱无力。

19

那是个最黑暗最寒冷的冬天。那个冬天里只有一个信念支撑着我：救他，不管用什么样的手段。能够找的人都找过了。可是在那个冬天里，好像所有的色彩和声音都凋落了，满眼里只有枯木朽株与断壁残垣。"革命"仍是那么热闹，但是口号声的底气渐渐不那么足了，何况一张口就是满嘴风沙。新年前放了一批人，春节后又放了一批人，邵飞出来了，仍然没有他。邵飞说，在里面看见过他一次，后来听说把他转到另一个地方去了。

奇怪的是吉耶美也始终没有露面。我生命中的这两个人无论是什么样的角色配合都是可以同台演出的，他们的消失与再现总是同步的，显得那么默契，大概就是这点使我在若干时间之后相信了吉耶美那番令人惊讶的话。

他究竟是怎么出来的，到现在我也不知道。有人说是朋友找到了中央办公厅一位副主任的儿子，那位公子利用中南海封冻的机会滑冰到主席驻地交了一封信，这简直有点儿天方夜谭了，当时我并不相信，但是多少年之后，这事被记载进入了一本文化大革命的"大事记"之中。总之传闻说他被放出来之后不久就当了兵，我心里略略有些平静了，盼着他能给我一封信，我是那么强烈地渴望着一封信会在信报箱里悄悄地出现，那些充满希望的日子在我的回忆中总是很清新的，可是一天天地过去了，我幻想中的信除了在我的梦中，始终没有出现。

我们的见面一直延续到我下乡之后第一次回来探亲的时候。那个秋天，门前的柿树红红黄黄地挂满了柿子，粉红的月季花、鲜红的指甲草还有夹竹桃美人蕉什么的，都在那个流霜的季节闪烁着斑斓的色彩。那个夜晚我心情很好，在对窗的写字台上开着小台灯写我的日记，大约十点来钟的时候，我听见一阵轻响，有人轻轻叩响了我的窗子，我的第一个反应就是：是他！我披着一头刚洗过的湿漉漉的头发走出去，他真的站在我的窗前，月色把他的脸映得很苍白，也许本来就很苍白。

一时间我忽然觉得眼前不过是我心造的一个幻影。那是一张薄薄的纸片，秋风一到，立即就能刮走。我就那么呆呆地站着，看着他，直到他走过来。

他把我拉到院子后边的竹林里。他低着头，并不看我。他还像过去那样，开口就是谈正经事，好像我们是昨天刚刚见过似的，但是我这次强烈地感觉到他在拼命地克制自己，他省略了许多内心的活动，他的开门见山一听就让人觉得是在掩饰着什么。他说他是来向我告别的，他要去越南，去参加越南人民军，抗美援越。他这些惊天动地的话用这样平静的语气说出，更加强了效果。我的全部热情在顷刻间都化作了泪水，如鲠在喉地游动着，说不出话也不敢有任何身体语言，只要我吐出一个字，眼泪就会如汪洋大海喷薄而出。

不知道默默无言地这么站了多久。直到我觉得所有的眼泪都被我吞咽下去了，才有勇气抬起头来。隔了这么久，第一次的对视。月色使他的脸色显得柔和，他的睫毛在月光的阴影下一跳一跳的，好久我才看出来他是在发抖，就像是得了什么病似的，我害怕极了抓住他的手我说你怎么了？他的手像死人一样冰凉，但是一碰到我的手就变成了一把铁钳子，他看着我，不知用了多大劲儿说出了一句话："我……我想吻你一下，可以吗？"

是的，当时他是这么说的，一字不差。多少年之后我对儿子讲起这件事把他笑得前仰后合，他说这个人也太笨了，他把你拉过来吻一下不就得了吗，这人是不是有毛病啊？但是看到我的脸色他不敢再调侃了，他说老妈对不起，我不了解你们那个时代。是的他当然不了解，在那个时代让一个正直的男孩说出这句话，真的比打死他还要难。大概也正因如此，我一直记得这句话，几十年了，想起这句话，想起他当时说话的样子，依然忍不住想流泪。

后来他就把我搂进怀里，紧紧地抱着我，越来越紧，他的骨头把我硌得生疼，他的胳膊一开始是僵硬的，后来就柔和了，不知为什么我心里忽然觉得他可怜，他的坚强与承受力已经到了极限，他不过还是个二十一岁的男孩子，这么一想心里的那股眼泪就喷涌了出来，我咬着牙尽量不哭出声，可是泪水就那么一个劲儿地流着，把他胸前的衣裳都打湿了。他没吻我，也许是不习惯，我们就那么拥抱了很长时间，我感觉他的身体在一点点变暖，最后竟然变得滚烫，我害怕起来，我觉得有什么事情马上就要发生了。

他俯下身耳语："让我看看那儿，看看那儿……"我在他耳语的气息里燃烧起来，他解开我胸前的衣扣，动作轻极了，可我仍然怕得全身发抖，我看见自己的胸脯裸在他的面前，他的嘴唇紧紧贴在了我右乳房的伤口上，我觉得一股热流在体内涌动，一阵突然的眩晕使我全身瘫软。在我的记忆中我只记得他一遍遍地耳语，那耳语十分模糊让我无法听清楚他说的什么，只能听到秋风吹动竹叶的哗哗声响。

不知过了多久我才感觉到凉意。他躺在我身边，捋着我的鬓发，指尖很温柔。他的耳语把我的颈子弄得痒痒的，"我把你弄疼了吗？"我摇摇头。"那你为什么一直在哭？嗯？为什么？"

我一下子哭出声来。我突然地抱住他，用全部生命和激情紧紧地抱住他，我想说你别走了，为了我你别走了，可我没说出来。后来我说："你给我唱支歌吧，就是那天联欢会上唱的……"

他低低的声音在竹叶的伴奏下非常忧伤：当年我的爱人通宵没合上眼睛，伴我走遍家乡为我一路送行……

他把"母亲"改成了"爱人"，他是为我改的。那首歌的旋律我永生永世都记得。

他走了。两个月之后我知道自己怀了孕。紧张和忧郁加重了我的孕期反应，我一天到晚不停地呕吐，瘦成了一根竹竿。姨妈在痛骂我一顿之后气病了。我不但得不到任何照顾，还要强撑着照看姨妈。可我心里的那个念头是如此强烈不可动摇，那就是：要生下这个孩子，无论多么艰难。那时我坚信着总有和他见面的一天。然而他杳无音讯。

一个月之后的一个下午，吉耶美来了。她好像改变了很多：化了很浓的妆，重新又换上了泰国服装，但是人变得憔悴了，那种新鲜的、势不可挡的美丽好像已经弃她而去。她对我的态度仍然那么居高临下颐指气使，但是在她那不可一世的样子背后好像显得空虚，不再那么底气十足了。但显然相比之下我的变化要远大于她，因为她见到我就瞪大了眼睛："徐，你出了什么事？你怎么变成这样了？！"

我十分平静地笑一笑我说没什么，身体有点小毛病，不舒服。她显然是相信了我的话，立即转移了话题。她告诉我她要走了，这回是真的。

然后她十分神秘地趴在我耳边说："告诉你，我已经怀孕了，是他的。"

这句话在我听来当然不菁于一声晴天霹雳，而接下来她告诉我的那番话，一下子把我推入了地狱——我的整个身心疼痛了二十多年，这种疼痛可能要持续整整一生。

　　她说在一个半月之前严丰去向她告别，当时她已经搬迁到崇外花市大街的一座私房里。"他说他爱我，从他被捕的那天开始。他说他万没想到在他最需要朋友的时候，所有他过去的朋友都保持沉默，而只有一个泰国姑娘挺身而出，舍死忘生地帮他……"

　　"你撒谎，"我挣扎着，可是心一个劲儿地往下坠落，好像在落入一个深渊。"那天他对你的举动特生气，我了解他，他是把朋友看得比命还重的，你出卖了他的朋友，他恨你还来不及呢……"

　　她一阵狂笑，"你真是个幼儿园的孩子！你太不懂男人了！那是他做给别人看的，懂吗？……可是在只有他和我的时候，他是那么爱我……"她的声音放轻，眼里透出一种危险的光芒，"他把我搂在怀里，吻我，吻遍了我的全身，他说，我是他见过的最美丽、最勇敢的女孩子，他爱我爱得发疯……"

　　"不可能！我和他同学三年，认识已经有五年了，他根本不是你说的这种人，我至少比你了解他吧，他……他是那种很含蓄的人，根本不会这么表达感情！"

　　"那就让我再提醒你一下，起码有两次，他是和我前后脚去看你的吧？你知道是为什么吗？——那是因为，他看你是我让他去的，我看你单恋恋得太可怜了！难道你忘了那天晚上在我家碰上他？难道你忘了我托你给他带的东西？！……"

　　"可他告诉你他要到哪儿去了吗？他告诉了吗？！"我好像在拼命抓住最后一根救命稻草。

　　"当然知道。不是越南吗？他要去抗美援越，他没告诉你？"

　　我整个人都在朝着一个黑色的漩涡滑落，天旋地转。

　　她向我媚媚地一笑，解开衣扣，露出两只圆锥形的乳房，乳头的颜色很黑。"怎么样，没骗你吧。我怀了自己心爱的人的孩子，我是世界上最幸福的女人，徐，祝贺我吧……"

　　因为强烈的精神刺激我先兆流产，打了大量的黄体酮才算保住了胎。我生下一个儿子，给他起名叫严昆，我喜欢昆字的字形，在太阳下面有两个坐着的小人儿，一人向另一人伸出手，可另一个人背对着她，向别人伸手。我觉得昆字充分而简洁地讲述了我们的故事，尽管如此，我还是希望太阳同时照耀着我们，在给我带来光明的同时给他带来温暖。

但是我的太阳还是坠落了：孩子生下来不久，他的噩耗传来了。他死在越南战场上，他被火焰喷射器烧成了灰，在烈士的陵园里没有他的墓碑。

20

我真的去了泰国。

并不是埃耶梅母亲的邀请，而是泰王杯国际足球邀请赛。到曼谷之后的第二天我就给埃耶梅打了电话，她是一个月以前回国的，回国前给我留了地址和电话她三番五次地想对我解释什么，可我就是不给她这种机会。不过，她一走，我还真是出了点儿问题。好像一天到晚迷迷瞪瞪的，老妈说，我的魂儿没了。

埃耶梅让我在风筝节那天去找她。3月15日那一天，曼谷大王宫的王家田广场上空，飘飞着五颜六色的风筝。泰国的风筝可真是一景。鱼和鸟，大鹏和蟒蛇，少男和少女，甚至坦克和飞机，都做得特别特别逼真，那个别出心裁的大蝴蝶风筝还能发出悦耳的音乐，叮叮咚咚，可真是赏心悦目。不过这一切比起后来的大型风筝表演来可就算不得什么了。那是朱拉风筝斗巴宝风筝，朱拉高大威武，像个无敌武士，而巴宝婀娜多姿，像个留长辫子的少女，放这种风筝要有高超的技艺，比赛的时候，朱拉和巴宝各分一队，每队三人，旁边有泰国民族乐队伴奏，大鼓和圆锣一敲起来，朱拉和巴宝就开始激烈搏斗，看来全世界都逃不掉一个主题：男人和女人的斗争。斗得势均力敌，就精彩，就好看。围观的人一阵阵鼓掌，舞风筝的人就更来劲。奇怪的是，埃耶梅始终没有出现。

直到比赛结束，舞风筝的人们摘掉面具露出真容的时候，才发现原来最好的巴宝风筝的舞者，竟是个年近五十的老太太！掌声和欢呼声随着笛子、双面鼓、圆锣和木琴响起来了。就在这时，我耳边忽然响起熟悉的耳语："看见了吧，那就是我妈妈。"

　　——原来梅梅一直站在我的身后！

　　我没有作为"驸马"走进泰国王宫，因为那位和母亲同岁的老太太、埃耶梅的母亲吉耶美告诉我，她根本就没嫁给什么王储，她嫁的是一位宫廷乐师，年纪可以做她的父亲了。"我的女儿并不是有意欺骗你，她很在乎你，想赢得你的好感，娘梢（泰语小姐的意思）嘛，都有点虚荣心，你要谅解。"

　　我说："我喜欢她，并不看重她是不是什么王储的女儿，在中国，血统论的时代早就过去了。"

　　我吃到了真正的"帕劳"，是准丈母娘吉耶美亲手做的：蒸大米饭时加入从肥羊尾巴的脂肪中提炼出来的黄油，在饭中央埋入一些煮熟的肉。吃的时候用右手把饭捏成小团放进嘴里，配菜是菠菜、土豆、豌豆、南瓜，还有酸乳酪，谈不上好吃，可我装作吃得津津有味的样子，吃了还要添，立即赢得了吉耶美的欢心。

　　"有好多中国人吃不惯这东西，可你爱吃。"她笑眯眯的，一点也看不出她曾经美丽过。我看她和街上走着的泰国老大妈们没什么两样。"你天生是可以给我们泰国人当女婿的！"说着，她盯着我看，不错眼珠地看，她讲的中文可真地道。

　　她看了我很久，把我都给看毛了，才长叹了一声："……是，这是他的儿子！"

　　"是谁的儿子？"我迷糊了。

　　"好孩子，你一定听你妈妈讲过我的事。"

　　"讲过一点点。还是在认识埃耶梅之后。"

　　"我对不起你妈妈。我……我对她撒了谎。可是，菩萨作证，我这一切，都是为了爱情，你妈妈应当原谅我，为了爱情撒谎，连菩萨都会原谅！……"她站起身，又给我盛了一碗帕劳，她说给我的帕劳放入了羊头和羊蹄子，是泰国专门用来招待贵客的。然后她盘腿坐在我的对面，黄昏的光线从她背后的窗子照射进来，她脸上的皱纹少了，好像略略有一点像那个照片上的少女了。

"你妈妈也许现在还在恨我，我对她说，严爱的是我，我怀了他的孩子，她就受不了了，那时候，我的确怀了一个孩子，可不是严的，不是的……"她垂下厚重的眼皮，两颗硕大的泪沉甸甸地落下来，在黄昏的光线里十分混浊。"那一天，是在一场大雪之后，我念书的那个中国学校召开大会，追查办反动报纸的人，严为了掩护朋友，主动承担责任，被贵国的公安机关抓走了。我在雪地里追警车，追啊追啊……后来，不知道从哪里钻出来一些人，一些流氓，他们把我围住了，这时候，好像是你妈妈追来了，好像你妈妈还在和他们讲道理，人群把我和你妈妈隔开了，就在这时候，有三个流氓把我拖到了一个小屋里……他们把我强奸了……他们对我很野蛮，很……很残忍……"

她抑制不住地痛哭起来，我呆了。

"……我之所以不走，也是为了严，我放心不下，一直在想办法打听他的消息，很长时间之后才听说他出来了，后来当了兵，我一直盼着能跟他见上面，我要亲口告诉他发生的一切，可是，直到他死，我始终没有见到他。听朋友说他是去越南了，死在那里……"

我呆呆地看着面前这位泰国老太太的哭泣。一个女人可以为一个根本不爱她的男人忍受如此巨大的痛苦，这真让我觉得匪夷所思。

"我那个孩子出生不久就死了。埃耶梅是我唯一的女儿。你不要怪她，确实是我让她去贵国工作的，为的就是你。从来没有任何人告诉我你是严的儿子，可我完全是凭一种感觉，这么多年我一直在暗中关心着你的母亲，当然也是因为想知道严的下落，后来我知道，在严去越南的第二年你母亲生了一个孩子，我断定那就是严的儿子，是严留在这世上唯一的骨血，为了证实这个，我让女儿去贵国找你，但是绝不能按照通常的方式去找，我告诉她一定要让你觉得是偶然相遇的，要让你觉得是你发现了她，我的女儿很聪明，她做到了。可她也有不聪明的地方，她判断你不是严的儿子，也难怪，照片和真人总有差别，特别是严，他是一个很特别的人，任何照片也传达不出他的风采，只有看他本人，可现在……到哪里去找他呢？！……"

她又哭起来。我觉得自己在耳鸣，满耳朵都是呜呜的声音。天哪，我究竟是谁啊？！活了二十多岁，我才从一个素昧平生的泰国老太太嘴里知道自己的亲生父亲，这太荒唐了！！

"你不要怪埃耶梅，不管怎么样她真心爱上了你，而且怀了你的孩子！你原谅她吧，还是那句话，为了爱情而撒谎，连菩萨都能原谅！……"

我跌跌撞撞地往外走，在拐角处撞上了一直站在那儿的埃耶梅，她已经哭得哀哀欲绝，不管不顾地一下子抓住我的刚吃过帕劳的油手。天哪，这怎么是个好莱坞三流电影的结尾？她的肚子已经隆起，那里面有一个孩子，据说是我的作品。

21

又是个蝉鸣的季节，是他去世二十五年的日子。为了纪念他，我给他画了一幅肖像。是按照我记忆中的他画的，可老何回来一看，说是活脱脱一个外星人的样子——他是去过好莱坞影城的。

或许他真的是个外星人罢，这么些年，我没有发现任何人像他那样，哪怕是一点点。儿子打电话来说是今天回来，他已经很久没回家了。我做好了饭，搬个小马扎在门口等着，我这副样子多像当年我的姨妈，时间快得真让人伤心啊。

远远的儿子走来了，还拉着那个姑娘，姑娘的手里抱着一个孩子。他们是半年前结的婚。他们的脚步很快，很生动，只有年轻人才有这样的脚步。他们越走越近，我的心突然一惊：天哪，这不是几十年前的严丰和吉耶美吗？那一幅完美的图画，不是活脱脱当年他们的写照吗？吉耶美赢了，她用她的执着打败了我，她在两个孩子身上实现了她的梦想，延续了她那种不可抵挡的爱情……我猜想当年的严丰不可能不为她的美丽、勇敢和执着动心，不过，那将是另一个故事了……

那个下午蝉鸣的声音非常响，但是新建的塔楼把人们都间壁起来，再没有几十年前那些捕蝉的孩子了。

缅甸玉

翡翠，别名缅甸玉。据说，红色玉为翡，绿色玉为翠，合称翡翠。

又据说，翡翠本为鸟名。《后汉书·西南夷传》载："西南出孔雀、翡翠。"翡翠鸟羽很美，古代已用做饰物。

第三种说法：中国古玉和田玉被称为翠玉，而直到清朝初年，缅甸玉才从第二条丝绸之路入滇，因此百姓为区别它与和田玉之不同，起了个俗名叫做"非翠"。光阴荏苒，非翠变成了翡翠。

有一种说法是肯定的：翡翠是一种美丽的硬玉。按照宝石学的定义，玉的价值可以超过黄金几百倍甚至几千倍。所以俗话说：黄金有价玉无价。

1

孟定的这座竹桥在风雨中摇来晃去，大约已经有好些年了。竹桥上面架着一条铁索，但是起码要一米八以上的个子，踮起脚尖才能够得着：不知是因为年代久远，竹桥的位置越来越降低，还是因为古人确实比今人高大，总之孟定人要过桥出境，或是缅甸人要过桥入境，都得踩着这条摇来晃去的竹桥，走钢丝般地舞动着上身，闭上眼怕一脚踩空，睁开眼又怕看下面那湍急的河流，只好就那么半睁半闭着眼，一步一晃地踏过去。

司机何顺把车开到了竹桥边。何顺点了一支烟，悠然吸了一口，然后拉开车门下车。我试着动了动麻木了的双脚，也慢慢往车下蹭。茫然望着雾中这架弓弦般脆弱而又坚韧的竹桥，我看见水雾似乎慢慢弥漫了桥身，湍急的水流在雾气中仿佛凝然不动。淡紫色的雾气中似乎有一点隐隐的晶莹的白色在慢慢流动。很久之后我才看清，那是个穿白衣服的女人，正慢慢地却是悠然地在竹桥上走着，因为浓雾的缘故给了人一种错觉——仿佛她是在腾云驾雾似的。我只能看到她的上身直到裙子的下摆，而她下部的脚或鞋子什么的，则完全没有交代。

何顺蹲在地上吸烟。一双小而亮的眼睛盯着那一点白色，嘴角上绽出冷笑。

我活动着四肢——坐了一天一夜的车，浑身都是酸疼的。

"怎么样，徐小姐？还吃得消吗？"

我发现称谓真是一种约定俗成的东西。这些年由于长期搞教学，也有被尊称为老师、女士……的时候，但更多的时候大家还是习惯叫我名字，我也喜欢别人直呼其名，这样既简单又亲切。可这次临沧笔会上，为数不多的女作者一律被称作了小姐，于是小姐这个词便成了我此次入滇的人称代词，我也只好入乡随俗了。

"都说蜀道难，我看滇道更难！"我咕噜了一句。

何顺的冷笑更加明显了："是啊，蜀道难，难于上青天，滇道难，难于下地狱呢！"

"可是大家既没上过青天，也没下过地狱，所以没法儿做这种比较。"我因为无聊，又犯了喜欢与人抬杠的老毛病。

何顺把烟雾浓浓地喷出来，用下巴指指远处那一点白色：喏，你看她是在上青天，还是在下地狱？哈哈哈……

何顺快活地大笑起来，我真不明白他为什么这么高兴。

那一点白色渐渐在浓雾中消失了。

2

我是在临沧笔会上偶然作出来孟定的决定的。促使我作出这一决定的表面原因是由于这座中缅边境的小镇保留着完好的原始风情，我既想领略阿佤人的生活，又对边疆贸易好奇……而实际上，最重要的原因只有一个，那就是：玉石。

在临沧笔会上我偶然结识了一个叫做沙林的人。沙林是当地的作者，因为做玉石买卖发了家，盖了一栋八层小洋楼，已成为临沧人羡慕的玉石专业户。在一个闲侃的晚上，沙林捧着一个珐琅质很精美的盒子，盒子里满满都是各种各色的玉石。

当地男人对于玉石的品评，一点不亚于北京男人对于足球或政治或电视剧的热烈程度。这同样是个男人的世界。沙林把盒子捧到每一个人面前，每个人都有一番评价。沙林总是带着宽宥的微笑轻轻摇头。在这些人的评价中，不断出现什么"老坑玻璃种""金丝种""紫罗兰种"，什么"水头长""水头短"等等我完全听不懂的术语。

后来沙林居然笑眯眯地把盒子放在我眼前：徐小姐，我想听听你的。

"我？我可是一窍不通啊。"我环顾四周，发现有一双小而亮的眼睛在盯着我。那人小小的个子，约五十上下年纪，很古怪的，蹲在那里默默地吸水烟。

"你欢喜哪个，总该有数吧？"

我于是硬着头皮顺序看下去。盒子里排列着两行加工好的玉石成品。大的有鸡蛋那么大，小的也够豌豆大小。颜色大体有三种：黄、绿和紫。我看得眼花缭乱，最后指向一颗中等大小的紫色玉石。大家凑过来看了，哈哈一笑。我知道自己露怯了。

"看来你是真的不懂。"沙林带着宽宥的微笑，很小心地指向紫玉下面两颗碧绿无染的玉石，"这两颗，才是名贵的翡翠，就是水头短一点，不然的话，要上十万的。"

"什么叫水头短？"

大家又都笑了。几个人同时很热心地解释。我终于明白"水头"是指玉的透明度。"水头长"，就是透明度高，"水头短"，自然就是透明度差了。所谓"几分水"就是指光线穿透玉石的深度。水和色均佳，才是上品。

"喏，好的玉石嘛，要水汪汪的才好，或者最好是热泪盈眶。"沙林嘻嘻一笑，大家也都应和着笑了。这时那个蹲在地上吸烟的人突然指向那块紫色玉石："这一颗要多少钱？"

"怎么也得要三千块钱啦，朋友嘛，再便宜一点，给两千五百块钱拿走！"

那人慢慢吸了口水烟，从上衣兜里数出三十张一百元的票子，扔在沙林的盒子里。

一片静默。

沙林脸有点红，解嘲似的笑一下：这位是何顺师傅，也是我的一个好朋友，这次他是为我们笔会客串开车，友情出演！

何顺小而亮的眼睛转向我：你是京城来的人，难得到我们这蛮荒之地的！要是真想在玉石上入道，最好去趟孟定！

"孟定？"

"对。中缅边境上的一个小镇。"沙林把话接过来，"你去的话，我可以给你介绍一个朋友，她是佤族人，叫三梅。喏，何师傅也认识的……哦那个小佤族可真厉害，那是鉴别玉石的专家哩！……正好何师傅也要去那里办事，叫他捎上你？……"

我看看何顺，他没说话，垂下眼睛吸一口水烟，那样子像是应允了。

3

佤族姑娘三梅坐在迷蒙的月光下。

三梅穿着佤族姑娘最寻常的服装：上衣短小，如胸罩般紧绷着结实的乳房，短裙下露出一双深棕发亮的小腿，一头乌发沉甸甸地垂向裸露的腰际，巨大的银耳环把耳垂拉成了椭圆形。奇怪的是她那双眼睛，如夜一般漆黑厚重，又似乎少了些光泽，因此当它凝然不动的时候，你会像进入漆黑的隧洞一般感到一种突然的寒气。这双眼睛让我害怕，自始至终都是如此。

这是保存得很好的佤寨。寨子里有一只巨大的木鼓，那是佤族人的神灵。三梅是头人的女儿，头人的家是寨子里最讲究的家。双层竹楼。上层住人，下层关牲口。上层分主间、客间和外间，设有主火塘、客火塘和鬼火塘，主火塘在主间，是平时做饭的火塘，客火塘在客间，一般煮猪食，鬼火塘在外间，用于祭祀什么的。房脊两端是木刻的燕子，据说燕子是佤族人崇拜的飞禽。

月光下的三梅把我们引进竹楼里。三梅只对何顺点了点头，就开始一个字一个字地读沙林的信。当她读信的时候，我注意到坐在火塘边的那个男人。那想必便是头人了。头人个子不高但很健壮，两道浓眉很威武地扬着，皮肤漆黑，嘴唇和牙齿尤其黑，我猜那大约是被槟榔汁染的。三梅读完信，用我完全不懂的语言对那男人说了几句，那男人很果断地吐出几个简单的音节。于是三梅到角落里搬来一坛水酒，用极蹩脚的汉话说：这是我们自家酿的水酒，按我们佤族人的规矩，客人来了，先要请客人尝尝我们的水酒……这是我阿爸……阿顺叔，你也是头一次见吧？

"叫我阿孟吧，我们两个应该算同辈的！"头人这时才笑呵呵地站起来和我们打招呼。寒暄之后，大家按照佤族的规矩蹲下来，三梅用一支竹管插入酒坛中，先给头人吸了一口，然后用右手递给何顺。何顺看来是谙熟这里的规矩，他也用右手接了，用手指蘸酒轻弹于地，然后才开始主客同饮。米酒味很醇，我又确实渴了，着实喝了不少。头人向我微微一笑，三梅的脸色也明亮了许多。喝过酒后，头人便告辞走了，说是寨子里还有事商量。三梅开始用那极别扭的汉话问我需要什么样的玉石，并且说，如果我只要手镯或戒面什么的就不必买了，她可以送我一些。我立即诚惶诚恐地表示感谢，告诉她我其实是想学一些识别玉石的方法，至于买玉石倒是次要的。三梅听后用怀疑的目光瞪了我一眼，不再说话，到火塘边做饭去了。

何顺这才悄悄告诉我，佤族人喜欢豪饮的客人，刚才我喝酒时表现甚佳，可说中了头彩，所以头人和三梅都对我的第一印象不坏。我如梦初醒，心想还真是歪打正着了。

接下来的节目是主客围坐火塘边吃饭。三梅做了一大锅鸡肉烂饭。鸡肉烂饭是佤族待客的饭，无非用米饭和碎鸡肉、米菜、盐巴、辣椒混合煮成。三梅用木碗盛了递给我们，我正寻找筷子，只见三梅和何顺都用手抓饭吃起来，吃得很香。看来这又是一种风俗了，我只好也学着他们用手抓了一点放进嘴里——那简直是一种刺心的辣，我真不愿再吃第二口。

三梅抬起那双漆黑如夜的眼睛，盯着我。我嗫嚅着不敢放下手中的碗，却又不敢再吃。三梅轻蔑地咕噜了一句。何顺立即把话译给我：她说，连鸡肉烂饭都不敢咽的人，怎么过得了竹桥，挑得到好玉石？

这句话连同说话者和翻译的轻蔑态度立即对我产生了作用。特别是翻译者的立场直接刺激了我。我捧起手里的大木碗，用手把饭一小口一小口地抓进嘴里。屏着气，像小时候喝中药那样，不容自己有一点喘息。后来辣麻了的舌头竟感到了香味，有很耐人寻味的香。吃完了，我仍用碗遮着脸。我知道自己眼眶里正转动着两颗冰凉的也许是滚烫的水珠，我很怕它们会不合时宜地落下来。

4

三梅这才肯眨一下她那夜一般的黑眼。她微微侧身，抬臂，拿起身旁的水烟吸了一口。她吸水烟时微微迷醉的眼光，像光线一般穿透满屋的烟雾。接着，她是那样自然地解开了上衣的纽扣。我吃惊地看着她那毫不羞怯的手指。随着那美丽的铜雕般的手指徐徐移动，她的两只乳房裸露出来，是圆锥形的，闪着同样美丽的铜的光泽。我想起我的美术教师家里陈设的非洲乌木雕。她就这样自然地把光裸的上身袒露在一个男人眼中。我回头看看，惊奇地发现何顺也在抽水烟，一副视若无睹的样子，沉迷在一片水雾中悠然自得。

三梅在水雾中开始收拾碗筷。当我准备起身的时候我听到何顺的低语："阿佤女人过去是不穿上衣的。阿佤男人嘛，用半只葫芦来遮羞。十多年前我来这儿的时候就是这样，没啥稀奇的。"

当天晚上，我把吃的饭全吐了。后来何顺送来了一些药放在门外。"徐小姐，我听到你吐了，我带了点草药，放在这里了，你吃了试试看。"

我当时呆了半晌才想起说一声谢谢，不过这时门外的脚步声早已消失，我确信他没有听见。

我住在外间，鬼火塘两旁的墙壁上挂着兽头兽骨，靠火门的一方栽着做鬼的牛角叉、牛尾巴桩和老母猪石。我面对火塘和衣而卧，尽管睡不着却死死闭着眼——我害怕看到眼前这些骨殖。

5

第二天是个阳光明媚的早晨。我慢慢睁开眼，感到头脑空前地清醒，精神出奇地好。不知是不是昨晚服了那些草药的缘故。那些草药被截得短短的，乍看上去很像是临沧当地翠玉毛尖，却又在那绿中闪出一点点金黄，闻一闻，稻草似的清香，嚼起来清香中略带苦涩，反正比那些穿肠过的辣椒强多了。

三梅已经穿戴好，在外面等我们。三梅漆黑齐腰的长发黏涩涩地显得那么滞重，连佤寨的风也吹不动。三梅的衣裤都是用自制的土布印染的，染的颜色很美。在黑色的衬底下，染成一朵朵红罂粟般的血红花朵，这一种红在都市是见不到的。黑红相间的夺目颜色，加上沉甸甸的银项圈和银耳环，使这个女人越发像夜一般厚重而神秘。比较起来，我的普通汉族女人的装束，是完全被这种强烈的色彩淹没了。

一路上三梅和司机都不说话，我也矜持地保持沉默。只是在过竹桥的时候，因为害怕，我唱起歌，唱我很熟悉的一首在卡拉OK歌厅经常赢得掌声的歌。这时三梅在我身后低低地断喝一声。没听清她吼什么，却明白她说的是"住口！别吭气！"一类的话。我不敢再唱，眼睛不听指挥地向下面看去：水天茫茫浑浑噩噩的一片。这时我完全感觉不到脚下的竹桥，只感到从下而上腾空而起包围着我的灰色云雾。我嗅到云雾中似乎有种辣椒的味道。我的身体像秋后原野上遗留的野草一样战栗起来。

走在前面的何顺站住了，向我伸出手。他手里拿着那个很粗大的竹制水烟筒。我抓住它，很烫，不知是刚刚吸完水烟的缘故还是因为我的手太凉了。几乎就在我抓住水烟筒的同时，我看到前方闪现出那一点熟悉的白色。白色慢慢飘移着，越来越近。渐渐地，我看到了那女人的眉眼。那是一双弯弯的月儿似的眼睛，目光也似月儿一般婉媚，恰到好处地嵌在那张雪白的脸上。脸形略方，颧骨稍高，再近些能看到脸上淡淡的雀斑。这女人如履平地般走着竹桥！在与我擦肩而过的时候，我没有感觉到她肌肤的重量，只觉得像是一团银白的云雾轻轻拂了过去，留下一缕馥郁的芳香。

"是她吗？"何顺回头问我身后的三梅。三梅重重地哼了一声。

走过竹桥之后我才发现，我攥住水烟筒的手已经被汗水粘住了。

6

竹桥那边便是缅甸的境内了。比起瑞丽那些开放城市来，这里的集市贸易规模要小得多。缅甸男人随随便便地穿着大背心，弓着瘦削的脊梁与中国人讨价还价。一眼望过去，分不清缅甸人还是中国人。糟糕的是也很难分清缅甸商品还是中国商品。

各种玉石摊子数不胜数。各种各样的玉、玉挂、玉雕、戒面、项链、手镯、耳环……价钱只有北京同类商品的四分之一到三分之一。我连看了几个摊子。缅甸商贩很热情地从各种容器中拿出他们珍藏的玉石，我看得眼花缭乱，频频回身看三梅和何顺，他俩完全不动声色，连眉毛也没动一动。于是我只好保持沉默。

"徐小姐，难道看了这么多，就没有一个你看得中的吗？"在看到第五个摊面的时候，三梅瓮声瓮气地开了口。

"不不，我都挺喜欢的，"我急忙向她微笑，"就……就是拿不定主意。"

"喏，这一个做戒面就蛮好。"她指着一颗芸豆大小的绿翡翠，"这叫做油青种，也叫瓜皮油青，你看，这颜色比一般翡翠要深暗一些，但是光泽好，质地细，上面像有一层油似的，价钱也受得起，你们北方人欢喜的。"

"这一颗要多少钱？"我细看一下，发现那绿中透出深灰，颜色我并不喜欢。

"讲好了价，大概五百块钱能卖你。"三梅很自信地与那位缅甸老妇人谈价，她们说得很快，说什么我完全不懂。何顺低声说：她们在讲缅语。三梅在问老太太，好多钱？老太太说：五百八。三梅大概能压到五百二成交。

"可我不喜欢这颗翡翠。"

何顺笑笑："就是不买也没关系的。"

果然，三梅得意地抬起头来，看来是把价压了下去。她把深黑的目光扫向我，我轻轻摇摇头，三梅便向那缅甸老妇讲了几句。我们回身便走，走了好远，我还看见那老妇挥舞着两条青筋毕露的胳膊，哇啦哇啦地叫。

渐渐地，我们的距离拉开了。

我走在前面，我想试试自己的眼力。

在一个很不起眼的小摊上，我忽然发现一串翡翠项链。这几天三梅和何顺的言传身教，加上今天的现身说法讨价还价，我自以为已经积累了一定的有关翡翠的知识。这串翡翠项链，颗颗都有豌豆粒那么大，颜色纯正均匀，呈苹果绿色，色调鲜丽。对着太阳举起来，每颗都有金色的返照，非常美丽。再看看上面的标价，竟然是两千！我心里怦然一动——再砍砍价说不定能杀到一千五呢！

我又仔细看了看，生怕是两万之误，这一个零对我来说可是至关重要——确实是两千。我的心怦怦地跳起来，脸上却竭力寡淡着，就像小时候捡矿石忽然发现了美丽的云母却又要对姐姐保密似的。于是我学着周围的国人对那个缅甸商贩连说带比划，我们互相比划了半天，终于达成协议：一千七百元我把项链拿走。

我拉开手提袋的拉锁，却被一只铜雕般的手按住了。三梅来了。她沉着脸用缅语跟那缅甸商贩交谈，听口气完全是质问的意思。缅甸商贩好像认识三梅，见了她脖子便有些软。但还是大声辩解着。何顺抽着水烟也慢慢来了，向我沉着地笑。

后来三梅忽然走到另一个摊上，端起一盆看来并不特别的水。三梅从胸襟里掏出一块淡绿色的玉浸入水中，又不由分说地把那串项链放了进去。结果，玉沉没，项链却像塑料制品似的浮在了水面。

缅甸商贩的颈子软软地耷拉下来。

三梅看上去非常亢奋，浓眉下一双黑眼也变得炯然有光："看到了吧？喏，这水是配好的比重水，专门识别这类假货的，翡翠是硬玉，你看我这块玉，沉下去了吧？所以说这串项链绝不可能是真翡翠，看这颜色嘛，像是澳洲玉，也叫南洋洲玉，实际上是一种玛瑙质，不过因为含镍，所以有一种绿色罢了……"

三梅侃侃而谈，何顺在一边翻译。我自然什么也说不出来，点头称是而已。

7

当晚，我们入境，宿在三梅的一个边境朋友家里。这大概是她的老据点了。屋子又黑又小，比北京那些弹棉花的盲流住的好不了多少。我和三梅挤在一张床上，床上铺着凉席，倒是柔软而干爽的台湾席。离我们的床不到一米远拉了个帘子，何顺和主人睡在那头的床上。因为疲劳，我凑合洗洗就睡了，却始终没有睡实。摇摇欲坠的小桌子上一支大蜡烛始终燃着。半梦半醒间好像有许多幽灵在小屋里穿来穿去。幢幢鬼影被烛光反射在木制顶棚上，悄无声息。后来有明亮的灯光照彻小屋。我睁开眼，看见小桌周围一圈人，人头聚在一起小声嘀咕着，那样子像群刺客正在商量着如何执行密杀令的办法。后来我终于明白他们是在鉴定玉石。三梅的方位是侧面对我，目光阴沉，一面在不停地抽着水烟。周围的人也都沉默不语。坐在她对面的人从皮包里拿出一件什么东西放在桌上。接着是压低了的一声惊呼，连三梅脸上也放出光来。我吃了一惊，这时我听见何顺的声音：……快叫醒徐小姐，也让她见识见识！……我急忙闭上眼睛，直到三梅叫我，我才装作刚刚醒来的样子，揉着眼睛坐起来。

桌上摆满了玉石！真是五光十色，美不胜收！我看看这个又摸摸那个，嘴里赞叹不绝，大家都咧开嘴笑了。三梅见我一脸痴迷的样子，在一旁冷冷地说：这些玉石里只有一块是上等的 A 货，徐小姐，你能认一认吗？

我说我试试吧，于是就凭着直觉指向一块玉，这块玉雕工精细，刻的是福禄寿三星和一只蟠桃，色调柔和美丽，从深色鸡冠红过渡到淡紫又过渡到绿，看上去像是那种名贵的变色翡翠。

但是大家都在摇头，我只好又指向一只金丝镶嵌的胸针，胸针上镶的那颗绿翡翠晶莹剔透，在灯光下特别夺目。我想起沙林说过的"热泪盈眶"。

有人笑了，这笑声立即淹没了我的自信。

三梅很利索地把那块绿翡翠摘下来，顺手拿起桌上的一把水果刀，当的一下就把那块"翡翠"一劈两半，我惊讶地看看周围人的脸色，他们司空见惯似的毫无反应。

"小姐呀，翡翠的硬度你总该是知道的吧？难道一把水果刀就能敲断它？告诉你，论承压力和耐热力，翡翠比钻石都要大得多！"三梅对着灯光举起那颗断裂的玉石，玉石参差不齐的断面隐隐可见一些细细的颗粒，"喏，这么明显的气泡，肉眼也看得见了，这就是玻璃仿造的翡翠，造得还蛮精细的，看上去倒是很像高档的翡翠，可能是日本造的，也叫日本玉。放大镜拿过来，喏，你看一看……"

我面对灯光举起放大镜，那一片透明的深绿中，确实出现了一根根叶脉状的纹路，并且有细小的气泡。我放下放大镜。心里在惊奇着三梅关于翡翠的知识。不知是我已习惯了她的汉语发音还是她的汉语确有进步，总之现在我已经完全不需要何顺当翻译了。

"至于这一块，"三梅又拿起那块变色玉，"分明是染上的颜色嘛。你看看徐小姐，我这块玉是天然翡翠，你看这颜色和晶体是分不出界限的，再看看这个，怎么样？颜色是浮在上面的，对吧？你不信再在滤色镜里面看看……买不起，这是我自己做的……"

这真是非常简易的滤色镜了。只是在一种木架上镶嵌了滤色胶片而已。那块玉在滤色镜中变成红色。

何顺在一旁笑笑说你知道它为什么变成红色吗？因为染翡翠的染料一般都含铬盐，浓度高的时候就放红光，所以在滤色镜里就现原形了。

我惊奇地问何师傅难道你也懂玉石？我这句话把大家都逗笑了，连三梅也咯咯地笑个不住，这是我头一回见三梅笑，她笑起来露出两排雪白的牙齿十分粲然。真奇怪她一天到晚嚼槟榔怎么没把牙齿染黑呢？

最后还是三梅把那唯一的上等 A 货放到我眼前。这是个造型很一般的玉扣。仔细看看，与其他玉石不同的地方是绿色呈平行丝状分布，绿色条纹有粗有细，但都是沿一定方向间断出现的，翠色鲜阳略带银绿，似有许多游丝柳絮密密组成，在丝丝翠色下又有较大片翠青，很像一幅瓜藤互系的图画。

三梅眼含讥讽地看着我，伸出两个手指：这货在香港拍卖，这个数！

两千？

众人哗然：两千？白给你了？

我一咬牙：两万？

三梅一撇嘴：二十万啦！我的小姐！

我的嘴半天合不拢。二十万？！就这么一颗小小的玉扣？

三梅说这叫做金丝种，是一种高档翡翠，一般来说是种优水足。三梅又把玉扣拿到灯光下说你看看是不是金光闪闪？三梅说金丝种本身也有档次之分，这个玉扣叫做顺丝翠因为它的翠色顺直有明显的方向性，顺丝翠在金丝种里是最高档的而黑丝翠则完全没有收藏价值，黑丝翠的纹路杂乱如麻并且间有黑色丝纹是低档的玉种。三梅又说二十万的金丝种有什么新鲜的香港拍卖的老坑金丝种镯子价值港元三百七十多万呢。

我听得目瞪口呆，刚刚建立起的一点信心荡然无存了。

何顺安慰我说不要紧，玉石的行家们都是几十年练就的功夫，你才来了几天？这次来孟定你也不要期望太高，能学会认个大概就不错了！众人于是都附和着他安慰着我，就在这时天色渐渐地发亮了。

今天去哪儿？我问。

何顺神秘地一笑：今天，带你去见见世面，真正的大世面！众人眼里似乎都藏着神秘。三梅的目光却突然暗淡了。

8

清早过桥之后何顺不知从哪里开来一辆花园直达巴士。我和三梅上了车。三梅一路上狠狠吸着水烟，心事重重的样子，一句话也不说。我闷得不行，只好透过车窗去看窗外的景色。边境处的缅甸异域风情并不很浓，无非是一行行的槟榔树，一丛丛的凤尾竹，有缅甸少妇少女打着美丽的花伞三三两两穿过街市。远远地，能看见阳光下金光闪闪的佛塔和佛寺。

在一丛浓密的凤尾竹掩映的小楼前，巴士停下了。何顺招呼我们下车。三梅忽然怒目看了我一眼，瓮声瓮气地说：你怎么也不知道换件衣服！我低头看看这身在大理买的廉价扎染裙子，颇有些自惭形秽。又看看三梅一头黑发发出乌木的光泽，衣服也穿得光鲜亮丽，忽然悟到今天或许是要见什么要人吧，心里顿时悔之不迭。

这栋小楼造型简单而别致。整栋房子都是柚木造的。花木繁茂，老远就闻见浓郁的芳香。廊檐下摆着各种精致的盆景，上面挂着风兰的花篮。有两只鸟笼很显眼地挂在花篮旁边，一只里面养着翠蓝橘黄相间的琉璃金刚鹦鹉，另一只里则是白底银斑的珍珠鸟。清脆的鸟鸣声一下子使这栋木楼充满了勃勃生机。看上去这无疑是一户富贵殷实的人家。

何顺已经在打招呼了：阿韵，你好哇？

这时我才注意到，凤尾竹掩映的外楼梯上，正斜倚着一个四十出头的妇人，再细看，正是那个在孟定竹桥两度翩然而逝的白衣女人！

她今天大概是刻意修饰一番，穿一身雪白竹布裤褂，用了太妃色的灯果滚边，上衣绣了一朵同样颜色的慈菇花。连大襟上的纽扣也一律是太妃色，不过镶了很漂亮的金边。她的柔软乌黑的头发在后面盘成一个肥大的发髻，沉甸甸地往后坠着，露出明亮的前额，脸上淡淡扑了粉，打了胭脂，把那眉眼衬得越发妩媚。她一开口便是满脸的笑：这不是阿顺吗？多少年没见了，你好吗？阿茵好吗？

她竟然能说比三梅好得多的汉话！这女人的媚气和骨子里的贵族味儿从一开始就引起了我的注意。这可不是个一般的缅甸女人！后来趁她倒茶的时候，何顺悄悄告诉我，这是个缅甸富商的遗孀。过去在英属殖民地时期，她的祖母曾经在英国女王的行宫里做过厨娘。是女王最赏识的缅甸女子。她的父亲和丈夫都做了一辈子玉石买卖。至今边境一带的玉石生意依然由她和她的家族垄断着。这里不过是她的别墅，她在缅甸至少有四处房产。

室内布置得并不十分豪华，却很舒适典雅。全套的竹制家具熠熠生凉，很快便扑灭了我们身上阳光的气味，身心一下子清凉起来。就连茶杯也是竹的，一套二十个有大有小，造型各异。阿韵亲自端上茶来，我挑了最小的一个梯形杯子，慢慢呷了一口，只觉一股清香，翠绿的茶叶在清澈透明的茶水中游动，在阳光下发出金褐色的亮光——确实是我从未喝过的好茶。

何顺也呷了口茶：昨天过竹桥的时候看到你，都没敢认，你比过去更漂亮了——

阿韵点了筒水烟递过来：阿顺还是爱讲笑话，老都老了，还讲什么漂亮？……这两位小姐才算得上是漂亮呢。

何顺微微一笑：我给你介绍介绍，这位是徐小姐，从北京来参加我们临沧笔会的，这回是头一次到贵国来……这位该算是你的老熟人了，耿马佤寨的姑娘三梅，常常过桥来做生意的，你有印象吗？

何顺一边说，阿韵一边在点头微笑，嘴里不断地说着客气话，徐小姐是北京来的？吃不惯我们这里的茶饭吧？这里紫外线比北京强，要抹一点防晒霜，免得晒黑了！……

我伸出黝黑的胳膊：您看，已经晒黑了，回北京人家要把我当成佤族人了！

不知为什么，我一见到这个女人便感到很亲切，觉得对她不必设防。三梅挑起眉毛瞪了我一眼。阿韵嫣然一笑，转向三梅：这位姑娘，常常在过桥的时候和我擦肩而过，只是没有说过话，今天阿顺一介绍，就应当是朋友了。我几次看姑娘到我们这里挑玉石，眼光也算得上是行家高手了，以后生意场上，还要多多关照啦！

三梅瞥了她一眼，那眼锋可说是目光如电，然后冷冷地哼了一声。

阿韵并没有丝毫不快。一边拿起竹制茶壶殷勤地为我们续茶，一边轻言细语地说：阿顺和两位小姐要是兴致好，可以看看我这房子，寒舍虽然简陋，倒是住得下人的。你们要是想在这里多玩两天，不嫌弃的话，就把这里当成旅店好了！……

阿韵把我们带到隔壁的房间，里面的佛龛上供着十分精美的佛像，铜香炉里燃着龙涎香。一架大理石的屏风后面，躺着一只雪白的卷毛狮子狗，睡得正酣。

阿韵捂着嘴轻笑：这是我姑娘的房间，呀，还在睡，可真是懒姑娘……

9

待我们把所有的房间都参观完又回到客厅的时候，那张竹桌上已摆满了丰盛的饭菜。阿韵正在中间的黑色竹制大花瓶里，插上鲜艳的牛面花。另有一年轻女佣在小木盆里装上精致的糖渍槟榔。

何顺大叫：阿韵，谁要是娶了你可真是好福气呀！

阿韵的脸竟微微有点红：阿顺，你又胡说了，阿茵要在这里，你敢吗？

何顺笑：将在外，君命有所不受嘛。说着便扑向那桌佳肴，同时招呼我们：洗洗手快来入座吧，小姐们，谁客气谁倒霉！

阿韵不断为我夹菜：徐小姐，你尝尝这个，这是我们缅甸的风味菜，用新鲜活蟹裹上椰肉汁，加上一种酸果一起用小火慢慢炖，味道还过得去吗？……哎呀你爱吃我真是太高兴了，这是煎蚂蚁蛋，是贵国傣族的食品，我把做法改进了一下，吃得惯吗？……

阿韵的每一道菜都是一件珍奇的艺术品。很怪，味道又极美，引得人吃了还想吃。加上阿韵在一旁殷勤地解说着：……这是米粉烤蛋，是祖母教我做的，按过去宫里的做法，米粉要一根根炸脆，烹上虾油，蛋里要夹上鸡肉馅，然后放在烤箱里，烤成温菠萝汁那样的黄色，就着芸香菜，才能吃出鲜味来……

我听得呆了，冷不防背后一股凉水从颈子里灌下来，就在这同时，四五个傣家小普少像从天上掉下来似的出现在眼前，"尤利金瓦！尤利金瓦！"她们欢快地喊，同时把一瓢瓢清水灌进我们的颈子里。她们个个青春年少美妙如花，美丽的筒裙像开屏的孔雀似的飞舞，三梅和她们对泼起来。何顺也像是变成了个年轻人似的，又笑又跳，着魔似的大喊：尤利金瓦！尤利金瓦！……大家的衣裳都被泼得透湿，我庆幸自己穿了这么一件衣裳。

阿韵捧着扇子笑得很媚：今天是贵国的泼水节，你们大概都忘了吧？我刚才特意把这几个小姐妹约来，她们都是我的中国朋友，跟我学缅甸舞的，都是水傣，傣族里我更喜欢水傣，她们又温柔又美丽……徐小姐，你明白尤利金瓦的意思吗？尤利金瓦的意思就是"好吃好在"。

好吃好在？

对。就是好好地享受，好好地生活。

那条雪白的狮子狗跳到阿韵的腿上，阿韵温柔地抚着它的毛，喂给它一只烤成温菠萝汁那样黄的鸡蛋。

10

事后我们谈论此事的时候，一致认为就是在这顿饭、特别是关于泼水节的节目之后陷入圈套的。但是当时我们的感觉却如同饮了浓酒，香美甘醇又醉意朦胧。阿韵对于中国人的了解胜于我们同胞的相互了解，这似乎是她最终取胜的先决条件。

在所有的开场白结束之后，女主人静静地坐在我们对面，白净的脸又端庄又宁静，一把雕工精美的檀香扇轻抵着下颏，染着贝色蔻丹的手指插入那只狗雪白的长毛里，慢慢地捋着。我们弥漫在一种淡淡的幽香之中，不知是花香，扇香，还是女主人的体香……

阿韵开口了，慢慢摇着扇子，轻言细语的：接到阿顺的信以后，我就和佣人打了招呼，让他们把我放在香港的存货拣好的拿一些来，三梅姑娘既是要买上等的A货，我也不敢怠慢，今天就在行家面前献献丑吧。阿韵挑起眼帘看了女佣一眼，女佣就进到里间屋去，两个女佣穿梭似的捧出各种玉器。

阿韵微微点一下头，女佣退在一旁。三梅和何顺拿出放大镜，一件件仔细鉴赏。看着满室琳琅我不敢造次，生怕又说出什么蠢话来，只是隐在他俩身后，悄悄地从放大镜里看。

一件是一只玉碗。阿韵说这是过去宫制的翠玉盖碗，玉质晶莹通透，白色底子，上面撒满菠菜丝似的翠色。

"这是马牙花青嘛，"三梅很内行地说，"宫里用它来做什么？"

阿韵莞尔一笑：看来我和三梅姑娘的眼光还真是相近，头几年见了这玉碗，我竟也是这么说的，谁知父亲骂我，没见过世面的傻丫头，这哪是什么花青，分明是白底青嘛，骂得我一年见了玉都不敢说话！……现在想想也难怪，白底青是缅甸玉的新品种，很难得见到的呀……

阿韵的话绵里藏针，其锋芒连我也感觉到了，三梅刚上阵便受挫，眼里冒出火光却又无可奈何，何顺倒是听而不闻的样子，完全不动声色。

接下来是一件栗子黄色的翡翠笔洗，双层雕镂，外面一层是枝蔓攀连的鲜桃枝，空隙处透出里面的桃花，放在桌上，在阳光下艳丽夺目。

何顺小心翼翼拿起笔洗看了又看：这样纯正的黄翡翠现在是见不到喽！……徐小姐你看看，别总以为翡翠都是绿的！翡翠不单有绿，还有红、白、黄、紫、黑……你再看看这只鸡冠红的镯子，多漂亮！这些红的黄的翡翠，都是被铁矿物浸染，很难得见到的……阿韵，这两件怎么也要百万以上吧？

阿韵仍是微笑着：黄的一百二十万，红的贵一些，要三百万吧。

我被她漫不经心说出来的数字惊得目瞪口呆。眼前这个柔弱的女人，她到底占有多少财产？！

阿韵又拿出一件小巧玲珑的玉器，她说是清代翠玉带钩，让三梅鉴定。三梅先用放大镜看了，然后又掏出一只小手电，细细地照。

"是旧工没说的了，雕工也精，"三梅的黑眼从浓眉下盯着阿韵，好像要报刚才的一箭之仇，"可这是豆种，颗粒粗，水分也不行，喏，这里还有癣，"她点向一小块黑色瑕疵，"这样明显的癣怎么说也够五级了！所以，虽然是真货，可价值并不可能太高……港元五千到头了。"

"好刁的眼力！果然是港元五千，一分不差！"阿韵由衷赞美。又乘兴端起一只翠玉三足兽环带盖香炉，"这是上个月刚刚在苏富比拍卖会上买到的，三梅姑娘也一并估估价吧？"

我看到三梅深黑的眼睛里划过一道火光。何顺的目光也凝滞了。这只色彩独特的香炉果然举世无双。它是淡紫色的，呈现出一种贵族气派，每只兽头都像是富于灵性，亮丽的水色中间或透出一星星碧绿，轻轻一触满指生凉，像是梦中的月光似的，冰凉、皎洁、神秘，可望而不可即⋯⋯

良久，三梅挤出一句话：这是无价之宝。

阿韵的微笑也变得像这玉石一般冰冷：既然如此，三梅姑娘就选一只吧。我是把珍藏也拿出来了，交朋友要心实嘛，三梅姑娘难道没有看得中的？

三梅直视着阿韵的眼睛：不，你拿出来的这些玉器我都不想买。

那你要什么？

我要的是一件石货。

石货？对不起，我这里没有石货。

二十年前，你和你丈夫到我们佤寨买走了一件石货，说是买，其实也跟白拿差不多，那时候我们穷，实在太穷了⋯⋯那件石货是我们的先人在一百多年前从你们缅甸人手里买下的，它是我们的镇寨之石。你们趁着我们穷要钱花的时候把它拿走了，用那么一点点钱就把我们佤寨镇寨的石头买走了！⋯⋯神对我们说，这不公平，神说，三梅啊，你要把这块石头追回来！⋯⋯你去佤寨的那年我三岁，是的我看见过你，你当时二十出头，长得很美，可我恨你！我等了你二十年，我二十三岁了还没出嫁，为的就是执行神的意志！⋯⋯现在我们有钱了，说个价，把那件石货还给我！

阿韵的脸色渐渐惨白了，精美的檀香扇在微微颤动。

什么叫石货？我小声问何顺。

何顺说：石货，就是含有翡翠的原石。

11

阿韵一语不发站起身，轻轻踱入廊檐，上了楼梯。我们在后面静静地跟着她。

这是一间密室。因为门设在墙上一幅壁画的背后，所以刚才参观房间时谁也不曾发现它。这间屋光线暗淡，分外阴冷，墙壁上贴着神马群的挂图。一张小茶几那么大的桌子上摆着一支很大的蜡烛。旁边是一扇很厚的黑色金丝绒帏幕。阿韵划了根火柴点燃蜡烛，然后哗地一下拉开帏幕，我们顿时呆若木鸡。

一尊高达三十公分左右的绿翡翠观音像在帏幕后面出现了。这观音像的雕工精美绝伦，观音一手托甘露瓶，一手做大悲手印，面部线条端庄宁静，眼含悲悯，腮呈笑靥，衣袂的线条飞扬灵动，飘飘欲仙。颜色鲜阳匀浓，透明度高，水分充足，即使是在黑暗处，也是翠绿欲滴，那一种莹莹的绿光把黑色的帏幕也染绿了，我们互相看看对方的脸，竟也都透出淡淡的绿色。

这可真像是阿里巴巴的山洞！

阿韵的脸色在黑暗中格外苍白：你要的东西，这就是了。

三梅也惊得说不出话来。

阿韵的声音越发冰冷：真正的老坑玻璃种，最高档的翡翠。要说无价之宝，这才是真正的无价之宝。去年在香港佳士得拍卖，有人出一千万港元我也没出手。三梅姑娘，你要是拿得了，拿走好了。

三梅和何顺面面相觑。烛光渐渐暗淡了。

12

当天晚上我们回到老巢之后全都吐了。我们吐了又吐，三梅的脸都吐青了。三梅的老朋友在一旁说：别是阿韵这娘儿们给你们下了什么蒙汗药吧！另一个家伙在一旁搭腔：蒙汗药倒不至于，准是那娘们做菜做得太好吃，你们吃得太多了！到她家吃饭的人得长着个铁胃！……

吐过之后漱了嘴，只喝了一点汤，都没吃晚饭。三梅边扇扇子边说她怀疑阿韵在菜里放了罂粟壳子之类的东西，不然不会这么吃饱了还想吃，何顺笑笑说那倒不一定，二十年前他就认识阿韵，那时阿韵的菜就很有名，传说阿韵的老公就是因为阿韵的菜做得太好吃而吃得太多后来把肠胃吃坏了的。三梅听了这话便很生气，先是低声后是高声，后来我听清她是在指责何顺祖护阿韵，并且埋怨何顺在关键时刻什么忙也帮不了，甚至什么话也说不出来。

何顺笑笑说：你们女人，就是沉不住气。

我怕他们吵起来，急忙把话岔开，问何顺阿韵说的那句话到底什么意思。什么叫你要是拿得了？她要是真给，拿就是了，难道还有什么拿不了的？我说。

何顺又笑笑：徐小姐，你这就不懂了。恰恰是拿不了哇！

为什么？

你想啊，阿韵从三梅家拿走的，不过是一块石货，把翡翠从石货里开出来，又雕成这么美的观音，得要多少道工序，花多少钱啊。大家都是江湖跑买卖的，规矩总要懂。要是今天三梅真敢拿了这尊观音，过不了竹桥，黑道的人就得把她干掉！

那……那原石总是三梅的……那……那怎么办？就这么算了？我也不知道怎么办。三梅是事主，我听她的。何顺还是悠悠然。回去。回寨子。今晚就走。三梅瓮声瓮气地说，她的一双黑眼里全是愤怒。

13

三梅留我一定过了佤族的"拉木鼓节"再走。拉木鼓节是佤族的传统节日，每年都要有一次盛会的。

这段日子三梅和我处得很好。最初的敌意早已消失，她主动搬到外间和我做伴。佤寨的春夜似乎有一种潜在的动荡不安。在不断流动着的迷离的月光下，在哔剥作响的火塘边，我们常常不停地聊天。我慢慢发现三梅是个对自己民族有着极深感情的姑娘，三梅说我们佤族是世界上最忠厚最讲信义的民族，也是最讲究图腾崇拜的民族，过去那个歌怎么唱的？"毛主席怎样说，阿佤人民就怎样做"，一点儿不错，阿佤人就是这样，从来不对任何统治者产生怀疑，阿佤人非常实在，决不做对不起朋友的事。比如说，一个佤族人用右手偷拿了别人的东西，那么当他良心发现的时候，他就会用柴刀把自己的右手砍断。真的。可是，如果他感觉是受到了朋友的欺骗，那么他一辈子也不会原谅的。

所以阿韵那件事很伤害你，是吗？……那件事，太戏剧性了，听起来很像一个故事……

三梅的眼睛瞪得好大：难道你不相信？……就是在这儿，就是在这火塘边，她丈夫和我父亲讨价还价，那时候我爷爷还活着……她长得很美，就像我们佤族传说中的仙女一样，那时我只有三岁，可我记得很清楚！……我家的那块石货，从水口的地方已经看见了翠绿的色根，而且从裂开的地方能看见大片的苍色，真的，不是片色也不是根色，是苍色懂吗？就是蕴藏着大量翡翠！……那是我们的先人用黄金和茶叶换来的！……可他们只用了一点点钱就拿走了……我记得爷爷哭了，坐在石头上不愿离开……

可是三梅，有个问题我不明白，一块石头，它含不含翡翠，含多少翡翠，都只能是一种可能性，事情过去这么多年，她阿韵又何必给你看那尊观音像呢？她不说，谁也不会知道观音像是取之于那块石货呀！

三梅古铜色的脸被火光照得忽明忽灭：……我猜，这件事阿韵夫人想起来也要后悔的，做买卖要讲究规矩，破坏了规矩，赢家也没意思，这些年她做得大了，更在乎自己的名声……再说，她父亲和男人都死了，虽然有黑道的人给她撑着，可她毕竟在这个位子上，阿韵夫人……何等聪明……

我看你并不恨她。

是的。我不恨她。我其实还有点儿喜欢她，也佩服她……人啊，真是说不清楚……

三梅困得打盹可还在不停地说。后来我知道三梅是寨子里文化最高的姑娘，高中毕业后读了两年电大，读的是化学系，可能和做玉石买卖有关。我告诉三梅我当了十年的电大教师。三梅又惊又喜一连问了我好些问题。好像我的形象在她眼里骤然高大起来，最后她问我现在究竟做什么工作，我告诉她我在一家电视剧中心当编辑。她听后更加欢喜，十分恳切地对我说应当为佤寨拍个民情风俗片，佤族就是中国的印第安，佤族文化需要抢救，这事儿太急迫了。我说我回去一定向领导反映此事。她真诚地看着我说等拍片的时候你要来你一定要来，来了之后我要带你转遍整个佤寨，我要带你去沧源，那里阿佤人更多，我的……我的男朋友……就在沧源（说到这儿三梅羞涩地笑了一下），可以让他带我们去看沧源山上的岩画……那里的鸡肉烂饭味道更好……

提到鸡肉烂饭我们才从幻境中醒来，我们互相尴尬地看着，不知说什么好。

头人和何顺的鼾声从主间传来，像远方隐隐的雷声。

我们睡吧。我说。

好，睡吧。三梅说。接着一翻身，就睡着了。

14

拉木鼓节果然是个盛大的节日。东方刚现鱼肚白，就有三声清脆的枪响传来。三梅说这是父亲和魔巴（佤族祭司）召集众人的声音。何顺早已起床，穿一身簇新的衣裳在外等候，我和三梅匆匆洗了脸，吃了一点煎荞麦饼，三梅坚持让我换一身佤族姑娘的服装，也是新的，黑底上有宝石蓝色的绣花图案。并且不由分说地为我挂上了银项圈，她自己则依然是那件黑底红花衣服，就那么牵着手我们走出了竹楼。寨子里的人们都三三两两往木鼓房跑去，有几个手拿水烟筒的佤族少妇和三梅说笑着，说着我完全不懂的佤族话，还不时笑着向我瞥一眼，我也笑着向她们点头。她们走后三梅告诉我，她们问我是谁。三梅告诉她们我是她远方的姐姐。三梅说这话的时候很骄傲的样子，我心里大大地受了感动。走在前面的何顺似笑非笑地看了我们一眼，好像对我们亲密的样子很不以为然。

众人聚在一起后选出了三个人，三个都是非常剽悍的佤族青年。三人手持斧子和火把在前面带路，浩浩荡荡的队伍向佤山出发了。几乎所有的人都穿着佤族的传统服装，男人走在前面，裸露着古铜色或暗褐色的上身，佤族男人个子都不太高但很健壮，其中很多人都背着猎枪。妇女们有的背着孩子有的吸着水烟裸露着空荡荡的乳房，姑娘们则个个都披着一头漆黑如夜的长发。无论是男人还是女人，都有着很大很深的眼睛和厚厚的、被槟榔汁染黑的嘴唇。

山上的气候依然很凉。浓雾掩映着满目青苍。众人随着魔巴指定的路向前走着。魔巴和头人帽子上的山鸡毛在阳光下闪闪发光。终于，那山鸡毛在一棵大树下停住了。所有的人都用虔诚的目光仰望那棵大树。这时前面三位领路的青年对天鸣枪。他们在表示一种敬意吗？我问三梅。不，他们是在驱鬼。

驱鬼？

是的。不把鬼赶走，神灵是不会降临的。我们佤寨的木鼓，是我们的通天神器。在这方面马虎不得。这时佤山一片静寂。魔巴的咒语从无到有从弱到强终于笼罩了整个佤山。对于佤族人来讲，一年中最神圣的时刻到来了。

15

那棵参天大树倒下的时候响起了无数断裂的声音，这声音引起远山连绵不断的回声。那棵大树转瞬之间被砍成了两米长的一段木料——这便是木鼓的原料了。众人一改刚才的敬畏和沉默，欢声笑语骤然而起。

这是佤族人最欢乐的节日！男女老少喜气洋洋，用绳子拉着木鼓回寨子，边唱边跳。佤族人的歌很动人，即使是最欢乐的时候，那歌声背后似乎也藏着一种悲伤，那好像是一种来自远古的悲情。

当他们唱到第四首歌的时候，三梅的眼睛忽然睁得好大，连连用她那铜雕般的手推我：听，快听，这是我的男朋友作的词……听啊。

这似乎是一首很长的忧伤的爱情歌曲。以第一乐句为基调，旋律时而高亢激昂，好似有人在风雨中呼唤；时而凄恻低回，犹如孤独的泣诉。曲调的线条起伏很大，有一种深沉博大的悲伤。三梅在一旁随歌曲低吟着：……从前有一个孤儿叫萨姆茹翁，他没有兄弟姐妹来相依为命，据说他很小的时候就离开了家，母亲离世他到处寻找远征的父亲，带上父亲留下的长刀和投枪，流浪四方把英雄的父亲来追寻。不知萨姆茹翁流浪了多少时光，如今依然孤孤单单在异乡……

那个节日的真正高潮是在那天的夜晚，当篝火点燃的时候，头人和三个剽悍的佤族青年敲起木鼓。全寨的男女老幼都围着木鼓狂舞，月光和篝火融在一起比白昼还要明亮，这明亮的光涂在赤裸的古铜色和暗褐色上，构成一幅奇异的图画。在这种夜晚无处寻求宁静，所有的人都达到了无我之境。当我和佤族青年们手拉着手，围着圈子跳舞，并按着节奏狂歌大喊的时候，我觉得自己化作了月光化作了篝火，像光和火一样流动开来，我知道生命中这样的时刻并不多。

就在这样狂欢的时候有一辆三轮车悄悄地驶来了。三轮车上有一个穿白衣服的女人。忘了是谁先看到的，有一个舞者忽然停了下来，叫着，但是他的叫声立即被狂歌劲舞所淹没。这时三梅从圈子里冲出来，抓住正在敲木鼓的父亲的手。

阿韵夫人？戴着山鸡毛帽子的头人喊了一声。木鼓声依旧悲怆地响着，篝火依然明亮，着魔了似的舞蹈仍在继续……头人、三梅、何顺和我走出人群迎向那辆三轮车。

阿韵款款地走下来。身旁的女佣搀扶着她。阿韵在月光下更添美丽。她穿一身雪白的麻纱衣裤，上绣古铜色芭蕉图案。柔软的黑发这回没挽成发髻，而是梳成长长的波浪式的发型，环抱着白皙的脸，脸的轮廓在月光下很清晰，眼睛却有些朦胧。阿韵向我们逐个点头微笑，温和中又有些拒人以千里之外的客气。在头人示意下已经有人拿来了水酒，头人亲自拿过酒坛，用右手递过，阿韵用右手接了，先用双手捧坛轻轻洒在地面上一些，然后接过三梅递过来的吸管饮酒，那女佣在一旁捧着酒坛。我原以为阿韵只是象征性地喝上几口，谁知她就那么静静地不慌不忙地喝下去，好像永远喝不完似的。我惊诧地看看周围的人，连三梅和头人也流露出吃惊的表情，只有何顺神情依旧。阿韵竟然一气喝光了这坛酒。头人和三梅互相看了一眼，又惊又喜。

头人很恭敬地向阿韵行礼。阿韵的脸色有点绯红，但是很清醒。

阿韵夫人，今天来有何贵干？

阿孟头人，我们有好多年没见了。你的女儿提醒我说，我欠你们一块石货，今天我是来还债的。你们看看货，假如比你们的更好，那么多余的部分我分文不取；假如不如你们的，不足的部分由我来补足，你看好吗？

女佣打开三轮车下面的小货箱，里面俨然有一块石头。关于阿韵和头人的对话，其实是何顺后来翻译给我听的。

16

验收石货的场景我至今历历在目。头人并没有惊动更多的人，只是和三梅一起把阿韵迎进了竹楼。我和何顺自然也跟着。

那块石就静静地卧在那儿。看上去和一般的石头并没有什么两样。只是里面似乎透出几条碧绿色。三梅用小手电在石上照了又照，头人用粗大的手慢慢地摩挲着石头。阿韵坐在火塘边，边嚼槟榔边淡淡地看着他们，一语不发。

这确实是上好的石货。良久，三梅从石头上抬起头来，对头人说。你看阿爸，从皮壳来看，这是很厚的老坑种，老话说，宁买一条线，不买一大片，你看看这水口的一线绿，很可能是根色的顶部，说不定还会是苍色呢，阿爸呀，这石头爆青的机会很大呢。

何顺不动声色地弄来些水浇在石上，用手电细细地照。果然，里面隐隐地出现绿色。

三梅又细看石上所有的凹坑，指着一处灰黑色：不过，这里有皮包水，有些地方有猫尿和松花，不一定比得上我们那块石货呢。

阿韵莞尔一笑：这块石货，是朋友在敝国北方的老坑翡翠矿采掘到的，上个月是我们一年一度的翡翠拍卖会，我也把它拿去试了一下，没想到，美国人日本人俄罗斯人……九个国家里有八个都投标要买这块石货，我想起这笔债要还，就没有卖。当然啦，石货没有打开，眼再毒也有看走眼的时候，三梅姑娘若是信不过，我们当场把石头劈开好了。阿孟头人，你为什么不过过目，生意场上讲不得客气呀！

这时我才注意到头人一直慢慢地摩挲石头，低着头在想什么，并没有验收石货的意思。这时听到阿韵的话，头人才抬起头来，我忽然发现他眼睛里竟有一点晶莹的东西在闪烁着。

阿韵夫人，二十年前你和阿泽来到这里，那时候三梅的爷爷还活着，他玩了一辈子玉石，那块石货是他最心爱的，他一天到晚坐着那块石头，石头被磨得又光又亮，寨子里人说，这石头给磨成了精。你们把石头拿走之后，三梅的爷爷夜夜梦见那块石头，老人吃不下睡不着，后来就中风不语，死去了。那一年，是我们佤寨最穷的时候，连饭也吃不上了，就是用你们给的那一点点钱，救活了我们十几个孩子，可是阿韵夫人，你和阿泽都是做大买卖的人，知道什么是规矩！你们那么做，就是明着没拿我们阿佤人当人看哪！……事情过了二十年，没想到我们阿佤人还活着，而且越活越好！你也看到了，过去我们连过年也舍不得吃的鸡肉烂饭，现在平常就可以拿出来待客！我也明白，这些年我们阿佤人好了，是因为国家好了，国家好，我们阿佤人才不受欺负！……今天你阿韵夫人亲自来了，喝了我们的水酒，这是把我们当朋友看哩！是朋友，还讲什么还债！阿韵夫人，你还是把这石货带回去吧！

这一番话，有石破天惊的效果。我忍不住噼里啪啦地鼓起掌来。可惜因为是何顺翻译给我听的，所以晚了半拍。

17

阿韵淡淡地看了我一眼，慢条斯理地说：欠债还钱，是我们买卖人的规矩。何况三梅姑娘还为这个亲自去了一趟寒舍。我阿韵做了二十年的玉石生意，在生意场上，没人说过我半个不字，怎么能为这么一块小小的石货坏了名声！债虽是先夫欠下的，但是夫债妻还，也是应当的呀！……阿孟头人，你话说得不错，我看你是个蛮讲义气的人，收下这石货，我们交个朋友吧。

一直在旁边吸水烟的何顺也开了口：阿孟，阿韵既然这么说了，我看你还是收下吧，不然阿韵心里也不安。你要是实在过意不去，搞些茶叶和木材送给阿韵嘛，也算是做朋友的见面礼！徐小姐，你说呢？

我忙不迭地点头：这样最好。阿孟头人，你还是听何师傅的吧。

头人深思良久，点了一下头。阿韵立即站起身来。

阿韵，你先别忙着走。何顺从内衣兜里掏出一块玉石——正是沙林那块受到褒贬的紫色玉石。你帮我看看，这玉很难得辨呢。

阿韵接过玉石，既没有拿到灯光下照映，也没有用手电，而是细细地用眼睛看，然后微微闭起双眸，把玉攥在手心里，慢慢地摩挲。大概几分钟工夫，阿韵睁开眼：这是地道的紫罗兰种，粉紫，水头又长，我看得有九、十分水的样子，水、色都好，价钱应当在两万上下，可是，这个玉石戒面雕工一般，这里还有块癣（她指向玉石的背面，那里果然有一明显的瑕疵，我们居然都没有看到），再有，这里有个明显的十字裂（她又指向玉石的侧面，那极细微的裂痕肉眼几乎看不见），这样价钱就下来了，也就六七千的样子。

何顺笑：好，六千块钱卖给你了。

阿韵连眼睛都不眨便扔给何顺一沓港元：你点一点，零头不必找了。阿韵看看身边的女佣：阿三服侍我多年，如今要出嫁了，我正愁没有礼物给她。这块癣和裂纹层面都很薄，稍稍一打磨加工，就是上等的 A 货。

可是阿韵，我是三千块到手的呀！何顺悠闲地吸了口水烟。

阿韵莞尔一笑：那也没什么稀奇。卖主一定是把它当成 B 货了。紫罗兰种很容易被人当成 B 货。卖主害怕它是丫环充小姐，粉丝充鱼翅，结果恰恰相反，把上好的鱼翅当做粉丝卖了！就是你把价钱压到三百块，也是你自己的能耐，做买卖怎么能不允许别人获益呢？我恭喜你。

何顺半晌才说出一句：阿韵，你比当年更厉害了！

三梅用她那漆黑如夜的眼睛盯着阿韵：阿韵夫人，有件事我一直想请教你，为什么你辨别玉石的时候，从来不用工具呢？你就那么看，那么摸，能感觉到什么吗？

阿韵的目光有点神秘莫测：天地万物都是有灵性的，玉石也一样。我做了几十年的玉石生意，摸到的玉石怎么也得有上万块，天长日久，我觉得它们在我手里成了活物，好像我一碰到它们，触觉就会详细告诉我，它是块什么样的玉，是什么种，是 A 货、B 货还是 C 货，如果我偶然有判断失误的地方，就会有个声音来告诉我，告诉我错了，错在哪里。你们信也好不信也好，这是多年练就的本事，当然啦，也是菩萨对我特别厚爱，很多人玩了一辈子玉石，也没有这种功夫呢。

我们面面相觑，一时说不出话来。最后还是三梅咕噜了一句：这也太神了！

阿韵掸掸衣服站起身：好了，如果没什么旁的事，我走了……茶叶里我只要翠玉毛尖，木材里我只认柚木，阿孟头人，你还记得吧。

那天晚上我问三梅，什么叫 A 货、B 货和 C 货？

三梅边打哈欠边告诉我，A 货，就是没经过高温高压的原装翡翠，造化天然，原汁原味。B 货嘛，常常是用高温或强酸做过手脚的次货。C 货跟 B 货差不多，是染过色的，我们把染色的翡翠叫做"电色"，这种次货以后一遇高温就会脱色，一点不保值……

这个晚上没有听到头人和何顺的鼾声。后半夜，我听到有人打开竹楼的门，月光如水一般流淌进来。后来好像是头人打了个哈欠，喃喃地说了一句：好聪明的女人啊！……

18

从孟定回临沧的路上，我对于"难于下地狱"的滇道有了更深一步的体验。到处都在施工，飞沙走石，前方往往是一片茫然，且常常有比四十五度角更陡的角度需要不断攀登。那螺旋式的盘山道令人头晕眼花，真有一种永远绕下去、永难回归的感觉。何顺倒是一如既往地沉着，仿佛一切都已经历过多次，早已司空见惯。后来终于来到一个叫做"坝上"的地方，车走不动了。从车上望下去，一层层的盘山道堵满了密密麻麻的车，很像一只撒满葡萄干的方形螺旋酥。又令人想起一场即将爆发的战争，铁甲部队占领山头布兵排阵，金戈铁马，穿云破雾。这时何顺像个将军似的走下车去。我犹豫了一会儿也下了车，远远地跟在后面。

这时我看清那堵车的源头，原来是两个司机在吵架，问问旁边的人，答曰司机甲蹭了司机乙的车，把司机乙的帆布篷给蹭破了一块。司机甲提出赔偿十元钱，司机乙嫌少，一定要司机甲掏一百才作数。两人争执不休，调解者和围观者越聚越多，故而堵塞了交通。

何顺穿过人群进入内圈。何顺在人群中显得个子很矮但依然威风凛凛。奇怪的是密集的人群一见到他便很恭敬地让道。何顺很不客气地指着两个司机哇啦哇啦地叫了一通，两个司机向他解释着什么，表情竟很谦恭。临沧话我虽是听得不大真切，却也清清楚楚听到了"祖师爷"三字。这称呼吓了我一大跳。

这件事的结果是何顺很顺利地调解成功了：司机甲赔给司机乙五十元。于是铁甲部队开始缓缓前行。我却带着那三个字的疑惑频频向何顺望过去，终于没有看出什么破绽。

午饭是在一个小店里吃的。当地最寻常的炒腊肉干巴、炸臭豆腐干和苦菜汤。我给何顺买了一壶好茶（不敢给司机买酒，只好以茶充酒）。何顺呷了口茶，问我孟定之行的收获，我对他说收获超出原来的想象，主要是认识了三梅和阿韵，对这两个女人的兴趣远远超过了对于玉石本身的兴趣。说不定，将来她们会成为我小说中的人物。何顺笑笑问：那么我呢？

我怔了一下，终于说出自己的疑惑。

何顺哈哈大笑："我说了多少次，他们就是改不了口！……徐小姐觉得奇怪？祖师爷……那是过去的营生了！……"

一路上，何顺断断续续讲了关于"祖师爷"的来历。

我从七八岁上和父亲一起跑玉石买卖，多少年了，大大小小的事情总经历过一些。最难忘的一件事是在"文革"后期，那一年我还不到三十岁，那时候哪像现在，改革开放，这么自由，那时候边境卡得很严哩！那时我们就住在孟定嘛……那天晚上下了大雾，父亲看机会来了，就叫我泅水过河去找阿泽，哦，就是阿韵的丈夫……

那时候您就认识阿韵？

不，那一次没见到阿韵，见到阿韵是后来的事……这个一会儿再说。哦，那一天好大的雾！对面三米开外就看不见人！我是潜水过去的，很顺利就找到了阿泽。那是我头一回进阿泽的家。那时候中国人穷啊！阿泽的家让我觉得眼花缭乱，还有阿韵亲手做的水酒，我简直吃不够。那天我们两个都喝得很尽兴。后来阿泽就拿出一只名片那么大小的玉如意，说是花青种，是经我父亲看下来的。我看看也像，就买了下来，带的钱不够，还应了他们十盒临沧毛尖。深夜的时候我泅水返回，就在要上岸的那一刹那，不知是哪个大军眼尖看到了我，他大叫了一声：谁？！接着拉开了枪栓，我贴在岸边石壁上一动都不敢动，糟糕的是缅甸边防军也出动了，乱开枪，我受到了两头夹击，在捉拿走私犯方面，中缅的政府和军队历来配合很好。我就那么趴在石壁上，一动也不敢动，不知过了多久，我忽然感觉到，那一阵阵的枪声，实际上都是在浪费子弹，他们并没有看见我。这时我看见河的下游似乎有几只渔船，我又潜入水中，向渔船游去，我入水的时候弄出了声音，枪声更密集了。我看到船老大的时候把他吓了一大跳，我猜我当时的样子一定很吓人。我不由分说地塞给他一些钱，说是在河边摸鱼时不小心落水，想在他的后舱休息一会儿。船老大就给我灌了酒，擦了身……然后他问我，外面为啥响枪？我说我也不知道，我也害怕，他就那么看了我一眼。我觉得他好像什么都知道似的。直到天亮渔船返航，我才傻了眼，只见边境哨所的边防军全体出动，荷枪实弹，齐刷刷站成一排。每一条船，每一个人，都被仔仔细细地查过，检查进行了整整一个上午，结果什么也没查出来。

那么那只玉如意被你藏到哪儿去了？！

嘿嘿，我把它藏到一条鱼的肚子里了。

什么？藏在鱼肚子里？！

是啊，没想到吧？那天船老大一口咬定我是他的亲戚，又没有什么赃物，也就放过了我，我网了几条鱼，当然啦，那条鱼也在里面，兴冲冲往回家的路上走，可没想到，半路上又杀出一队民兵，为首的是个女民兵队长，好厉害呀！她吼住我，一下子把我的一网袋鱼狠狠摔在地上，就在这个时候，那条鱼的嘴一下子张开，露出里面的黄穗穗。这下子糟了！她抓了我一个人赃俱在！……那一天一夜的审讯我真是这一辈子也忘不了！后来就把我给关起来了……

那您父亲一定很着急。

是啊，我父亲只有我这么一个儿子，他到处托人。那时候还不敢送礼，就是点头哈腰说好话而已。顶多，搞两筒好茶叶吃吃。可这个民兵队长，软硬不吃，硬是不放我。这还算不上什么，最让我伤心的是……

第二天中午，何顺正坐在审讯室的木板床上打盹，民兵队长推门而入，冷冷地把一个手巾包扔给他。他打开一看，正是那块玉如意。民兵队长轻启朱唇，吐出两个字来：假的。

当何顺张口结舌的时候，民兵队长已飘然离去。何顺捶胸顿足大呼小叫也无法发泄胸中愤懑。后来他把那块玉砸成了粉末。

被释放的第二天夜晚，何顺又偷渡过河，一直找到阿泽的家。

……我拿了一把刀，一把宰牛的长刀。我要杀死阿泽这个坏种！我先在门外砍断他几支凤尾竹，又削了他的楼梯，我舞着长刀乱砍，他家的花盆哐啷啷掉下来，摔得粉碎。就在这时候，他家的门开了。一个女人走出来，就那么在门边站着，一动不动。先是背着光，只能看清个轮廓，她穿一身白衣裳，上面好像还绣了些花，那时缅甸女人我也见过不少了，可这样的女人还真是头一回见。她往那里一站，真不像个有血肉的人，就像一团月光似的在那儿飘飘忽忽，忽明忽暗。后来她转过脸，她的脸在月光下特别白，一双眼睛特别黑，就那么淡淡地看着我，看着我手里的刀，一点点害怕的样子也没有，就那么样，一直看到我拿刀的手发软发抖……她这才轻轻向里面叫了一声：阿泽，有客人。

这女人当然是阿韵了？

是。

您当时一定是爱上她了。

那倒没有……爱是谈不到。不过，多少有点迷上她，倒是真的。因为我从来没见过这样的女人……关于这个女人，黑道上曾经有很多传说，有的说她有皇族血统，有的说当年她的祖母曾经在饭菜里下毒，毒死了两届英国总督。总之这个女人是有来历的，她可不简单。因为她的缘故阿泽捡了条命。阿泽赔了我一笔钱，按现在的说法就是一笔损失费，但是我紧接着就用这笔钱买了一块好玉石，正经的老坑玻璃种，后来我把它打成一对镯子，这对镯子现在还在呢，价钱比那时候翻了十倍，所以我劝你要买就买好的，正经的上等 A 货，能保值啊……

后来你们成了朋友？

对。

原来真正的祖师爷在这儿，我可真是舍近求远。

何顺笑笑：说也奇怪，现在边境开放了，搞玉石买卖比先前容易多了，我那份玩玉石的心倒淡了。后生可畏，年轻人厉害得很，现在三梅都要做我师傅了！

也可能您觉得太平淡太安全反而少刺激吧？不过刚才您讲的那些太像故事了。

你将来可以去问阿韵。还有那个女民兵队长，你也可以去问问她。

女民兵队长？

对。不过她现在早就不是什么民兵队长了。

19

我是在何顺家的地下室见到这位当年的民兵队长的。她现在是何顺的妻子，搞玉石研究的专家，叫朱茵。

如果说阿韵的家让人想起玉石博物馆，那么何顺的家就是道地的玉石研究所了。阿韵家是各种精美玉雕，何顺家则是各种石货和半成品居多，且每一份货都由玻璃罩罩着，下面有文字说明，像是一份份矿石标本。各种仪器在玻璃罩的夹缝里林立着。朱茵从仪器和玻璃中站起身来。

朱茵高而瘦，脸上骨骼凹凸很明显，大鼻大眼大嘴，有点西方现代影星的味儿，只是额前已有宽宽的一绺白发。当年女民兵队长的痕迹已荡然无存。朱茵的年龄对于我来说介于阿姨和大姐之间，所以我逃避了称呼，握手的时候只说"你好"。

其实，你已经到阿韵家见过世面，到不到这里真无所谓了。朱茵笑着说。她笑的时候露出两排整齐的牙齿，又明朗又光鲜，我想"朗然一笑"一定指的这种笑。

可是不一样，不一样……怎么说呢？同样是玉石，阿韵家给我的感觉是神秘，这里呢，给我的感觉是科学。

朱茵大笑起来。朱茵笑起来的时候奔放洒脱，旁若无人：说得好！徐小姐你说得太好了！科学与神秘，这正好是玉石最重要的两个特质！我研究了多年玉石，得出的就是这样的结论。阿顺你同意吗？

何顺笑笑，一边给我倒茶，未置可否。

我转来转去地看那些仪器。我看到有一种长方形的仪器，很像是一面镜子，外面丝绒套子上写着英文："EMERALDFILTER–CGL"。摘掉套子，里面果然是一面镜子，只是镜子的玻璃是一种特制的灰绿色玻璃，我拿起来看了又看，什么名堂也看不出来。朱茵把一块玉石递过来，示意我用这镜子看玉石。我细细看去，茫茫然只觉依然是一片灰绿。朱茵又换了一块石头，看上去是很美丽的翠绿，但在镜子后面，却成了一片粉红色。

朱茵看到我茫然不解的样子，又笑了：这是切尔西滤色镜，我叫它照妖镜，你看看，先前这块玉石是原色，本身是钠和铝的矽酸盐，含铁元素，没有渗进铬元素，所以照出来仍然是绿的，可是你看后来这块玉石，看着很漂亮，在照妖镜下就露了原形了，因为它这颜色是后染的，加了铬，所以一照就发出红光，你知道，铬本身是会发红光的，这种特殊的镜片可以吸收黄绿色光，只允许红光透过……

朱茵谈起这些如数家珍，使我完全忘了何顺塑造的那位女民兵队长的形象。朱茵把我领到她那些宝贝仪器边一件件地介绍：光谱分析仪。比重水……最后才看那台折射仪。朱茵把刚才那块在照妖镜下透出绿色的玉石放在折射仪的玻璃上，上面略涂了一点油，朱茵告诉我这叫接触液。她打开仪器后的小窗口，让光线投射在目镜上，目镜分画尺上的明暗交界处，就是折射率的数据。

你看，折射率1.67。证明这确实是真翡翠，而且是上等的A货。很多染色冒充的玉折射率很杂。像绿莹石的折射率只有1.53，铬玉髓1.54，钙铝石石榴石1.72……

世界上有没有一种玉石，可以逃过这些仪器的检验呢？

朱茵想了一想：据我所知，没有。

20

大概也就是在这个时候，何顺不知从什么地方拿来一块石头，我觉得那石头似曾相识。

你看看这块石货怎么样，阿茵？何顺把石头摆在朱茵面前的桌子上。

朱茵在石上喷了水，用小手电细细照着。这时我终于断定这石货便是阿韵还给佤寨的那一块。我忍不住感叹阿孟头人的心机——他并没有完全相信阿韵。他希望这石货经过科学的检验。何顺看看我，解释似的一笑：徐小姐，你和这石货为伴一路远行，也可以写成一段小说了。

朱茵照过之后，又推来一架仪器，把石货夹在机器中间，像做B超似的把机器上的镜头一次次推压下去。末了儿，朱茵终于从仪器上抬起头来：是皮壳很厚的老坑玻璃种，很不错的石货。怎么，这是阿韵赔给三梅的？阿韵如今好大的气派嘛。

何顺点了支水烟，吸起来。

朱茵的目光却继续在何顺脸上打转：阿韵还是老样子？

何顺点点头：老样子。我就奇怪她这十多年一点没变。

朱茵转到镜子前，端详着自己：我可是老多了。

朱茵的语调里有一点忧伤，这忧伤使我产生了一种联想，似乎这关系到了另一个故事。是的，我猜想他们三人之间或许是有故事的。只不过并不像现在北京人所说的"闹故事"。这故事不是闹出来的，而是与命运有关的生命叙事。

接下来的事我至今也无法解释：那石头忽然从仪器上掉落，这石头的掉落与何顺有关，但我闹不明白究竟是他有意的还是仅仅是失手。总之那石头落了下来，摔成了两半。从裂开处看，既没有根色也没有苍色，朱茵慌慌地把它拾起来，看了又看。何顺的眉头拧成了疙瘩。

朱茵抬起眼睛：或许是白底青。

何顺的嘴角又绽出一丝熟悉的冷笑：你用你的仪器查一查吧，好好查一查！

朱茵把灯关掉。我和何顺走出那间房。

21

朱茵走出房间的时候，很像一个筋疲力尽的妇产科医生。她向我们高高举起一块石头的碎片就像举起一只新鲜的胎盘。

这是独山玉。根本不是翡翠。她说。

这结局是我太不愿接受的。我冲上去，拿过那块石片细细地看：透明度很高，上面有一层层翠绿的斑纹，很像高质量的翡翠白底青。

刚才差点儿也把我骗了。朱茵说。她疲惫地看着何顺，何顺却避开她的眼光，专心地吸着水烟。朱茵于是转头看着我，像在专家论证会上发言似的：这种玉色彩分布很像翡翠，俄国专家一直把它错定为翡翠硬玉。直到 70 年代末才重新鉴定，是咱们的矿物学家鉴定的，发现这种玉石不过是斜长石、黝帘石的集合体，因为产在河南独山，所以叫独山玉，根本没有翠性，价值比翡翠要低得多了。

阿顺蹲下去，仍然一口口吸着水烟，看不到他的表情。

那块石头的碎片在窗口的夕照下十分美丽。

22

临走时朱茵和何顺送了我戒面和玉扣各一个，我只要了一个玉扣。这玉扣虽然小巧，却是真正的白底青。只是因为走得急，忘了配红丝线。何顺在机场上还没忘了说：只要是卖玉石的柜台就会有红丝线，价钱也不贵，你自己配一条好了。我问何顺有什么事要办，他说希望我帮他打听一下北京的玉石市场行情，他年底要来。

我跑遍全市，在琉璃厂找到一家云南翠玉的专购店，急忙写信告诉何顺，不知为什么他却一直没有回信。倒是三梅来了长信，寄来了她的男友，佤族青年王志军的长诗《萨姆茹翁的神鸟》，希望我帮助推荐，我现在正积极地办理此事，拟办完后再与三梅小姐联系。

至于阿韵，后来我再没听到关于她的消息。时过境迁，我现在常想阿韵似乎并没有什么错：以一石易一石，不过是以一种偶然换取另一种偶然，无一不存在着风险，这应当符合商界的游戏规则。不过，有时偶然也潜藏着必然，这里面的奥妙也许极其复杂，也许极其简单——像生活本身一样复杂而又简单。

红丝线竟到处没卖的，每每问起，售货员小姐便冷淡地说：要买连玉一块儿买，我们这儿不单卖！

所以那玉扣至今仍放在我的抽屉里。

天生丽质

蓼萝生下来不足四斤，是个小不点儿。但是细细看去，眉眼嘴巴都生得精致可人，与别的婴儿有明显区别，经验丰富的外婆看了一眼就说，这是个袖珍美人儿。外婆是搞写作的，精灵古怪，但是她看一眼外孙女眼睛就亮了，她说，将来她做什么都行，就是别写作。妈妈问为什么，外婆说，人长得不好看，才去写作，而且即使是美女写作也要慢慢变丑。妈妈早已习惯外婆的一些古怪言论，因此并不深究。古人说，一代做官，二代打砖。外婆的气焰总是很嚣张，所以妈妈的性格便很内敛。

蓼萝四岁时便会臭美，喜欢一件白地红樱桃花的小布拉吉，是外婆访英的时候买的，花了二十五英镑。蓼萝穿上就不肯脱，还会对着镜子把外婆的唇膏往脑门儿上点成一颗朱砂，跳她自己编的舞蹈。

蓼萝不肯上幼儿园，每次送去都哭得惊天动地，老师每天都为蓼萝的午睡犯愁，这个漂亮的小姑娘永远不肯闭眼睛，她趴在小床的栏杆上，睁着一对黑宝石般的大眼睛，向着乖乖睡觉的小朋友扫射过去，带着一种嘲笑的神情。老师就说：躺下。蓼萝看着她，学着她的腔调说：躺下。老师急了，声音变成了高分贝：躺下！她也提高了声音学老师：躺下！气得老师过去就把她按在小床上，等出去喝口水再进来，见她依然站着，趴在小床的栏杆上，睁着一双大黑眼睛。

有一天黄昏，老师领着大家去散步，正好路过蓼萝住的那个社区，隐隐地，她好像看见妈妈正在阳台上晾衣裳，后来老师就发现蓼萝不见了。老师问：蓼萝呢？小朋友们面面相觑，都说不出话来。那时蓼萝已经在家里吃上草莓冰淇淋了。妈妈问，你为什么不愿意上幼儿园？问了三遍，蓼萝才从容不迫地从冰淇淋中抬起头：我想知道我不在家的时候你们喜欢谁。

　　这个回答让外婆和父母大为惊异。从此以后大人们再不提上幼儿园的事，蓼萝就在家里度过了整个童年。

　　蓼萝六岁的时候迷上了电影。那时候，妈妈为内部电影做同声翻译，蓼萝就混进去看电影。电影对于她来讲有种神秘的感觉。她特别喜欢有着华丽色彩的西班牙电影，西班牙电影的对白总是特别长，尤其是女人的对白，婆婆妈妈地带着一种亲切感，总是让你觉得马上要结束的时候，又嘀里嘟噜地来上一串。渐渐地，她触摸到了各种语言的语感，在她还没有懂得这些语言的时候，这些语言就已经让她感到亲切了。她甚至能够通晓这些语言的韵律，就像古文教授们通晓古诗的韵律那样：平平仄仄平仄仄，仄仄平平仄平平。

　　十四岁那年，她对一部西班牙电影印象很深。那片子的色彩十分美丽，浓艳而不失清芬，青苍一片的碧绿中衬托出主人公罗得里戈那极其豪华的大胡子，一根根地浸透在阳光里。蓼萝看到罗得里戈的儿媳伯爵夫人娉娉婷婷地站在浓荫下，白衣白帽，有一根红色绸带绕在颈上。老贵族罗得里戈一向不喜欢儿媳，何况正是儿媳令儿子短寿。但他狂热地爱着孙女。不过，他知道两个孙女中有一个不是他的儿子生的，因此他想从儿媳处得知真相，回答是不可能的。伯爵夫人含着泪水说，在伯爵病重时，她是很尽力的，但是与他结婚半年之后就发现是个错误，因为他毫无情趣，哪儿也不去，和她各方面都不相同。谈话不欢而散。那一场谈话时间多么长啊，他们站在那里说了又说，说了又说，而且声音的频率没什么变化，催人欲睡。他们究竟说的什么蓼萝一点儿也没兴趣，她只对那些美丽的色彩敏感。她目不转睛地盯着荧幕，在青苍一片的树荫里，伯爵夫人的白衣白帽和鲜红帽带是多么醒目啊，还有那些镂空的白色花边，阳光洒在上面斑斑驳驳的，投射在伯爵夫人的脸上，柔和，又神秘。伯爵夫人长着那么一双美丽的眼睛，脸略略有点长，略长的脸配上修长柔和的鼻子，显得非常高贵。当泪水从那双美丽的眼睛里慢慢渗出来的时候，蓼萝觉得自己的眼眶也湿了。

蓼萝决定买一顶伯爵夫人那样的帽子，然后再配上绸带。但市场上没有。她就悄悄从箱子里翻出外婆年轻时戴的一顶亚麻帽子来，然后买来各种颜色的绢，做成那种一簇簇的绢花，缝在亚麻帽子上。外婆看了很惊奇，就带她去当年最豪华的友谊商场意大利专卖店，买了一双美丽极了的鞋子。那是用各色碎牛皮缝制的，做工非常精致，那种做旧的颜色正好和那顶帽子遥相呼应，很和谐。外婆一高兴，索性带着孙女到二楼的 CLASSICAL 大快朵颐，点了西班牙的核桃蛋糕和朗姆酒加冰淇淋，祖孙二人好好享受了一回。回到家里，见蓼萝的爹妈都黑着一张脸。半晌，妈才小声埋怨道："您老人家怎么带她去那样的地方？"爸不敢碰外婆，只瞪着蓼萝指点着："你小小年纪，正经事没学多少，倒是天生一脑门子资产阶级思想，专想着享受，我可跟你说，这么下去，我可养不起你！"外婆冷笑道："我们这样人家的孩子，也不能一点世面不见啊！你们太小题大做了吧？"蓼萝就像没听见似的，把两只丝袜褪下来，一甩甩得老远，舒舒服服坐在地板上，把一双玉腿跷得高高的，听音乐，喝本草茶。

那是蓼萝第一次听到"资产阶级"这个词，后来屡屡听到，都是同学玩笑时说的，她并不认为那是什么坏词，她出生于 20 世纪 70 年代末，完全不知道曾经有个可怕的时代，一听到"资产阶级"这样的词人们就要浑身发抖。

蓼萝越长越美。

对于蓼萝的美，父母有些不知所措。倒是外婆很沉着，提议要加强蓼萝的艺术修养。于是父母为她买了一架钢琴，请了一位钢琴教师，每周学三天。从小汤普森学起，直学到卡农、拜尔……外婆每天都在旁边陪着，盯着外孙女那双纤纤玉手在那些黑白键上爬来爬去。钢琴学费历来很高，每月交钱的时候外婆总要偷着问："您看我这外孙女学不学得出来？"老师总是笑而不答。三年之后，老师请辞，临走时扔下一句话："蓼萝不是学音乐的人，将来最好上时装表演队，或者，电影学院表演系。"

蓼萝后来真的考上了电影学院。但是出人意料的，她没考表演系，考的是导演系。那时，蓼萝已经认为吃青春饭没什么意思了，尽管很多老师都动员她报表演系——因为她实在太美了，一举手一投足都在无意中倾泻着美，在电影学院当时上千个考生中，她鹤立鸡群，在摄影系数百双刁钻的眼睛中，她是无可争议的皇后。

摄影系讲师吴天华就是在那时发现蓼萝的。

当时，吴天华正拎着手提饭盒匆匆往家走，走到摄影棚拐角的那个地方，看见一个穿 T 恤、牛仔裤的女孩正掏出小镜子补妆。他第一眼看到的是她的背影，一条腿直立，另一条腿很随便地搭在石阶上，腰便也像一条蛇似的呈现 S 状弯曲着，那样的花瓶颈子一样的细腰！还有那一头长发，略略有些发黄，柔软清香，与雪白的皮肤正好相配。背影已经是十分迷人了，走过去，再貌似无意地回眸一望：呜呀呀！这女孩竟然宛若天人！要知道，吴天华可不是没见过世面的人，吴天华的眼睛极毒，平时是一根筷子吃藕——尽挑眼儿的那一种人，可这时竟看得呆了。

蓼萝非常专心地点唇膏，是那种无色的唇膏，显然是因为嘴唇有些发干，因为她那淡红色的唇实在是不大需要什么口红；她的皮肤，不能用凝脂来形容，因为"凝脂"太厚，她的皮肤非常薄，薄到能透出肌肤里面的淡青色脉管和丝丝血点，看上去就像阳光下的月季花瓣，完全是一片透明；眼睛则像两口沙底小湖，是发蓝的，长睫毛就像映在湖底的丛林，两弯疏朗的眉有些疑问地伸向双鬓；鼻梁的线条精致到了刻薄的地步，以至于上唇完全笼罩在鼻梁的阴影中，显得非常妖媚。最要紧的，是她一点都没有化妆，完全是天然的模样。

吴天华真的不明白这座灰突突的城市里怎么还会有如此的明媚和清洁。

"请问，你是考生吗？"吴天华转了两个圈之后，终于忍不住发问了。

"对。"蓼萝连眼睛也没瞥一瞥,继续从容地从镜子里欣赏自己。

"考表演系?"

"不,导演系。"蓼萝收起小镜子,轻盈地往校门口走去,吴天华急忙跟着。

"你……你这女孩挺特别的。不,是……因为你……实在太美了,请恕我冒昧,你真的太美了,你看前面的人,都在回头看你……"

蓼萝微微一笑,好像一个经常受到赞美而对于一般的赞美早已习以为常的人,但是她这一笑,又让眼毒的吴天华心醉神迷:她一口细牙也完全是透明的,一笑,便露出一道白光。吴天华决定采取行动了。

"……哦,自我介绍一下,摄影系的讲师吴天华。还没有吃饭吧?我们到对面去怎么样,那儿有个很不错的烧鹅仔。"吴天华决定采用直截了当的方式。他想,这样的女孩,跟她兜圈子可能一无所获。

"您要请我吃饭?"蓼萝的笑容里有点困惑,"可是您还不知道我叫什么名字呢!"

"那又何妨?"吴天华做出一种不俗的样子,"我只知道你是这届,不,是历届电影学院最漂亮的考生,不就行了?"

蓼萝轻轻地笑出了声——一个青春少女总是喜欢别人的溢美的,她也不例外,而且,这男人至少还很有趣。

但是吴天华很快发现了这美丽的外省女孩可不那么好对付,她有多美,你就得付出多大的代价,一点儿不能少。茶刚刚端上来,女孩便微微皱一皱秀眉,说:"我们到别的地方去吧,附近有个酒吧,我们去那儿。"

出门后吴天华问为什么,蓼萝说:"没瞧见菊花茶的颜色不对?再说,用餐环境也不好。"

于是两人到了一个装修很风格化的酒吧,石子砌在墙面上镶了许多大大小小的青花瓷盘,进去之后,一排靠窗的座位都是吊椅,竹编，还缠绕着许多青藤，坐下去可以摇来摇去，非常浪漫。因为刚刚下午一点多，还没有顾客，非常安静。吴天华就说："你怎么发现这地方的？我住这儿这么近也没发现。"蓼萝嫣然一笑："我已经发现很多风格化的地方了，还是北京好。"

点了煎泥肠、墨西哥小吃和俄式烤鱼，做得并不精致，口味也一般。泥肠煎老了，墨西哥小吃不过类似炸排叉，蘸些咖喱番茄酱而已。但是有一种浸泡着桂皮卷的杜松子酒非常香，吴天华赞不绝口。蓼萝有些得意："怎么样？这酒还不错吧？是南美风味的。我想也许我很合适去南美。"他色眯眯地一笑："不对吧，你好像还是接近欧洲风格。你那么白，冒充欧洲白人一点问题也没有。有男朋友了吗？"她摇头。他立即做惊讶状："现在女孩子交男朋友都早，你那么漂亮，追你的还不组一个加强营？"她咯咯地笑起来，却并不正面回答："吴老师，你看我适合做导演吗？"他把头摇得像拨浪鼓："做女导演要有孙二娘式的泼辣刁蛮，一丈青式的杀伐决断，像你这样，整个一个弱不禁风的小林黛玉，干一天就筋疲力尽了。"她笑得咯咯地喘不上气来："您怎么这么逗？这么喜欢用成语？"男人原都是有些"人来疯"的，特别是在美丽的女孩面前。见她欢喜，他越发来劲了，把他知道的学校那些好玩的事儿，那些流行的黄段子，拣好听的一一说给她听。

那一天一直聊到太阳落山，吴天华才突然想起晚上还有课，买了单便向学校方向狂奔，蓼萝见他后力不继，很仗义地为他领跑，两人就那么一前一后地跑到了学校。吴天华气喘吁吁地还忘不了嚷着："请……请你不要造成这种女跑男追的局面！……"蓼萝笑微微地跑着，像一只美丽的牝鹿，两人横穿操场的时候，差不多全校的人都看见了。正坐着"富康"进院的院长直摇头："这个吴天华，可拿他怎么办！那个女孩子是谁？"

就这样，蓼萝还没被正式录取的时候，就在电影学院出了名。

出乎意料的是，蓼萝并没有把导演系搞得人仰马翻。一是现在男孩子都见过世面，美女也见过不少，二是蓼萝自己也懂得自重，有分寸。最重要的是她并没有觉得哪个男孩值得让她落入情网。倒是表演系有个男孩叫黄伟的，高大英俊，和她在一起的时候被同学们起哄叫做"金童玉女"，但也不过是聊聊天、吃吃饭而已，进一步的感觉便没有了。吴天华倒是常常变着法儿跟她接近，一会儿给她拍人像专辑，一会给她拍 MTV，她也乐此不疲，可就是不来电。时间长了，吴天华也觉得累了，交往自然也就少了。蓼萝真的不知道她到底喜欢什么样儿的男人。

转眼四年过去，蓼萝因为成绩优异及其他种种原因，留校当了教师。同时还在一个广告公司兼一份职，收入不错，一个人的日子过得很舒服。

春季书市的时候她和一起留校的好友韦霞去了劳动人民文化宫。春天有种味道，一种特殊的味道。一闻到那味儿，蓼萝就觉得自己的身子在膨胀，变成了一个气球，要飘起来似的那么轻。蓼萝就那么蹦蹦跳跳地在书市里穿来穿去，清洁喷香的发梢不经意地扫过那些簇新墨香的封面，完全没有留意有一个中年男人就在那些书的对面凝视着她，那是个个体书商。那书商一米八的大个儿，浓眉俊眼，看上去很像"三突出"时代的页码。

"小姐，您需要什么书？"

蓼萝第三次转回这个书摊的时候，书商发话了，口气殷勤又体恤，恰到好处。

韦霞抢着说："《女性独处的秘诀》，你有吗？"

"当然。"书商很熟练地在摊子下面的大帆布袋里找了一气，真的拿出了一本，"最后一本，可惜有点残了，这样吧，五折给你。"

韦霞当时便想答应，看着蓼萝把那书翻来翻去的，最后放在了摊子上说，"我们走吧。"

"可以再便宜一点。"

"这么脏的书，折扣再低也不能要。"蓼萝说出话来很坚决。

"那……小姐给我一个电话，再进书我给你送过去。"

"谢谢，不必了，我们到别的摊上去转转。"

两个姑娘走出好远了，书商还在追着问："你们是哪学校的？"

"电影学院……"

书商判断不出究竟是谁在回答，但他宁肯相信是那个漂亮的姑娘。那姑娘的背影就像是一片云彩，幽幽地飘动着，把四周的人衬托得粗俗不堪。

蓼萝完全没想到那书商真的会找上门来。

那天上完电影理论课，蓼萝夹着讲义夹子准备去做头发，迎头就碰见了他。书商显然经过一番精心打扮，头发上抹着摩丝，穿亚麻 T 恤、李牌仔裤，T 恤里还隐约可见一条很粗的金链。蓼萝一怔，过了一会儿才反应过来，欢天喜地地说："呀，你真好，还真的把书送来了？"蓼萝说话的声音语调嗲得奇怪，很像日本动画片里的配音。书商真的拿了一本崭新的《女性独处的秘诀》，另外还有几本新书，说是送给蓼萝的，有徐志摩的集子《肉艳的巴黎》，三岛由纪夫的《金阁寺》，克里斯蒂娜的系列侦探小说，蓼萝觉得都很不错。两人不知不觉就转到校门口的月亮河边，当时月上柳梢，景色特别迷人。每逢这时，电影学院的学生们就要三五成群地往那个叫做"星星索"的酒吧去了，那是这座城市中第一批建起的酒吧，紧贴着电影学院的院墙外面。

出于礼貌和感激，蓼萝请书商到星星索坐一坐，喝一杯啤酒。

但是书商喝下一杯就停不住了。

"说真的，你太美了，谁对你不动心，就他妈不是男人！"

蓼萝还是第一次跟书商这种人接触，她看着他，觉得很好玩。

"这样，我喝十杯你喝一杯好不好？半杯也行！"

书商就真的咕咚咕咚喝起来，就算是水，那喝的速度也够惊人的，她看着他仰起脖子，脖子上的青筋一鼓一鼓的，大扎的啤酒就消失了。她看得心惊肉跳。

他真的一口气喝下了十杯，她也只好端起杯子喝了一点，他豪爽地一笑，要和她继续做这个游戏。游戏就这么做下去了，他也不知道自己喝了多少，只记得周围的人们好像都不喝了，看着他，他带有一种表演性质地把酒一杯杯干掉，直到女孩的手惊恐地按住他的杯子。

那天他是站着走出去的，整个酒吧的人都抬着头看着他们，在门口的时候他停了一下，随手抄起一只飞镖，往酒吧门口的靶子打去，居然正中靶心。所有的人都鼓起掌来，他哈哈一笑，咕咚，倒下去了。

蓼萝不知不觉落入了一个陷阱。对她来说，书商这个人太奇怪了，他总是以自虐的方式来赢得她的情感，这简直就是讹诈。但是这个人的确有吸引她的地方，她觉得他很有趣，起码，比吴天华那种人要有意思得多。

吴天华虽不能算作色大胆小，却有知识分子的那种酸气，什么事都要讲究铺垫。但就在他还没铺垫成功的时候，书商已经以迅雷不及掩耳的速度行动了。

那是个下午，城市里布满了沙尘，因此天是黄黄的，掩着的窗帘也发出一种奇怪的黄色。这是书商的家，蓼萝躺在书商的床上，连自己也觉得很奇怪。

书商显然没想到她还是个处女，他觉得很抱歉。而蓼萝好像也在为自己是处女而不好意思。现在的贞操观和二十年前完全两样了，这么大了还是处女？这本身似乎成了一件值得羞愧的事。

但是无论如何，这个下午对于蓼萝还是很重要的。事后许多年想起来，她才慢慢领悟到它的重要性。在这个下午，她第一次跟一个男人发生了亲密的关系，由女孩变成了女人，但是这个男人并不是她所爱的，这和她过去在头脑里设计过的许多种方式完全不同。于是她想，第一次是迟早要发生的，不是他，就会是别人，至于是谁，她认为完全无所谓。

蓼萝的身体比书商想象的要柔弱许多。她躺在那儿，脸上正好有一抹阳光，因此脸是半透明的，身上穿的是那种粉紫色的小花睡衣，像儿童穿的，蓼萝的许多衣服用品都是儿童型的，也许她从心里根本就不愿长大。柔黄的长发盖着她雪白瘦削的肩膀，她的一双眼睛像猫一样在太阳光里发着晶莹的绿，美丽得惹人怜爱。

"蓼萝，别离开我，这辈子都别离开我好吗？"

书商半跪在蓼萝的枕前，喃喃着。蓼萝觉得这个人高马大的汉子很好玩，就伸出手来摸摸他的头。他一下子抓住她的手，亲吻着。她闻到他粗重的鼻息，像是一匹种马似的，这感觉让她既害怕又刺激，他的表现很能满足她作为女孩的虚荣心，尽管不爱他，但她很乐于做这种略带点危险色彩的游戏。

那时她把男人想象得太简单了。

有一天，蓼萝上完晚自习，洗了澡，穿一双木屐去小餐厅吃消夜。木屐是真的木屐，一个日本同学送的，鲜红得很醒目。那日本同学自然也是蓼萝的追随者，虽然自知无望，却还屡献殷勤的那一种。吃消夜的女生并不多，大家都怕胖，唯蓼萝不怕，蓼萝属于吃多少也胖不起来的那种女孩。那天，蓼萝肆无忌惮地点了烧鳗鱼饭和炸蔬菜，这都属于日本料理，还有一小碗红油抄手，属于四川小吃，消夜好就好在哪儿的口味都有，每天换着样儿吃。

蓼萝美美地吃了几口鳗鱼饭，就听见旁边一声嗤笑："哇，就不怕胖？"

蓼萝一听就知道是吴天华，头也没抬地越发吃得香甜。冷不防地一碟蛋挞放到眼前，看到那蛋挞浅黄滑润，周围酥皮细致透明，确实非常可爱，这才款款地抬起头，看着吴天华笑微微的脸。

"蓼萝，你最近是不是有什么情况？"吴天华的嗅觉比狗还灵。

蓼萝低头不语。

"承认了？吴老师会看相知不知道？还是说出来好，瞒也瞒不住的。"

蓼萝用一把小叉子叉住那块蛋挞，一点点舔着中间的蛋黄，突然"扑哧"一下笑出声来。

"笑什么？"

"我突然想起周星驰说的，喝奶茶——吃蛋挞——就是这样的蛋挞吧？"她笑得咯咯的。

"别打岔，正面回答。"

"咳，一个书商，挺追我的，就这样。"

"天哪，书——商！"吴天华做出夸张的表情。"你怎么什么人都敢认识？十个书商九个骗知不知道？！"

"没那么严重。骗人跟我有什么关系。都是愿打愿挨的事儿。

只要不骗我就行了。"

吴天华倒吸一口凉气，把椅子往前一挪。"我说，不至于啊，像你这样档次的姑娘。这么低的标准？不骗你就行？"

她笑："你懂什么？不入虎穴，焉得虎子。我没接触过这种人，觉得挺好玩的！"

他一下子绷起脸："好玩？到时候让你哭都哭不成调！"

"你好像不是我的监护人吧？"

"可我曾经是你的老师，有权向你提出我的意见。"

"谁都有权向我提意见，可我采纳不采纳，是我自己的事情。"

她从容地吃完了，站起来，旁若无人地往外走，他急忙跟着，一路絮叨着。转过竹林到了女生宿舍楼，她一闪身就转进去了，临走时笑嘻嘻丢了一句话："吴老师，你得赶紧把师母接来，不然你要出问题了。"

吴天华呆在那儿，半天才顾得上抬头看看月亮，月亮上好像长了一层毛边。"糟了，明天是个大风天儿，还要出外景儿呢。"

连续几天的沙尘气候，把北京人都弄得灰头土脸的。连蓼萝一向漾着白光的干净脸蛋儿也蒙上了一层灰尘。在西城区绒线胡同的一座居民楼里，书商心疼地捧起蓼萝那张染了灰尘的脸："甜心，可别出门儿了，赶紧冲个澡，就在家待着，中午我已给你叫好了外卖，是你最爱吃的烧鳗鱼饭，可别错过哟……"他嘱咐了一大堆才走，让蓼萝好笑地想："这些大男人是怎么了？全把我当少年儿童哄！"但心里又着实喜欢这种感觉。我们的蓼萝就是爱撒娇爱花钱，只要能保持一种撒娇的状态，并且有钱花，就怎么都好办。这一段她一直住在这里，书商对她说，他离婚后一直独居。书商很会挣钱，手也大方，加上蓼萝常常带些盗版碟来，于是他们的物质精神双重生活都很丰富，什么"甜心""蜜糖"之类的称谓自然也是从影碟里学来的。

可是对于蓼萝来说，是"华服诚可贵，美食价更高，若为自由故，二者皆可抛"。

烧鳗鱼饭并没有拴住蓼萝的心。

书商一走，蓼萝就真的冲了个澡，换上一件水红色丝麻衬衫，下面是七分长的白色帆布牛仔裤，露着半截小腿，脚上是那双美丽的意大利镶皮白鞋子，戴上书商送的一条镶钻银手链，喷上夏奈尔香水，就那么香喷喷凉爽爽地出去了，为防沙尘，她还戴了一块面纱。信步走到超市，只往巧克力的柜台前站，德芙、吉百利之类的都不喜欢，还就喜欢吃怡口莲，要是由着性子吃，一次吃半袋也不嫌多。还就这么庸俗。当然，还有一些进口的高档巧克力也不拒绝。正蹲着挑呢，突然脚下晃过一个白影儿。接着就觉着手背湿乎乎一阵凉——一只小白狗儿不知道什么时候窜进来了，正用小舌头舔她手背呢。她本能地向后一闪，看清了那小狗干干净净的长得很可爱，一双大眼睛。小黑嘴像抹了黑色唇膏似的。正冲着自己摇小尾巴呢。她忍不住就去摸它的胖脸蛋儿，嘴里说着："你叫什么？让我抱抱你好吗？"

　　狗的主人早已赶到。是个个子不高的男孩。年纪好像和蓼萝差不多，身上穿的乍看普通，其实全是牌子。看见蓼萝他眼睛一亮，但还是非常有分寸地露出谦和的笑容："谢谢你。它太淘气了，老爱逛超市。"蓼萝笑了："它叫什么名字？""包包。""是大林和小林里那个坏蛋包包吗？"他也笑了："不是。应当是个英文名字，Bob。""真好玩。再见包包！"她挑够了巧克力，起身走了，那个男孩显然还想跟她继续聊聊，却又找不出什么借口，只好原地站着，半天都没动。包包却不能陪主人一动不动，动如脱兔般地追上来，又蹦又跳地围着蓼萝，蓼萝笑着躲着，已经走出了超市，掏出一块巧克力给包包。男孩追上来说："它喜欢你，它还从没这么对别人亲热呢！"正说着，包包就窜到了马路上，男孩大叫着飞奔过去，却见一辆110巡警车正开过来。男孩说时迟那时快，冒着生命危险几乎是从一辆车的轱辘底下把包包抱了起来，回头就跑。110车已然停下，巡警正在下车，男孩抱着小狗飞也似的跑，蓼萝完全想不到那么一个文绉绉的男孩竟会在大马路上如此狂奔。正蓦然回首，竟惊愕地发现男孩已经近在眼前，把小狗往她手里一放，像过去白皮红心的地下工作者似的低声沉稳地说："先放在你家，拜托了！告诉我你家电话！”蓼萝怔了一下，男孩不容置喙的口气完全把她镇住了，她也不知道怎么一下子就说出了电话：“62073951。”说完抱着包包回头就跑，完全是当年革命者飞行集合失败之后的作鸟兽散。

包包在她的怀里很乖，竟然一点没有挣扎，还时不时翻起大眼睛看她一眼，好像老熟人似的。她跑出很远的地方才敢回头看一眼，见男孩正被几个巡警围着，在理论着什么。她来不及多想，匆匆走进绒线胡同那个临时的家，锁上防盗门，靠在门上喘气。

包包显然是饿了，吃了巧克力又吃鱼片、香肠，吃了好多。吃饱之后就开始撒欢儿，噌地一下子跳上大床，在那条明亮的格子床罩上印上了几个小爪子印儿。蓼萝上去抓它，根本没戏，它从西跳到东又从东跳到西，碰倒了两个花盆，砸碎了几只杯子，直到玩累了，就钻到冰箱后面去睡觉，蓼萝叫也叫不应，抓也抓不着。蓼萝一气之下，自己也往大床上一躺，睡着了。

直到迷迷糊糊中被推醒。

书商的脸离得这么近。

书商的脸扭曲得几乎完全认不出来了。

书商对着她的耳朵大吼大叫，让她觉得突然双耳剧痛，眼睛还没来得及睁开，就一下子捂着耳朵跳下了床。

“你干什么？”她迷迷糊糊地问。

“你还好意思问我，你干什么？你干什么？！”他吼叫着直问到她脸上。

她这才睁开蒙眬睡眼，镜头扫射般扫过房间：是挺吓人的，所有能打翻的东西都打翻了，能打碎的都打碎了，床单上一摊湿乎乎黄渍渍的，显然是尿，断定是尿之后她就立即闻见了一股臊味。天哪，都是那小坏蛋干的。它躲到哪儿去了？

“这跟我有什么关系？这又怎么样？被破坏的不过是一些物质的东西。这能跟感情相比吗？就是整个房子让人家点了，难道能比我更重要吗？！你一天到晚甜心蜜糖地山盟海誓，原来这么经不起考验！好，我总算认识你了！”她噘嘴，穿衣，收拾手袋，作出走状，心里想着他肯定会像平常一样认错道歉。

可是今天太不同了：他的确拦住了她，但是他脸上的表情那样凶恶，令人胆寒。

"我问你，谁的狗？！"

她不屑地把脑袋偏向一边："人家送我玩的。"

"谁送的？"

"一个男孩。"

"男孩？什么男孩？！"

"一个和我一样大的男孩，高大英俊，衣服全是名牌！"她终于也大吼大叫起来，一心想的就是把他激怒。

她万万没想到他会动真格的，他把她像小鸡子似的一把提起来，摔到床上，口里骂着："你以为你是谁？！你吃老子的喝老子的，老子刚出门儿你就叫春翘尾巴！你以为老子治不了你是怎么着！……"

他的一串脏话骂得她目瞪口呆。她有生以来无论何时何地都是让人捧惯了的，正所谓含在嘴里怕化了，捧在手上怕掉了，蜜糖罐里泡大的金枝玉叶样的女孩，冷不防被这样一串粗话砸下来，气得胸口也堵上了，嘴唇也白了，连气都喘不过来。她突然意识到，平时对他的居高临下的优越感全是泡沫，她的居高临下是建立在他的俯首帖耳的基础上的，他一撤掉，她就得一下子摔下来。

"你放屁！放屁！！"她终于哇的一声哭出来。女孩在万般无奈的时候，总不会忘掉还有哭这个武器。她泪如泉涌，悲痛欲绝，哭得上气不接下气，在她哭着的时候，连自己都在可怜自己，她听着自己的哭声是那么哀怨动人，惹人怜爱，她想，他马上就要投降了。

但是他并不那么容易投降，他拎起她的领子，来回晃悠着："你骂谁放屁？你骂谁？你倒是说说，那小王八蛋是怎么进来的？！怎么就放个狗来把我家都给毁了？！……"

他的话戛然中断，因为有一只小白狗突然蹿上来，冲着他汪汪狂叫！

"包包！"她叫了一声伸出手去，像是要抓住自己唯一的亲人。

他只怔了一秒钟，就一把抓住包包的小尾巴往墙上摔，她像上了发条似的噌地一下子蹿起来，两手一起死死攥住了他的胳膊，两人无声地厮打起来，包包到底还小，吓得一下子又躲到冰箱后头，全身乱抖。不过两人厮打的结果倒是出人意料，蓼萝越战越勇，反倒是书商渐渐软了下来。

蓼萝打在身上的小手软绵绵的，非但不痛，反而有一种异样的感觉，书商好像动了点怜香惜玉之心——还没弄清楚到底怎么回事儿就这么着，作为一个大老爷们儿，也确实过了点儿。

"哎——哎，还真打啊？"书商一把攥住扇他耳光的小手，"停战！……哎哎，咱们谈判好不好，和谈和谈！……"

"谁跟你谈判？做梦吧你！"蓼萝的脸涨得绯红，手动不了就用脚端，一脚一脚地只能端在书商的膝盖上，倒也生疼。

"好好，让你打让你打，让你出气！"书商索性坐下来，把书包放在腿上，遮住要害处，做出一副不抵抗的姿态。

蓼萝还真的不罢手，她可不像一般小女人那样容易心软，这口气憋得长着呢，用手打不解气，就抄起一把折扇，羊骨雕的，刚打了几下，就从书包里哗啦啦掉出一堆东西来。

徐福记水果慕斯。辣小子板筋王。比巴卜什锦泡泡糖秀逗糖。卡迪那豌豆脆。阿明甘草瓜子纸质包。法国西梅美国开心果。小虎队彩迪卷。森和园冰花山楂。来勒克杏仁。加州应子。

天哪，都是她素日最爱吃的，难为他记得住：他看着她的表情，直挺挺地跪下了，一副痛心疾首的样子，这是她第一次见男人跪，心里好笑，却只能硬硬地绷着脸。她想起邻居女孩由由曾经说过，对男人千万不能心软，"不能把他们惯出毛病来！"于是她就由他跪着，不理不睬，他就那么跪着给她剥开心果，他剥一颗，她就扔一颗。

她终于打开了第一颗秀逗糖，小狗包包款款地走了出来，把小爪子往她膝上一搭，仰起脸儿看着她，要。她把一颗糖放进它的小嘴里，发现书商的表情又在晴转多云，于是说："别那么小气，小狗的主人今晚就会领它走。"

但是那天晚上男孩没有出现。第二天，第三天……后来她突然想起来：他一定是把那个电话忘了！他和巡警理论了那么半天，哪儿还记得住那一串数字？天哪，这可怎么办？！

包包于是成为埋在蓼萝和书商之间的一颗定时炸弹。

包包把书商的面纱撕去，使他一下子暴露了他潜在的那重性格。蓼萝觉得，是包包帮她提前识破了书商。

书商是一种具有典型 AB 型血气质的人，并且偏 A。他心情好的时候对她百依百顺地溺爱，心情不好的时候就如同一头野兽，狂暴而完全没有自制。他发怒的时候是很可怕的，甚至带有某种危险性。渐渐地，她不喜欢这种危险游戏了，她想撤退。但她很快发现，门儿也没有。

书商很敏感，比她想象的要敏感得多。他好像察觉到了什么，于是百般向她献媚邀宠，但总是把她看得很严，要她"乖乖地听话"。但她永远不会做到这点，他发怒，摔东西，都没用，最后竟然把她反锁在屋子里。

她于是不吃，不睡，连脸也不洗，和包包一起把家里弄得又脏又乱。她知道这样可以气着他，他最希望她打扮得美丽，安安静静地在家里做点广告创意，把家里收拾得又干净又艺术，等着他回来，两人一起去餐馆吃东西说话，然后去泡酒吧吃消夜，她的身上永远要有高级香水的味道；他和她出去的时候，人们要注意她，回头率要很高，但是她却不为所动，她只能看着他，挽着他走路，让他的虚荣心得到最大程度的满足。

她决定逗逗他玩。有天晚上，她突然香汤沐浴、花枝招展地打扮了起来。画一点淡妆，穿一件浅灰麻纱镶银纽的长裙，很显身材，长发用一枚很宽的鲜红木簪绾了起来，脚下随随便便地趿着那双同样鲜红的木屐，全身香喷喷的。很亲昵地挽着他，在三里屯酒吧街长长的灯光里面穿行。他注意到，回头率几乎是百分之百。

三里屯酒吧街经过几年的竞争与淘汰，现在的确是越来越像样了。在他看来，家家都有特点，譬如那家意式风格酒吧的灯，全部做成那种纸灯笼，或者像珠串一样镶得满满的。上下两色，非常别致。又如那家叫做 YA 的酒吧，完全是简朴的法国乡村风格，全部用不刷漆带疤的松木，效果非常独特，进去便能闻到一股松木的香味。但是她似乎都看不上。他也就只好依着她——他最怕她说的话就是：农民。他怕她说他像农民，那是他认为最难听的骂人话了。

好不容易她停了下来，指着一家并不特别的酒吧说："这儿还可以。"

于是他随她走了进去。

他看见一个年轻人走过来和她打招呼。那个年轻人又高大又英俊，面孔熟得很，他一下子想起来他就是最近走红的获国际奖大片中的男一号。他一下子紧张起来。他看见那年轻人在看她的时候分明有一种爱意。这让他一下子就受不了了，他盯着他们，目光里是看得见的敌意。

"黄伟，原来我们同学。"她随随便便地介绍。她的随随便便让他一下子感到了自卑。就像一个富豪指着一桌丰盛的筵席随随便便地给一个一辈子没吃过饱饭的农民介绍，然后又随随便便地把筵席撤掉似的，那种感觉简直比死还难受。他几乎当场就发作了。他发现他们之间有那么多的话，而且那么随便，她嗲声嗲气的娇笑照他看来就是浪笑，就是犯贱，跟那些三陪小姐没什么两样。

他们没完没了地说着，黄伟也显然根本没把他放在眼里。他要了一扎冰镇黑啤，慢慢呷着，看着他们，怒火在一秒钟一秒钟地上升。黄伟为她要了一份墨西哥小吃，一份煎香肠，一杯"蓝色贵族"，自己则要了一杯"天使之吻"，两人情投意合地谈了好一会儿，直到另一个认识黄伟的女孩过来打招呼，蓼萝才回到书商的座位旁边，慢慢呷着那杯蓝色贵族，把墨西哥小吃推到书商面前。

书商就像没看见似的，勾了一下手指叫来小姐："喂，要一份法国肉饼，一份意大利吉司海鲜面条，两份烤蟹饼，两份俄式烤鱼，一份香蕉船，两份黑森林……"小姐的目光越来越惊奇："先生请问，是带走还是在这里用？""你管得着吗？老子点了你就给我上，老子花得起这个钱！"书商的眼睛又发直了，这好像是个危险信号，眼睛一直，他心里的那只野兽就要跑出来了，他的嗓门已经超越了酒吧里的嘈杂，引过来不少人的眼光。

但是她没说也没动，只是带着一种嘲讽盯着他。看见两个小姐川流不息地把那些好吃的用托盘端来。她只负责吃。那天她吃得很多。她知道黄伟在看着她，于是她带有表演性质地吮着手指，她居然吃完了一份烤鱼、一份烤蟹饼和一份黑森林。她吃完了，抬起头，正碰上书商的眼睛。

"好吃吗？"

"当然。"

"那就把这个扔了，省得放味儿熏着你。"书商说着，就慢慢地把那份墨西哥小吃胡噜到地上，眼睛斜睨着黄伟。

黄伟显然是看见了，他的目光游移了一下，显然是迅速地盘算了一下自己应当如何反应，然后又迅速地把眼光挪开了。

书商在心里冷笑起来。

相比之下倒是蓼萝勇敢得多，蓼萝啪的一声放下杯子，厉声质问："你要干什么？"

书商微笑："什么也不干，清扫垃圾。"

蓼萝扬起下颏："你不要太过分了！"

书商哗然变色："过分？到底谁过分？当着我的面儿就和小白脸儿调情，像只叫春的猫似的！你他妈把我当冤大头是怎么着？！……"

书商的声音如同炸雷一般在酒吧的上空响起，一声接一声，一点不间断。蓼萝看到那熟悉的表情就知道要糟了：这个人已经完全失控，他疯了。

黄伟显然是不得不走过来拦阻。但似乎是火上浇油。书商眼睛直直地朝他而去，几乎贴在他的脸上大吼，唾沫星子飞在他的脸上，不由得他不节节败退。黄伟知道蓼萝在看着他，酒吧所有的男男女女都在看着他。他不有所作为的话面子上下不来，像所有老实胆小的人一样，他只能用一种夸张的手法来证明自己并不胆怯，他伸出手，犹犹豫豫地打出一拳，他觉得并没有使出什么力气，但那书商的鼻子居然就出了血。书商呼地一下子把血抹了一脸，接着就以迅雷不及掩耳的速度飞起一脚，黄伟还没明白是哪个部位挨了一脚就整个身子飞起来，结结实实地摔在邻桌上，把水果沙拉的奶油溅得到处都是。

蓼萝勇敢地冲了上去。

在人们眼中这一幕真是惊心动魄：那个年轻女孩在高大壮健的书商面前那么细弱，可她竟像是后面跟着千军万马似的从容不迫有理有节仗义执言正气凛然："……你真让人看不起，过去我只以为你不过是个平常的疯子，一个农民出身的暴发户，可今天我才知道你还是个小人，是个心地卑琐的无耻之徒！你以为你依仗蛮力把别人打倒就算赢了？你太蠢了！你这么做只能暴露你的无能，你内心的怯懦，你是个胆小鬼！是的，你是个胆小鬼，我看不起你，我可怜你！……"

蓼萝的慷慨陈词比一百个大嘴巴更让书商疼痛，那是一种物质的疼痛，他疼得几乎要嘶声惨叫，他像老鹰捉小鸡那样抓住了蓼萝的细胳膊，轻轻地往外一甩，蓼萝就倒在了酒吧外面的月光里。屋里的人"呀"的一声，还没看清是怎么回事儿，就听见摩托车一阵轰响，一阵烟雾之后女孩就没了，大家看得目瞪口呆——书商那厮本领端的高强。恐怕牛魔王再世也不过如此。

几天后，黄伟在领完第二个奖之后，忽然想起应当去看看蓼萝，刚走近导演系办公室，就听见里面嚷嚷："……就是搞对象也不至于啊，有事儿也得说一声啊，自个儿的课都上不了，让别人代，连声谢谢也不说，谱儿也太大了吧，都让你们这帮臭男人惯的！……"一听就是导演系的丑女李乔乔，黄伟心里顿时有了一种不祥的预感。"乔乔，你先别急。"黄伟一步跨进去，"我想可能蓼萝出事儿了，真的很有可能……"

黄伟的叙述让所有人都有些惊怕，乔乔立即来了个一百八十度大转弯，冲在前面说："我们去找她！什么书商那么凶，我就不信这帮大导演治不了他！"气势汹汹去了一队人，三问两问谁也不知道那书商的住处，韦霞带着大家去了蓼萝在十字坊租的房子，房东说已经至少有四五天没见着蓼萝了，韦霞有蓼萝的钥匙，就开了门。

是个大一居，面积虽小，但布置得很艺术：一色的带节松木装修使房间看起来像个乡村酒吧，上面飘着粉蓝黄三色纸灯笼，有些像进口的欧式纸灯。但是韦霞说那是蓼萝自己做的。"如果买太贵了，价钱在三百元左右。"——韦霞总是这样，即使天塌下来也得讨论价格的问题。大家都没心思欣赏蓼萝的趣味，年纪最大的老木抹一把桌上的尘土。老木说蓼萝不至于遇到什么紧急情况连报警也不会吧？改行搞摄影的陈飞说，那也难说，不是前天《焦点访谈》还报道了一个女研究生被拐卖的事儿吗？高智商低智能的人有的是。乔乔说蓼萝可不是高智商低智能的人，小地方她聪明着呢，譬如这种纸灯，怎么我们就不会做？就没想到这个又省钱又时髦的办法？告诉你们，蓼萝的心眼儿可多着呢，怎么巧宗儿都让她给得了？老木着急地擦擦眼镜："得了得了，别说这些无聊的事了，快想想办法怎么才能找到蓼萝！"大家想了又想，一时无话。

后来还是韦霞想起来："不如给她家里打个电话，起码她会把住址告诉家里吧。"众人都赞成，黄伟就把手机递给李乔乔："你打。"乔乔意味深长地瞥他一眼，拨号码，拨通了又递给韦霞。

是蓼萝外婆接的电话。韦霞早就听说这位老作家的大名，小心翼翼地试探性地问了一下，老太太出人意料地敏感，立即说："是不是出什么事了？"韦霞有些心虚地说："没有没有，只是我想找她去小剧场看话剧——""她上次倒是说了，好像是绒线胡同，多少号我忘记了。一会儿她妈妈回来你再来电话吧。"旁边的同事们已经释然："知道绒线胡同就行了。到居委会一问就什么都齐了。"

但是事情却并不那么顺利。很快找到了绒线胡同居委会，老太太们都说，绒线胡同只有一个书商，是个二十冒头的小伙子，众人听了都觉得年龄不对，老木认为还是眼见为实，就率大家去看了看。书商果然在家，细眉细眼手无缚鸡之力的样子，用不着黄伟指证大家便回头就走。路上陈飞还说："像梁天。"李乔乔就驳他："得了，像巩汉林。"陈飞说："哦，反正就是那一类的。"李乔乔可不饶他："哪一类的？他们俩可是南辕北辙。"一路斗着嘴皮子回去，到底是年轻人的心性，兴奋点特别容易转移，回去之后就散了，各干各的。心里都觉得人家热恋之中，打打闹闹是寻常事，哪儿不能去，多管这闲事，简直比居委会大妈还大妈了。

一个细节使蓼萝与同事们失之交臂——当大家在东绒线胡同积极寻找斗嘴皮子的时候，蓼萝正在西绒线的一家出租房里备受煎熬。如同蒙太奇的两条平行线，我们可以看到我们的女主角已经被绳子牢牢地捆住，但这不是好莱坞类型片。不可能有绿林豪侠来英雄救美，所以蓼萝正面临着一种残酷的局面。她被捆在床上，脸上流着血，嘴巴里塞满着什么东西，连她自己也没想到这个场面这么夸张。所以，她在满脸眼泪的同时竟然还在暗暗感觉好笑。

蓼萝真的很疼。她有生以来还没这么疼过。她觉得全身的骨节好像都被拧断了似的。她还有些怕，好像那门随时会突然被踢开，那恶魔会突然闯入，像西方电影中的吸血鬼似的，抱起她的脚，咬破她的脚指头就玩命地吸，血就那么从她苍白的嘴角慢慢流下来。想到这儿她好像疼了似的慢慢收起脚来，缩成一团，闭上眼睛，眼泪在跟前白蒙蒙的一片，她奇怪自己到了这份儿上仍然有着很强的角色感：好像这一切并不是真的，而是在做一种角色的体验。

渐渐地，她好像迷迷糊糊地睡着了，睡梦中有什么在为她擦眼泪，特别温柔，她简直痒得要叫起来了。透过睫毛缝看，有个白绒绒的小东西就在眼前，因为离得太近，一双大黑眼睛变了焦似的。天哪，是包包！从哪儿钻出来的？她蓦然记起她和书商打架最关键最危急的时候是包包冲出来咬了他腿肚子一下，他一疼，就放了手，她才得以有喘息的机会，抄起花瓶来砸他的。包包功不可没！可是，它立功以后躲到哪儿去了？她亲眼看着他气急败坏地到处找它，连冰箱和沙发后面都没放过，这可爱的小东西它究竟躲哪儿去了？它太神秘、太不可思议了！是上天派它来帮助她的吗？这么想着，就顾不得疼，挣扎着把自己的头靠着它的脑袋，亲了又亲，它长得实在太可爱，那么大的眼睛，那么小的嘴，要是把脸上毛剃了，活活就是个娃娃！这时它伸出薄薄的小粉舌头急速地舔着她，歪着小脑袋，把两只耳朵立得高高的，好像要探究她似的。突然，

220

它叼住她嘴里塞着的布头，猛地向外一拉。哦，她顿时嘴里一阵清爽。呸呸呸！她连啐了几口唾沫，向它笑笑："包包，宝贝儿，够意思的，从此以后，咱俩就是同谋了！"她很豪迈地说着，想站起来，又疼得颓然倒下，她觉得两条胳膊好像已经麻了，没知觉了，再过一会儿，会不会就动不了了？这样想着，一阵突如其来的恐惧迫使她大叫一声："救命啊——"这一声如此突兀，连她自己都吓了一大跳。

于硕那天去西绒线胡同是为了参加一个海外女作家的见面会。进了胡同口他才发现自己走错了，他应当自东而西而不是自西而东。那是一条极长的胡同，足有三四站地那么长。而那个开会的地点，恰恰在胡同东口的一家新华书店。恰巧那天又很热，没走多远他就汗流浃背了。总希望能快点到，就不断地问路，那一声惊天动地的"救命"声是在他第三次问路的时候突然爆发出来的，当时他几乎就在那个书商租房的胡同口。

他怔了一下："怎么回事？"蹲在门槛上的大爷漠然地说："老打！是一对儿吧，谁知道呢！昨儿晚上叫唤得比这还凶呢！没事儿，现在就兴这个……"于硕往前走了几步，还是觉着不对，"瞧瞧去吧大爷，万一有事儿呢？……"

据于硕追述，当时他首先看到的，是把脸贴在窗上的一只小狗，小狗发出惨烈的吠叫声，好像是在发出警示。他趴窗一看，看见了一双被捆着的秀美的脚，一瞬间他庆幸事情发生在平房。然后，他立即找了居委会主任，主任又立即找来了片儿警，他已经把开会的事儿给忘了。

于硕和蓼萝的缘分就这么开始了。

于硕第一眼中的蓼萝并不美丽，当时她的脸又青又肿，打得变形了，东一块西一块的。于硕生平最恨男人打女人，就说："这太过分了，得起诉！"当时蓼萝还走不利索，他扶着她，她的整个身体的分量几乎都压在他的身上，于硕不是不解风情的人，他立即感到她的身体异乎寻常地柔软，从侧面看去，隐隐可见一只藏在衬衫下面的娇小的乳房。轻轻地，一跳一跳地，白得炫目。他觉得有些晕眩，觉得自己的胳膊变得特别有力。他听见后面片儿警在问："这狗有证吗？"蓼萝声音微弱地答："有，这是人家的狗，寄养在这儿的。""还是放分局吧，主人来了让他带狗证上分局领。"当时已经走到阳光下面，蓼萝迷迷糊糊地还忘不了编谎："那可不行。我们是多年的朋友了，不当面交给他。对不起朋友。"片儿警变了脸："口说无凭，我们怎么知道这狗办没办证？最近正查狗呢。要不这样，你再给它办一个。要是狗主人回来真的有证，拿旧证换新证，把钱退给你。""多少钱？""五千。""天哪。这么多，我手上只有两千多。"蓼萝挣扎着去掏手袋，被于硕按住，于硕想，这警察也太不像话了，乘人之危。于是他说："这样吧师傅，您看这女孩也不容易，都伤成这样了，咱们是男子汉，也不能看着不管对不对？要不这么着吧，您跟着到我家去，咱们抱着狗，我给您点钱，五千块钱一分不少，成不成？"片儿警瞪他一眼，挥挥手："算了算了。走吧你们，不过我可提醒你们，现在哪儿都查狗，要是没证，还是趁早办了的好！……"

不过是几分钟之内的事，蓼萝对于硕的好感在急速飞升。这个一口京片子的小男孩，简直就是她的救星！何况这男孩长得挺酷，眼睛有点像郭富城，腿比郭富城长，身材比郭富城好。他可能不像郭富城那么会载歌载舞哗众取宠，但绝对是个阳光灿烂透明度高的大男孩！蓼萝喜欢透明的性格，这让她感到温暖和放心。最要紧的，是于硕对包包好，这证明他天性仁厚，是动物保护主义者，蓼萝最欣赏西方的绿党了。

一段时间之后蓼萝曾经问于硕："那时候你对包包好，是真的喜欢它还是向我讨好？"于硕坏笑："都有。"

这回蓼萝想对了。于硕真的是个阳光男孩，天性特别快乐，和蓼萝一样，也是搞平面设计的，还有个工作室。那次之所以请他参加那个见面会，是因为他设计了那位女作家的文集封面。女作家非常满意，本来还打算在那次会上把他隆重推荐给别的作家，结果他失掉了一次相当重要的机会。不过，他一点也不后悔。他越来越感谢命运给他的好运气——蓼萝很快就走出了书商的阴影。于硕惊异地发现，蓼萝一天比一天变得美丽。在蓼萝，她不过是在恢复她过去的模样，可是在于硕，就像格林童话里的《青蛙公主》似的，他娶的是个毫不起眼的小青蛙，可是青蛙变成了美丽的瓦西丽莎！喜出望外的小伙子一天到晚唱着：“我拿青春赌明天，你用真情换此生！……”或者“我被青春撞了一下腰……”

有一天，雨后初晴的日子，于硕笑嘻嘻地捧一大把花进来，对蓼萝说：“喜欢吗？送你的。”“也送花，那么俗？今天是什么日子？情人节吗？”“嘿嘿，今天对我来讲是个重要的日子——我终于和前女友分手了！”“代价是什么？”“全部存款，外加欧宝车一辆。”“天哪，”蓼萝夸张地喊着，“我值那么多吗？”“你是无价之宝，宝贝儿。”于硕搂着她歪在床上，用一只手撑着头，看着她眯眯笑。她特别喜欢他眯眯笑的样子，看上去像一只大兔子，很乖的，眼睛眯成缝，耳朵支棱着，特有表现力。“又给我灌迷汤。”她做出一种无所谓的样子，“我现在最警惕甜言蜜语的男人。”“男人都会甜言蜜语。”“大兔子”挨得更近了。噘起嘴，轻轻吻了她一下。她觉得很好玩，也噘起嘴，回应了他一下。于是两人就像电动小人儿似的你一下我一下地吻起来，她觉得他的嘴唇很软，忽然想起外婆曾经说过，嘴唇软的男人怕老婆，就嘻嘻地笑起来。他不问原因也跟着笑，她就故意一下子板起脸，他像面镜子似的也跟着板起脸，两人就那么表情变来变去地玩，像小孩子似的没完没了。

于硕住在三里屯附近，两人就天天逛酒吧街。收入都不错，就互相请。但是于硕请的次数越来越多了，于硕对蓼萝的爱渐渐变成了宠爱，变成了溺爱。蓼萝过去一直是在天堂里的，是书商把她拖进了地狱，现在于硕又还她一个天堂——比过去还要美好的天堂。这回蓼萝懂得珍惜了。

“宝贝儿，早点做好了，火腿煎蛋、牛奶和面包片。果酱我给你抹好了。还有苹果和香蕉，在厨房的小篮子里。”每天早上，于硕上班前都要如此这般的嘱咐一番，于硕说的时候，一般蓼萝连眼睛也不睁一下，但是于硕能从她眼睫毛眨动的次数来判断她是否听到。说完了，他就趴在她脸上轻轻吻一下，这时她才假装大梦初醒的样子，娇滴滴伸个懒腰："干什么呀？又把人家吵醒！……"他于是轻轻说一声："宝贝儿，我走了，你再睡个好觉吧。"就挎着包走了，蓼萝知道他到门口儿的时候还要回头看她一眼，就继续沉住气装睡，直到听他下了楼，她才一股脑爬起，在窗口看他从地下室取出自行车，然后一偏腿儿骑上去。他的背影总是令她怦然心动。他身上总是充满着一种随随便便的、不经意的魅力，而且特别会穿衣服，蓼萝喜欢他这种干干净净不拘一格的作风，喜欢他穿瑞布T恤、穿耐克鞋的样子。她知道他没什么钱，也知道他曾经是很有钱的，但是为了她，他把一切都留给了前女友，包括他那辆心爱的欧宝。

然后她再上床睡觉，如果上午没她的课，她就一直睡到十点半。起床，盥洗，吃完东西之后，刚刚打开电脑，电话铃就会响起。

"宝贝儿，开始工作了吗？"

"是呀。刚开始你就来捣乱。"

"昨天丢的那两万字找到了吗？"

"找到什么呀，没戏了！都怪你老跟人家闹，害得人家忘了存盘。"

"对，怪我怪我。我已经跟杨四儿说了，他今儿去帮你看看电脑，他可是专家级的，丢了文件，犄角旮旯儿他也能给你找着。要是赶上饭点儿了你请他吃顿饭，右边第三个抽屉有 money。"

"那要看我高不高兴请他吃饭，要是他长得跟丑八怪似的看了让人吃不下饭怎么办？"

"你放心，他长得很帅，比我帅，长得跟黎明似的。"

她立即作出呕吐的声音："饶命吧！我最烦黎明了，一股奶油吉士味儿。"

他在那边甜甜地笑："那我就放心了。"

"哼，别得意，还要看了再说，反正是两害相权取其轻。"

两人你来我往地在电话里要斗上半个多钟头的嘴，写不了两行字儿，对面的单身女孩由由就回来了，照例要先到蓼萝这里说几句话寻寻开心。由由其实比蓼萝大不了几岁，但面相老，经验多，就非逼着蓼萝叫她"小妈"。蓼萝叫惯了，觉得小妈这个称呼很不错，够味儿。小妈永远是艺术型打扮，像美院学生，穿一嘟噜一串的布艺长裙，头上有同样颜色的缠头，脸大眼睛小，不化妆，脸上是起过青春痘之后的瘢痕，走路松松垮垮。一看就知道，这样的女孩什么都不吝，什么也挡不住她。

小妈今天高声大嗓："小精怪，今儿我拿着钱了，出去吃吧。"——她给蓼萝起了个"小精怪"的绰号。虽然没有叫开，蓼萝自己倒还蛮喜欢的。

"有没有搞错啊，我刚吃过早饭。"蓼萝头也没回地往电脑上敲字儿。

"行了，别假招子了，一上午刚写这么两行吧？待会还得抹了重来！走，昆仑饭店越南菜，怎么样？"

"哎呀不行不行，"蓼萝娇滴滴地摇晃着，"越南菜太辣，我吃不消……哟，你今天好漂亮。哪儿买的？"蓼萝转身发现小妈今天穿一件紧身低领上衣，曲线毕露，领口露出一道很深的乳沟，就嘻嘻笑："跟我一起吃饭穿这个有点浪费。""你怎么就知道没别人呢？告诉你，我今天勾过来一老外，我的客户，你帮我瞧瞧怎么样？像咱们没你那漂亮脸蛋儿，只能靠大波大屁股了。"小妈说着咯咯一笑，蓼萝早已习惯小妈说话放肆，也不以为怪地跟着笑笑："这么说我还非去不可了？不过一定得换地儿，福临门的乡村法国菜怎么样？""说你土你还真土，怎么就那么爱吃西餐？随便哪个中餐馆都吃得比西餐好。""你刚才说的可是越南菜。""越南在历史上叫安南，也是咱们中国的领土。""别狡辩了，你倒是不土，上边儿西服下边儿抿裆裤。"……

这样的对话要一直延续到出门儿打上车，歇一会儿，再跟的哥儿贫一阵，的哥一般喜欢跟年轻姑娘说话，特别是两个以上的年轻姑娘，就跟小孩人来疯似的，人越多越来劲。就这样一路说到餐馆，才真正安静下来。

最后定下的是京城凯旋门，吃杭州菜。京城经历川菜粤菜东北菜潮州菜上海菜淮扬菜之后，如今最时兴的是杭州菜。老鸭煲是必点的，其他点了鳕鱼虾仁炒蛋黄、火丁豆板、卤鹅翼、老油条烧肉、清炒鸡毛菜。蓼萝说："不等等你那个老外？""他？他懂什么？见了中国菜就成了老饕，哪儿尝得出味儿来？煮一碗下水给他也吃得不撒嘴！""有没有搞错啊？那叫炖吊子！"两人正嘻嘻哈哈，老外波比来了——很体面的样子，留胡子，修剪得很清洁，尖头曼派头十足，恰到好处地赞美了蓼萝，然后坐下来，围上餐巾，很乖地等着上菜。蓼萝看了心里好笑：小妈可真会调理人，连老外都给收拾得妥妥帖帖的。

波比是德国人，做装饰装修的，北京有几家大酒店都出自他的手笔，临时找过小妈做了几次电脑商标设计，一来二去的熟了，小妈便想就势儿让他给自己的房子做做装修，当然最重要的是与他保持联络，最终目的是上床。波比一本正经地拿来了报价单，小妈一看就炸了："做一个门两千？是金门还是玉门啊？值两千？"波比不动声色："你看看就知道了。榉木门，上面镶洛可可式教堂玻璃，很漂亮。""谁要那花里胡哨的门啊？你就给我做松木门，不上漆带节的，像小精怪的一样。"蓼萝立即帮腔："我那门很便宜啦，一个才二三百块钱。"又拿过报价单看："波比啊，有没有搞错啊？小妈不是装酒店，是装家居啊！你做墙面的价也太贵了，还有整体厨房，要两万多？我们不做行不行？你装完我们自个儿去买整体橱柜不就完了吗？几千块就拿得下来……"两人你一言我一语把个波比说得无地自容，自己也觉着自己太黑了似的。其实波比的报价完全是正规做酒店的报价。小妈接着跟他侃，蓼萝就在旁边一项项地算。波比眼睁睁地瞪着那些好吃的吃不进嘴里去，咽着口水，连大脑也迟钝了，生生让两个丫头把价压得低低的。波比脑子一晕也就同意了，两个丫头这才互相抛一个媚眼，蜜里调油地请他吃东西。波比那一餐吃得特别香，几乎不抬头，小妈表情慈祥地一个劲给他夹菜，像喂儿子似的，心下十分满意：蓼萝永远是这样，事先不必打招呼。不管做什么，她永远配合得很好，很默契，有这样的朋友真是一笔财富。正这样想着。蓼萝那边手机响了。"喂，宝贝儿，你在哪儿呢？"当然是于硕。"和小妈在一起吃饭呢。""不止你们俩人吧？"蓼萝看了小妈一眼，莞尔一笑："算你猜对了。""那两万字儿找着了吗？""什么两万字儿？啊——天哪，我给忘了。杨四儿去家里要扑空了……都怪小妈，非拉我出来。""又什么事儿赖我？"小妈一边咬着卤鹅翼一边含混不清地说，"丢文件了呀，要不怎么说你们一对儿小笨蛋，放着真佛在这儿不烧香，老是舍近求远。""呀，小妈你会找文件啊？哎呀真伟大！这么说你是电脑专家级的——"蓼萝知道这时候得什么好听说什么，只此华山一条路。

"专家嘛，倒也谈不上，反正比你强一点吧，就强那么一点点。"小妈得意极了，晃着身子，把手上的油往餐巾上擦，又接过手机居高临下地说："喂，于硕，你怎么盯那么紧啊？小精怪和我在一起你还不放心？"老外波比困惑地望着她们，汉语一说快了他就听不懂，何况小妈说一口地道的卷舌音京片子，他只觉得两个美丽的女孩子很有趣，就像西班牙电影里的女明星似的嘀里嘟噜没完没了。

总算一下午没白过，波比装修的价砍下来了。小妈找文件的时间虽然长了一点，可临到吃晚饭的时候，总算是找到了。小妈怕狗，蓼萝只好把包包关在洗手间里。这时听见小爪子挠门呢，开门一看，拉了一泡。小妈忙用帕子捂住脸："哎哟喂——你金枝玉叶一样的人，给它撮！"蓼萝边撮边说："这算什么？感情到了就不嫌脏，不信你试试？"说是这样说，还是小心翼翼地离得老远，用小铲子撮起来，放进下水道里冲了。

包包挠门其实是听见了于硕的脚步声——小狗的耳朵都灵得惊人。于硕一进来包包就扑了上去，小尾巴摇得像朵白菊花。于硕急忙抱起它来，它的小粉舌头就一下一下地舔他的脸。小妈捂着帕子不撒手："哎哟喂，恶心死了，恶心恶心！……你们也不嫌脏！……"于硕坏笑着把包包递过来："来来，舔你干妈两下，省得她不平衡！……"小妈夸张地惊叫着跳到蓼萝后面，"快快把它抱走，我可最怕这玩意儿了！……"顿时闹成一片。

于硕建议出去吃饭，两个女孩子都说一顿中饭吃到下午两点，现在还不饿。小妈又坐了一会儿，借了两张碟，走了。

于硕这才演每天的节目：当狗在地上爬，让蓼萝骑在自己身上，小包包就冲过来一蹿一蹿的，对着于硕又扑又叫，于硕也对着它叫。按照每天的惯例，这样的游戏延续五分钟楼下就要捅暖气管了。

但是今天还没等到捅暖气管，门就被敲响了。来人是黄伟，黄伟笑眯眯地说，脱险了也不说一声，害得弟兄们都寝食不安。蓼蓼想起酒吧那一幕，便有些冷冷的，说："有事吗？"黄伟好像并没有察觉出她的冷淡。接过于硕递过来的冰水，边喝边告诉蓼蓼，有个写剧本的活儿，报酬还行，是写《浊流》的女剧作家刘畅拉过来的，她想找枪手。蓼蓼想想说，写倒是可以，但是绝不当枪手，要署名。哪怕笔名也行，将来评职称用得上。黄伟盯着她一笑："这可不像你了。""这只能证明你不了解我。"她淡淡地说。她的冷淡让于硕都有些不好意思了，于硕打圆场说："走吧，咱们吃饭去，听说过上海的沈记靓汤吗？现在京城有了一家，我们去喝靓汤去。"

饭桌上的气氛渐渐好起来，蓼蓼到底是心思单纯的人，把气出了，也就罢了。说起黄伟最近获奖的那部戏，都说他演的光绪有点突破。黄伟说，读了很多史料，知道光绪其实是个相当有脾气的人，老佛爷面前虽然不敢说什么，可是对隆裕，他可是够狠的，一辈子也没搭理过她。替隆裕想想，一个女人，也够可怜的。蓼蓼就撇嘴："野史上的话哪能信的？我看的一本书上就有两个太监谈珍妃之死，谈得南辕北辙：一个说珍妃特英勇，到死都和老佛爷顶着。临死时还叫：皇上，咱们来生再见！另一个说珍妃一直跪着哭求，求老佛爷饶了她，只要留她一条命，哪怕把她当小猫小狗养着呢。都说是亲眼见的，也不知哪个是真的，依我看，世界上的事就没有真的，就像黑泽明的《罗生门》，三个人三种说法。上帝都断不出来谁是真的。""完全正确！"于硕立即表示支持，"尤其是历史，咱们这么说吧，就是刚发生过的事儿，还一人一种说法呢，就别说几百年几千年前的事儿了！所以呀，咱们要活就活现在，争一时才能争千秋，什么青史留名什么的，纯属扯淡！""说得好！"蓼蓼、黄伟喝一声彩，三只杯子咣地碰在一起。

吃罢了消夜回来，已经是十一点了。两个人洗洗上了床。于硕搂着蓼蓼说："宝贝儿啊，告诉我你这一天都干了什么？"蓼蓼想想说："嗻，帮小妈把装修的价砍下来了，小妈又帮我把两万字找到了，还交了个德国朋友，晚上黄伟又拉来一个写本子的活儿。你还想知道什么？""宝贝儿，出名要趁早啊！我觉得你很聪明有潜力，就是不大用功，稍微努努力，做个女作家什么的应当没问题。"蓼萝把小嘴噘得老高："我可不要做什么女作家。西方人管女作家叫蓝袜子知道吗？难道你愿意让我做蓝袜子？"于硕急忙抚摸她的脸蛋，竭尽温柔体贴之能事："宝贝儿，你愿意怎么样就怎么样好了。要是不愿意工作，就辞掉，我来养你？""你怎么老是这么一百八十度大转弯？刚才还嫌我不努力，这么会儿又让我辞职？""辞了职好专门在家写作啊，现在不是有很多自由撰稿人吗？我看你要是写比他们都强！""得了吧，那是你对我的偏爱。就像咱们中学学的那篇课文，叫什么来着，有个徐公……"于硕已经响起了微微的鼻息声。蓼萝这么近地看着他，看得见他脸上的每一根汗毛，那些汗毛随着呼吸柔软地起伏着，泛出一股淡淡的清香型香皂味。蓼萝喜欢这种味道，这味道让人放心，说到底这味道还应当算是男孩而不是男人。蓼萝忽然想起书商身上那股浓烈的脑油味，那似乎就是典型的男人体味了，但是那味道让蓼萝害怕，谢天谢地可别让她再闻见那股了，那股味只能让她呕吐。她抬起身，轻轻地吻了一下他的鼻尖，心里突然涌动出一种对他的无法遏制的爱情。"上帝呀，谢谢你对我的恩赐。"她心里忽然掠过一个电影女主角的道白，然后就偎着他，甜甜蜜蜜地睡着了。

刘畅和蓼萝想象的一点不一样。蓼萝上初中的时候就知道有个刘畅，写了个叫做《浊流》的电视剧。不但万人空巷，还手绢脱销。外婆一边骂一边哭："这种廉价煽情的片子真让人讨厌！""有了这种快餐电视剧，还要我们写小说的干什么？"……但是女主角一哭，外婆和母亲立即跟着流泪。父亲又好气又好笑："你们这又是何苦呢？换频道嘛，或者干脆关上算了！"母亲说："看看作消遣嘛，只有妈妈认真！"说着还用手绢揩眼睛。

蓼萝终于在一边忍不住了，大声说："我看你们这叫矫情！电视剧就是快餐文化，你们高雅你们可以不看。可是说句公平话，它能让你们看得掉眼泪，就是它成功了！外婆的小说是高雅，可我们连看都看不懂！……"要是平时这么说，外婆肯定要发火，可今天老太太好像是顾不上了，瞪了外孙女一眼，继续看，逗得蓼萝咯咯地笑。

今天面对面地看着少女时代便崇拜的对象，真的觉得很奇怪。蓼萝曾经想，这个刘畅，即使长得不漂亮，也一定是风度气质俱佳，眼睛很锐利。可是眼前的这位中年妇女，长得胖胖的，哪儿都是圆的，戴副眼镜儿，一派书卷气，眼光特别柔和，活像是20世纪30年代的师范女生——和她想象的刘畅相差十万八千里！

刘畅请她和黄伟喝茶，坦言是南方的一家影视公司请她本人写剧本，她嫌报酬低，又却不过朋友面子，只好答应。写了开始的四集，就托黄伟找枪手。黄伟大包大揽地说，你放心，我和蓼萝分着写，包你满意。蓼萝署个笔名就行，署在你后面。刘畅说没问题，随即拿出协议书和一笔预付稿酬，三人分了，按协议三个月后交稿。

蓼萝还是第一次写电视剧，这部戏写的是古装神话题材，武侠加言情加搞笑，都是她所长，因此写起来不费力。她把王母娘娘写成一个更年期综合征的老女人，把玉帝写成一个色魔加暴君，嫦娥得了幽闭症，太上老君成了老顽童，男一号她认定让周星驰来演，搭档可不一定是吴孟达。有一天，正写到欲罢不能之处，忽然电话铃响，是吴天华。吴天华在电话里絮絮叨叨地说，想她想得心都疼了。她明知是假话，却也忍不住咯咯地笑："那你来吧，正巧我今天没有饭局。"

吴天华在蓼萝的电脑里看了一集，便拍着大腿叫绝。"好哇好哇，这戏要是先出来，《还珠格格》就一点儿戏没有了！……要是将来投资方有什么问题就找我，我有办法！……"

那天是蓼萝请的饭，就在对面的临江仙面馆。蓼萝要了一碗青葱鸡丝面，吴天华要了鳝丝面，另外要了四个凉菜，两瓶啤酒，一壶乌龙茶。吴天华吞吞吐吐的，好像要说什么却又说不出来，有一搭没一搭地说些在她失踪的那些日子里他多着急之类的话，蓼萝只是笑。吃了一半，小妈风风火火地赶来了，说是装修那里出了事，让蓼萝快点去帮她。原来，小妈想了一个自以为最省钱的招：先让老外波比派专业人员去量房、出设计图（她听说只要两百元的预付款），然后再自己找个装修队，按照图纸施工，结果没想到装修队一个劲地拖延工期，她警告几次无效。只好找了几个男友，悄悄把那个工头拾掇了一顿。本想那工头从此便会老实，万没想到工头竟开了一张轻伤证明，一纸诉状把她告到了法院。"你只要给我作证，证明我没让他们打他就成。"小妈一向从容的眼神有些慌乱。蓼萝低下头想了一想："这有什么难的？你让我怎么说我就怎么说好了。"小妈一喜，立即做出一个飞吻，拉着蓼萝就走。吴天华在后面幽幽地开口了："潘由由，平时看着你倒像是挺有大将风度的，没想到这么拙！你让小精怪去作证有屁用！"小妈回头瞪他："那你说怎么办？""很简单，塞钱。""天哪，我哪有那么多钱可塞？……要不你借点钱给我？""我哪儿有钱？你认识那么多有钱的，你找他们哇！""……有了，波比！"小妈忽然嚷起来，"波比有的是钱！找他借去！"边说边一阵旋风似的走了，走前还从菜盘里拈了一块卤煮豆干放进嘴里。"哼，这种女人，就是送我一架三叉戟，我也不会娶她！"等小妈走远了，吴天华擦擦油乎乎的嘴，斩钉截铁地说。

"有的是人娶她，您也别太自作多情了。"蓼萝笑眯眯的。

"多少人娶她跟我也没关系，只要还没人娶你就行了。"

"真无聊。"

"不是无聊，是真心话。蓼萝，我很快就要去新加坡发展了，去接任一个影视公司的总裁，收入很不错，我真想……真想带你一起去。"

"好啊，我也正想去新加坡看看呢。"

"别开玩笑。我是认真的。蓼萝，我想娶你，你是我见过的最美丽也是最可爱的女孩，摄影家的眼有多毒你是知道的。别急着回答我，回去考虑一个星期，再答复我，行吗？"

"不用那么长时间。我现在就可以回答你：不行。"

"现在的回答我不听。我知道你要说什么，我也见过你现在的小朋友。告诉你，我是学过家传的柳庄神相的。你和那个男孩成不了夫妻，你们有缘无分。"

蓼莪现在仍记得吴天华当时的那副表情。可惜，当时这话一点也没引起蓼莪的重视，她只觉得他神叨叨的好玩，从来也没把他的话当真。

蓼莪是从和于硕交朋友开始才对性爱产生兴趣的。过去和书商在一起，她总觉得不知道哪儿有点别扭，反正是不那么和谐，没怎么体会过其中的乐趣。可是跟于硕就不同了，于硕一开始就让她觉得很健康，让她认为性爱是一件非常美好的事，一点也不龌龊。她喜欢在他面前展示自己的身体，就像他喜欢在她面前展示自己一样。他们初次的那个晚上，于硕忽然跳到桌子上，赤身裸体地做了一个造型说："喂，像不像大卫？"活活把蓼莪笑翻。然后他又跳到珠宝格旁边，从里面拿出维纳斯石膏像，狠狠摔在地上说："你比她美多了，不要她了！"蓼莪笑得喘不上气来："天哪，于硕，向上帝发誓，我还真是第一次碰上这么能向女孩讨好的人！"

有一个黄昏，雨后，清澈的空气，天上有隐隐的虹霓，很难见到的美丽黄昏。他们做完爱相拥在一起，感觉特别好。于硕温柔地摸着她的长发，反复地说一句话："我爱你，爱你，爱你……"每说一句就吻她一下。她的眼睛亮亮的，把嘴嗫在一起说："Me too."是真的很幸福，她愿意和他永远这样厮守着。当时霞光透过半掩的窗帘露进来，是浅红色的。他的脸也染上了一层幸福的浅红色。她悄悄地问他："你为什么爱我？""和你在一起总是很爽。"这是他的回答。"那你呢？你为什么爱我？""因为……因为你很好玩儿。"这是她的回答。

她当时心里在想，要是永远这样厮守下去就好了。悄悄瞥他一眼，他也在眯着眼睛想什么，她伸出一只手，用手指轻轻叩着他的鼻尖："你在想什么？""我……我在想，难怪上帝说，女人是男人的骨中骨，肉中肉。"语调是从没有过的沉重。她的心好像一下子被什么打中了。她惊异地看见，那个永远开心的男孩眼里，竟渗透着晶莹的泪水。"我找到了你，就再不撒手了，除非……""除非什么？""除非我死了。"男孩说。男孩实践了自己的诺言。

过于美丽的事物是如此不祥。他们的爱那么美，很早就透露出不祥的端倪。但是在那个黄昏，她没有任何预感，有的只是快要溢出来的幸福和快乐。

在后来的三个月里，他每天回家第一件事是看她的剧本。这件事给他们增加了很多的快乐。她的男一号就是照着他写的，又快乐又健康又聪明，女一号就是她自己，又美丽又活泼又机灵。她为他们编了好多故事，譬如女孩不高兴了，男孩就用西瓜皮刻成笑脸小人儿，逗她开心。又如男孩失踪了，女孩就用粘蜻蜓的长竹竿点成火炬，四处寻找。女孩被处理成王妃遗落在民间的私生女，她特别不同意，她喜欢彻底的民间化而不要沾上皇族，但是刘畅却坚持。刘畅说，蓼萝的品位还是少数派，广大人民群众喜欢看皇宫生活，喜欢狸猫换太子的故事。蓼萝表面上听了她的，心里却想，刘畅还是脱不了俗套。她想，假如将来自己写一部电视剧，就绝不用这些情节。老百姓的口味是在变化的，要开风气之先，才能赢得收视率。

三个月之后刘畅来电话，让她和黄伟去华北酒店，说是投资方来人了，一手交钱一手交货。她喜出望外，觉得现在的投资方还没有这么痛快的。她笑嘻嘻地给于硕打电话："喂，等着，钱到手了就送你一件礼物。""送什么？""嗯……飞镖靶子，让你练准儿。""宝贝儿，我已经够准的了。"他低声说。"呀，你真坏真坏！……"她听出他的坏劲儿，满脸通红。"哎，这可是你说的，宝贝儿，无论你送什么，我都喜欢。""是吗？那我就送你一个惊喜！"她把电话挂断了——她心里想的是，再添点钱买一辆车，就买现在很时兴的那种银色富康。

但是事与愿违。

谁也没想到事情会栽在黄伟身上。投资方验收之后，客气的笑脸不见了，拉得老长。老板很不高兴地指着第十六集对刘畅说："刘老师，我不知道这是哪位写的，有小修小改的没问题，可是已经死了的人不能再给他写活呀，这也太不拿我们这个当回事儿了！"刘畅当时汗就下来了，狠狠地瞪了黄伟一眼："对不起朱总，这是我的疏忽，要不，您先把其他几集结了吧，这一集我们再改。""刘老师，说实话，我们一直对您是非常尊重的，对您找的人也是信任的。我们千里迢迢来北京结算就充分证明了我们的诚意。可是……这样吧刘老师，还是按协议走，等你们修改完了，觉得剧本真正成熟了，我们再请专家开研讨会验收。好，就这样。"紫涨了面皮的老板说罢拂袖而去，丢下三个人垂头丧气地呆在那里。

半晌，刘畅说："都听见了？让人家这么说，好听吗？黄伟，把你的盘给我，我来统一遍稿，不过事先说清楚，统一集稿两千块，从你稿酬里扣！"说罢，拿了盘就走。黄伟似乎并不太尴尬，仍然笑着："您也别太生气了。告诉您，这是投资方的惯伎，他们才不会那么痛快呢！……"蓼萝在一旁下意识地翻着黄伟写的那几集，越看越气："黄伟，这是你写的吗？"黄伟压低声音，脸上仍然笑着："还真看出问题来了？跟你当然要说实话，确实不是我写的。上次你见过九七届的那俩小女孩吧？听我几次课，老唠叨没钱花，我这人心又软……""你怎么做这样的事？"蓼萝真气糊涂了，"你也太不负责任了！一条鱼惹得一锅腥，你等于把我和刘老师都给害了！……""得得得，别危言耸听了，没那么严重，不就两集戏吗？告诉你，那就是投资方的借口，你还不信。女人哪！………""那你为什么要给他们这个借口？"蓼萝寸土不让，她真的被他气坏了。"得了得了，好好好，我错了还不行，走吧走吧，我请你吃新加坡菜，刚开的餐厅，挺不错的。""别来这套，我才不去呢。"蓼萝边说边往外走，黄伟在后面跟着。她的手机响了，她不看也知道是谁，果然，是于硕。"宝贝儿，我们今天在自己家里吃饭好不好？我给你做萝卜丝饼？""算了，随便吃点吧。""你情绪不高？怎么了？""没什么，一会儿就好了。""你在哪儿？……我打车去接你，我陪你去看戏好不好，小剧场有新戏，《一个无政府主义者的意外死亡》，孟京辉的，听说还不错……你等着我……"

《一个无政府主义者的意外死亡》并没有给蓼萝带来意外的惊喜，于硕发现，看戏过程中她始终情绪不高，不但没拍一下巴掌，反而一直皱着眉头。回家的路上，两人并排坐在出租车的后座，于硕不断地找出各种话题，可蓼萝始终恹恹的。"你不喜欢这戏？""不喜欢。"蓼萝摇着头，那头柔软的长发不断地拂着他的脸颊，有股清香味。"太哗众取宠了。过去我挺喜欢孟京辉的东西的，可是现在，就觉得像是被骗了一样。他特喜欢用那些童谣，童谣好哇，没有版权问题，可是让人觉得他江郎才尽了。""你这么看？我可是恰恰喜欢那些童谣，那都是我们小时候常常说的。什么来到天津卫哇，我嘛也没学会，学会了开汽车，我碾死……"

事情就是在这时发生的。

是的，事后蓼萝回忆，就是这个该死的童谣！……一切都来得那样快，当时根本来不及反应，而事后，似乎对于细节的记忆也很模糊，一切的记忆只能从司机的供词里找了。总之当时车开得并不很快，但是迎面风驰电掣般开来一辆油罐车，在准备超前面的沃尔沃时猛地偏向出租车，好像要撞上似的，出租司机一慌，急忙往右打轮，却拐得太大太猛，一下子撞上了右边的护栏，坐在左边的蓼萝只觉得右髋部位一阵剧痛，就失去了知觉，迷迷糊糊中她听见于硕撞在车门上的声音，接着听见一种奇怪的金属破裂一般的声音。

"宝贝儿别怕，有我呢。"这是她听见于硕说的最后一句话。

外婆、爸爸妈妈都来了，她淡漠地望着他们，只是呆呆地犯傻。妈妈哭着说："心肝儿宝贝儿，你的脸怎么这么白啊？"外婆含着眼泪批评妈妈："别哭，现在不是哭的时候，孩子的髋骨骨裂，到底是做不做手术，得拿个主意。"三个人讨论来讨论去，都觉得做手术太伤元气，还是不做的好，孩子还年轻，让它自己慢慢地长上。连大夫也说了，这样大概会落一点轻微的残疾，总之，永远不会回到原初状态了。外婆这才掉下泪来，鼻涕一把泪一把地守在外孙女的身边。老太太哭够了，说："红颜薄命，这也是没有办法的事。无论怎么样，我的外孙女还是这么漂亮。将来能遇见更好的人。"听见这话，蓼萝才哇的一声哭出来。她一直不敢说不敢想，直到从别人嘴里说出来，她才相信这已经发生的事实。她哭啊哭啊，谁也劝不住，直到最后——她的眼睛里竟哭出血来。

她拒绝进食，医院里只好强制鼻饲，电影学院的老师同学们都来了，她竟像是不认识似的不说一句话。出去的时候大家都吸鼻子。吴天华来告别的时候捧来一大束康乃馨，说是要去新加坡了，祝她早日康复，再不提想娶她的事。黄伟也来了，捧来一大束雏菊，说是合写的那部电视剧刘畅已经统了一遍稿，交上去了，很快就会拿到钱，让她别着急。她想：天哪，我还着什么急，人已经没有了，就是拿到钱还有什么用？

小妈因为装修，比较晚才知道蓼萝和于硕的事。风风火火地赶来，一进门儿就哭了。气得外婆说："你这姑娘，她好不容易不哭了，你又来招她！"小妈就像没听见似的哭了又哭，边哭还边说："老太太，你不知道那个男孩有多好！有多疼小精怪！……"小妈嗓子哭得哑哑的，从书包里掏出五大本金庸的《鹿鼎记》，"你看看这个，这是治百病的良药，当初我被那王八蛋踹了的时候，总想自杀，就是看这个看好的。"外婆看了嗤之以鼻："什么好东西，一个武侠小说，一个港台影视，都是垃圾！""这可就是您不对了。我问您，您瞧过金庸的书吗？……还真是的啊，既然没瞧过，您有什么资格说这话？"小妈忽然翻了脸，看着蓼萝，"我最烦这种人为制造的误区，知识分子老是自命不凡，其实特虚弱。如果不是虚弱，何必要给自己划界？毛主席还说过要想知道梨子的滋味就得亲口尝一尝呢，您这拨人不是受毛主席教导长大的吗？难道他的话你们也不听？"外婆撇着嘴说："怪不得人家说，一个球迷，一个金迷，都惹不得，这是哪家的规矩？老人还没说话，她说了这一大车了，萝萝，你的朋友原来都是这样的？"小妈的脸是戈壁滩上的云彩，说变就变的，听了这话突然又转怒为喜："老太太，您老别生气，早听说过您的大名，也拜读过您的大作，武侠小说跟您的作品当然是不能比，可是您也不妨一看，没准还能给您带来点灵感呢。您都阳春白雪一辈子了，就不能下里巴人一回吗？再说了，金庸可不是下里巴人，人家是世家子弟，金庸的书也不能全算武侠小说。就说这《鹿鼎记》吧，简直就是把中国的政治历史文化人生熔为一炉，那才叫把中国给悟透了呢。"外婆半眯了眼睛没说话，小妈提到她的作品，让她心里略略舒坦了一点，随即又觉得现在的年轻人真狡猾，她怎么可能读她的作品呢，就是在老一辈里，读她作品的人也是凤毛麟角啊，但是陪着蓼萝总要有些事情做，就翻翻看吧。她就戴上老花镜，斜倚在椅子上翻起来。深夜，蓼萝要解手，发现那盏小灯还亮着，靠着她的一边被挡上了报纸；外婆读得津津有味。"外婆。"她叫了一声，惊异地和外婆对视着。半晌，外婆才微微地笑起来，露出一口整齐的假牙："瞧瞧吧，真是好东西！……""外婆，难道你也喜欢金庸的小说？"蓼萝惊奇得有些结巴了。外婆仍然微笑着："你那个朋友说得对，好多误区是人为形成的，什么都得尝一尝。山外有山天外有天哪。"蓼萝疑惑地看着外婆，然后慢慢地把第一卷拿到自己手里。

连她自己也没想到，她竟然手不释卷地看完了第一卷。坐马桶的时候也舍不得放下。她知道外婆和大夫们都在用惊奇的眼光看着她，但是她顾不得了。这是于硕死去半个月之后她第一次能够把思想集中起来，她觉得自己那种恍恍惚惚的东西好像一下子稳住了，踏实了，她对自己不那么害怕了，她终于可以自己想事情了。当天晚上她睡了个好觉，第二天，她对外婆说，想吃鳗鱼饭。

外婆从附近的日本料理松江那里买来了刚做好的鳗鱼饭。蓼萝挖下一大勺先给外婆，老太太尝尝觉得真是好吃，心里就有些惭愧：活了这么一把年纪，还没外孙女吃过的东西多。这时蓼萝的手机响了，是妈妈的，爸妈因为工作上脱不开身先回去了。妈妈问：蓼萝啊，吃了东西没有？外婆把手机抢过去："正在吃呢，有我在这儿，你们不要太担心。""妈，您老人家别太累了，就全当祖孙俩做个伴，有什么事就给我们打电话。等萝萝好些，再接你们一起回来。"

妈妈的声音又有些哽咽，外婆关了手机，看着外孙女一小口一小口地吃着那盆鳗鱼饭。吃得很香，额头上都冒汗了。外孙女的目光正在一点点地变得清澈。主治大夫走进来看了一眼，说："好多了。""是啊，谢谢大夫，好多了。"

一个月之后能下地走了，有点一瘸一拐的，大夫说，也只能这样了。蓼萝看上去并不怎么伤心，她换上一件紧身的中式旗袍裙，问外婆："您看这衣裳怎么样？像不像 30 年代的上官云珠？""我的外孙女儿比上官云珠可漂亮多了。""那是您对我的偏爱。就像过去的那篇课文似的，那个徐公……"她突然顿住了。她想起过去曾经说过类似的话，是在一个晚上，她对于硕说的，但是他没有听见，他睡着了，睡得像一个天使。

他现在是永远地睡着了。

"外婆，是不是太美好的东西，连上帝也嫉妒？"

"美一般来说是危险的，安全感和美往往不能并存，看你图什么了……我说不上来，将来你会知道的。认识的人多了，你会有感觉。"

"我想又要美又要安全。"

"那也不是不可能的，你琢磨琢磨韦小宝这个人，为什么他一个出身妓院的小青皮，最后能混到一等通吃伯，还有那么多大美人跟他，总有些诀窍。"

"但是把游戏规则琢磨得太明白了，就算不吃亏，那还有什么意思？"蓼萝有些恹恹的，在夕阳的光照下，她的脸白得透明。

第二天，小妈把包包抱来了，蓼萝的脸上露出笑容。包包放在小妈那儿胖了许多，脖子都没了，越发可爱。一见了蓼萝，包包就疯了似的扑上去，一条小粉舌头把她舔了个满脸花，全身上下不住地颤动，好像激动得不行。蓼萝泪光闪闪的，把它搂了又搂，摸了又摸。小妈冲着外婆说："瞧瞧，瞧瞧，到底是亲妈，比对我这个干妈亲多了！"外婆皱起眉头："什么亲妈干妈的，还没结婚的姑娘不嫌难听！"但是看蓼萝脸上的喜色，立即转怒为喜，"由由啊，你倒是真行，把小狗抱到医院来了！是怎么过五关斩六将的？"小妈正想吹一吹，值班大夫走进来，斥道："怎么回事？把狗都抱到医院来了，快给抱走！主任看了得轰你们了！"小妈嬉皮笑脸的："别生气，特殊情况嘛！西方的心理治疗，宠物算是一个道具知不知道？你看效果呀，你看看她的气色是不是好多了？"大夫看一眼蓼萝，果然精神爽了许多，居然有了笑容了。

小妈拿了瓶冰红茶就喝，边喝边说："你猜你今儿碰上谁了？你准想不到！"

"谁呀？""那个书商！你没想到吧，就在咱们学校门口，还拿着一大把花，死乞白赖非要问你在哪儿住院！""你没告诉他吧？""当然没有！可这人也太难缠了，难怪你栽他手上。整个一个偏执狂型精神分裂症！"蓼萝看了外婆一眼，没做声。"好不容易被我打发走了，花儿我留下来了，一色的红玫瑰。他可真舍得，有一百多朵呢！……""你干吗要留下他的花？真烦人，你就不能快刀斩乱麻……""宝贝儿，这方面你还得跟你小妈学：别拿东西赌气，别拿钱赌气！……你看波比，要是我稳不住他，这次哪儿能把装修的事儿给平了？大日耳曼人更迂，丁是丁卯是卯的。对付这种人，你也得跟他丁是丁卯是卯，让他觉着他错了，他欠了你的，这样儿就一切都好办了。""累不累啊。"蓼萝淡淡地说了一句，心里突然一阵刺痛：最适合她的那个人走了，离开了这个世界，今后无论她再找什么人，也许都会累得要命。

出院之后，蓼萝一直和外婆住在一起。蓼萝觉得一下子回到了童年。外婆身上永远有一种特殊的香味，小时候她就熟悉那味道，她总是喜欢趴在外婆雪白的膀子上吻了又吻，然后轻轻地碰着膀子上松软垂下来的肉，那肉又白又嫩。"像豆腐脑儿。"蓼萝说。外婆听到这话就笑。可是对别人，外婆很严厉，连妈妈也不敢开外婆的玩笑。

一天晚上小妈来电话，说是房子装修好了，请蓼萝去看看。蓼萝说："可以让我外婆陪我去吗？"小妈怔了一分钟说，当然可以。外婆却在一旁说："我才不去。"蓼萝只好叫韦霞陪着去了。一进门儿，大家都惊喜地尖叫起来，原来半个电影学院九五届的学生都来了！所有的人都热情洋溢地走过来问长问短。蓼萝意外地高兴，又发现小妈的房子刷成了很鲜艳的颜色，一间鲜红，一间嫩绿，厨房杏黄，卫生间钴蓝，就惊讶地叫起来。大家都笑道："人人进了这房子都叫唤，由由真够惊世骇俗的！""这算什么。"小妈得意洋洋地说，"本来我想让他们刷成那个后现代经典，叫什么来着，一个长名字，那里面的场景色彩特有意思，一间是红的，就是那种特漂亮的西洋红，配着女主角那种红衣裳，美极了，好像就是那间吃饭的房间。看着那种红听着他们吃饭的声音，我觉得好像自己也加入吃饭了似的，真的，嘴里都是香味儿……"小妈咽了口唾沫，努力用声音压倒周围的哄堂大笑。"还有那间卫生间更绝，刷成那种粉白色。男一号和女一号做爱就显得特来劲，好像在雪地上做爱。哎哎，你们别笑了，你们不觉得那种颜色让人觉得卫生间特空旷吗？……"陈飞边笑边说："你说的是《厨师、盗贼、他的妻子和他的情人》吧？""没错儿没错儿，是这个怪名字。小精怪你说是不是？"蓼萝一直在笑："好像是吧，但是你的颜色可不如人家的漂亮。""没办法，跟他们把嘴皮子说破了他们也不懂，朽木不可雕也。刷到这种程度我都扒了一层皮呢。"正说着德国人波比进来了，拿着一大堆快餐食品。小妈立即满面春风地迎上去，满嘴说着："波比BABY，你辛苦了，快坐下休息休息，我来摆饭。女士们先生们，我们的烛光晚宴就要开始了！"

波比倒真是实在，买的多是高档食品。光是高级巧克力就有十几种，面包四五种，点心蛋糕五六种，冰淇淋三四种，还有各色熟食火腿。餐前小吃，加上小妈做好的火腿煎蛋、意式通心粉、奶油蘑菇浓汤，等等，再把三座烛台都点亮。看上去真是一次挺像样的烛光晚宴，起码比一般饭店的自助餐要有特点！

蓼萝有好久没有享受过这种温馨的气氛了。她拿了一只朗姆冰淇淋慢慢吃着，眼里充满了泪水。

这一年多好像一晃就过去了。给于硕办了丧事，然后起诉了那个出租司机，民事法庭判司机赔偿蓼萝一笔钱，但是因为司机没钱，只好写了欠条，说是两年之内还清。这些必须要做的事情反而使蓼萝的心情渐渐恢复了正常。对于硕仍然是想，但没有一开始那么疼痛、那么不能忍受了。她想：他在天上看着我呢，他可不愿意让我一天到晚哭哭啼啼像个怨妇似的这么不开心，他愿意让我永远快乐，做阳光女孩。这么一想全身就通泰了似的，就有意地多在外面跑跑。有天晚上回去已经很晚了，外婆还在等着她。外婆怜爱地拉着她的手说："气色好多了。"她习惯地问："外婆你在家做什么？"外婆边给她放洗澡水边说："看了个电视剧，也没什么好，看了笑笑的。""是周星驰的搞笑片吧。""不是，不是港台的，是那个……咳，胡说八道的，说王母娘娘得了更年期综合征，玉皇大帝跟紫薇仙子乱搞，嫦娥耐不住寂寞嫁给赤脚大仙了，后来又用人参果救了芭比娃娃，古今中外地胡诌，骗骗小孩子还可以。"蓼萝大吃一惊："您说什么？您再说一遍，您记得谁是编剧，谁是导演吗？是哪个台播的？……"

天哪，外婆当然不知道，不记得。蓼萝又气又急地给黄伟拨通了电话："你把我们的本子卖给谁了？"

几天之后，黄伟垂头丧气地来了，进门就承认是他找的那个小女孩枪手把本子拿出去了，可不是，从接本子到现在已经一年多了，拍摄周期足够了，可问题是南方那个公司已经付了稿酬，正在拍摄过程中，好像也已经快封镜了，人家是签了买断协议的，这可怎么办哪？

还没来得及想出办法，刘畅的电话就来了。那个影视公司的一纸诉状已经发到了刘畅那里，这一场官司是没得跑了。老总说，除非立即赔偿全部前期经费及拍摄制作费，才能私了。前期经费问题不大，无非把稿酬退给他们，但是拍摄制作费可就厉害了，就是倾家荡产也没戏。蓼萝在万般无奈中拨通了吴天华的电话——她记起他曾经说过，投资方有问题就找他。可是吴天华在电话那边好像患了感冒，呜噜呜噜的，根本听不出来说的什么，她把电话挂断了。

晚上，三个人坐在酒吧里发呆，想不出办法来。最后刘畅说，实在不行，只能起诉那个女孩了，他们诉我们，我们就诉她，她大概就会诉那个影视公司。这样连环诉，大概还能抵挡一阵子。蓼萝说，看来也只能这样了。黄伟低着头，脸色发白："可是我在学校里的名声……那女孩很厉害的。""你现在还在想着你的名声！"蓼萝火透了，"你干这种事儿还有什么名声可言？这件事儿全怪你，第一次人家投资方来了，就是因为你那几集人家没给钱，结果好不容易拿到了钱，又因为你，还得退，成百上千倍地退！算怎么回事？""行了，你就没责任？别忙着把自个儿摘出来啊！""我就是没责任，一点儿责任都没有！刘老师也没有，就是你把我们害了！"蓼萝叫了起来，她自己也不明白为什么要叫。就是觉着控制不了自己，早就想发泄一下了。"怪我就怪我，可事已至此，嚷嚷也没用……我倒有个办法，百分之百管用，就怕你不愿意。"黄伟的样子小心翼翼的，态度却很坚决。

黄伟说出来的话像枪弹一下子击中了蓼萝。黄伟说，你应当去找那个书商想办法，他有的是钱。再说，他欠你的，正想补偿你，听由由说，他仍然爱你。

在那瞬间蓼萝真想杀了黄伟。无论如何，也许上帝在大的方面永远是公正的。之后的一个早上（可能是上帝派遣天使下界的一个早上），空气特别好，蓼萝的心情也就跟着好些了似的。突然地，她心生一念，想去看看那个书商。真的不知道是怎么回事儿，是黄伟的话使然，还是好奇心？如果是好奇心的话，那就是一种强烈的好奇心，这种好奇心简直什么也挡不住。对于她来说，书商是一块乌云，一个噩梦，她已经走在了光明的太阳底下，有一个快乐的阳光男孩（或许就是天使本人）曾经和她一起快乐地飞翔过，然后，他就被上帝给召走了。

蓼萝被一种冥冥中的力量推着，信步走到了那个过去熟悉的地方。突然，一道明亮的光线一下子把她的心照亮了——他就在那儿。阳光男孩。在那个超市，她刚一走进去，就感觉到了他。

他仍然是干干净净的，剪寸头，穿貌似朴素的名牌服装——这不是阳光男孩，这是另一个男孩，她的小包包的主人。天哪，是他！小包包的主人仍然在原来的场景下出现了。

"你好。"他好像有点激动，却竭力显得平静。

"你好。"她是真的有点激动，不是有点，是很激动。她急走了几步，在他的面前停了下来。

"你为什么不问？"

"问什么？"他扬了扬眉毛。

"问包包啊，难道你把它忘了？"

"天哪，My God！"男孩叫起来，显得有些夸张，"这么说，包包还在？我……我刚才都不敢问你……"

"你为什么不找我？"

"那个电话我忘了，可是两年多了，我不断地打听，一有空儿就到这边儿来，这边儿大街小巷的老头老太太都认识我了，都知道我是找狗的……""可是难道你就一点儿线索也没找到？"

"有，当然有线索，要是一点儿没有我也就不会这么看了。有个老头告诉我，西绒线胡同那儿曾经住了一个书商，书商和他媳妇儿老为一条狗打架，他说那狗也叫包包，一谈模样还差不多。我就想，可能是你养不下去了，送了人……"

"书商的媳妇儿，就是我。"蓼萝惨白着脸，站得像根木桩。

"什么？你结婚了？！"男孩又夸张地叫起来。

"没有，瞧把你给吓的！"蓼萝含着细小的泪珠，微微地笑了。

三个月之后，人们看到十字坊小区走出来一对璧人：那个美丽的女孩子抱着一只雪白可爱的小狗，走起路来略略有点瘸，但是脸上的表情很安静，很快乐；那个穿名牌服装的男孩挽着她，也很安静，很快乐。保安探出头来打招呼："出去玩啊？""不，我们去给小狗报户口。"

保安看着女孩的背影，对管物业的老王说，漂亮女孩就是命好，这，不又有人追了，永远也甭想闲下来。老王到底上了几岁年纪，摇摇头说，漂亮有什么好？少似观音老似猴，岁数大了都一样。看这女孩儿，哪还有刚来的时候靓？折腾吧，折腾不了几年！老王说完了这话，那远去的小白狗就从主人肩膀上回过头来瞪了他一眼，像是听懂了似的，对着天空发出一连串的吠叫，叫声渐渐沉没在施工工地的尘埃之中……

玄机之死

长安城自安史之乱后似乎一直没有恢复元气。

过去的歌舞楼台、丝竹声声、商贾云集、胡骑异服似乎在一夜之间被秋风卷去。长安城的街道两旁，树木凋零，楼斜台倾，行人寥落，市面冷清，愈发见出秋意袭人的萧瑟。

温庭筠与友人陈平携侍从自东向西而来，虽是布履儒巾，在不多的行人之中依然十分抢眼。其时温庭筠已届知天命之年，白净面皮上的几缕长髯已略呈灰白，其举止风度却一如当年，自有一种风流倜傥的名士之风。此刻他走在长安城的街道上，貌似轻松地与友人说笑，长安风景却尽收眼底，这寥落的景色使他十分怅然。

仅仅在几年前，真真是大唐盛世之景。

精通音律的温庭筠对音乐舞蹈格外敏感，无论是立部伎中的《安乐》《太平乐》《破阵乐》《庆善乐》《大定乐》《上元乐》《圣寿乐》《光圣乐》，还是坐部伎中的《燕乐》《长寿乐》《天授乐》《鸟歌万寿乐》《龙池乐》《小破阵乐》，都是规模盛大，气势恢弘；比较起来，他似乎更偏爱宴乐中的那些"大曲"，譬如《踏金莲》《绿腰》《凉州》《薄媚》《泛龙舟》《玉树后庭花》《雨霖铃》《柘枝》《突厥三台》，等等。

那时，他曾到教坊领略过著名的《霓裳羽衣》，玄机之死也就是在那里，他认识了绿翘。记得绿翘还是个小丫头，但已是燕语莺声，且容貌体态之间有了一种媚气。在众舞伎之中，绿翘的舞姿天真率直，俨然还是个美丽的女童，与那些"袅袅腰疑折，褰褰袖欲飞"的成年女伎有着本质的区别。当时他悄声问她："能歌吗？"她嫣然一笑，轻拨丝弦唱道："应为价高人不问，却缘香甚蝶难亲……"那一种清越从儿童的口中唱出，自是别有一番味道。他赞道："真是好诗！不知何人所作？"她又是一笑，掩口说："好个温老爷，真真枉担了风流才子的虚名，连这首诗也不晓得？这是当今才女鱼玄机所作，流传已久，难道温老爷竟没听过？"他将一捋美髯，叹道："鱼玄机我是早听说了的，只恨无缘得见。今天听见这诗，此人应是温某的红颜知己！小姑娘，你能与我引荐引荐吗？"没等他说完，她便连连摆手："罢呀，人家早就嫁与补阙李亿了，你就死了这条心吧！"说罢，一跳一蹦地跑了，像一只翩翩飞舞的绿蝴蝶。

……

几年后的元宵之夜，长安城内一如既往是通宵达旦的歌舞，温庭筠也一如既往地携随从徘徊于红巾翠袖之间。《踏谣娘》和《兰陵王》两出大型歌舞格外吸引他，前者是讽刺丈夫殴妻的，后者则是演北齐兰陵王长恭因容貌姣美不足威敌，常戴假面以御敌之事，故此舞又名《大面》。他追随着那戴面具的舞者，竟和随从挤散了。

那舞者他总觉得似曾相识，从面具之后他略略看到一点眉梢眼角的流韵，竟美得如同天人。直到东方曙色微明，灯火阑珊之时，舞者才于黑暗之中摘去面具，向他微启朱唇，莞尔一笑："温老爷别来无恙？"他这才如梦方醒，认出眼前这个绝色少女正是几年前教坊里的那个小丫头绿翘。

绿翘当时身着兰陵王的绣金袍服，略施粉黛，一举手一投足，飘逸婉媚，早已没有丝毫女童的印迹，只是嘴角上还留着一些幼时的顽皮。他吃惊不小，感叹造化塑人之功。犹如一朵花，未开之前样子往往都差不多，可一旦盛开，便是成色各异了。但是越璀璨的往往越易凋谢，这似乎已成为定局。

他请她喝酒。绿翘伸出纤纤玉指，拈起酒盅儿，连喝三盏，然后说："温老爷不是要会鱼玄机吗？现在行了，她被李亿送到咸宜观做道士了！"

那一次，绿翘引他去了咸宜观就再没回来，她仰慕玄机的诗才，留在那里给玄机做了侍女。她和温庭筠自然万万不会想到，一年之后，咸宜观会发生那出震惊长安的悲剧。

那是温庭筠第一次会见鱼玄机。玄机正当盛年，比起绿翘来，别有一种少妇的美丽。加上缁衣素面，更显清雅端严，倒比他听传闻中的"才、色、艺"三绝的形象格调要高。自那时起，他成了咸宜观的常客。

现在他和陈平正穿过那条熟悉的小路向咸宜观走去。

梆子声又把鱼玄机从睡梦中惊醒了。

梆子声在道观里分外凄怆，在她听来简直痛彻心扉——过去每当这时，身边的李亿便要搂紧她，作为丈夫的李亿深知玄机内心的敏感和脆弱。鱼玄机进李家门的时候只有十六岁，那样一个柔弱的小姑娘，虽然十三岁便能诗，又深通音律，被人诵为"女郎本是长安人，生长良家颜如玉"的，命运却甚多波折。她自幼失去双亲，跟着舅父母长大，虽然熟读诗书，却仍然难免一个为人小妾的命运。幸好，李亿也是个儒雅之人，心又细，又多情，虽然大她许多，她也渐渐地习惯了。

过门儿的那天，她穿一袭石榴红绫裙，艳得戳眼，被大妇看见，硬是要她换下，说是做妾的不能穿这种红。玄机不理，就那么一直穿到更衣。大妇看了，又气又恨。

大妇杨氏是官宦人家的独女，父亲在朝居官，母亲又是尚书家中的千金，自小娇养，岂容玄机夺她的专宠？偏玄机也是不能让的，一天到晚只知伴着李亿吟诗弄赋，杨氏面前从不服侍，于是便免不了口角，倒把个李亿弄得进退两难，将将就就几年下来，心也有些灰了。

就在玄机二十三岁那年的一个秋日黄昏，有人送来一条极大的活鳜鱼，是李亿爱吃之物，李亿就多吃了些，谁知被一根鱼刺卡住，险些刺了气管，还是杨氏用手伸进他喉咙，让他呕了出来。过去李亿吃鱼都是杨氏先把刺细细地挑了去的，玄机哪知这个？杨氏便说:"人家娶妾,是服侍官人,传宗接代的,我家娶妾是当菩萨供起来的。要真是菩萨也好了,就怕长一副菩萨相,藏一个蛇蝎心!"自此不让李亿与玄机共枕。

李亿既爱玄机,又天生地怕老婆,只好悄悄对玄机说:歇一歇,待她气消了,再作计较。玄机心高气傲年轻貌美的一个人,哪受得了这等闲气?恹恹的就病了,几天都吃不下饭。李亿吩咐下人单买了乌骨鸡炖了汤,配上莲子百合红枣端了去,玄机只吃了几口便把筷子搁下了。李亿心里着急,趁杨氏不在的时候亲自去看,见玄机娇娇懒懒地躺在那儿,也不梳妆,一头长长的黑发披在一张白脸旁边,越发显出妩媚。见李亿来了,她双眸一合,两行清泪便滚落下来,一只纤手柔柔地捏过来一张白绢,上写"易求无价宝,难得有心郎"。李亿看了,也觉心酸,一手搂了玄机,欷歔不已。良久,李亿哽咽着说:想吃什么,对我说,叫下人去买。

玄机想了一想,说:"现在什么都禁不得,有什么想吃的?倒是老爷那天叫人送来的云片糕,吃了两口,像是克化得动似的,只不知道这里有没有人会做?"李亿便连声地叫厨子。玄机拉拉他的袖子:"少来吧!饶这样,人家还嫌我多事呢!"正说着,杨氏果然来了,只看着李亿,并不看玄机,冷笑着说:"我就看不得这等轻狂样儿!谁没个三灾六难的,都这等娇贵起来,还了得?!老爷也是,人家给个棒槌就认真!家里佣人都是我娘家跟过来的,哪有人会做什么云片糕?老爷也忒絮叨了!"李亿因素惧岳丈权势,杨氏面前便硬不起来,听了这番话,吭声不得,只是一味叹气。玄机已是几天没有吃饭,极弱的人,又着了杨氏的闲话,气得发抖,说:"姐姐也不必甩这些话,姐姐是侯门千金,何苦看着我这没权没势的小妮子眼气?!姐姐这么有本事的人,难道还拿不住老爷?倒怕老爷跑了不成?这么死盯着,知道的道是姐姐关心体恤老爷,不知道的倒以为姐姐小家子气呢!姐姐既然如此放心不下,倒不如我立刻离开了,大家干净!"杨氏万没想到玄机敢当着李亿说出这样一番话来,且伶牙俐齿,话不饶人。也是话赶到那儿了,不能不接,杨氏仍看着李亿:"老爷听听,人道是国有国法家有家规,这屋里到底谁长谁幼谁大谁小？！我不过是说两句实话，就引得她这么前三皇后五帝的一大篇，摆出才女的谱儿，挟制老爷，鄙薄奴才。老爷不说话，倒要我跟她说话不成？！"李亿听了这话，只好劝玄机说："幼薇，你就少说两句！"杨氏冷笑道："你叫她少说两句，不如让我什么都不说！这是在谁面前摆姑娘小姐的款儿啊？！知道老爷厚道实心眼儿，就拿走吓唬他，给我安个不贤的名儿。你走啊，走一个让我瞧瞧！就怕你舍不得走。你若是走了，还有谁能装狐媚子撮哄老爷，排遣我们呢？"玄机本已不说了，听见这话，到底是年轻人的心性，气得眼泪直流，颤声说："听姐姐这话，我必是要走的了！不过我走也要走个明白！难道老爷来看看我的病，就一定是我装狐媚子哄人？姐姐千秋万岁，也难保没有生病的时候，若是姐姐病了，老爷去看你，姐姐又当如何说呢？皇上跟前还三宫六院呢，姐姐做事，不要忒独了！……"一语未了，杨氏抄起拂尘便打，被李亿挡住："罢呀！你们两个这么吵，不是要我的命吗？都给我住嘴，让下人听了，成何体统？！"——玄机早已哭倒，哽咽道："老爷放我回罢！就是死也回去咽气，免得成了人家的眼中钉，肉中刺！……"

那一天，直闹到李亿面如金纸，拂袖而去。

翌日，玄机早早起来梳洗，对镜一看，竟清瘦了许多。淡淡抹上一层脂粉，眉颦春山，惺眼微饧，别有一种风韵。一碗清水蛋，也被她咬着牙，慢慢喝了下去。她未惊动任何人，只携了一个贴身丫头，一乘轿子去了咸宜观。

她原想出去躲两天，待这场风波停了，李亿自会来接她。谁知，这一去就是四年。李亿倒是来过几回，回回都说：忍耐些，待她回心转意了，我自来接你。偏玄机心性高傲，是那种"虎死不倒地"的人，竟真的入了观，成了带发修行的女道士。

玄机二十多岁便与青灯古佛为伴，又是曾经沧海的人，其苦自不堪言，每天都以泪洗面。直到上元佳节的翌日，那个叫做绿翘的小妮子引来了大词人温庭筠，她才觉出命运该有所转变。她不仅仅是爱他，她简直觉得他是她的救星，她曾经希望他能把她娶了去，如同一对鸳鸯一般，须臾不离。

可是，现在这一切永远无法实现了。她痛悔自己的过失，但求早死。被子里越睡越凉，她习惯地喊了一声绿翘，想让她把手炉递过来，可话一出口她就咬住了自己的手指，再不会有绿翘在身边侍候了。她什么也没有了，她真的不知道自己前世究竟作了什么孽，要罚自己今生受这样的痛苦。

鱼玄机终于在清冷的梆子声中睡着了，脸上挂着两行清泪。

平时为温庭筠开门的总是绿翘。绿翘当时年方十七，正是如花似玉之时，且别有一番奇特之处。和同龄女孩子相比，绿翘常是另式另样地打扮自己，且常爱女扮男装，或者扮伶人。温庭筠每每见到她时，总是眼前一亮。但这一次却是个陌生的女侍。

温庭筠十分爱玄机的才华品貌，暇时来观内饮酒，她常亲自抚琴吟诗助兴。咸宜观是极清静的所在，除玄机主仆外，只有一年逾花甲的老道姑和若干个女佣而已。但玄机对于他的吸引与排斥几乎同样强烈。

就在前两天，一个寂寥的黄昏，温庭筠因喝了一壶桂花酒而微醺，带着满身的桂花甜香，走进秋意袭人的观内。那一天，他原想对玄机说些重要的话，可玄机对他却有些冷冷的。绿翘进了茶后，玄机进去更衣，半天都没出来。他问道：幼薇哪里去了？绿翘道：温老爷，我们炼师恼你哩！他问：她恼我什么？绿翘俏皮地一笑：她恼你什么，你问她好了，我怎么知道？一语未了，里面玄机抚琴唱道："……冰销远涧怜清韵，雪远寒峰想玉姿。莫听凡歌春病酒，休招闲客夜贪棋……"

温庭筠听了，这才知道玄机是对自己的行无检束、放浪形骸不满，借机规劝于他，心里便有几分不快。这温庭筠原是个风流才子，对女人多有狎玩之心。在鱼玄机面前，他因有几分敬意，已十分收敛，不想这小女子仍如此挑剔。他暗想：才女原多恃才傲物，只可远观不可狎玩。但她不过是区区一女道士，李亿的弃妾，且小我二十多岁，竟当着下人之面对我如此冷落，也有些太过分了！欲待离去，又怕她们小看了自己的度量，加上绿翘百般挽留，频频进茶，方才渐渐息怒。月亮初上，满园桂叶沙沙作响，绿森森的透着凉气。月光映着绿翘，那小女子越发显得千娇百媚，十分可爱。温庭筠微醺之下，竟把一腔柔情转移到绿翘身上。那绿翘最是顽皮，见温庭筠与炼师赌气，颇觉好玩，不但不避，反接了温庭筠带来的酒，烫好了，拿来两盏菊花杯，与他你一盏我一盏地痛饮起来。几盏下肚，本来花容月貌的绿翘更显光彩照人。温庭筠见她脱了葱绿衫儿，只穿贴身杏黄色小衣，露一痕雪脯，两个坠子如同打秋千似的明晃晃地悠来荡去，不免露出狎昵之色。那绿翘偏又不让他近身，仍然像一只绿蝶，翩翩飞舞于丹桂丛中……

事后温庭筠颇有些后悔，如此冷落玄机，终是不妥，为了表示歉意，他填了两阕新词，准备今天亲去观中献给玄机。谁知邻居陈平听说是去咸宜观，便定要同往，温庭筠推辞不得，只好应了。这陈平也是江湖中人，酷爱诗词，只是读书太少，很难进入文人圈中。因素慕鱼玄机诗名，得此机会便不肯错过。进得观中，陈平感到一片菊桂之香，暗想这真是个做诗的好去处。

女侍挑开绣帘，叫道：炼师，有客人来了！一语未了，陈平只见一白衣女子翩然走出，心想这便是鱼玄机了。只见她身段袅袅婷婷，走起路来飘飘欲仙，虽然有一种唇不点而含丹，眉不画而横翠的天然美丽，却显得神情忧戚，郁郁寡欢，有一种拒人于千里之外的冷淡。脸上似乎影影绰绰有泪痕，见到他们，她也只是淡淡地招呼一下，让女侍看茶。

坐定之后，温庭筠把两阕新词呈上，一面问："绿翘哪里去了？"陈平注意到这不经意的一句问话，竟然使玄机的身子抖了一下，纸也差点掉在地上。她掩饰地把袖子盖住纸，眼皮也不抬地问："飞卿师是来找她的？"温庭筠忙赔笑道："不不，因你们两个从来形影不离，故此问问。"鱼玄机起身亲自沏了一壶茶，为他们斟好之后，正襟危坐，道："绿翘因耐不得寂寞，已经离观出走了。尔等若是来造访她的，敬请打道回府。"说得两人做声不得。那温庭筠更如兜头一瓢冷水泼将下来，只好指着陈平说："幼薇，这位是陈平陈公子，一向慕你的诗名，特地前来看你。"玄机冷冷地欠一下身："陈公子客气。"那陈平虽是江湖中人，却是市井出身，最是小家子气的，如今慕名而来却遭此冷遇，自是不平。当时你来我往地说了些不打紧的话，温陈二人便起身告辞了。

已经出了园子，陈平忽然想小解，见一路光溜溜的石头地，便转回园子里去。

温庭筠命男仆阿容跟着。两人沿着一路黄叶转到一个僻静的所在，陈平解完正在系腰带，阿容忽喊起来："陈老爷快看，出了鬼呢！"原来，阿容正扒土掩埋时，忽从土下露出一角绿裙，十分炫目。继续扒时，一只发青的手露了出来，把个陈平阿容吓得打跌——土里埋的是个年轻美貌的少女，肤色虽已变青，仍能看出少女生前是个绝色。陈平眼珠一转，附在阿容耳边如此这般地吩咐一番，阿容连连点头，二人仍用土将那尸体照原样盖了，扬长而去。见了温庭筠，只字未提。

温庭筠一行走了之后，玄机急掩了观门，卧在蒲团上大放悲声。两天前飞卿的到来，玄机心里本是极喜悦的，谁知先是闻到他身上的酒气，继而又见他与绿翘眉目传情，不禁怒从中起。她借口进去更衣，心里极想飞卿循踪而来，自己心内一腔幽怨，也好得个发泄的去处，谁知左等右等，不见他人影。从纱窗看去，正好看见他与绿翘对饮，又见绿翘脱了衫子，只穿贴身小衣，风情万种的样子，直把个玄机气得手脚冰凉。

一年前，是绿翘把飞卿引来的。也就是在那次，绿翘留了下来，做了玄机的侍女。玄机深爱她的美丽、机灵和可爱，竟把她当做自己亲妹妹一般，亲自教她琴棋书画，万般宠爱。绿翘也十分懂事，会讨人喜欢，常把盛怒时的玄机逗笑了。人前绿翘称玄机"炼师"，背后却是姐姐姐姐地叫个不停。绿翘又会做事，又会看眼色，几年下来，倒成了玄机第一个贴心之人。但两个女人相处不会总是愉快，绿翘也有故意气玄机的时候，玄机的脾气和弱点，完全在绿翘的掌握之中。表面上绿翘处处迎合玄机，实际上大主意全拿在了绿翘手里，这一点，玄机心里清清亮亮。有时她不得不防绿翘，在和绿翘斗气之时，玄机又常想起绿翘虽好，到底是歌舞伎出身，心里便有些鄙夷。

随着岁月的流逝，玄机与绿翘越来越不能相容了。玄机的容貌原是极好的，天庭开阔，眉目清秀，白如凝脂，气韵生动，所以才有"女郎本是长安人，生长良家颜如玉"之说。但命运坎坷，大妇不能见容，丈夫又惧岳丈权势，不敢为自己做主，年轻轻的便被撵到这不得见人的去处，她原本是心高气傲的一个人，怎咽得下这口鸟气？来观里的几年，每天都是三更方睡，五更又醒，以泪洗面。想想将来，更觉前程渺茫，有时气塞胸膛，血脉不通，经血不下；有时又血虚气弱，忧思伤脾，月经淋漓不断，长久下去十分毁伤容颜。先是眼下出现了乌青的眼圈，后来便面带菜色，虽然有脂粉遮挡，却仍显得憔悴不堪，精神不济，哪比得了绿翘正值青春豆蔻年华，颜色艳丽？两人越是在一起越是显出差别。加上长安城常有名士来访玄机，本是慕她诗名而来，但几次之后，眼睛却都转向了绿翘。温庭筠也不例外。玄机气恼的是那绿翘明明知道这个，却不但毫无收敛，反而越发洋洋得意，玄机总想寻个机会好好教训她一番。

　　玄机到观中三年，性情已是大变。过去的玄机虽有些清高孤傲，但仍有天真烂漫、不记旧恨的一面。到了观里，除了绿翘也没个说话处，连空气似乎都是死的。先时玄机还常趁老道媪午睡时间，让绿翘扶了自己到街面上转一转，但转一转的结果，却是看了外面世界那些无拘无束的红男绿女，自己心里更加忧伤。后来索性不出去了，怕见人。怕见人的结果便是内心极度孤独，孤独到了有些变态的程度，平日里常常莫名其妙地生气，十分多疑，特别是对于温庭筠，她心里一直拿不定主意，这是周围唯一可以吸引她的男人，可她知道自己把握不住。李亿那里，她已不作什么指望了。她曾很想做个离了谁都能活的女人，可她最终发现她做不到。

　　那一天的事情发生在温庭筠走后。在听到月亮门吱呀一响后，她连声地喊起绿翘来。恰巧绿翘喝得半醉，迷迷糊糊地没有听见。玄机心里一口恶气无法发泄，就将那屋里能砸的东西，尽数砸碎，和衣倒在床上，并不曾入睡。那绿翘半夜醒来，心知错了，便往玄机房中送茶。一手擎着蜡烛，一手端着茶杯，本是飘飘忽忽的不稳，不想刚进房门，便被玄机在黑暗处断喝一声，手中的热茶早已烫了手，蜡烛也倒下，竟点着了玄机的帐幔，爆出荧荧火光。玄机气上加气，令绿翘跪下。偏绿翘是头一个犟性子，吃顺不吃戗的，平日里又被玄机宠坏了，哪把观中规矩放在眼里？！只说："温老爷是姐姐的朋友，姐姐回屋躲了轻巧，我是躲不过去，替姐姐劳神费力了半天，姐姐不知疼我，倒摆出小姐的款儿来压我。既这样，明儿我就走了，倒看看谁来服侍姐姐有我这等忠心！"玄机啐了一口："呸！死了张屠夫，就吃混毛猪不成？不要脸的死妮子！你拿走吓唬谁！你走了也罢，就怕你舍不得走！你若走了，还有谁那么大的面子，能留住客，陪着客人喝酒赏菊呢？！"绿翘真个是不知进退，撇嘴道："罢哟，姐姐这是说谁呢？若是说我呢，喝酒赏菊的本事是谁教出来的？是谁动不动就烦了，就倦了，把我当个幡儿打出来？跟了姐姐这几年，就是个没嘴的葫芦也练出来了，何况我原先就会说两句话儿。"玄机大怒："你会说话儿，你能耐！要不然外面儿的三老四少怎么来了就是找你，可知你能耐嘛！你明儿一早就给我走！你走了，这观里也清静些。或者找个小厮直接配了领走，岂不更干净！"

绿翘听了这话，哭道："姐姐说话，用不着这么夹枪带棒的，把屎盆子往人家头上扣！姐姐的心思我岂不明白？便是那温老爷上门，难道不是为了找姐姐的？我陪着那温老爷喝酒赏菊，难道不是为了姐姐？姐姐是装憨儿呢，还是真憨？姐姐若是真的怪我，不但我素日待姐姐的心白使了，就连姐姐素日疼我的心，也是白使了呢！"玄机听了这话，眼泪就像断线的珠子似的落下来，心下已是软了，偏嘴里不饶人。又想着这绿翘一张利口，主子说一句，她有十句等着，若都这等没规矩起来，日后怎好管教？不如趁了今日撕破脸皮，管教一番，也是一劳永逸的事。遂拿了拂尘在手，喝道："我打你这满嘴跑舌头的小娼妇，作死哩！这话也是你说的？还不快跪下受死？！"绿翘嘴一噘："奴才今儿个就不跪了，要杀要打，听凭姐姐去！"玄机气得发抖，道："这丫头没了王法了，我今儿倒要立立规矩！"说罢，举起拂尘照着绿翘没头没脑地一通乱抽。绿翘叫了几声，忽然就没了声。当时烧着布幔的火苗早已被踩灭，又没有点灯，黑漆漆的什么也看不见，忽然寂静下来，玄机也害怕，忙去点了灯。一灯如豆地照在绿翘的脸上，但见她面如死灰，一动不动，玄机先还自己壮胆，道："还不快快起来？这等装死狗赖在地上，成何体统？！"见毫无声息，玄机心里嗵嗵地跳起来，又细细一看，原来那拂尘恰恰打中了绿翘的太阳穴，可怜一个如花似玉的女孩就这么被杖毙了，死得无声无息。

玄机瘫软在地，半晌动弹不得。直到四更响过，院外有女侍在问："炼师，师太打发奴才来问，听见炼师房里动静不小，可是不舒服了？"玄机定了一会儿神，答道："多谢惦记着。我身上好好儿的，哪有什么不舒服的。"女侍正待离开，又听里面说道："告诉师太，打发个人过来，绿翘那妮子耐不得寂寞，已经离观出走了。"女侍怔了一下，领命而去。

玄机这才发现，自己的手脚冰冻似的凉。战抖着向绿翘身上一摸，似乎已经开始僵硬了，这才手忙脚乱地站起来，将那绿翘的尸身，往园子里拖。忙活了大半夜，才将绿翘掩埋了。

回来之后，天边已有些曙色，她看到屋里似乎有另一个女人！她惊魂未定地躲在了一边，看见果然有个披头散发的女人，满脸泪痕，脸色青白，眼露杀气，怔怔地看着她。她急忙把香罗带咬在嘴里，才没喊出声来。再看那女人也咬上了一角罗带，这才明白那原是前厅里的一面镜子，镜子里那个罗刹似的女人，正是她自己！她一声悲啼便解开了罗带，系在房梁上，挽成一个活结，然后开始对镜梳妆。

过去，玄机只是在每天梳妆的时候有好心情，这是因为那个梳妆盒和各种首饰，皆是母亲生前所赠，使起来常觉得心里有种暖意。可今天一看那新榨的胭脂汁子，便不禁悲从中来。那是前几日刚入秋时，一天太阳正好，绿翘兴高采烈地挽了她出去采花。秋阳明媚，主仆二人采了两大把花，进到房里由绿翘来分。绿翘将茉莉用草叶穿了挂在梁子上，满屋都是幽香；又把石竹、金菊等插了一大瓶；将那玫瑰和凤仙花单拣出来，制成胭脂膏子和染指甲的汁子。玄机试了一回胭脂，竟是十分的好，不但香，颜色也是顶好的，洇在腮上是天然的淡红，且不用皂角洗便褪不下去；而用凤仙花的汁子染的指甲，鲜红而透明，玄机爱得什么似的。她一样只赏了绿翘一瓶，余下的自己都留下了，也未告知老道姆。

可是今天，玄机见了这些只有伤心的份儿。她忽然意识到，自己余下的生命是绿翘给的，绿翘一走，是把她剩下的生命全带走了。

盛妆的玄机依旧明媚动人，她毕竟只有二十七岁。看着镜里的自己，玄机很想就这样子最后见温飞卿一面，也好留些念想。看着梁上那香罗带系成的结，她忽然觉得一切都像是一场梦，她在充当梦中的角色。梦中的角色很好演，只要把脖子套进那个活结，并不疼痛，一切就会结束了。

但是她似乎注定不会这样轻而易举地离开，命运对她没有这么慷慨。就在她要有所作为的时候，有人敲响了门。她知道是那个女侍送早饭来了。她几乎忘了挂在梁上的那根香罗带。女侍走进来，向她似笑非笑地道了个万福，然后一板一眼地说："师太惦着炼师，特地叫奴才去后园子摘些果子送来。师太说，要是炼师觉着好吃呢，过几天中秋节，就和炼师一起到后园子吃果子赏月，再预备两壶桂花酒，岂不比外头做得干净？"玄机强笑道："难为师太惦记着，如此甚好。"又拿出一瓶胭脂膏子，道："这个是自己榨的，赏了你罢。"女侍欢天喜地地接过去，道："师太吩咐，既是绿翘走了，炼师身边缺人，就让奴才暂时照顾几天，不知炼师心下如何？"玄机暗暗叫苦，只恨自己一时失口，只好说："如此委屈姐姐了。"眼巴巴地望着那根香罗带，做声不得。

长安京兆府尹温璋在中秋这天摆了素宴，下了拜帖，派了一乘青衣小轿，把玄机接到了府中。玄机对此并不惊奇，数年来，朝廷大员、皇亲国戚，没少请她，但是用这样的方式，似乎还是头一次。欲要回绝，找不到理由，只好硬了头皮去。玄机与温璋素无往来，听说是以文会友，还以为温璋也是翰墨场中人，及至见了，看到温璋亲自出迎，全无官场俗气，心里轻松了许多。

温璋府内倒也清静淡雅，玄机坐下来，温璋只敬一杯清茶，道："闻炼师盛名，如雷贯耳，今日得见，三生有幸。知炼师素性雅洁，不敢造次，只备得清茗一盏，伴以丝竹，以助雅兴，炼师以为如何？"玄机微微颔首。温璋立即发令："动乐。"只见十余名歌姬丝弦轻拨，朱唇慢启，演唱了一首鱼玄机两年前所作的流传已久的《秋怨》。

自叹多情是足愁，况当风月满庭秋。洞房偏与更声近，夜夜灯前欲白头……歌罢，众清客一片恭维。玄机起身谢道："原是我一时游戏之作，没想到竟惊动了府尹大人。大人见笑了。"温璋将髯笑道："此诗早已传遍了长安城。谁人不知炼师是当今长安城内第一才女？只是不知炼师近日又有何新作？"玄机道："什么才女，什么新作，大人拿民女取笑了。民女写诗，原是闺阁中互相和了玩的，哪就能认真起来？"温璋呵呵大笑，又亲自为玄机添茶，一双眼睛，骨碌碌只在玄机脸上打转。玄机冰雪聪明之人，如何不省得？只是怕得罪了他，便说："大人，今日中秋佳节，观中只留了一位师太，我实在放心不下，就此告辞了，待来日再谢府尹大人的一片诚意。"说着便要起身，却被温璋拦住："炼师且慢，温璋不才，有一事想向炼师请教。"玄机心里一惊，漫然应道："大人请讲。"温璋立刻屏退左右，歌姬和清客们转眼便消失了，玄机心里咚咚地跳了起来。

温璋自斟自饮了一杯，突然一绷脸，变了副面目。玄机心里有病，忙赔笑道："大人有何吩咐，但说无妨。"温璋回过头来，满脸狞笑："炼师，你可知罪？"玄机脸色顿时死人似的苍白，战抖着说出："民女何罪之有？"温璋冷冷一笑："炼师知书达理，不会不知道，无端杖毙侍女，应是死罪！"玄机全身已是软了，兀自强撑着说："大……大人不要听信谣言……"温璋呵呵大笑："谣言？炼师难道非见到人证物证再认罪吗？那时只怕为时已晚！"一语未了，玄机战抖不已，说不出话来。温璋遂低声道："不过炼师也不必如此紧张，温某迄今为止，并未声张。此事可大可小，所以温某才将炼师请来当面商量。炼师果然名不虚传，色艺双绝，温某爱才心切，不忍弃之，故想了一个万全之策，不如请炼师到我府中暂避一时，躲过风声再说。温某虽非大富大贵，足可保炼师衣食无虑尔。今晚，炼师就不必回观了……"这么说着，温璋身子便往前凑，两眼目光烁烁。玄机别转脸，又怕又气，道："温大人，你府内美女如云，又何须顾念我一道观女子！……"

话音未落，温璋早已不耐烦了，竟一下子扑了过来，口中喊道："我要的就是你！"紧紧将那玄机搂住。玄机羞愤交加，抵死不从，但一手无缚鸡之力的弱女子，哪敌得过一中年饿汉，渐渐的软了下去，不知不觉地，竟被他把中衣解了下来。温璋自以为得计，如老鹰捉小鸡似的，正想成其好事，不想被他压在身下喘息不已的玄机忽然张口咬住了他的鼻子，而且死不撒嘴！温璋大声呼痛，全不济事，直到揪掉一把玄机的头发，玄机才松了口。温璋怒不可遏，指着玄机的鼻子破口大骂："你不过是一带发修行的贱婢！老爷抬举你，你是个人，若不抬举你，你连条狗也算不上！况你现在还犯了死罪！既然给脸不要脸，那就别怪我姓温的不讲交情了！"说着抹掉鼻梁上的血，扯着嘶哑的喉咙大喝一声："升堂！！"

两厢衙役齐声大吼堂威。但此时玄机已经不怕了，她想自己早晚也是个死，不如死个干净。

此时已近晌午，府衙内的光线里浮动着许多灰尘，因此变得混浊。一身素衣的玄机在这种光线里显得若明若暗，朦胧不清。

衙役们从来都是拿着断魂棒双目直视，如果他们肯转一转眼珠，就会发现今天老爷鼻梁上贴着的白布条。

一个衙役奉温璋之命用法绳绑缚了玄机，那个衙役立即感到玄机的双臂柔软得像面条。他在捆绑她的时候悄悄摘去了她的手镯，这是他的习惯，他觉得她似乎并没有什么反应，于是又悄悄拧了她的胳膊一下。他迅雷不及掩耳地感到一口唾沫啐在他的脸上。他刚想发作，老爷的惊堂木"啪"的一声拍响了。

温璋用他那略显沙哑的嗓子抑扬顿挫地吼道："大胆贱妇！还不赶快跪下！"

被喝了堂威而不跪的，在京兆府里，大概只有玄机一人了。玄机原是十分傲气的，此时已然参透了生死，自然更不把温璋这等俗吏放在眼里。面对满屋的杀气，她倒显得十分从容了："民女无罪，为何下跪？"

温璋冷笑道："你无罪？！那我问你，你的侍女绿翘哪里去了？！"

玄机道："她不适观中清静，已经离观出走了。"

温璋紧逼不舍："去了哪里？"

玄机道："她自幼失怙，无家无业，不知去向。"

温璋道："果真如此吗？"

玄机一咬牙："出家人不打妄语。"

温璋忽然狂笑起来："好个出家人不打妄语！……告诉你吧，你的侍女绿翘已经到了我这里。"

一语未了，玄机的身子已如秋后黄叶一般抖了起来。温璋见状越发开心，笑得连鼻梁上的白布条也战栗了起来："来人哪，把绿翘请出来，让她们主仆在这里见上一面吧！"

玄机退到一旁，把身子整个倚到大堂的柱子上，以免自己倒下。只见四名衙役抬出来一卷白绫裹着的东西，那东西散发出一股异香，但异香里又裹着一种腐臭，令人喘不出气来。待到那白绫一层层打开来时，却见一角绿衣一闪，玄机看到了她最不想看到的景象：与自己曾经朝夕相伴的绿翘直挺挺地躺着，除了尸身的颜色有些发紫，那面容竟然丝毫没有改变，嘴角仍像生前那样翘着，既调皮，又带有几分讥讽；眼睫毛因为太长，似乎还在颤动，仿佛随时会睁开眼，用嘲笑和揶揄的眼光盯着玄机。玄机一时面如土色，说不出话来。

温璋脸一沉，断喝一声："鱼玄机，这个可是你的侍女绿翘？"

堂上几十双眼睛盯在玄机身上，只见她一身素衣，脸色白得透明，如一张白纸剪成的人儿，弱不胜衣，仿佛连一阵清风吹来，也能将她吹走似的。

温璋连问数声，玄机并不回答，直到温璋大喝一声："重刑伺候！"几个虎狼似的衙役一下子架起她，将她牢牢按住，将那双纤细娇嫩的手放进了拶子里，用力一拉，只听骨节咯吱吱的声音，玄机惨叫一声，昏了过去。

那一天，京兆府衙之外，黑压压一片围满了人群。长安城里似乎一下子空荡荡的，连卖炊饼卖糖人的也都没影了。人们一直等在府衙之外交头接耳，耳语声汇聚在一起，似乎像一阵阵潮起潮落。直到暮色将临，月上东山，人们似乎才突然想起，这是中秋之夜啊。

浅黄的大月亮如剪纸似的挂在天幕上。这时，两个衙役把一个浑身血污的年轻女人拖进牢房里，把另一个死去的年轻女人依然用白绫裹住，悄悄下葬了。

温庭筠在中秋之夜仍然习惯地在长安城里游荡。近日他赋得好诗，心下自是得意。自那日起他有四五天都没去咸宜观了，他原想三天之内玄机就会下帖子请他，可到了中秋，他真觉得有些奇怪了：玄机就像忽然消失了似的，连绿翘那小丫头也是踪影全无。在他想来，妇道人家拿捏几日也就罢了，哪里就认真起来？若是认真了，不但于情理之中说不过去，就连过去的情意也辜负了。

于是他便赌气不去咸宜观。

长安城的灯会和歌舞都远远不及过去了。又是老一套的《兰陵王》和《踏谣娘》。看到《兰陵王》，他便不由自主地想到绿翘，有好长时间没见到她了。在他心目中，绿翘无比忠于玄机，玄机吃她的醋，真是太没道理了。咸宜观是他十分心仪的所在，那种幽静，那种惬意，那种菊桂之香，玄机的高雅机智和绿翘的美丽灵动都令他神往。他认为一个男人至少应当有两个女人，特别是像他这样的风流才子。但是两个女人之间总是不能相容，像玄机这样天下闻名的才女，也不能免俗。他和玄机在一起，闹别扭的时候总比愉快的时候多，和绿翘在一起时则恰恰相反。但奇怪的是，无论是闹别扭的，还是愉快的，都令人回味，缺一不可。

而在这中秋的夜晚，面对着那轮浅黄色的大月亮，那些闪闪烁烁的彩灯，他平时涌动的诗兴反而一点也没有了。温庭筠就是在那时碰上老友余怀礼的。

余怀礼是温庭筠的诗友兼酒友，但余怀礼对女人没多大兴趣。余怀礼是那种自诩为坐怀不乱的人，一般的女人，根本不在他的眼里。那次温庭筠拉他去咸宜观，他本以为又是温庭筠的一段寻常的风流韵事，及至见了玄机，见了她写的诗文，他大吃一惊。鱼玄机他过去自然是听说了的，盛名之下，他总觉得她大不了是那种长安城里遍地都是的吟风弄月附庸风雅的女子。但直面相对，玄机竟使他眼前一亮：她一身缟素，洗尽铅华，却有一种超尘绝俗之气。她的诗，绝不同于那些小女子的闺阁体，而是悲风逼人，冰雪聪明，令人一咏三叹。而相比之下，绿翘不过是个甜净可人的小丫头而已。那一晚，余怀礼竟然一夜都没睡好，几次掌灯起来，看着自己那斗大字不识一升的糟糠之妻，眼前便三番五次出现玄机的玉骨冰肌。

但余怀礼不是个善于行动的人。还在他镜花水月、浮想联翩之时，温庭筠早已勇敢出击。余怀礼第二次去咸宜观是在三个月之后，他没有邀温庭筠，甚至连马童也没有带。他在外面整整等了两个小时，玄机才款款地出来。玄机问他：公子来此何干？他张口结舌答不上来，玄机便不悦。他只好现编了几句话，说正学着写诗，想来请教诗中三昧。玄机冷冷地说了八个字便起身告退。玄机说的是：从拙入工，从工返拙。余怀礼乃世家子，岂不知这一点粗浅的常识？加上那一天给他上的茶看上去竟像是隔夜的剩茶，玄机的美好形象便在一瞬之间打得粉碎。他拂袖而去，为他开门的绿翘和他招呼，他也不过是哼了一声。

看着他那愤愤然的样子，绿翘回到屋里便笑得透不过气来。后来把玄机也笑出来了。绿翘把帕子捂着嘴笑道："姐姐也忒狠了些，这个相公也是好玩，等了两个钟头，说了两句话就走了。"玄机沉吟道："只怕这个人还有些真心。下次来了，不可怠慢。"绿翘边为玄机梳头边说："一个人名气大了也麻烦，譬如姐姐，一天要应付多少人？又有多少人是姐姐愿见的？愿见的总是少的，不愿见的，想什么法子打发了去，到头来也是得罪人。"玄机叹道："可知是这话了，到底你明白。你打量男人是好的？十个男人里能有半个知疼知热的，就是万世的造化了！女人也不过是这几年，青春一过，就是有个皇帝老子也没人理了。妹妹，我倒劝你，趁着青春年少，看上了谁，尽管和我说，别挨得像姐姐这般薄命！"说着便垂泪。绿翘忙劝道："姐姐这又是怎么了？倒是我这话说得不是了，引得姐姐伤心！依我看，姐姐这命也就算可以了，李员外难道不是'有心郎'？难道不知疼知热？虽然那杨氏是醋罐子里泡出来的，姐姐不理她便是，凡事由员外做主，怕她做甚？偏姐姐太是个要强，青春年少的，躲到这咸宜观来，日子长了，李员外他一个男人，即便有那个心，也慢慢消磨掉了，姐姐岂不是自己把自己耽误了？"一席话说下来，那玄机更是哭得哽咽难言。绿翘往玄机发髻上插一支簪子，又道："姐姐也不必伤心流泪，事情过去了，也不必想它，天底下男人有的是。依姐姐花容月貌、才高八斗，岂能找不到如意郎君？——眼下便有一个！"玄机啐道："你这个没脸的小蹄子！少说一句话没人把你当哑巴卖了！你倒说说是谁？说得不是了，拧你的嘴！"

绿翘调皮地一笑："姐姐要拧我的嘴，我便不说了。"玄机心下思忖，她必说的是温庭筠无疑。说出来了，脸上须挂不住，不如不说。遂佯怒道："梳一个头梳个把钟头，倒把你惯出小姐款儿来了呢！还不快些？梳得差了，仔细你的皮！"

玄机万没想到，绿翘说的并非是温庭筠，而是余怀礼。绿翘出身教坊，从小什么人没见过？男人在她眼里，三两下便能看出个端的。论情分上，她自然与温庭筠靠得近些，但她心里明镜儿似的：温老爷这样的男人是靠不住的！而余怀礼，统共她只见过两次，却发现了他与其他男人的不同：他不但对玄机是真心，且他心里，只有玄机一个！绿翘何等聪明，早已知道玄机的心里，玄机岂止是要一个丈夫，她要的人必要对她情有独钟，别的方面尚可商榷，唯这一方面，玄机是半点含糊不得！这些年来，除余怀礼一个，别的男人看绿翘什么眼光，她心下自然明白。

但绿翘却不知道，像余怀礼这样的真心男人最是受不得伤。就在绿翘把他作为一个人选提出的时候，余怀礼早已恨恨地把玄机从自己的心里抹去了。

最近，只是在一个偶然的场合，余怀礼得知了关于玄机主仆的吓人故事。他的第一反应是吃惊，然后庆幸自己不曾搅在里面。心下又想，那鱼玄机果然是狠，竟把自己那么忠心的贴身丫头杀了，若是娶了这样的女人为妻，还不知生出些什么事端来。这么一想，眼前就出现了玄机那双冷若冰霜的眼睛，那双眼睛现在回想起来，真让人暗暗胆寒。

就在那个暧昧不明的中秋之夜，书生余怀礼把他所知道的关于玄机主仆的故事，悉数告诉了大词人温庭筠。玄机照例醒在四更天。又是那清冷凄恻的梆子声，她这一生也逃不掉的梆子声啊，原来从一开始便是恶兆。

这牢房里是彻骨的寒冷。玄机动一动，周身便像断裂样的疼痛。如果此时有面镜子，玄机照见一眼，定会毫不犹豫地撞柱而亡：她的右侧脸颊，因挨了打而肿起，肿得一只眼睛只剩下一条缝；额头上的血已凝成了血污，衬着那雪白的瘦脸，倒是一副半人半鬼的模样。冰清玉洁的玄机是宁死也不愿别人看见自己这样子的，可大词人温庭筠偏偏是在这时走进了牢房。

温庭筠的性子，最是忍耐不得。余怀礼的一番述说，他听罢如五雷轰顶，原来正是那一日携了陈平阿容去咸宜观出了事！余怀礼说那日陈平阿容去园中小解，无意之中发现了绿翘的尸体，那阿容的兄弟正是在京兆府里当差的阿文，府尹大人温璋立刻就知道了，旋即派了阿文混入观中探察。阿文先买通了老道姆，掘出绿翘尸体运回衙内，温璋却令他不得声张。

温璋自然有自己的打算。玄机之名冠长安，他早有耳闻。这温璋虽已年逾半百，女人上面最是会动心思，府中虽有娇妻艳妾，又时有歌伎伶人，到底只是香艳之辈，温璋一直想换换胃口。鱼玄机这件案子撞到他手里，他不禁窃喜，暗想：若是玄机答应了他，左不过是毁灭证据，再杀阿文以灭口罢了。这等遮人耳目的事他一生中不知干了多少，又何必在乎这一两件？

谁知那鱼玄机不识好歹，誓死不从，倒让温璋有些替她惋惜了。温璋也隐约感到，这女人一定有个心爱之人。女人若无心上人，断断不会如此刚烈的。温璋在暖帐里想，自己并不用急，这女人的心上人，这两天之内就会自投罗网，那时再计议不迟。

果然这一天之内就来了两个男人：先是温庭筠，后是李亿。

温庭筠第一眼见到玄机时，简直五内俱焚。那样一个一尘不染的女子竟遍体血污衣衫不整，这太不符合他唯美的心理了。在那一瞬间，他简直想将那毁灭美好、玷污高洁的家伙扼死。他撕下一块绸巾，细细地为玄机揩拭，石化了似的玄机至此才瘫软下来，第一滴泪流下来十分艰难，接下来便是倾盆大雨了。

但是温庭筠还没有来得及倾诉他的感情，第二个男人就走了进来。第二个男人正是鱼玄机的前夫李亿。温飞卿虽然是落拓不羁的大词人，却也脱不过三纲五常的规矩，只好站在一旁，留又不是，走又不是，好不尴尬。

李亿一把搂住玄机，哭得痛不欲生。一个大男人哭成这样子，温庭筠还是头一回看到。李亿如入无人之境，似乎根本没有注意到大词人的存在。玄机的入狱成了长安城的一大新闻，李亿倒怕是最后一个知道的。

玄机像做梦似的看着他们，他们是她这一生最亲近的人，就是在昨天，在刚才，她还在盼着想着他们。他们就像遥远的一道风景，他们应当是分开的，可他们现在竟然在一起，而且这样近地站在她的眼前。她曾经朝思暮想而后怨愤不已的"有心郎"如今忽然出现，而且搂着自己痛哭失声，她的余光甚至能看到他那通红的牙龈，这倒出人意料地令她止了泪。她的惊恐压过了悲痛。

一切都不出温璋之所料：词人与补阙成了他的网中之鱼。牢房的一侧间壁是一座密室，他从密室的窥视孔中清清楚楚地看到两个男人的悲伤，他心里滑过一种类似快感的滋味。

密室的窥视孔这两天成了他茶余饭后的消遣。他看到清冷月光下伤痕累累的玄机仰卧在那里，间或动一动的时候，能看到她胸衣中那小小的苦胆似的乳房。奇怪的是温璋现在对她已经完全没有了当初的欲念，好像是一个价值连城的宝物，开始大家都拼命争夺，一旦在争夺中被摔得粉碎之后，众人便毫无怜香惜玉之心地弃它而去。温璋现在眼中的玄机早已不是在长安城闻名遐迩的才女，而是一个蓬头垢面伤痕累累的瘦弱女子，一个坐以待毙的女囚而已，因此他不失时机地令狱卒收网。

玄机被绑赴法场的那一天，天空中呈现出淡淡的红。那是一种奇异而危险的颜色，好像本来遥远的天空一下子离得很近。长安城的人们都仰头看天，都有些害怕，好像有什么事情要发生了似的。

　　玄机自己倒是很坦然，所有该了的事都了了。两个她一生中最爱最敬的男人，都在自己临终时赶了来，总算还是有情意的。

　　玄机并不知道那两个男人后来分别被温璋召了去，温璋分别对他们讲，要留鱼玄机一条命还是有可能的，前提是筹来一千两白银。温璋原想大概会有三种结果：一是两人都答应，这样他温老爷就会发一笔横财；二是有其中一人答应，这结果也不错；最坏的结果就是两人都拖着，嘴里答应筹，将鱼玄机的案子慢慢拖下来，以后看准机会再奏他温璋一本。所以，温璋此举是冒了极大风险的。但是连他自己也万没想到，事情出现的是第四种结果：两人都溜了。既没有答应也没有拖延甚至没有讨价还价，两条落入网内的大鱼就那么溜了。他不禁有些迷惘，原来是他过高地估计了鱼玄机的身价，那两位大人的眼泪是来自心灵的，而他们作出决策要通过他们的头脑。头脑和心灵从来不是一回事。想到这个，温璋倒有些可怜起玄机来了，叫狱卒去问她还有什么要求，想吃什么。后来狱卒回话说鱼玄机只想沐浴一次，换一身干净衣裳。温璋立即答应了，特地安排玄机回府衙内洗浴。一个老妈子蒸了满满一木盆汤，玄机在里面泡了个把时辰。她几天没有好好吃饭，身子极虚的人，出浴时几乎晕倒。她拣了套干净衣裳穿了，入狱这么长时间头一回照镜子，把自己也吓了一跳。镜里的人儿竟像蜡烛芯似的飘飘忽忽摇摇曳曳，仿佛随时都会突然熄灭。

　　第二天清晨，玄机觉着好了些，再照照镜子，果然就好了些，就着那面破镜子她施了些脂粉，都是临时向牢头禁子借的。那牢头禁子四十多岁的年纪，看上去倒像是六十岁，一脸的褶子。禁子的凶狠是远近闻名的，对玄机倒是有些特殊。一来玄机不是一般的女犯；二来也是最重要的，是她亲眼看见了温老爷要占鱼玄机的便宜，玄机不肯的过程。那一日恰巧禁子去内府寻侄子借钱——那侄子便是温璋的内侍——姑侄二人从窗纸缝中看了个正着。这禁子见过多少人，谁不把自己的性命放在头里，她见那道姑年轻轻的竟如此刚烈，心里暗暗称奇。加上温庭筠和李亿来时都给她塞了银子，还不是小数，因此对玄机格外看顾些。

玄机化了妆，干净衣服上又套上了红色的囚服。就在套上红色囚服的那一刹，玄机忽然觉得眼前红雾一片，什么也看不清了。她有些害怕，定定神，摸索着坐在那张破旧的木床上，口里叫道："妈妈，你把那灯挑亮些儿，我怎么什么也看不见？"禁子听了害怕，道："大白天儿的点什么灯？你怕是急火伤身，一时的看不见罢了。坐那儿静养养，只怕就好了！"

玄机眼一闭，却见眼前黑压压的一片，好像有无数人，脸上都涂了沥青似的黝黑发亮，鬼魅似的跳来跳去，眼看着就要跳到她身上了。她躲，用袖子遮拦，怎么样也没用，想喊，又喊不出来。就在万般苦痛之时，忽见一人绿衣绿裙，只把那宽宽的绿袖一甩，像是平地里的一道绿色屏障。玄机顿时心安了。眼前清亮亮地出现一个人，不是别人，正是绿翘。绿翘竟比过去更美了，仍是一脸的娇俏，浓黑的头发上还比过去多了一支凤头金钗，两个明晃晃的坠子打秋千似的晃荡。绿翘一开口，便是满口的清香："姐姐，你来了！好歹又在一起了！你可好？"玄机喜极而泣，心想原来那些事都是一场噩梦，这不绿翘好好的，一切又可以像以前那样了。不过以后对绿翘要更好些，再不可耍小姐脾气了！心下这样想着，便想执她的手，一抓却是空的。

玄机定神一看，绿翘仍然笑嘻嘻地看着自己，便嗔道："几日不见，越发调皮了！"绿翘笑道："姐姐不知，我们要去的那个所在，人人都有些本事的。姐姐去了就知道了，清清静静的，各自管各自的事，男女之间，也没那许多规矩，简简单单，大家相安无事，不知道有多好。譬如姐姐爱温庭筠温老爷，爱就是了，并没有人管你，也用不着迁怒于我。姐姐打我，手好重啊，原是把姐姐的心事都发泄出来了，倒是成全了我。如今，我们姐妹又聚到一处了，我仍要服侍姐姐。只是有件事要告诉姐姐，男人都是一样的，到了危难之时，只怕是还要靠我们姐妹自己相帮着呢！"说罢，不再笑，仿佛怅然而泣。玄机听了，长叹一声，不再言语。

　　……

　　玄机走在刑场途中的时候万人空巷。人们争相观看这著名的才女"杀手"，却见她神色安详素净如清洁的月光，囚犯穿的红色衣裙虽然破旧，却洗得干干净净，唯其这种陈旧的红格外反衬出她的冰肌玉骨。直到她被捆在立斩桩上的时候，似乎仍然是一种若有所思的神态，好像被什么深深吸引着无法自拔，或者在与什么冥冥中的人对话。

　　玄机的血颜色很淡，像喷泉那样直直地喷射出来，喷了许久。而周围的天空却是红的，好像是把她血中的颜色吸走了似的，直红到像是燃起一片熊熊大火。

白木马与喇叭花

在遇到殷平之前，李晴一向相信人可以貌相。起码，"眼睛是心灵的窗子"这句话是对的。而现在，她简直觉得眼睛实际上不过是掩饰心灵的毛玻璃而已。因为殷平长着那么一对温厚的、坦诚的眼睛。

那是在龙庆峡的一次笔会上。湖光潋滟，山色空。她和殷平乘着一叶小舟，漫然荡去。殷平全神贯注地看着她，一双温厚坦诚的眼睛微笑着。

李晴是来自一家电视剧部的编辑。过去小说家们最讨厌与影视搭界，所谓怕"触电"是也。据说触了电便有扯不清的皮，而且若论"厚黑"之功底，小说家们常自叹弗如。于是也就只好做清高状了。不过现时的行情却已有不同：首先是价格全面放开，铁饭碗岌岌可危，爬格子动物们惶惶不可终日，靠小说致富显然已成神话，而电视剧本的价码却正在日新月异地提高；其次是影视较之小说更容易被现代人接受，写本子的如今更容易成"腕儿"，运气好点儿的几天之内便可家喻户晓，顶不济的也混在众星里过把瘾，远比那把胳膊写残了也不招人待见的小说家们划算。

何况李晴有着很让人放心的一种书卷气。服饰又十分美丽优雅。自然便成为中心人物，倒把那些红极一时的女作家们冷落了。

李晴自然不肯坐失良机，便委托了一位作家协会的男士帮她约稿。这位男士颇有些堂吉诃德遗风，竟不遗余力以穿梭外交将作家们所带作品统统缴来。加起来约有十余部之多。李晴夜以继日地以高淘汰制筛选，最后只剩了一部长篇《逝却的潮汐》。

这本书令她惊叹、颤栗，她的摘去隐形眼镜儿的眼睛湿了，又亮了，然后飞速旋转起来。这本书的作者是殷平。

殷平大李晴两岁。谈不上漂亮，却生就一副温柔敦厚的样子，个子高大壮硕，声音也十分动听，说起话来总伴着一种胸腔共鸣，好像那高高的胸脯里藏着一个音箱，笑起来，便成为美妙的和弦，很能让男士们莫名其妙地亢奋起来。

殷平写了断断续续也有十多年，也曾有过小小的轰动之作，却始终不曾出大名。她一直小心翼翼地和文坛保持着距离，所以谁也闹不清她的底牌。或许是她自己要造成一种神秘感。不过这种欲擒故纵的把戏对于现代人来讲缺乏吸引力。在星汉灿烂、瞬息即逝的时代人们缺乏研究人的兴趣。后来她终于决定改弦更张。但是改变谈何容易。让一个做惯淑女态的人忽变河东狮吼或低眉巧笑都不容易。她还没选择好自己的新形象。

女人和女人之间容易成为朋友也容易成为仇敌。做朋友心中也暗含嫉妒，做仇敌又难免某种吸引，总之憎爱不是那样分明的。殷平平日很会与同性打交道，她甚至认为女人比男人要好哄得多。譬如正当女人盛怒之时你若真心地赞美她漂亮她便立即变为佯怒。而男人需要的却是实实在在的东西，仅靠甜言蜜语无法真正占有男人。殷平觉得自己多年来在女人无法排解的嫉妒和男人无法实现的欲望的夹缝中生活，比较起来，似乎还是同性的危险性小一些。但李晴是个例外。

李晴一向对于别人的赞美持怀疑态度，特别是当这赞美来自同性的时候。不知以前受过什么刺激。李晴与殷平一拍即合只是因为一个人——一个她们共同认识的人。自然，这是个男人。

他叫胡毅。是影视与文学的两栖人。三十年前便开始写作，砖头块似的东西也搞了一些，只是不知为何无甚反应。十年前，殷平在一次文学发奖会上头一回见到他。其时，她刚刚在一全国重点刊物上发了一个头条，且被圈子里人认为很有希望获全国奖。当时他笑嘻嘻地问她："你是北京的作者，怎么到南方去发稿子？"她觉得这话问得奇怪，便笑嘻嘻地反问："你是南方人，怎么到北京安家？"他便不再答话，转头去跟别人聊天去了。

但这两句对话的交情并未就此结束。几天之后，一个去外地上大学的朋友小吕回来，大讲了一通胡毅的故事。原来胡毅是70年代初参加抗美援越的战士，革命者的典型。连四人帮都挑不出毛病来的那一种。小吕是从一个短篇小说《喇叭花》发现这位不凡的作者的。拨乱反正时期常忽然涌现出一个令人瞩目的大腕儿，而小吕虽是搞化学的，这方面的预言却是惊人的准确。在《喇叭花》出台的前一时期，小吕刚刚向殷平隆重推荐过一篇叫做《白木马》的小说。殷平读后觉得果然不凡。而且，《白木马》的作者岳雄很快便成为名噪全国的著名作家，而且与殷平有了一次"孽缘"。所以殷平读《喇叭花》读得很认真，而结果却是大失所望。

她觉得作者写得很累，连读者也跟着累。很多语言很拗口。既没有飞上天去的空灵，又缺乏站在地上的坚实，而且在表面的大气魄后面，似乎埋藏着一种阴暗的东西。

但是多年过去，那种感觉早已荡然无存，当李晴提到胡毅的时候，殷平立即热情洋溢地提到这一段往事，用一种调侃的口气谈到《白木马》与《喇叭花》。

李晴过去做中专教师，教中文。作为三师的毕业生，这已是上乘的工作。但是漂亮表姐冰冰做的那份工作一直令她羡慕：冰冰在电视台做节目主持人，且不说那份收入，单是天天花枝招展地上镜便很神气了。李晴面对镜子里的面容，觉得一点不比表姐差。正巧电视台专题部要招聘主持人，李晴便托表姐联系好了，精心修饰了一番，为了不吹乱发型，李晴特意打了一辆面的——那时北京街头刚刚出现这种黄色的小面包车。

但是试镜的结果很出人意料，看上去蛮漂亮的李晴在屏幕上竟惊人地难看。大约她这种脸型很不适合上镜。李晴看了一眼屏幕上的自己便走了，连向表姐告别的礼节也疏漏了。三个月之后，李晴到这家电视剧部当了编辑。

《白木马》与《喇叭花》很快把李晴和殷平拴在了一起，她们成了无话不谈的朋友。谈话的高潮自然是性和隐秘。殷平大而化之地说如何把镜花水月式的感情转化成实实在在的性爱着实是一门学问。李晴听了这话便一反常态地激动起来，李晴说她的需要恰恰相反，她希望一种有距离的爱，这样的爱才能长久。殷平说她也懂得爱情瞬息即逝友谊地久天长的道理，但是人已经活到了这把子年纪，要是不过把瘾就死，那也太亏了。中国人太注重生命的数量而不是生命的质量。李晴听到这儿一下子呆了。李晴瞪着戴博士伦镜片的大眼睛说这话你是听谁讲的？殷平笑笑说这话还要听谁讲么？殷平的潜台词谁都听得出来，殷平的意思是说难道这点浅显的道理还要听谁讲么？李晴读懂了她的潜台词心里便突然充满仇恨。李晴低着头说这话我听一个人说过。殷平沉默下来殷平静静地等着她说出一个人的名字。但是她没有等到。这个名字始终不曾从李晴嘴里说出来。但是殷平很快便猜到了，以她独特的聪明。她想那人的名字一定叫做胡毅。

当时李晴一直以"他"作为代名词，讲述了一个十分平常的故事。李晴已经结婚数年，生有一女。婚姻虽然谈不上特别美满倒也相安无事。李晴调到电视剧部之后不久，便有一个"他"追逐而来。按照李晴的说法，他生得男子气十足很像高仓健，对她一见钟情。李晴说他是个著名人物，是个非常了不起的人，他一见她就难以克制，连叫数声答应我，然后就开始动作了。殷平饶有兴味地听着，听到这里不无羡慕之意。殷平说天哪我怎么就从来没遇见过这种男人？我遇见的男人都温良恭俭让极尽克制之能事，就是有极好的机会时也能保持"慎独"。李晴像没听见似的李晴完全沉浸在自己的故事之中。李晴说他对我是情有独钟，除我之外眼里没有别的女人。只有在听到这句话的时候殷平产生了怀疑。按照殷平的判断好像没有任何男人可以对一个女人情有独钟，即使有，也是瞬时，这种瞬时充满了危险和自我欺骗。殷平深深地看了李晴一眼，李晴属于那种很典雅、很书卷气的女人，但是缺少女人的魅力；殷平在看李晴的时候李晴也在看殷平，李晴觉得殷平身上有一种很强烈的气味，那是一种笼罩一切的气味，李晴在这种气味里略略有一点不自信，但是这种不自信很快就被那个"他"的强烈情感淹没了，在殷平的羡慕眼光中李晴微微地有一点骄傲。接着李晴详细地询问了殷平与胡毅认识的过程，最后李晴说了一句几乎让她悔恨终生的话，李晴说你看胡毅这个人，总是那么热心，他还说你问问殷平愿不愿意到电视部来，李晴显然说完这话立刻就后悔了，因为她紧接着找补了一句：我说人家活得好好的，到咱们这儿来干吗？然后李晴笑了一笑。李晴笑得十分困难，李晴那时还不太善于掩饰自己。

李晴的笑自然是想淡化她不留神露出的这句话的效果。但其实适得其反。这话对于殷平来说恰似于无声处的一声惊雷，她不可能不注意，不可能不震撼。她知道她要做到的就是调整好自己的表情，尽量装出若无其事的样子。殷平想换工作已远非一日，近来这种愿望尤甚。原因是单位开始对她层层加码，让她来组织写作班子，培养笔杆子等等。殷平的单位是个闻名中外的大厂，按说这种单位养个把作家完全不成问题，但坏就坏在殷平表现太好，以至层层领导都觉得若不重用殷平就对不起她。殷平的作品，他们都是不看的，唯其不看才愈显得神圣。所以在他们的想象中，作家的作品和秘书的公文以及一切文字方面的东西都是一回事，正因如此，他们一致认为应由殷平来抓这项工作，这样做，既重用了殷平，维护了领导们的心理平衡，又可以为厂里培养人材，何乐而不为呢？

哭笑不得的只有殷平自己。在厂里工作二十多年的经验告诉她，对领导们陈述这两种文字如何不同是无效的，推托是无用的，而接受这种工作又等于给自己的写作判了死刑。唯一的办法是表面上与领导们虚与委蛇，暗中另找出路。殷平早已觉得这个大厂对于自己，已经非常陈旧了。

李晴的话仿佛开启了一扇门，殷平似乎已经看到门里边亮闪闪的灯光了。

殷平静了一静。殷平换了个话题。殷平问你真的喜欢《逝却的潮汐》么？李晴一下子睁大了被博士伦笼罩的眼睛：当然！我太喜欢了！殷平又静了一静然后说那么我把修改权给你你自己改好不好？李晴听了这话一下子呆了。李晴不知道殷平是不是一直在真空里活着。此前李晴一直在精心算计着如何开口谈改编或购买版权的事，现在电视行情如此紧俏，作家们开价越来越高，电视部的编辑们使尽浑身解数也不见得能在这方面如愿以偿。可殷平现在竟然主动提出由李晴来修改，并且只字不提版权费的事，简直令人难以置信。李晴回答这话的时候声音都变了。李晴说那太好了，只是我从来没写过东西，我们……我们合作好不好？殷平想了一想，殷平说还是暂定由你来改吧，如果有什么困难我可以帮忙——胡毅也可以帮你嘛！对了，胡毅的电话能给我吗？老朋友了，问候他一下。殷平说得那么淡然，以至李晴又犯了第二个错误。李晴几乎是毫不犹豫地把电话给了殷平。

在接到李晴的欣喜若狂的电话的时候，胡毅正在电脑前写着一部准备划时代的长篇电视剧。胡毅在电视剧部干了十年之久写过几十部电视剧，却没有一部给人们留下什么印象，以至胡毅这个名字在百姓中间还十分陌生。胡毅认为这一切都是部领导的不公正待遇造成的。胡毅因此对部领导十分失望对那些马屁精们切齿痛恨，正是那些家伙挡了胡毅的路，以至胡毅在进入知天命之年的时候仍然一无所获。胡毅认为自己有着巨大的潜力，包括各方面的。

李晴的电话唤起了胡毅对于遥远往事的回忆。对于殷平，他实在是记忆模糊了。只记得她是个长相一般但说话刻薄的小姑娘。但这些年来他一直在各种重要报纸杂志上不断看到殷平的名字。看到她的名字他心里就生出一种十分复杂的情绪，说不上是羡慕还是嫉妒，抑或是一种完全的不服气和不屑一顾。但是李晴的信息确实让他惊异不已，这信息使他心里忽然升起一种想与殷平重逢的愿望。

胡毅小说的第一个读者照例是李晴。当光线从半掩的窗帘外透进来的时候，李晴认真阅读的脸显得十分柔和。胡毅觉得此时的李晴非常可爱，就忍不住一把揽住她，在她颊上轻轻地亲了一下，胡毅坚硬的胡须刺得李晴皱了一下眉头，她本能地向旁边一闪，这种躲闪的动作更刺激了胡毅的欲望。五十多岁的胡毅喜欢从年轻女人的身体里闻到青春的气息。他早已与和他同龄的老婆分居，或许他是个唯美主义者，因为即使欲望如火的时候，他也决不再愿与老婆同床——他不能忍受她松弛的皮肤和下垂的眼角，以及那两只小小的完全失去了弹性的乳房。

胡毅和李晴的关系也仅仅维持在肚皮以上。胡毅的胆量和欲望像许多中国男人那样无法等同。胡毅真的不明白李晴为什么要誓死捍卫那条短裤，好像那短裤里藏着什么见不得人的秘密似的。胡毅下定决心说服李晴向他袒露全部的真实，如果实在说服不了就使用暴力——殷平的电话就是这时来的。

胡毅没有得逞的欲望转瞬间化作了一种交谈的冲动。他嗓门儿的热度把电话那边的殷平吓了一跳。殷平在做了一番习惯的道谢之后，胡毅开始一句连一句地宣讲起电视部的好处来，胡毅在激动的时候完全不用标点，他一口气说完了那许多话，直至完全喘不过气来。等到电话里的声音完全静止的时候，殷平才慢慢开口。殷平说既然这么好，那办办试试看吧。这时胡毅才充分意识到李晴的存在，李晴的大眼睛牢牢地盯着他，胡毅何等聪明，口锋立刻一转，胡毅说这件事倒不是那么着急，关键是你的影视作品还是少了点，这次听说你要和李晴合作是吗？殷平说我可没说要合作，我是说让她来改编，我看她蛮聪明的嘛。胡毅笑了，隔着电话殷平都能闻见一股异味——胡毅还是太不会掩饰自己的感情，在这几秒钟之内殷平断定了自己的猜测。胡毅紧接着又说出一句愚不可及的话：还是要你多多指点嘛。俨然已是与李晴一家人的口吻，殷平在电话的另一边冷笑了。

一向争强好胜的李晴把三岁的女儿交给婆婆，开始夜以继日地写剧本，李晴一向自信自己不比任何作家差，认识胡毅之后这种感觉更强了，她觉得至今没发过东西的原因只是运气不佳而已。两个星期之后，第一集写了出来，当然，第一个读者是胡毅。胡毅不敢怠慢当天晚上便秉烛夜读第二天一早就来了电话。胡毅兴奋的口气让人觉得是发现了一个电视大腕儿似的，李晴接了这个电话便抛开了最后一点不自信，她按照胡毅的建议立即驱车去找一位叫做应玉雪的导演，她想只要导演一点头说服殷平接受便不是太难了。

应玉雪其人还是值得大书一笔的。首先，她在全国的知名度远在胡毅和殷平之上。提起电视部的应导，这两年真真是家喻户晓。第一部轰动全国的电视剧便出自应导之手，那是写一个家庭在文革时期悲欢离合的电视剧，当时是万人空巷手绢脱销，第二天一觉醒来，所有老太太的眼睛都是红肿的。在车上、班上、公共场所，人们所谈所议都跑不了那部叫做《情缘》的电视剧。《情缘》女主角留的那种怀旧型发式也立即在下至十五上至五十的女性中风靡一时。其次，应导出身名门，她的祖父是慈禧太后钦点的宫廷画师。母系一族也绝非等闲之辈。这使应玉雪在血液里便带来了一种骄傲。这种骄傲使她的美丽带有一种难以言传的贵族气。还有，当然就是她的美丽了。女导演风吹日晒心力交瘁且需要像男人一般叱咤风云开裤腰带以下的玩笑否则剧组就镇不住，这样便很难保持美貌。比男人更凶悍的女导演比比皆是而像应导这样的却犹如凤毛麟角。应导的美应属梅妃、赵飞燕、林黛玉一类的，不但美，且有一种"闲情似娇花照水，行动如弱柳扶风"之气韵。胡毅初识应导的时候，颇有一种"恨不相逢未嫁时"（当然，"未娶时"更确切）的感觉。有很长一段时候他认为应导是完美的。直到那次与应导第一次合作。

那是应玉雪刚从电影学院毕业的翌年。也正是第五代导演大放光华的时候。作为老编剧的胡毅完全可以找一个比应导经验丰富得多的导演来接他的本子。但是一种顽固的罗曼蒂克式的想法掳住了他。他觉得自己和这位漂亮的女导演之间似乎应当发生点什么。

按照电视剧部约定俗成的做法，本子一通过编剧就不再过问了，但胡毅从来例外。无论多累多苦多忙，他都要和导演共同战斗到底。甚至要帮助导演挑演员，再打入剧组帮助演员纠正对白。对于演员的每一句台词每一个眼神胡毅都决不轻易放过。所有的导演都怕胡毅，因为他们知道胡毅在指挥剧组无效的时候会突然出现在部领导面前，像秦香莲拦轿告状一样无限冤屈地申诉：这群混蛋把我的剧本活活糟蹋了！！

但是应导自有一套硬派作风。她看过胡毅的本子，只抓起电话轻启朱唇：给我补写两场戏——没有任何商量的余地。胡毅乖乖地补了两场，三天之后应导又把本子摔回来：女一号那场重头戏不到位，那是你们男人眼里的女人，不是真正的女人！

这下子可难了！到底什么是真正的女人？"真正"二字如何定义？胡毅冥思苦想了一阵，恍然大悟：机不可失，时不再来。应导的这句话决不能从字面意义来理解，这是女人们惯用的伎俩——用极端的说法来吸引男人注意，这正是应玉雪向自己发出的信号啊！不行动，还等什么呢？！

胡毅顶着酷热直驱应导的宅第。胡毅带着满身太阳的气味一团火球般敲击着应导的门，而并不管门铃在哪里。但开门的时间太长了，长得让人生疑。随着呀的一声门响，一只强健的手臂从门缝里出现，接着镜头拉开，一个光脊梁的强壮男人居高临下地俯视着他。从两排猩猩似的齿缝里蹦出两个字：找谁？

由于意外的惊吓胡毅的嘴半天没有合拢。胡毅在这堵墙似的男人面前一下子感到了自己的渺小以至忘了来此拜访的初衷。胡毅嗫嚅着说请问应玉雪导演在家吗？那男人声如洪钟地问：你有什么事？胡毅听了这话更慌了神，好像内心全部的想法业已曝光了似的。胡毅只好强作镇定地说有一个剧本需要和应导一起讨论，那男人不等他说完便说你是胡编剧吧，实在对不起，应玉雪正在休息，如果她认为需要讨论，她会跟你联系的，说着对不起便要关门，胡毅急急地扒着门缝艰难地探着脑袋：请问您是……那男人笑一笑说我是她丈夫，也是影视圈里的，咱们圈里人都知道规矩，本子交了，就让他们导演去折腾吧，何苦那么累！说完，就微笑着把胡毅孤独地隔绝在阳光之中。

胡毅好久才醒过味来：原来应导是有丈夫的，怎么一开始就没想到这点呢？！

胡毅按照自己的理解把女主角的那场戏重新写了一遍，交了之后便再不见应导踪影。直到审片时胡毅才发现，本来二十集的戏应导给拍成了十二集！而且，他认为最最精彩的几场戏被砍得面目全非，这还不算，一条主线几乎彻底拿掉，留下的倒是一条附线。他强忍怒火勉强看完，正想拍案而起，谁知部主任忽然站起身鼓起掌来。于是各处室的负责同志都跟着站起鼓掌，应导也急忙站起来，应导美丽的脸被淹没在掌声之中。部主任紧握应导的手悄声低语了一句什么，应导嫣然一笑，随后部主任回过头来看胡毅：老胡，也祝贺你，作为编剧，你为导演提供了很好的基础。胡毅不知是该哭还是该笑，他咧了咧嘴说不出话来，这时部主任助理很委婉地说不过导演的分镜头本改动比较大。技术部门的负责同志进一步说应该说这个戏的导演二度创作比原剧本有了飞跃。在对应导的一片赞美声中胡毅逃离现场。他谎称自己忽然感到心脏不舒服。但是当他回家之后心脏真的不舒服起来，他直挺挺地躺在那里，给李晴挂了个电话，他在电话里把一个男人能用来骂女人的话都化作倾盆大雨倾泻出来，如果不是老婆按响了门铃，这场大雨还不知什么时候下完。

直到第二年该剧获了亚太电视剧大奖。胡毅的脸才算多云转晴。胡毅对李晴说，尽管"那丫头"艺术上不怎么样，但在政治上很会讨巧。李晴注意到胡毅对应导的称谓业已由"那小婊子"变成了"那丫头"，知道暴风雨已然过去。胡毅清楚地表明他推荐应玉雪做导演的原因依然是：她在总体把握上会讨巧。胡毅进一步说像我们这种人艺术上是不成问题的，只要有人在政治上为我们把关，我们的作品就能得获国际奖。

然而应导的反应大出两人意料。那天李晴刚刚起床还没来得及梳洗，应导硬邦邦的电话便摔了过来。这电话使李晴保持了三十三年的自尊毁于一旦。为了记住这笔仇恨，李晴凭记忆将这次对话记录如下：

应：喂，李晴吗？

李：是……是我。啊，是应导！应导你好！！

应：你好。你的本子我看过了。

李：怎么样？

应：怎么说呢？还是直说了吧，不行。

李（此时心已忽然乱套）：怎么……不行？为什么不

行？部里很有经验的编剧也叫好呢。

应：我不管谁叫好，是我导演不是他们导，我说不行就是不行。编剧法13要素我们且不说了，连基本的创作规律你都不懂。我已经看了原作，你的剧本基本上是大段大段抄原作，而且原作究竟写的什么你根本没闹明白！你抄都给抄串行了！！

李（此时已脸色煞白，几近晕倒，竭力抗争）：那么按你的理解原作写的是什么？！

应（怔了一下）：当然……当然是写一种商战时代的亲情的……

李：那是你的理解！究竟是写什么，作者的回答才是最权威的！你和作者交换过吗？！

应：那倒不见得，既然想改电视剧，导演就有二度创作的权力！

李：可作者是把改编权给了我，不是给了你！现在一切还都是未知数，只不过给你看看本子，而且只是一集！你愿意接就接，不愿意接，谁也没勉强你！

应：你这个人怎么这么可笑！口口声声用作者来压我，什么作者给了你改编权，拿合同来我看。

李又惊又怒，一时说不出话来。

应：拿合同啊！这种事可是口说无凭！！

李晴到底还是缺乏经验，她脱口而出来了一句：你不相信可以打电话直接问作者嘛！

应：作者电话是多少？说啊，你怎么不敢说了？

尽管当时李晴已经感觉到自己办错了件事，但还是被那轻蔑的口气激得错到底了，她像扔石子似的把电话号码扔了出去，然后就砰然挂上了电话。

挂上电话之后李晴就知道自己是大错特错了。她急忙拨殷平的电话，拨号的时候她的手抖得很厉害，她想假如那电话占线就肯定证明应玉雪抢到前头去了，如果那样，她将立即驱车前往殷平家里，虽是亡羊补牢也还算来得及，最好就势儿把合同也签了，那时不管怎么样心里也踏实了。好在电话是通的。殷平那一声懒洋洋的"喂"令她无比激动。

殷平当时正躺在床上看杂志。殷平多年来写的都是些严肃得不能再严肃的作品，却专爱看些浓汤辣水的花花世界。殷平青年时代很受男人宠爱，那时她独自生活在一群男人的世界里。那是保卫西沙的年代，她当时正在西沙当电话兵，虽然容貌一般，却因了年轻，更因是独一无二的女人而成为无可争议的女王。她养成了自我中心主义和一种强烈的控制欲，她常常对男人们呼之即来挥之即去运筹帷幄决胜千里，她既是战略家又是战术家，一句话，是个天生的政治家。但是她的政治家面目牢牢地藏在温厚善良的眼睛后面，使人难以识破。而她对于"含金量"的爱好，则更是从不为人所知，连与她共同生活了十五年的丈夫也毫不知情。她只是在独自一人的时候才显示出这个爱好。

她此刻正在看的是一本美国摄影集"PLAYGIRL"。里面各种各色的性感女人在展示着裸体，一想起这些裸体被男人蹂躏她心里就蓦然升起一种蔑视。在她心底深处个人尊严至高无上，视别人却如同粪土，特别是那些如花似玉的女孩，她觉得她们天生就是作为性的对象供男人使用的。她从来就没把她们放在眼里。

李晴的电话来得很是时候，因为按照一般的规律，殷平再过十分钟就该入睡了，一个半小时之后殷平又会起床吃茶点，殷平通常吃巧克力排和核桃糕，喝柠檬茶或者红茶，这种习惯使殷平逐渐丰满，以至她侧卧入睡时看起来像是一尊卧佛难以撼动。

尽管李晴说得语无伦次，但殷平在开初的五秒钟之内便明白了整个事情的就里。殷平暗喜调工作有望。殷平继续用一种万古不变的声调来对付李晴的激动。李晴说殷平你说实话你这部长篇到底是写什么的？是写商战时代的亲情还是对理想主义的怀念？殷平问你说呢？李晴说我觉得是写一种对于理想主义的怀念，整个小说都充满了一种怀旧情调，殷平淡淡地说你太聪明了，我确实是写这个的。接着殷平听见李晴的声音因了兴奋又高了八度：太好了！这证明我是对的！希望你能亲口告诉应玉雪，这样她就无话可说了！殷平微微一笑说没问题，你就写吧，我相信你的改编会成功的。李晴说你等着我我马上带着合同去你家。殷平说那你太辛苦了，不如在我们之间找个中点更好一些。两人商量了一阵之后决定晚上到电影学院附近的那个吧去喝咖啡。那个吧的名字叫达达。

　　达达酒吧矗立在一条小河的旁边。那条河终年被一种异香笼罩着成为京都一大著名景观。电影学院的学生们深爱此地，常常在这香河旁徘徊至深夜，如果正是恋爱季节，则河水分泌香气尤浓。在这种香风里谈爱，很少有不成功的。

　　达达酒吧的老板就把这吧开在香风四溢的河边，日进斗金。

　　殷平走进酒吧的时候，李晴已经在一张小木桌旁等候多时了。殷平一眼就看出了李晴刻意打扮了一番：一条洋红重磅纯丝紧身裙，脚下是同样颜色的丝麻编织缕空凉鞋，全套珍珠首饰配鳄皮嵌珠小皮包，最抢眼的是她头上的那顶帽子，帽形便十分别致，像是一只反扣的花篮，更加上那同样洋红的绢丝花朵，把脸蛋衬得如少女一般鲜艳，在幽暗的灯光中像一只明亮的红烛一般。殷平在心里不出声地笑了一下，然后衷心夸赞：你真漂亮。

　　殷平的着装正好相反：简单得不能再简单——这是殷平的风格。殷平讲究实惠。殷平从不管别人飞短流长，她是少数活得真正舒服的女人之一。每逢开笔会或吃宴请她总是不忘带上几只塑料袋，在最后的晚餐结束之后，在众目睽睽之下把那些能带走的美味尽数收集，横扫一空。她对于美食的爱好使她不可避免地发胖了，但她从不采取任何减肥措施，她甚至很少戴胸罩腹带一类的东西，现在就是，她一屁股坐在一只简陋的木椅上，任两只已经略显松垂的大乳房沉甸甸地挂在抬起的大腿上。

　　李晴见到殷平就展露出那一脸的笑容，李晴一展露笑容就显出了年纪。李晴说殷平你真了不起，你是那种真正了不起的女人，所谓大象无形大巧若拙是不是就指的你这样的人。殷平听了恭维完全不动声色笑笑说不不真正招人喜欢的还是你这样的女人，李晴，男人女人都喜欢你。李晴听了这话特别是看到殷平那诚实无欺的表情心里着实受用，李晴感到如果不想出一句话来说就掩饰不住自己的欣喜，于是李晴说不不喜欢我的只是一小撮人可喜欢你的人成千上万。殷平微笑一下说瞧咱们俩真是互相吹捧。两人见面的开场白遂告一段落。

李晴开门见山便讲了签合同的事。出乎意料，殷平答应得十分痛快。殷平连问也没问是合作还是卖版权，钱的事更是只字未提。殷平痛快得令人生疑。李晴转转眼睛心想还是多个心眼为妙，现在影视合作的陷阱数不胜数，不定哪步就栽在哪个人的手里，所以李晴随口扯了个谎说那咱们就说好了下个星期到我们单位去签合同。其实合同书就在李晴的鳄鱼嵌珠小皮包里。

殷平打了个呵欠殷平说好啊，随便你。殷平说得那样漫不经心从容不迫有一种雍容华贵的懒散，殷平的这种态度更加让李晴琢磨不透。李晴想一定要问问胡毅再做决定。两人相视一笑，碰了一下杯，杯里是长城干白。轻轻抿了一口，殷平便不过瘾似的要了两杯人头马。殷平把酒递给李晴的时候说喝得半醉的时候真是一种人生享受你真应当体验一下。接着殷平便自顾自地喝起来，看着殷平那极为惬意的样子李晴终于也按捺不住了。李晴先是一小口一小口地喝着，喝了几口以后便发觉这洋酒似乎比国粹更对她胃口，便开始做豪饮状，一会儿她便酒酣耳热，心突突地跳起来。

李晴说殷平你真是个好人，让人佩服。真不知什么样的男人配得上你。你先生一定对你非常尊重。殷平笑笑说是这样，但是我需要的其实不是尊重……我倒觉得，你先生一定对你万般宠爱。李晴低头说过去是的，可现在……殷平说夫妻时间长了都差不多，家庭生活的本质就是重复琐碎。男人其实很重视家庭，即使外面有一万个情人他也不愿意离婚，所以我觉得女人不能坐以待毙，女人也得以其人之道还治其人之身。李晴说你说得真对，难怪现在婚外恋越来越多。殷平不经意似的忽然问一句：胡毅这么多年倒是很稳定的啊？李晴的脸唰地一下红了。李晴的表情打消了殷平最后一点疑问。李晴说是啊倒没听说过他有什么桃色新闻。殷平见李晴十分虚弱便适时转移话题说那么我们说好我下周三到你们那里去。殷平坦然对着李晴询问似的眼睛说：你不是让我到你们单位签合同吗？

殷平回家后的第一件事便是给胡毅打电话。殷平像对一个亲密的老朋友似的把与李晴见面的事说了，并说李晴说约好下周去单位签合同。胡毅十分高兴胡毅说太好了有你支持李晴就什么都不怕了。接着胡毅又把嗓门提高到相当吓人的分贝，胡毅慷慨激昂地谴责应玉雪胡毅虽然没敢把在李晴面前用过的那些词拿出来但也毫不留情地指出：应玉雪这个女人，虽然长了一副骗人的模样，可是连一点女人的味道都没有。说句难听的话一看就性冷淡。这种女人的丈夫一定是世界上最可怜的。胡毅的谈兴大发所有的积郁都用后现代话语表述出来。如果不是殷平及时制止那么胡毅很有可能作彻底不眠的燕山夜话了。殷平用一种老母鸡对小鸡的那种庇护态度表明了坚决站在李晴一边，然后还没等胡毅笑出声来便话锋一转，殷平说不知道去签合同的时候能不能顺便跟电视部的领导谈谈调动的事，我去你们单位一趟好不容易的。电话那边胡毅怔了半分钟，胡毅说当然可以，我和李晴都陪你去到时候我们都会帮你说话。你准备一份简历越详细越好。

在殷平去电视部的前夜李晴失眠了。胡毅早已把殷平那天的电话内容告诉她。胡毅因为怕引起李晴的疑心，便特意渲染了殷平对于李晴的那番好意。但这仍然不能减轻李晴对于殷平要与部领导谈这件事的戒心。因此李晴的第一个举措便是：把那份简历要来，扣下了。

那简历不看则已，一看不由得李晴心里醋海翻腾。那殷平70年代末便开始发表小说，已有作品二百万字。大大小小的奖也得了十余个，还进了剑桥名人录。李晴一看这些心里便蓦然升起一种压迫感，她觉得自己无法忍受和这样的人共事，即使她一句话不说，李晴也会有一种中煤气的感觉，何况，殷平很能说，而且殷平深谙兵家"哀兵必胜"的道理，所以她讲起话来总是正题反说，先抑后扬。

但李晴同时既不愿影响改编小说，又不想在胡毅面前失分，所以李晴遇到了一个难度很大的问题。李晴想唯一的办法只有等待机会了。

电视部主任吴光已经六十有二，但颇有烈士暮年壮心不已的气概，一心想再搞一部全国轰动的电视剧，但现在早已不是当年，草莽英雄渐起，有枪便是草头王。全国人民的兴趣热点不断变化，谁也无法跟上那瞬息万变的节奏，所以"轰动"二字谈何容易。

吴光有心想进几名实力派编剧，在他离去之前实现他的轰炸计划。

就在这时胡毅隆重推出了殷平。

吴光看殷平第一眼的时候觉得兴味索然。这种高大壮硕的中年妇人似已不大可能有什么建树。于是他心不在焉地听着胡毅喋喋不休的介绍，心里完全不为所动。吴光深知胡毅历来巧舌如簧，能把八宝山的死尸从骨灰盒里搬运出来。吴光还特别注意到李晴郁郁寡欢的眼神。吴光脑子里在飞速运转着，判断着。不过没有答案。不像是胡毅这小子的又一次什么艳遇，也不像是受了什么贿赂。

后来吴光站起来，想结束这场无意义的谈话了。

吴光想结束得无怨无悔，于是他向着一言不发的殷平问了一个问题：你说说看，电视部的戏质量上不去，到底为什么？要想迅速上去，得怎么做？

吴光看见殷平像被涂白了的大玩偶似的脸动了一动，动一动之后就似乎焕发出一种神采。殷平讲起话来有一种从容不迫、笼罩一切的气氛。殷平说，您这道试题好难答哟。接着她说我倒是想过很久。贵部过去几乎囊括了影视界所有的光荣。但三十年河东三十年河西，江山代有才人出，各领风骚数百年。当然，对我们这个时代来讲，是数百天。数百天也很了不起了！因为现在是个多元化的转型时期，鱼龙混杂，诸侯争霸，能争取到一个层面的观众就很了不起。如果让全社会一致叫好，恐怕很难。看你到底要什么？看你认为究竟什么最重要。依我愚见，电视剧无非有三种，一是又有意义又有意思的，像前两年的《围城》《南行记》，最近的《黑槐树》什么的，评委叫好，观众也叫好。二是只有意义没有意思的，这种电视剧太多了，举出例子会得罪人，我就不举了。三是只有意思没有意义的，港台的好多肥皂剧都是这样，无粮瓜菜代，没戏就靠耍噱头来讨好观众，须知讨好观众着实是下策，观众只能引导不能迎合，得走在观众前头，这是题材是否讨巧的关键……

当然，仅仅靠题材是不够的，实际上，在一个正常社会里，题材的作用应当是微乎其微的。什么样的题材在大师笔下都可能成为精品，在蠢材手下都可能成为垃圾，您说是吧。我觉得最关键的还是人物和故事，说到这儿我好像得吹吹牛了，我不是吹我自己，我是说在这方面写小说的要比专业剧作家要强一些，对小说家来说，塑造人物是强项，人物塑造成功了，戏也就成了一大半了，另一小半靠技术性的东西，什么情节啦，悬念啦，节奏啦，笑料啦，等等。这些纯粹可以通过操作来完善。我倒觉得，一个电视剧本，用不着有太多的底蕴、深度这些东西，电视剧应当是一种快餐文化，快餐文化也有精美粗陋之分。快餐环境也有整洁脏乱之分。在一个优雅清洁的环境里吃花样繁多制作精美的快餐与吃那些苍蝇当头的大排档的感觉当然完全两样。这么看来，贵部真正需要的是编剧匠，是能按老板心思制作出精美快餐的短平快厨师。当然啦，这都是我的一些纸上谈兵的想法，在您这样的大师面前，简直是班门弄斧了。

吴光的眼睛炯炯放起光来。他万没想到这样一个貌不惊人的中年女人，一个影视的门外汉，竟把话说进了他的心里。这女人绝非常人。他想。在她讲话的时候有一种领袖风范，看得出她心里根本没把胡毅等人放在眼里。但是表面上却非常客气和周到。吴光想她太是他需要的那种人材了。吴光的决定就是在那一刹那做出的，吴光在做出决定之后一般不会动摇。

实际上，在殷平一开口的时候胡毅就后悔了。胡毅本来一心想帮殷平进来，因为第一，殷平从没搞过影视，在她这个年龄重新上道，也决非易事，决构不成对他的威胁；第二，他和李晴在电视部已早有物议，他不得不防，出于对李晴的感情，他觉得殷平在创作上完全可以帮她，而两人是同性，有些事将来可以通过殷平来办，似乎比自己亲自出马效果还好些；第三也是最重要的一点，就是殷平此人没有当官的欲望。凡此种种，他认为殷平如来部里，利多弊少。但是殷平一开口谈电视剧，他便一下子觉得自己落入了一个圈套。这女人竟然对电视剧有着如此细密的考虑，如此精到的见解！就连自己搞了十多年电视剧，也从来没想过这么多！这女人竟然把自己掩饰得如此彻底！她就像一颗定时炸弹一样默默等待伺机爆炸，她爆得那么漂亮，那么精彩纷呈，她一开口，便有一种强大的气场笼罩，谁也动弹不得，天哪，这女人太厉害了，她绝对是自己的潜在威胁！但是，从吴光的表情来看，胡毅已经明白大势已去。胡毅暗恨自己虽已年逾半百却依然幼稚，惶乱之中他看看李晴，李晴苍白沉默得就像一种静物，但那苍白和沉默中似乎正在聚集着一种力量，一种仇恨的力量。

但是殷平的话还没讲完。殷平接着说如果您不反对的话我再试试回答第二个问题。应当说，这个问题比第一个难度还大。谁也不是预言家。而且，回答这种问题要承担一定风险和责任，但是我想，最坏的结果无非是我预测错误，但我的错误决不会导致您的决策失败，因您是影视界的泰斗，有丰富的经验，如果我错了，导致的最坏结果是我调动工作失败，这是我个人的失败，不足为虑；但如果我对了，哪怕有一点点可行的成分，都会带来意想不到的收获。这么说吧，您刚出了这个题目我就想起了一句话：第一个把女人比作花的人是天才，第二个把女人比作花的人是蠢材。您懂我意思吧？

吴光眼前一亮，连连点头。吴光看到殷平的嘴唇有点发干，立刻亲自倒了杯茶放在她眼前，用的是他招待贵客的西湖龙井。殷平谢过之后悠然喝了一口，殷平说吴光老师想当年您策划《情缘》的时候就是第一种情况，那时候武打片正火，从来没有任何人要想到涉猎言情片，可您想到了，您走在了所有人的前面，您走出这一步就意味着成功。《情缘》之后有多少言情片问世，可观众真正记住的，只有一个《情缘》。而现在，言情片已经臭街了，需要另起炉灶再创新意。我想，爱与死是永恒的主题，能把爱与死联结起来的方式有多种，其中一种似乎我们还没用过，那就是阴谋。我觉得现在的商战片之所以写得像小儿科，就是因为没有涉及阴谋。阴谋又是和悬念等等这样技术性的东西紧紧连在一起的。我想不妨写这么一部电视剧：主旋律10％＋爱情30％＋阴谋30％＋武打20％＋性10％＋死亡10％，这种操作方式当然以好莱坞方式为蓝本，简而言之就是主旋律加好莱坞。现在我们可以列出方程式了：主旋律加好莱坞等于成功。您同意吗？……哦，要是您认为不妥，就算我瞎说好了。

吴光听得眼睛里要冒出火来。没想到他辗转反侧不得其解的问题竟由这么一个其貌不扬的中年女人用这种极其简单直白的说法挑明了。简直像皇帝的新衣一般有大白于天下之感。如果不是隔着桌子，吴光真想拥抱这女人一下。吴光本来是可以沉一沉再表态的。但吴光很怕眼前的这位智慧女神因等得太久而怀疑自己智商有问题。于是他说，对！今后我们就试试这个方程式，方程式里的每一个素数比例都可根据实际需要调整，如果成功了，给你记一大功！殷平微微一笑：记功倒不必了，是不是可以在您的麾下效力呢？吴光此时已经完全被她折服，大嘴一张说：三个月！三个月之后，部里要进几个编剧，你算一个！

殷平知道自己已然大获全胜。她慢腾腾地从沙发站起来。一种光在她变得明亮的脸上流溢。这时她看见胡毅和李晴面如死灰地站了起来，她的鼻孔里发出一声轻微的冷笑。

殷平虽然也算修炼得炉火纯青，却在得意之中忘了"祸兮福所倚，福兮祸所伏"的道理。她不知道就在她兴高采烈地回到家里给丈夫女儿做罗宋汤、并且在饭桌上大侃自己战绩的时候，那一对失败的情人来到了一家小馆。小馆以门丁肉饼著称。一向精打细算的胡毅不由分说一下子买了三斤肉饼。两人对坐，谁也不看谁，都闷头大吃，油汪汪的瘦肉葱花喷香扑鼻。李晴竟一气狠歹歹地吃了一斤，仿佛那肉饼正是殷平的化身，不吃便不解气似的。最后还是胡毅害了怕，硬把最后一块饼从李晴油汪汪的嘴唇边夺走了。李晴又一气喝了一扎生啤，于是那一斤肉饼便在她的娇躯里翻腾起来。

胡毅看见李晴那一向平和的脸拧成了一团。一双眼睛变成了两口黑洞，黑洞里毒火喷射。从李晴的眼中胡毅透视出自己也同样如此。胡毅刚想说出一句什么有分量的话，只见李晴嘴巴一动如投枪一般射出两个字：杀手。胡毅一时没明白过来胡毅问：什么？李晴疯了似的号叫起来：杀手！杀手你不懂吗？我们都被人家杀了！连个响儿都没有地被人家杀了！！胡毅按住她疯狂的手：不，我们还没有被杀，我们还有机会！还有机会！

在那个春日的夜晚所有走进小馆去吃门丁肉饼的人都记得，在最靠角落的地方有一对疯狂的男女。那两个人先是低语像是准备什么密杀令，然后忽然大吼大叫同时狂吃滥饮，最后那女人吐了一地。那女人吐了之后服务小姐走了过来，那男人比比划划说了一气，双方表情都晴转多云然后急风暴雨，后来发展到拍桌子扔碗碟经理出面的地步。但就在这激烈的战争中那男人仍没忘了把剩下的两块肉饼装进塑料袋里带走。

那个春夜给李晴留下了难以磨灭的印象。那是她真正的"春"夜。她和胡毅在一家招待所包了个标准房。生平第一次，她向除丈夫之外的第一个男人全部祖露了自己。胡毅终于梦寐以求地看到她裤腰带以下的部分：原来那是因了剖腹产而留下的难看的疤痕。这使得唯美主义的胡毅一下子极度失望痛苦万分，当然胡毅始终用最大的毅力克制着自己完成了做爱的全过程。完成之后李晴就抽抽搭搭地哭了李晴的哭原因复杂为了一种对丈夫的背弃一种自身观念的更新当然更多的是感到了一种身心交融的巨大幸福。李晴的泪是幸福的泪但是胡毅却顺水推舟地说你别哭了我们只此一次下次再也不干了好不好，他这么一说李晴就真哭了，李晴哭得汹涌澎湃具有排山倒海之势，胡毅慌了手脚胡毅说你别哭了好不好是你自愿又不是我强迫的，李晴一听说这话更是哭得奄奄一息，总之那个春夜李晴泡在了自己的泪水里像一只衰弱的海生物一样散发出绝望的死亡气息。

直到曙光初露两人才冷静下来准备共同对付杀手殷平。他们想了一条绝妙的计策以反圈套来对付圈套以杀手策略来对付杀手。他们可以不露痕迹地把殷平杀死。

接下来的几个月殷平一直高枕无忧地等待佳音。也有两次殷平曾想再给吴光挂个电话，又很怕画蛇添足，节外生枝。殷平太了解官人们反复无常的本性。至于李晴和胡毅则一如既往地与她联系着，好像一切都很正常。只是有一天李晴似乎很不经意地问了她一句：如果不让你当编剧，让你当编辑你愿意吗？丧失了警惕的殷平以为李晴是泛泛而谈便也不经意地回答了一句：那我就得考虑考虑了。殷平之所以这么回答是因为她觉得自己也算是有身份的人了应当适当拿拿架子。她听到电话那边李晴微微一笑，然后迅速转移了话题。光阴似箭。桂花的甜香终于涌入了殷平的窗子。她打开窗，看到天空已经在数天内变得高而蓝，空气变得凉而爽。她知道那佳音已经近在咫尺了。

那个中午殷平刚刚从小憩中醒来，有新鲜的桂花糕和杨梅排在等着她。她是少数那种不怕发胖的女人之一。这时她醒来，赤身裸体地披了件深蓝色丝绸睡衣，把御鹿酒倒进意大利冰淇淋里。这种加酒的冰淇淋有一种特殊的香味。假如就着精致的点心来吃，更是异常可口。她就那么斜倚在宝石蓝色的沙发上品尝着，尽情享受美食带来的感官快乐。这时电话铃忽然响了。

电话那边是个陌生女人的声音。那女人的声音客气而高傲。那是导演应玉雪。

应玉雪是在万般无奈的情况下才决定给殷平打电话的。自从和李晴通过那次电话之后，《逝却的潮汐》便杳无音讯了。暇时她又细读了一遍原作，作品中那种荡魂摄魄的情感力量再次震撼了她。她发现这部作品令人难以置信地耐读。而且人物十分鲜活，那一个个人物逐渐在她的脑子里活了起来，使她有了一种想改造他们的欲望，也可以说是一种情结。做导演的一般都具有这种情结。所以编剧的剧本几乎没有一个能囫囵着进入剧组。应玉雪的这种情结又比一般导演更加强烈得多，因此那几天她坐卧不宁火烧火燎废寝忘食不知怎么办才好。她从没遇见过这种事从来都是别人主动找上门来，她奇怪这个作者怎么这样无动于衷。她在等待了三个月之后终于放下架子拨了那个电话，那个由李晴无意中透露出来的电话。

殷平和应玉雪交谈了三句话之后便明白了胡毅与李晴的苦衷。这位应导说话实在干得像云南的干巴菌，毫无味道又缺少柔情。一向会说话的殷平本想用幽默来打开局面，殷平说早就看过您导的《情缘》，没想到三年以后这缘分才兑现。应玉雪在沉默了一分钟之后才严肃地纠正她：情缘这词应当用在男女之间，用在我们之间，不合适。殷平只好解嘲地笑笑，谁知应导眼里根本不揉沙子，应导问：你笑什么？应导的问话把殷平逼进了一个死角，殷平知道自己遇上了什么样的人，只好在心里感谢上帝写剧本的不是自己而是李晴了。但是应导紧接着便单刀直入地说：我想请问你一个问题，为什么你自己不改编剧本呢？还没等她回答应导又问：李晴她们花了多少钱买版权？殷平笑笑说她根本没谈买版权的事儿，不知贵部一般买版权给多少钱。应导说那可得具体情况具体分析，有些著名作家写的名著，几十万也打不住，像台湾作家高阳的《胡雪岩》，就是给人家一百万人家也不见得卖你，可我们前些时买了一个普通作者的版权，只付了三千，还是个挺不错的长篇呢。殷平暗想原来还有这些名堂，不如趁此机会摸摸底。于是殷平说那么依你看我这本书能卖多少？应导沉吟片刻之后说怎么也能卖个两万块吧。

殷平长长地"哦"了一声。原来看上去那么书卷气十足的李晴也这么黑，两万块钱，对于工薪阶层来说不是小数了，怪不得她见了自己便是一脸的媚笑呢。还有胡毅，不管怎么说也算是老相识了，一条腿还跨在文学界，他居然就能帮一个女人这么坑我！但是殷平的愤怒决不表现在脸上。殷平的脸上仍是一片阳光。应导说我劝你不要轻易放弃，你起码应当介入改编，不然你以后会觉得别人糟蹋了你的东西，你会后悔。殷平想想说要么这样吧，我自己试着写一稿，你看看，我写我的，李晴写李晴的，你看哪个满意就用谁的。就像招标那样。你同意我就写，李晴那边我们不必惊动她，你看好吗？应导想想说也好就这么定了吧。殷平笑笑说那我就按主旋律加好莱坞的方法写。那边突然沉默了一分钟，然后说：主旋律加好莱坞的方法是吴光提出来的，可现在吴光已经走了。殷平脸上的阳光骤然逝去。殷平感到了灾难的降临。殷平急急地问原来听说你们中心要进一批编剧，开始进了吗？应导回答说，不是编剧是编辑，也可以说是按照编辑编制进的编剧，因为部里不再设专业编剧了。就是最近这几天进人，听说有三四个吧，怎么，你对我们部有兴趣？殷平掐住自己的虎口努力使自己镇静下来，殷平说你刚才说什么吴光到哪儿去了？应导说吴光已经在一个月前调走了，接替他的是岳雄，听说是个著名作家，也搞影视，只不过他的影视作品没他的小说那么有影响罢了。

殷平像晕车似的一下子找不着北了。岳雄，当年《白木马》的作者，曾经和自己同台领过奖的著名青年作家，今年撑死了只有四十七岁，竟然成了这么一个堂堂大部的主任！这真是山不转水转，一朝天子一朝臣！比传奇小说还要离奇！！

殷平像打了针吗啡似的腾地坐起来。应导后来究竟说的什么，她一句也没听进去。她的整个身心都处在一种莫名其妙的亢奋中。岳雄，是的，她正是为着这个名字而兴奋。她本以为她永远不再会兴奋的。

十二年前，那时她还是个二十五岁的年轻姑娘，自然是获奖作家中最年轻的一个。虽然不算好看，但也颇有动人之处：三围远胜于一般中国女人，丰腴，又妩媚，而且个子很高，明朗健硕。她一下子就注意到坐在角落里的一个年轻人，那人身材高大，面容端正而清癯，一双眼睛黑如点漆，沉默而深邃。不知为什么，殷平一见到他就觉得自己的心突突地跳了起来，那时她已有了男友，正在准备结婚，她见到男友就感到温暖和安全，可是从来没有心跳羞怯之感。在很多时候她甚至觉得自己未来的丈夫像是个同性的朋友，她从来用不着担心一种意外的袭击，但也享受不到一种意外的快感。

那人自始至终没有发言，只是在领奖的时候和她并排站在一起。她一反自己从不主动与人打招呼的习惯，小声对他说：我很喜欢《白木马》。她看见他微微一笑，他笑起来十分动人，眼睛和牙齿好像都在闪光。等到领完奖回到座位上时，他好像有意坐到了她的身边。她屏住气悄悄打量着他，他似乎十分专心地听着一位著名作家的发言，那人的话像车轱辘似的来回转，水平实在不敢恭维，可他始终默默地注视着他。她觉得这会实在无聊，想跟他聊聊天，却又无从谈起。后来，他忽然转向她，她觉得他那样子分明知道她一直在看着他。他在她耳边说了一句话，使她扑哧一下笑出声来。他说：你看那位老先生的头发，苍蝇拄着拐棍上去都得劈叉。这话从他嘴里说出来特别具有感染力，因为他是那么严肃，那么一本正经。她的笑声引来许多人的目光。她只好憋着笑，低头看自己的脚尖。

时隔不久，殷平与单位的一个朋友聊天偶然提到岳雄，那朋友说，岳雄是他的"铁哥们儿"，当年曾经在一个红卫兵组织里待过，足有十五年的交情，这几天正约着一起喝酒呢，问殷平愿不愿一起去。殷平觉得冥冥中好像确有一种缘分她忽然觉得自己和这个岳雄也许会有一点什么故事。她很痛快地答应了，她愿意随缘。

岳雄对于殷平的到来很感意外。但他似乎应变能力很强，旋即调整了自己。显出一副完全没把殷平当作外人的劲头，拿起两个大茶缸子斟满二锅头，与那位友人对干。一边向殷平友善地解说：我们插队时就这么喝，谁用小杯子大家就看不起他。不过，你今天可以用小杯子，喝一点。说着，他斟满一小杯酒递给她。她心里一热，莫名其妙地一饮而尽。两个男人喝一声彩，立即又斟满一杯给她，就这样，她很快就喝到眼酣耳热。

殷平平时很会保护自己。虽然长了一副温柔敦厚的形象，其实却心硬如铁。她可不愿意为什么人委屈自己。她好像从来就没为什么激动过，对一切她都能置身事外，即使是狂热的全民浪潮也很难将她裹挟。她初中就读时的那个学校曾经有个十分欣赏她的女教师，平时总是把她的作文当范文读的，可后来那老师受了伤，需要输血，很急，血库里又没有 AB 型血，学校动员学生献血，全班只有她一人是 AB 血型，她倒是报名了，也不动声色地去验了血，却因了转氨酶太高而不合格。其实，不合格的真正原因只有她自己知道：那天早上她吃了整整一只甲鱼。

像这样为着一种什么莫名其妙的情感激动着，竟然身不由己地喝这样的烈酒，在她，还是破天荒的头一次。

那天，她和岳雄的那位朋友都喝醉了。岳雄却俨然金刚不坏之身。喝到后来，她感到自己的眼睛舌头都一块儿发粘，有点儿不管用了，可意识却是出奇地清醒。那位朋友早已呼呼大睡发出了鼾声，岳雄把她搀扶进了卧室，她在潜意识里盼望着发生点什么事情。在岳雄搀扶她的时候，她觉得生平第一次陶醉在异性的一种独特气息里，她觉得有一种液体正悄悄地在身体里膨胀，发酵……那液体不可阻挡地向外渗透着，变成一种辛辣的眼泪喷涌出来，又悄悄吞咽进喉咙里。于是那液体又向下面流去，她觉得自己的肢体微微地颤栗了起来。但是她同时也十分清晰地感到，搀扶着她的那只胳膊虽然十分性感却毫无热情。它不过像一只铁制的拐杖那样冰冷而实用。在彼时彼地，一个喝了酒的男人搀扶着一个醉酒的女人走进卧室，在那样的夜晚，那女人又十分性感，只有一个理由能阻止这男人与这女人发生故事，那就是，这男人另有所爱而且爱得很深。看上去已经烂醉的殷平十分清醒地感到了这个。岳雄把她扶到床上，很绅士地脱掉她的鞋子，又给她盖了一条毛巾被，并不理会床上的这个女人此时全身心都在渴望着爱抚。当他走到门边的时候，她强睁开迷离的眼睛叫了他一声，他站住了，就在门边。

她决定利用她的醉酒铤而走险。她拍了拍床边，示意岳雄走近。

岳雄走到床边，用那双沉默的黑眼看着她：有事吗？

殷平的眼光像酒一样浓烈：岳雄，你为什么不理我？

岳雄立即把目光避开了：你醉了殷平，有什么事明天再说。

殷平蓦然坐起来抱住岳雄的一只胳膊：我没醉，我清醒得很……岳雄，我第一次见到你就对自己说，灾星到了。岳雄，我没办法逃避，你也没办法，我们在劫难逃。

但是岳雄声调温和地说：殷平，你休息吧，明天再说，再说。

然后他使劲抽回了胳膊，走出房间，轻轻地关上了门。

一向自视甚高的殷平感觉到一种撕裂般的痛苦。她觉得体内流动着的那种液体突然干涸了。她的骄傲使她竟然一下子站了起来，她不顾头晕目眩鼻干口渴，她当夜就走了，没有向任何人告别。那个深夜已经没有车，她是步行着走回家的，走了二十八里路。奇怪的是在那个漆黑的夜里她一点也不害怕，在那个夜晚她觉得自己被一种奇特的激情控制着，似乎可以接受任何一个男人。

这件事是殷平一生中唯一的悔恨。之后很快她就和丈夫结婚了，再没有犯过这样的错误。每每想到此事，她便惊诧着十二年前的自己是多么幼稚可笑。至于十二年前自己爱上的那个形象，却依然时时跳出来焕发着光彩，直至她把这形象转化成了小说人物：《逝却的潮汐》中的男主人公，便是根据岳雄的形象写的。写完之后，仿佛这一切都变成了过眼烟云，她释然了。

她婚后仍然有很多男朋友。因为写作的关系，她也结识了不少优秀的、有才华的男人。在和他们交往的时候她总处在一种主动的、支配的地位。她随心所欲又游刃有余。她觉得她年轻时的幼稚完全是因为接触男人太少，眼界太窄。然而奇妙的是，当她听说岳雄两个字时，她好像一下子又回到了二十五岁。她敢说她仍然有可能犯以前的错误，如果在同样的时间，同样的场景。

殷平这才深深感到，那极其短暂的一瞬的确是爱情，她有幸被爱情击中，又有幸从爱情中挣脱，她的确很幸运。

殷平决定去见岳雄。在见他之前，她做了整整一周的准备。首先是强迫式的节食。各种减肥药减肥食品减肥茶一块儿上，一周之内竟然减了整整三公斤。接着，她决定打破自己三十七年来的习惯，化一次妆。平时，她的不化妆和发胖使她看起来要比实际年龄大五岁。她为此专门花了上千元钱买了法国进口的化妆盒。当她自青春期以来第一次对镜梳妆的时候她才发现，原来自己已经显得很沧桑了。

清洁过皮肤之后，她用一点紧肤水把皮肤绷紧，然后上了油性很大的面霜，粉底霜上过之后她比较有信心了：她的皮肤好像一下子变得洁白细腻，年轻了七八岁，于是她按程序打胭脂，描眉和眼线，她用了暗玫瑰色的唇膏和紫色的眼影。与之相配，她换上一件紫色的长袍。这长袍的质地是丝麻的。上面有暗暗的本色的花。样式很简单，领口开得极低，配了一套很时髦的日本乌木制首饰，再加上一顶镶紫花的草帽，显得既高贵又别致。只有手袋不是很满意，是麻编的，与服饰相比显得档次低了一点。她想下次无论如何要买一个漂亮的蛇皮手袋。

电梯工完全没有认出她来，她从电梯工惊诧的眼神中再度感到强烈的自信。

在十二年之后，殷平和岳雄再度相遇，惊讶的不是岳雄，而是殷平。殷平无法想象这十二年的岁月是怎样把一个英气逼人的年轻人变成一个眼珠混浊体态臃肿的中年官僚的。岳雄像一摊泥似的瘫坐在椅子上。看到她进来，也不过只是欠了欠身子。岳雄那冷漠的眼睛和垂败的体态使她想起毛主席的晚年。他还只有四十七岁，可看上去足有四千七百岁了。

岳雄的态度客气而富有尊严，好像在提醒着殷平别忘了他的官职似的。殷平何等聪明，从一开始就找到了自己的位置。一口一个岳主任，好像那件陈年旧事从不曾发生过。事实上殷平在见到岳雄的刹那间已经摆脱了过去印在脑海里的那个形象，她宁愿从来没有过去。殷平的故作谦卑反而使岳雄难受起来。岳雄吸一口烟微笑着说：都是老朋友了，为什么要这样客气？……听说你也曾经想调到这里来，为什么后来又放弃了呢？殷平把眼睛睁得大大的：没有呀，谁说我放弃了？我今天来就是为了这件事嘛！岳雄又吸一口烟：可你只愿意做编剧，不愿意做编辑，而这次只有编辑名额，那么你不是等于放弃了吗？殷平倒吸了一口凉气。原来就在自己得意忘形的时候，早已入了人家的陷阱。难怪李晴不阴不阳地问那么一句话呢。好歹毒啊。但他们实在是太不了解殷平了！殷平平时惰性十足，可一旦处在"应激状态"便干劲备增。好像荷尔蒙的分泌是专门用来填平她的心理低谷似的。殷平定定神，看上去十分平静：我没有对任何人说过我不愿意做编辑。岳雄一怔，心里早已明白了几分，岳雄何等聪明，他想此事必有蹊跷。吴光曾对他说起殷平的事，吴光十分惋惜地说那可是个才女，可不知为什么她不愿意当编辑。后来岳雄了解到此事的原委，知道传话的正是殷平的推荐人胡毅。他想正因为胡毅在推荐殷平的时候把她夸得天花乱坠，故而在传此话时吴光深信不疑。那么，可能就是在胡毅推荐和传话之间的这段时间出了什么差错。爱而不成反目成仇？不像。胡毅忽然发现殷平无油水可捞后激流勇退？更不像。

但有一点岳雄心中有数，那就是，殷平的确是个实力派女作家。这些年来几乎她发表的每一部小说他都看了。而且他注意到她的每一部小说都能改成很好的影视作品。他新官上任，十分需要这样的人材。何况还有那么一段陈年旧事在起作用。当年的岳雄，因为《白木马》而炙手可热，正当年轻气盛、踌躇满志之时，哪里把殷平放在眼里。最重要的，是他那时还有着一个年轻漂亮娇滴滴的小女朋友。

他的女朋友叫罗玉子，后来成了他的妻子。玉子是那种典型的会撒娇卖嗲迷倒男人的小家碧玉。婚后不久便提出不再上班，岳雄依了她。但渐渐地，家务她也不愿做了，理由是身体不舒服。岳雄下班回来要干全套家务，还要给她买补品，伺候她，她白天可以整整躺上一天，可一到晚上却又活转来，性欲炽烈之极，岳雄根本不是对手。一来二去，岳雄的心也慢慢凉了。岳雄想要个孩子，可玉子泪流满面地说，如果有了孩子，她那千娇百媚的体态就保不住了，她会变丑，做个丑女人还不如去死，于是她说她要是变丑了就会去自杀。岳雄只好作罢。岳雄竭尽全力仍无法满足这位小妻子的各种欲望。终于有一天，他偶然回家早了一点，他发现玉子正和一个男人躺在一起，那男人竟是附近施工队的一个民工。

离婚已在所难免。但是岳雄经不起纠缠，玉子最终要了全部家具和房子。岳雄像被扫地出门似的孑然一身回到婚前住的集体宿舍。一场大梦遂告结束。这场婚姻给他留下的，只是一头白发和满脸沧桑。

痛定思痛，他每每看到殷平的新作便反躬自省，他发誓一定要找机会给殷平补偿。现在机会终于来了。他不露声色。他说殷平你看这样好不好，过去的事已经过去，也就不要再追究什么了。你呢，给我们写一部电视剧，两集就行。因为这里毕竟是搞电视剧的，你是个很棒的作家，可还没有写过电视剧，不这么做，别人那里不好交代。你就按主旋律加好莱坞的模式写，我不催你，什么时候写完什么时候跟我联系，好不好。殷平想想也只有如此了，于是告辞。岳雄一直把她送下电梯。临别时候岳雄忽然说：殷平，你可真是驻颜有术，十二年了，你一点都没变。殷平笑一笑，什么也没说。岳雄又说，你看我是不是老得认不出来了？殷平又笑一笑，依然一语不发。殷平走了很远转身一看，岳雄仍然站在原处，殷平觉得那完全是个陌生人，一个毫无魅力的中年胖子，在路上碰见，她是一眼也不愿意多瞧的。莫名其妙的，心里一阵疼痛，泪水涌了出来。连泪水也是冰凉的。一切都一去不返，活着的人们所作的一切努力不过是苦挣扎而已，越是美的越消逝得快。什么都有的时候不明白，等明白了，大半辈子也过去了。

殷平来部里的事胡毅和李晴很快就知道了。李晴如临大敌，几次电话催胡毅：你给她打个电话问问情况，也表示一下关心嘛。胡毅答应着，暗想女人真是奇怪的动物，一方面要做杀手，另一方面还要当好人。

胡毅拨通电话的时候殷平正在伏案疾书。殷平的状态好极了。接到胡毅的电话之后殷平又开始一如既往地表示感谢。殷平的声音仍是那么诚恳动听，好像对已发生的事一无所知，这样胡毅反而不好问什么了。很友好地聊了一会儿，胡毅正想挂上电话，出乎意料地，殷平忽然说想给胡毅介绍一个人。殷平说这是个文学研究生，二十六岁的女孩子。读过胡毅的小说，对胡毅非常崇拜。殷平说这女孩将来是要搞文学评论的，正在选定论文方向，你若有兴趣的话，一块儿谈谈？胡毅怔了一下，喜出望外。

胡毅做梦都想得到别人的注意。如果得到一个年轻女孩的注意，那更是平生所愿。殷平的消息给了他双重实现。这些日子，因为和李晴的约会勤了，他渐渐感到味同嚼蜡。李晴毕竟已为人妻母，担惊受怕不说，滋味哪里比得上年轻姑娘！胡毅立即表态：什么时候都欢迎！如果你没时间，让她直接找我也行！殷平听了这话暗暗冷笑了一声，淡淡地说：那也好，我正好最近忙，我就把地址电话给你，你自己联系吧。胡毅一听正中下怀，连忙道谢，殷平笑笑说不必谢了，你在我的调动问题上帮了大忙，我做这点小事是应该的。

胡毅放下电话半天都缓不过气来：在调动问题上帮了大忙这句话使他如打翻五味瓶，心里不知是什么滋味。

殷平改写剧本一路顺风。主旋律加好莱坞，这真是个获奖加轰动的捷径。殷平边写边想，原来当电视大腕这么好当，会写小说的人，写剧本真应当算作小儿科，只要把写小说的智慧拿出十分之一，便是高档次的剧本。这完全是一种充满匠气的机械操作，只不过是一件皇帝的新衣，人人都不愿道破而已。殷平想到自己也开始制作精美的快餐文化，成了短平快的厨子，不禁暗自好笑。殷平用了两周时间便完成了两集戏，自觉还算满意。为了稳妥起见，殷平又特意请应导看了看，应导极口称赞，只提了很少的一点点修改意见。殷平心里越发踏实，准备午饭后即去找岳雄交稿，但是这一次，却无论如何也激不起化妆和换衣服的兴趣了，她要找的，是个与她完全无干的人，这个人或许成为她未来的领导，除此之外什么都不是。

殷平一身轻松地往床上一躺，忽然想到应当打个电话逗逗李晴。喂了几声之后，李晴那边才有气无力地应了一声。殷平听了这一声后心中暗笑，心想那招果然很灵，看来胡毅与那女研究生一拍即合，已有成效。殷平显得很亲热地说：连我的声音你都听不出来了！那边沉默了半响，声音忽然提高了八度：是殷平！接着便是一连串连珠炮似的问话：啊，怎么这么长时间没你消息了，你好吗？调动的事怎么样了？殷平手持话筒微微冷笑，并不急于答话。她听得出来李晴话里的刺探和慌张味道。她打这个电话，就是为了欣赏和玩味李晴的惊慌。良久，她慢悠悠地说：调动的事倒是定下来了。你们不是来了个新领导吗？岳雄，他是我的老朋友了。他说，我调动的事曾经出了点儿岔儿，不知是哪个狗娘养的，跑到头儿那儿说什么我不愿意当编辑，害得我差点儿栽了。你知道是谁干的吗？！

李晴一下子如五雷轰顶，一句话也说不出来。半晌，李晴才结结巴巴地说：真……真不知道是谁说的，谁嘴这么欠啊！殷平仍然不动声色地笑笑：真是的呢，你和胡毅那么力荐我都没用，看来这个人的能量够大的呀！不过，他也是白用心思了。我这个人有个特点，要做什么，谁都挡不住！

李晴在那一边发起抖来。从殷平的话里她真无法判定殷平到底知不知道，知道多少。她唯一的想法是找胡毅商量对策，起码，要把这个信息捅给胡毅，胡毅已经好长时间没和她联系了，哪怕作为一个借口，她也得立即去找胡毅——她很想念他了。

李晴顶着的太阳的热度一点不亚于笼罩胡毅当年的太阳。但是李晴很精心地把一张涂得很厚的白脸藏在大大的草帽里。直到上了胡毅家的电梯，还避开电梯工的目光，悄悄掏出小镜子，用口红补一下唇妆。这条走廊于她实在是太熟悉了。闭着眼睛她也能顺着那一堆杂物绕过去，然后走过一个废弃不用的破缝纫机，在那贴着一个倒福的门前换上拖鞋，掏出钥匙——胡毅给了她一把家门的钥匙。胡毅在给她钥匙的时候完全没想到，事情就坏在这把钥匙上面了。

李晴的步子一向很轻，当她有意放轻脚步的时候简直如同蛇行。她怀着少女般的纯情想着，要给胡毅一个猝不及防的惊喜。当然，后来胡毅真是猝不及防，但远非惊喜，而是一种别样情绪——一种巨大的意外和恐惧：因为胡毅当时正搂着那位年轻貌美的女研究生进入状态，六束目光像探照灯似的交织在一起，然后熄灭。

胡毅蓦然想起他曾经给过李晴一把钥匙。他之所以高枕无忧，是因为此前李晴从来没有过这样的突然袭击。李晴是那种被动型的女人，需要男人千呼万唤才半遮半掩地出来的。胡毅抖着嘴唇还没说出话来的时候，他看见李晴已经满脸苍白地转身跑了。那种白是人即将要虚脱前的白，胡毅看了害怕，急忙追了出去。

李晴是在第二个路口倒下的，李晴倒下的时候满脑子里只有那浆果一般年轻新鲜的女人。后面急驰而来的一辆面的尽管刹了闸却仍被惯性搓出去好远，车头像垃圾车的头似的把李晴掀起来，李晴的红裙子在蓝天里灿烂夺目，耀花了胡毅的眼睛。那辆车因为刹车太急而在原地转了个大弯，当车头摆回来的时候，恰恰迎向了胡毅，红裙子美丽的颜色在他的眼前中断了。

　　一个月之后，当胡毅和李晴仍然分别在医院接受治疗的时候，殷平接到了调令。又过了三个月，在文艺界首次文稿拍卖会上，殷平的两集电视剧本《白木马与喇叭花》令人惊异地抢手。最后以三十万元成交。

聆听者（代跋）

孙 郁

　　我平时看小说，遇见人神同路的文字，总有点好奇，但看着看着，失望的时候居多。小说能像《聊斋志异》那样易读耐读，不太容易。五四之后的小说家，是注意到小说的神异之美的，但那时候被现实所迫，灵异的文字却少而又少。谈到灵异类的作品，女性尤其专长。中国的女性作家，以爱的主题和童话的方式为文者颇多，冰心、梅志都是代表性的人物。偶有天籁式歌咏者如萧红那样的人物出现，也无非感伤的抒怀，丁玲、庐隐都是这样。唯有张爱玲，以冷眼看世，样子是俗世的波光，绝不进入天国之中。她在俗界里却又奚落着俗物，离不开的也恰是她揶揄的世界。神界的路，遂被关上了。

　　张爱玲是一个绝响，她之后的女性写作，已不太易出现晚清式的微温和精致，现代的不安与苦楚在许多人那里起起落落。张洁、王安忆、残雪，都有不凡之笔，天地之色因之而变。女子审美的路子也多样起来。前几年我注意到徐小斌的作品，感受的是完全不同的女性之音。她的小说总有迷幻的气息在，沉浸在一种神秘的世界之间。不过这种沉浸不是逃逸，却是另一种对抗。所有的诱人的表达都和对抗世俗有关。以幻觉的存在冲击苦难，且咀嚼苦难，先前文学里的套路在她那里被改造了。

我和徐小斌是一代人，经历相近。但她走的路，和许多人不尽相同。她是喜欢进入人的神秘的精神之域与上苍对话的人。她最初的小说《对一个精神病患者的调查》，就注意那些异样的青年，对人的内在世界有种拷问的视角在。后来《双鱼星座》《迷幻花园》《天籁》则是另类的声音，与同代人的小说都不太一样。作者变换着说法，向着命运的世界发出问询，一会儿是历史题材的《德龄公主》，一会儿是幻想之作《炼狱之花》，一会儿是神界与俗界间爱欲与放逐的交响《羽蛇》。她的文字很美，是萧飒与明丽间的反转，流泻着无奈的奇音。我们读这样的文字，总觉得一个漂泊的灵魂在游荡着。这些涌动着激流的文字，为解析女性意识的变迁好像也提供了些什么。

　　我最初读她的作品是 90 年代初，那时候北京出现了诸多试验性的小说，"新体验小说"就是在那时候的一个新样式。徐小斌写的那篇《缅甸玉》是参与其间的习作，但却与那个口号有点格格不入。我发现她和那时候的当红作家不同。文字干净漂亮，没有同代作家的过于功利的样子。小说完全在自己的世界里，而又非封闭的自恋，总能够看出对现实批判的态度来。但后来发现她的作品完全不像我想象的那么简单。她有自己的不能平息的焦虑在，而且在一条曲折的路途上走得越来越远。

　　我们说那是一条曲折的路，乃因为其精神一直面临的一种难度。阅读徐小斌，总觉得是一种苦涩的跋涉。但那艰辛里也总有神灵的召唤，在黑暗里还时时闪着奇光。她写女性，有点残酷，常常是本原的昭示，那些外在的光环一个个脱落了。作者少年时经历过"文革"，见证过 80 年代的文化变革，总能以旁观的角度去审视昨日的历史。在那些文本里，完全没有逃逸，乃是一种精神的面对，甚或一种搏击。这让我想起卡夫卡和鲁迅。其中不是模仿的问题，而是一种气质的联系，徐小斌在本质上，和这样的传统是有关的。

　　有一次我们谈起汪曾祺和林斤澜，她说自己更欣赏后者的神秘。我忽然觉出什么是她世界里的原色。林斤澜一生推崇卡夫卡与鲁迅，那么说他们之间有种相似的地方是对的。徐小斌有童话写作的天赋，却放弃掉那些逃逸现实的飘渺的梦，从童话中又穿入到冰冷的世界，于是真俗之变在明暗里波动不已。她绝不躲在安详之中，习惯于一种苦运的承担。而有时，又津津乐道于对残酷的凝视，在拷问里进入自审的快感中。徐小斌在小说中制造了许多神异诡秘的空间，说那是巫的世界也未尝不对。她承认自己对神秘的存在有一种兴趣。许多写作表达了对冥冥之中的那个存在的好奇。我们在其文笔里甚至还能够听到远古的巫术之曲的盘旋，真的有些离奇和玄奥。我在想，作者要通往的恰是那个无名无形的域外之域。

让我们对比一下残雪的小说。在残雪那里，哲学的东西存在着，近代非理性的意识在作品里弥漫着。徐小斌不是这样，她是回到原始的混沌里，在谶纬与巫音里与现实对话。《羽蛇》的世界处处是这种玄音的流动，人物之路在宿命般的世界滑动。仿佛有了上帝之眼，瞭望着我们日常所看不到的地方。再比如王安忆，其笔墨总变化着，试图寻找另类的存在。但这里，王安忆常常有对日常欣赏的驻足，旧文人的古雅与飘然暗藏其间。徐小斌似乎厌恶这种士大夫传统，虽然也不断开辟自己的心路，可我们看到的却是不变的一种情感。那就是对俗界的失望和神界的渴望。而那神界的一切，不是在飘渺的存在中，恰是在对俗界的挣脱过程才可以见到的。

徐小斌不认为自己是属于主流的作家。她自己对流行的存在一直持拒绝的态度。她笔下的许多人物不谙世俗，而另一些人则俗不可耐。她面对那些俗态并非弃置，而是将其安置于历史与天命的时空里，将其一遍遍地透视玩味。可怜的人间是定命于什么世界中的，在看不见的地方有我们性命的本然么？她困惑于斯，又沉迷于斯，小说变成了漂泊者的一种记录。这样的实验，是作者试图与同代人保持距离的一种冷观，热的背后的冷气，才有她的本意在。

神界在作家那里往往是没有烟火气的存在，但徐小斌却带着沉重进入那个世界。只有明暗的对照才有意义，美丽是因灰暗的存在才显示出来光泽的。这个理念在《羽蛇》里表现得十分充分。《羽蛇》是至今为止她的最重要的作品，我们在此进入一种梦幻般的世界。女性一些追求常常在天上，却不易接到地气。《羽蛇》却是天上人间浑然一体的文本，人间世的惨烈之物和冥冥之中的万物之神都在默默地对话。母女的对抗，姊妹的对抗，还有社会的对抗。伦理被颠覆到另一个天地里，世间已没有了可爱的词语。这部小说的故事是寓言与史诗的叠加，但又仿佛不是。有人在她的文字间读到巫气，那原也不错。但我以为还有80年代的文化余音在。我们再往上溯，可以推算到五四。鲁迅的话语方式其实也隐约含于其间的。

我有时候在她的书里读出一丝李清照式的清俊而哀婉之调。她的文本有时会和曹雪芹式的古朴之美衔接着。但这种调子不久就被另一种情绪淹没了。一旦写到古人，比如太平天国或者慈禧太后的宫闱密室，她的笔毫无轻松的感觉，没有飘然的神意在。她大概也染有五四人的积习，厌恶古老的幽魂。你看他在《德龄公主》中所表现的晚清生活，在《羽蛇》里呈现的五代女人的苦运，都非恋旧的吟哦。徐小斌在作品里呈现的是人性的恐惧，女人与女人，女人与男人，男人与男人，都在紧张之网里纠葛着。人与人间压迫性的气场，在她的作品里无所不在。这很像卡夫卡的小说的恍惚与幽玄，完全是另类的时空下的一种存在。希望的不得两全，是人间的宿命。她说人一越界便获得清醒的觉态，可是自己的本真也失掉了，无法再回到旧我之地。渴望所得的那个存在，最终变成要苦苦逃脱的魔网，这是怎样的人间呢？如果写作是这样一个彻悟的过程，那么其倾诉的意义便也被消解掉了。

张爱玲在描写俗世的时候，失望的感觉从没有消失过。有时候对恶的呈现，超过了卡夫卡和鲁迅。那样不以为然的打量，有着某种不可思议的冷漠。人被缠绕在死寂里，几乎不得呼吸。可是在描述俗人俗世的时候，她对服饰、建筑、人物的投足之间的神色，都有精妙的勾勒，有时甚至还带着一种沉醉和把玩的心态。这是一种灰暗世界的幽光，在暮色里将死的什物旁还依然存在动人的精魂。这是张爱玲的妙处。徐小斌却厌恶所厌恶的一切，她在精心描述俗界的男男女女时，把美的刹那留给了那个上苍的流云。她总能够在迷惘和无助的时候聆听到那流云里的声音，神界的色彩雨一般浇在灰色人间的深处，以致连魔鬼般的存在也被喷淋着。徐小斌本能地有着这种沐浴的冲动，她以纯然冲洗着人间的积垢，在那冲刷之间，你或许也能觉出她的爽然的快意。

在没有美的地方，以诡异的方式呈现出一种美，可能是审美的另类途径。《羽蛇》的主人公在孤独中常常有这样的幻觉：

譬如我看见窗外晾着的衣裳在夜风里飘荡，就会觉得是一群没有腿的人在跳舞；听见风吹蔷薇花的沙沙声就吓得哭起来，认定是有蛇在房子周围游动。在门口那个清澈见底的湖里，在有一些黄昏（说不上来是哪些黄昏），我会看见湖底有一个巨大的蚌那蚌颜色很黑，有时候它会慢慢地启开一条缝。

这显然是一种巫气的弥散。在美丽的幻觉里有惊恐的存在。有时候在她的文本里或者能够看到人妖之变，真幻之变和善恶之变。美丽的与邪恶的在一个躯体里。比如主人公的绘画：

羽正在画那幅画，色彩浓丽得令人恐怖。大红大绿大蓝大紫到了她笔下，便成了非人间色彩。血红浓艳如凝固的血液，湛蓝碧绿又像是浸透了海水，乍看是花朵，再看又变成鸟兽。在羽的画中，自然造物是可以转换的。钴绿从玫瑰的花瓣里辨一只鸟头的时候，他同时又发现它是一只鱼头，于是彩色的鸟羽又转化成了鱼鳍。有无数的眼睛藏匿在这片彩色中，撕开眉眼便发现原来那是一只只魔鬼般的怪兽——钴绿惊叹邪恶竟如此容易地潜藏在美丽之后，甚至不是潜藏，竟是中了魔咒似的可以随意变化腾挪。状貌古怪的黑女人，青铜色的魔鬼面具，霰雾般轻灵的鸟，花朵中藏着的彩色蜘蛛，失落在蓝色羽毛中的金苹果……

我以为徐小斌的审美的基调大概在这类的文字里，或者不妨说，她的审美维度是从这样的片断里被外漏出来的。这恰是林斤澜所欣赏的存在，而非汪曾祺的温和之所。林斤澜的身上存在着男人最美丽的一面，纯粹得让人心动，而其精神追求里流动的却是无序的，反理性的幽思。他自觉地行进在鲁迅、卡夫卡、加缪的世界，不被确切性的道统所动。只是他还存在于男性的世界，且不忍对弱小者的拷问。然而在徐小斌那里，世界变了，妖道无所不在地摆动着一切。她在最纯然的女性那里也看到了不幸与恶毒。人妖之变也成了艺术的内核。在女性写作里，如此把妖性与神性一体化地表现着，确不多见。

如果深入她的经历，就会发现，徐小斌是那一代人里的叛逆的一员。这种叛逆不仅仅是政治上的隐喻的存在，而有对生命的凝视时的虚无和无奈。她的作品里承载着一代人的不幸。所描述的那些遗存，我有许多经历过。但我们这代人的价值是单一的，思想常常扭曲在苦涩的记忆空间。她的写作，在我看来是摆脱着无所不在的价值法则，对政治、经济、伦理法则的对抗，对己身、他在的对抗。她的潜意识里存在着一种对未见的文明的期待，或者说圣界的期待。在作者看来，俗世的一切差不多都被污染了。

王小波处理历史题材的时候以笑的癫狂与我们见面。王安忆有时勾勒历史的明丽的一面给世人。史铁生在有限性里不断追问那个冥冥之中不可知的存在，是神学与哲学的静思。徐小斌不是这样，她似乎缺少史铁生式的盘问，也没有士大夫的雅趣，和对经验哲学的偏爱。她沉浸在自己的王国，撕裂着历史之维里的幻象，且把自己的神性的目光投入到没有绿色的地方。这个过程是一个自我再生的过程，也是对历史的一种精神化的交代。在小说里，越是挣扎的地方，越有一种美丽的感觉。那些阴郁、绝望因了这样的挣扎黯然失色。她的挣扎决不是无节制的倾诉，相反却是一种有目的的冥想。所以我内心感到，徐小斌其实不是在解释什么，还原着什么，而是在构造着什么。她在自己的园地里构建着一个艺术的乌托邦。这些艺术不是梦想者的舞蹈，而是对抗旧梦的玄学的闪光。在没有语言的地方，徐小斌得到了快慰。她用自己的语言击退了语言。恰是那些色彩、流动的旋律，书写了词语之外的存在。而这，恰是她所要的地方吧。

我往年读《源氏物语》，惊叹作者写女子的精细与逼真。男人写女人总有错位的一面，平和起来不易。唯有女子面对女子，才会提供另类的心绪。中国的男性作家写女子，茅盾是一个高手。《蚀》三部曲对新女性的描画，让人叹之又叹，但一种欣赏与品玩的因素未尝没有。女人理解女人呢，不需要格外的套路，可以直指人心。

张爱玲写民国的女子，味道就完全不同了，其间多了另外的东西。我读中国女性的小说，看到惨烈的女子世界本真的揭示，觉得惊异和不安。徐小斌是直面女性的一切隐秘的。她毫不温吞地勾勒出形形色色的人与物，惊艳的与庸常的都尽入眼底。这也有张爱玲式的绝望。只是没有那种贵族式的流盼，把视界都放在楼阁间。徐小斌是有历史情怀的，她绝不逃逸政治，而且在与俗世对抗的时候，关注的也恰是百年文化的经验。徐小斌懂得，绕过这些来解释自己的经验或建构精神之厦，是大难的。

那么，神界真有摆脱苦楚的真药么？在那个看不见却可以思恋的地方，有明快的美意否？这是哲学家的话题，我们且不管它。徐小斌的情趣，大概还不是哲学层面的，她是敞开生命的一种实验。或者说，在语言的跋涉里，她看到了自己所不曾看到的一种可能。因为厌恶俗世，便寻找打开精神之门的钥匙。她提供的经验是，日常的逻辑已经死亡，唯有在非逻辑的另类表达里，大概才有一种突围的可能。她的颠覆俗界的过程，恰是恢复人的神性的过程。这种神性不是耶稣式的，也非释迦牟尼式的，在作者看来，只有听得到上苍声音的人，才可以有救。人所不知的存在太多，我们可怜的世间，已经没有这样聆听的能力了。

2012 年 7 月 2 日

后记　只有灵魂可与世界接轨

中国作家基本上都是以"集体命名"的方式浮出海面的。譬如刚刚改革开放时期的伤痕文学、知青文学，后来的新写实主义、新生代写作、女性写作、网络写作等等，都是一拨一拨的，赶没赶上那拨儿对中国作家来说太重要了。曾经有很多批评家对我说，非常喜欢你的小说，可是没法定位，没有传承，独树一帜，很难用理论来覆盖。这一点我其实还蛮高兴的，起码证明我的小说是条活鱼。

直到戴锦华女士说："尽管徐小斌的作品在令人目眩的泼洒的浓重色块、多向的丰富的知识（荣格、海洋生物学、博弈论、密宗佛教或上古神话等等）与奇异的异地间回旋，但笔者倾向于将其读作关于现代女性、女性生存与文化困境的寓言。毫无疑问，徐小斌的作品不仅仅关于女性，从某种意义上说，它关乎于整个现代社会与现代生存。"孙郁老师说："作者见证过80年代的文化变革，总能以旁观的角度去审视昨日的历史。在那些文本里，完全没有逃逸，乃是一种精神的面对，甚或一种搏击。这让我想起卡夫卡和鲁迅。其中不是模仿的问题，而是一种气质的联系，徐小斌在本质上，和这样的传统是有关的。"

这时我才觉得，终于在暗夜中看到灯塔了。

1. 岐路孤影

我是 1981 年开始发表小说的，已经三十八年了。但是从 1981 年开始发第一篇小说起，就完全不符合当时的社会语境。在当时伤痕文学知青文学寻根文学盛行之时，我写了一个十三岁情窦初开的小女孩暗恋一个青年医生的故事，写的完全是人物心理，是人性深层的隐秘。当年得了《十月》杂志首届文学奖，当时的奖是完全按照读者的票选来的，是诚实公正的奖，也就是这种诚实公正鼓励了像我这样没有任何文坛背景的年轻人。这一路数的小说至今依然属于特立独行。有点影响的譬如如《河两岸是生命之树》《对一个精神病患者的调查》《双鱼星座》《迷幻花园》等等，直到 1998 年首版的《羽蛇》，把我这一路数的小说推向了极致。

《对一个精神病患者的调查》被普遍认为是我的"成名作"，写了一个违反传统思维模式、超越常轨的女孩如何与社会现实格格不入，以至被社会视为疯人、被社会与人群摒弃的故事，这部小说发表之后，我收到了大约七百多封读者来信，并且由当时第五代导演中拍《一个和八个》的导演张军钊搬上了银幕，获了第十六届莫斯科电影节特别奖。当时是 80 年代中期，几乎还没有什么关注人类精神层面的文学作品。

获得鲁迅文学奖的中篇小说《双鱼星座》发表后，被评论界一致认为是一部女性主义的作品，其实那时我对于西方的女性主义还没有任何了解，但我的小说却暗合了女性主义的某些观点。我的女主人公受到世俗社会的联手戕害，她虽然选择的是逃离的方式，却是以逃离的形式在进行着反抗，尽管这是一种消极的反抗，却是带有着一种不屈的精神。正如伍尔夫所说，你可以践踏她摧残她甚至从精神上戕害她从肉体上消灭她，但她的精神不死，她的精神始终俯视着你怜悯着你蔑视着你摧毁着你。她表现了一种在被摧毁的境遇中强大的女性的精神力量。《双鱼星座》实际是在我陷入四面楚歌的困境中写的。

写《羽蛇》的时候我的生活境遇更加糟糕，我是在一个小小的陋室里，用当时粗陋的四通2403打印机一个字一个字地敲出来的，内心的痛苦几乎让我崩溃，我常常觉得自己陷入了无边的黑暗与寒冷之中。

就是这部长篇小说《羽蛇》第一个走向了世界。第二部走出去的是长篇《敦煌遗梦》，第三部长篇是2015年三八妇女节那天出版的，叫做《水晶婚》。另外还有几个中篇和短篇。

台湾大学硕士陈亭匀的长篇毕业论文（已在《当代作家评论》上发表）《歧路孤影》很能代表我这三十年的孤独之路，借用之，特此说明。

2. "走出去"的详细过程

我写《羽蛇》，有个人原因，也有社会原因。从个人原因来讲自然来自童年。我认为写作基本分为两种，童年经验式的和后天努力式的。前者基本属于那种天性上过于敏感的小孩，而我不幸就是这样一个小孩。

我的童年经验主要来自我与母亲的关系。都说血缘关系，特别是母女关系是最亲密的，但实际上，我认为血缘关系是很神秘的、也是很复杂的。说穿了，就是一个敏感的小孩非常爱她的母亲，而受到了母亲的漠视和非难，而在心灵深处产生了很深的伤害，对外部世界、成人世界产生了一种深深的恐惧。加上受到外婆信佛的影响，外婆有一座高大的佛龛，我常常在龙涎香的气味和木鱼有节奏的音响中昏昏睡去。好像去到了另一个世界。在那个世界中，充满了各种怪诞和恐惧的梦。这些梦笼罩了我整个儿时的记忆。

对外部世界的恐惧肯定会导致向内走，所以我从一开始发表小说就是一种内省式的写作。

当然也有时代原因，从时代的原因方面来讲，我觉得自己生在一个巨大的转折的时代，这个时代发生了很多事情。

作为一个作家，我认为有责任把看到的事实写下来，前苏联小说家柯切托夫曾经说过，一个人一生至少要拿出一次真正的身份证，所以我首先要求自己要真实地毫不媚俗地记录我们这一代人的历史，要为这个民族提供一份个人的备忘录。

我们是幸运的，在当今的世界上，我想没有哪一国的同龄人可以有我们这样丰富的经历。难以置信的历史曾经走马灯似的从我们年轻的眼前飞驰而过，我想那一切深深地镌刻在许多同代人的记忆之中。

《羽蛇》应当算是我的一个代表作。2003年，我当时工作的中国电视剧制作中心在加拿大拍摄电视剧《小留学生》，认识了一对加国华裔青年夫妇章迈与贺娜，他们都是通过自我奋斗进入白领阶层的精英。他们读了《羽蛇》之后很喜欢，主动为我去找翻译。他们找的翻译是加拿大著名翻译 John Howard-Gibbon，（他曾经在中国多年，担任过《中国日报》副主编，翻译过老舍的作品）。当时他已经七十三岁，对外说再不接任何翻译，但是在读了《羽蛇》之后，立即决定要用有生之年把它译完。他是轰动整个欧洲的书《罗马帝国的兴亡》的 Gibbon 家族的后裔，他做的翻译准备让我非常感动，譬如：他会在反复阅读之后做了二百九十八页的笔记，因为《羽蛇》的翻译难度非常高，在修辞方面我使用了象征、隐喻、时空倒错、复调叙事等等，还要非常了解中国的历史文化，但是这一切都没有难倒他。稍后，美国的专业代理 Joanne Wang（也是余华的代理）也爱上了《羽蛇》，为此她飞到中国与我见面，专门要了一本我的签名书和 John 的前三章翻译，回去之后立即发给了当时的四大顶级出版公司：蓝登、柯林斯、西蒙舒斯特和企鹅（那时蓝登和企鹅还没合并），西蒙舒斯特在一周内就回复了，预付八万美金，签两书并作为中国作家的第一本书列入了著名出版品牌 Atria Books 国际出版计划。这是 2006 年底的事。2007 年，我参加了美国文学翻译中心三十周年庆典，转道纽约和出版社签约。2009 年，《羽蛇》英文全球发行，同时签了挪威、意大利、西班牙、葡萄牙、巴西等等。《羽蛇》首版至今已整整二十年，在没有什么刻意宣传的前提下国内已经出了十二版。而且至今每年都有高校的硕博士写关于《羽蛇》的论文。另外我在西蒙出版社为我建立的门户网站上接到很多读者来信，令我感动的是，他们和我的心灵之间没有任何交流的障碍，这使我更加坚信：只有灵魂可与世界接轨，任何的非诚意、任何的粉饰与谎言都是脆弱的。

"走出去"的第二部长篇是《敦煌遗梦》，也是由西蒙舒斯特出版，因为爱画画的缘故，我做了很多年的敦煌梦。1991年我第一次去敦煌，敦煌壁画的辉煌，敦煌地域的特殊，藏传密宗的神秘，都令我震撼。《敦煌遗梦》写了标志为"东方神秘主义"符号的敦煌所发生的故事，也是虚幻与现实结合的手法，里面探讨和追问了宗教方面的问题。也通过书中主人公的际遇阐述了什么是真正的宗教精神。译者是美国翻译家 John.bounk；第三部长篇是由英国巴来斯蒂亚出版社在2015年三八妇女节那天出版的，叫做《水晶婚》，也就是我今年四月去参加伦敦书展宣传的那部小说。大家都知道金婚银婚，很少有人了解水晶婚，简单说结婚十五年谓之水晶婚。这部小说讲了一个女人从结婚到离婚十五年的经历，从一个中国普通的知识女性的命运，折射出整个社会巨大的动荡与变革。译者是英国翻译家 Nicky.Harman。此书获得了英国笔会文学奖。关于这本书，下面还会详解。

3．我认为的好小说

我以为，好的小说，必然是复杂、多义、混沌的，抹去虚幻与现实相接的所有痕迹，使它们浑然一体，从另一方面来看，它们又可以向无数个方位展开，展示多样性与可能性，就像珊瑚或者什么海生物的触角似的，可以向任一方向延伸。而通过什么说明了什么，肯定不会是好的小说。

青少年时代我喜欢陀思妥耶夫斯基、梅里美、茨威格、普鲁斯特、三岛游纪夫、米兰昆德拉的小说，现在我更喜欢卡尔唯诺、博尔赫斯、安吉拉卡特的小说。

有人问我，《羽蛇》到底是一部什么样的小说，我觉得很难回答。

它可以说是一部女性家族小说。

也可以说它是一个女孩一生都追求爱却不断被爱所欺骗所遗弃的小说。

也可以说它是一个写五代女人心灵秘史的小说。

也可以说它是一部写母女关系的小说。

"《羽蛇》表面上似乎与社会历史无关，但是细心阅读后会发现，在梦想与现实的对立中，它最终是遥遥指向文明、历史与社会的。这样的小说中表现的叙述方式和内心体验并不是一种完全个人的东西，它与历史和现实都构成了一种张力关系。"（批评家陈福民语）

那么为什么取《羽蛇》这个名字呢？因为羽蛇是人类世界共有的神话原型。离骚里讲："阳离爱死——大鸟何鸣"，阳离即太阳神鸟，而神鸟常栖神木之上，在《楚十二神帛书》中有三头人像，象征太阳神、太阳神鸟、太阳神树三位一体，"羽蛇"在西方的形态就是神鸟与神蛇缠绕在生命树的十字架上，它是远古的神灵，但却是阴性的，是远古母系文明的象征物。

毋庸讳言，在当下，在我们这个有了网络对话与电子游戏的时代，形而上的、精神的、灵魂的土壤却越来越贫脊了。

而羽蛇象征着一种精神。在传说中，她为人类取火，投身火中，粉身碎骨，化为星辰。在古墨西哥、秘鲁、波利尼西亚、蒙古、帕劳群岛，以及玛雅文化中都有类似的传说，构成了整个亚洲太平洋古文化的重要图式。现在你们肯定明白我书中那些女人的名字了：羽蛇、金乌、若木、玄溟……那些来自远古的太阳与海洋，与女性本身一样源远流长，生生不息，具有转世再生的顽强。这当然可以构成一种文化象征，有着顽强的悲剧的美感。这并不是什么神话叙事，而是借助神话来揭示现实中残酷的关系，这本身就是在解构神话。

4. 我写作的基本表现手法

从开始写作时，我就一直在做一种实验，就是把最虚幻的形而上空间与最现实的生活结合起来。这种处理确实很有难度。过去我一直把文学大师们分为两大类，一是托尔斯泰、巴尔扎克等社会型作家，另一是陀思妥耶夫斯基、普鲁斯特、卡夫卡等"内省型"作家，相比之下我当然更喜欢后者，因为后者与生命本质艺术本体更接近。但是我注意到一个令人恐惧的现象，那就是，后者的最终命运几乎都与病态、疯狂或自杀有关，他们在劫难逃。我觉得，自己的秘密世界有如一面魔镜，它好像是真实的，但每一个细节都不真实。人在面对自己、自以为达到至善至美的时候，其实是在制造一种骗局。可怕的是，通往魔镜的道路有去无回。这大概就是后一类作家非疯即死的答案吧。但是我发现在地狱与魔鬼中还有第三条道路。譬如卡尔唯诺、博尔赫斯与一些拉美作家，他们穿越了时间与空间、虚构与现实、上帝与魔鬼、此岸与彼岸的界限，达到了一种出世与入世的自由转换，这样，他们就可以把渴望自由与逃避自由这两种人类需求的主动权把握在自己手中，这种境界非常令人羡慕。打破界限之后，就可以把貌似对立的两极融合在一起，就像埃舍尔的画，一对僧侣上楼，另一对僧侣下楼，但是你忽然发现上下楼的僧侣实际上是同一队人。又像巴赫《音乐的奉献》，巴赫利用"无限升高的卡农"——即重复演奏同一主题，然后神不知鬼不觉地进行变调，使得结尾最后能平滑地过渡到开头。

这种小说是我写作的一种基本表现手法。

5. 关于文字的色彩

另外在写作中我的一个深刻感觉就是，各种艺术门类是共通的，对于我来讲，绘画语言与电影语言对我的小说有很大影响。

由于我从小画画，同时是个电影迷，不可避免地，写小说的手法会受到影视和绘画的一些启示，譬如镜头的切换，变焦，特写，定格，等等。我不喜欢写得太油的小说，而从头到尾的连续作业容易丧失新鲜感，产生匠气。另外，我常想作家就像演员，有本色演员与性格演员之分，我觉得后者更具有挑战性。我每写到一个人，就试着去扮演她的角色，不管演技如何，但总能寻找到她内在的合理性与发展脉络，这样的结果就是，即使是魔鬼也是个触手可及的魔鬼。

写小说，应当讲究语言。德尔沃、雷妮罗纳等神秘主义画家对我有一定影响，主要是在文字的感觉上。可以说我对文字有种迷恋，在一篇随笔里我谈到这个问题。我觉得文字本身是有色彩的，譬如我们画油画的时候，钴蓝和钴黄碰到一起，变成了一种说不出的绿，非常神秘，好像只要细细看，就能看出数不清的颜色，那其实是一种过渡色。《双鱼星座》等就是过渡色，与早期《河两岸是生命之树》的单纯颜色很不同了。哥德在《色彩论》里也说过一件奇怪的事：哥德久久看着一位红衣女郎，但是她起身走后，她身后的白墙上呈现的是海水绿色，由此发现"补色原理"。我在《羽蛇》等作品里曾经尝试了补色，不是刻意，刻意就没意思了，复杂到了极致便成为简单，单纯的墨可分五色，每一个字都可以达到意外的效果。写旧时代用一种语言，写到现代又用了另一种语言，但又在一个统一的大色调中，两种语言实际上互为补色。

前面讲孙郁老师曾经评价我的作品，令他想起卡夫卡和鲁迅对世俗世界的精神面对与搏击，不是模仿，而是一种气质的联系，认为我在本质上与这样的传统是有关的。还有西方的一些评论家也这样认为，如果用色彩来譬喻，那么我的小说就属于一种暗黑色系，这是我的童年经验决定的。

6. 中国女性文学与我的小说

恰恰是在二十年前，也就是1996年我第一次出国，是应美国杨百翰大学邀请讲中国女性文学写作。我讲的题目是《中国女性文学的呼喊与细语》。之后，应葛浩文的邀请，到科罗拉多讲了同一题目，当时他在科罗拉多任教。接下来在宾夕法尼亚州立大学和马里兰大学分别办了讲座。当时中国女性写作受到世界的强烈关注，首先来自中国一大批评论家当时对于中国女性文学的关注。也因为1995年世界妇女代表大会在中国召开，集中了世界的眼光。

但是很遗憾，在这二十年里，我们的中国女性文学没有什么起色。

毫无疑问，不敢拷问自己的灵魂、审视自己内心的作家不是真正的作家，但是，如果一个人只是写自己，那么即使他是一口富矿也必定会被穷尽。我想，女性文学的最好出路就是找到一个把自己的心灵与外部世界对接的方法，这样可以使写作不断获得一种激情与张力，而不至于慢慢退缩和萎顿。这样才能避开了个人化写作的困境，进入到一个更加广阔的世界。

我的新作《水晶婚》被西方的评论家一致认为是一部女性主义的作品。《水晶婚》刚上市就获得了英国笔会的翻译文学奖，现在又入围了一个奖，这部小说完全放弃了那些华丽的修辞，写得很朴素。但是读过它的人都认为很感人。原因可能只有一个：真实。

今年4月我参加伦敦书展时，与一位澳大利亚的华裔文学爱好者有一次深度的对话。我的粉丝很少，从来没想到有人如此深度地关注我的小说。他说的两点我印象深刻，一是他认为，大多数作家都是外部叙事，而我是一种内部叙事；另一个是我的小说不仅如评论家所说的神秘诡谲等，更重要的是关于思想性。澳大利亚两位女学者所著《Women Writers in Postsocialist China》的一章讲到我，认为我的写作是一种现代寓言式的写作，这个评价与戴锦华教授的评价很接近。并且，她们认为我与法国的女权主义者克里斯蒂娃有相似之处，在我的小说中，可以找寻到大量有关女性、欲望、爱情、边缘、颠覆、忧郁、焦虑、恐惧、潜意识等等问题。我很谢谢她们的细读和鼓励。

我现在正在做一件冒险的事，也就是做一个纯粹的绘本，完全由自己画，可能要画近百幅，当然，同时也是自己写，要写一个奇幻的故事，中国还没有《魔戒》《权力的游戏》那类奇幻中有含金量的小说，我想尝试一下。

在 2016 年的伦敦书展我的演讲中，引用了获诺贝尔奖的英国作家威廉·高登的一段话："无论你给一个女人什么，你都会得到她更多的回报，你给她一个精子，她给你一个孩子，你给她一个房子，她给你一个家，你给她一堆食材，她给你一顿美餐，你给她一个微笑，她给你整个的心！"女作家亦如此，你给她更多的关注，她就会在写作中回报加倍的诚意！

我同时坚信，即使是在读图时代，文学也是有希望的。正如埃来娜·西苏（法国著名女性主义批评家）所说，"希望"正是对文学的另一个命名，这一命名将把我们载向我们自身无法达到的境界，它的纯粹，它那象征性然而又相当具体的力量，它的宿命感，使它成为世上最美丽的语词，可能它并非语词，它只是一声叹息，或许还是一声遗憾的道白。

2018 年 12 月

徐小斌作品系年

长篇小说

《海火》（1989年中国青年出版社，2008年中国友谊出版公司，2019年百花洲文艺出版社）

《敦煌遗梦》（1994年北京出版社，1997年河北花山文艺出版社，2007年河南文艺出版社）

《羽蛇》（1998年花城出版社，2001年长江文艺出版社，2002年时代文艺出版社，2003年台湾联经出版社，2004年人民文学出版社，2007年人民文学出版社，2009年作家出版社"共和国作家文库"，2012年重庆出版社，2013年人民文学出版社第三版）

《德龄公主》（2004年人民文学出版社，2005年香港经要文化出版公司，2006年漓江出版社，2009年台湾印刻出版社，2010年天津人民出版社）

《炼狱之花》（2010年由人民文学出版社与长江文艺出版社首次两大社联袂出版）

《天鹅》（2013年作家出版社）

《水晶婚》（2015年由英国Balestier Press出版）

中短篇小说集

《对一个精神病患者的调查》（1990年海峡文艺出版社）

《迷幻花园》（1995年华艺出版社）

《如影随形》（1995 年河北教育出版社）

《蓝毗尼城》（1996 年云南人民出版社）

《末世绝响》（1997 年华侨出版社）

《蜂后》（1999 年长江文艺出版社"跨世纪丛书"）

《双鱼星座》（1999 年百花文艺出版社）

《天生丽质》（2000 年北岳文艺出版社）

《歌星的秘密武器》（2002 年广州出版社）

《清源寺》（2003 年北京出版社）

《非常秋天》（2005 年中国广播电视出版社）

《徐小斌作品精选》（2007 年长江文艺出版社）

《末日的阳光》（2009 年河南文艺出版社）

《别人·花瓣》（2010 年文化艺术出版社）

《睡蛇的伤口》（2015 年安徽文艺出版社）

《入戏》（2019 年北岳文艺出版社）

散文随笔集

《世纪末风景》（1996 年云南人民出版社）

《蔷薇的感官》（1997 年华艺出版社）

《缪斯的困惑》（1998 年辽宁人民出版社）

《出错的纸牌》（1998 年天津新蕾出版社）

《徐小斌散文》（2000 年华夏出版社）

《心灵魔方》（2002 年知识出版社）

《美丽纹身》（2002 年当代世界出版社）

《西域神话》（2003 年云南人民出版社）

《大都会：缪斯的殿堂，我的梦想》（2003 年西苑出版社，2004
年四川人民出版社）

《我的视觉生活》（2004 年上海文汇出版社）

《莎乐美的七重纱》（2010 年商务印书馆国际有限公司）

《密语》（2015 年安徽文艺出版社）

《生如夏花》（2016 年高等教育出版社）

《孤独之美》（2019 年江苏凤凰出版公司）

文集

《徐小斌文集》（五卷本 1998 年华艺出版社出版）

《徐小斌小说精荟》（八卷本 2012 年作家出版社出版）

美术作品集

《华丽的沉默与孤寂的饶舌》（2007 年湖南文艺出版社）

《任性的尘埃》（2016 年海峡书局）

《海百合》（2018 年十月文艺出版社）

主要影视作品

1.《弧光》：电影，由本人根据自己的中篇小说《对一个精神病患者的调查》改编，1988 年首映。该片获第十六届莫斯科电影节特别奖。

2.《风铃小语》：电视单本剧，由本人根据自己的获奖短篇小说《请收下这束鲜花》改编，中央电视台黄金一套 1993 年首播。该剧获第十四届飞天奖，中央电视台首届 CCTV 杯一等奖。

3.《千里难寻》：十一集电视连续剧。北京电视台长青藤剧场 1994 年首播。

4.《雨中花园》：电视电影。作为全国十大女作家向世妇会献礼片，中央电视台黄金八套 1995 年首播。

5.《星空浩瀚》：电视单本剧。作为全国十大女作家向世妇会献礼片，由中央电视台黄金一套 1995 年首播。

6.《富起来的人》：八集连续剧，中央电视台黄金八套 2002 年首播。

7.《德龄公主》（与人合作）：二十九集长篇历史电视连续剧，根据自己的同名小说改编，于 2006 年在中央电视台黄金八套首播。

8.《延安爱情》（与人合作）：三十八集电视连续剧，2011 年东方卫视首播。

9.《虎符传奇》：三十集长篇电视连续剧，由本人原创，由著名导演郭宝昌执导，美亚长城传媒（北京）有限公司投资，2012 年在中央电视台黄金八套首播。

徐小斌文学活动年表

1981 年年底，参加《十月》杂志首届发奖大会，短篇小说《请收下这束鲜花》荣获《十月》首届文学奖；

1986 年年底，参加第三届全国青年创作会议；

1988 年年底，参加电影《弧光》看片会，《弧光》电影剧本根据作家中篇小说《对一个精神病患者的调查》由本人改编而成，获第十六届莫斯科电影节特别奖；

1992 年，参加由《中国作家》杂志社组织的长篇小说《敦煌遗梦》研讨会，这也是作家生平第一次的作品研讨会；

1995 年，世界妇女代表大会在京召开，参加了中国女性文学的系列活动；

1996 年，作为中国女性文学代表作家受邀在美进行了为期三个月的访问讲学活动，分别在美国杨百翰大学、科罗拉多大学、宾夕法尼亚州立大学、圣玛丽学院等举办了题为《中国女性写作的呼喊与细语》的文学讲座，是第一位被美国正式邀请讲中国女性文学的作家，讲座受到研究中国文学的海外学者的热烈欢迎；

1997 年，参加在贝尔格莱德举办的第三十四届贝尔格莱德国际作家会议；

1998 年，参加首届鲁迅文学奖颁奖大会，中篇小说《双鱼星座》荣获首届鲁迅文学奖；

1999 年，参加在台湾举办的两岸文学研讨会；

2000 年，参加在越南举办的文化交流活动；

2002 年，参加在加拿大举办的渥太华国际作家会议；

2004 年，人民文学出版社召开徐小斌作品研讨会；

2005 年，参加北京作家协会组织的赴埃及、土耳其的文化交流活动；

2006 年，参加北京文学杂志社组织的中俄文化交流；

2007 年，接到美国文学翻译中心（ALTA）副主席 Rainer. Schulte 先生的邀请，作为惟一的中国作家赴美参加由五十个国家的作家、翻译家参加的美国文学翻译中心三十周年庆典及国际文学研讨会；

2008 年，参加为期一个月的香港国际作家工作坊活动；

2009 年，参加中国 – 厄瓜多尔文学交流活动；

同年，英文版《羽蛇》全球首发，人民文学出版社同步召开新闻发布会；

2010 年由于希腊文小说《亚姐》出版，接受希腊文化部邀请赴希腊交流访问；

2011 年受到美国纽约亚洲协会邀请，赴美讲学，与著名作家苏童一道在美国哈佛大学演讲、座谈；

同年，与莫言等同赴澳大利亚参加"首届中澳文学论坛"与"墨尔本文学节"；

同年年底，应台湾印刻出版社邀请赴台进行文化交流活动；

2012 年，作家出版社举办"特立独行、历久弥新——徐小斌写作三十年作品研讨会"；

2013 年 6 月，新长篇《天鹅》新闻发布会举行；

同年 10 月，参加"首届海峡两岸文学笔会"并作主题发言；

2014 年 1 月，应邀赴泰国进行影视文化交流活动；

3 月，应邀赴澳门大学讲学，在澳门大学郑裕彤书院建立"徐小斌工作坊"；

5 月，荣获加拿大第二届国际"大雅风"华语文学奖小说奖首奖，赴多伦多领奖；

8 月，参加第三届汉学家国际研讨会；

10月，参加"海外华文女作家双年会暨华文文学论坛"，与余光中、席慕蓉等同台演讲；

2015年年底，长篇小说《水晶婚》获得年度英国笔会翻译文学奖；

2016年4月，应邀出席伦敦书展并在英国利兹大学演讲；

2016年11月，参加中国作家协会第九次代表大会；

2017年，在温哥华讲课及举办文学座谈会；

2018年，《双鱼星座》入选"百年中篇经典"和"百年百部中篇经典"；《对一个精神病患者的调查》入选"百年中篇经典"。

图书在版编目（CIP）数据

别人：新版 / 徐小斌著 .—北京：作家出版社，2019.8
（徐小斌经典书系）
ISBN 978-7-5212-0671-5

Ⅰ.①别… Ⅱ.①徐… Ⅲ.①中篇小说—小说集—中国—
当代 Ⅳ.① I247.5

中国版本图书馆 CIP 数据核字（2019）第 194067 号

别人（新版）

作　　者：徐小斌
责任编辑：秦　悦
助理编辑：李炫屿
装帧设计：蔡立国
责任印制：李卫东
出版发行：作家出版社有限公司
社　　址：北京农展馆南里 10 号　　　邮　　编：100125
电话传真：86-10-65067186（发行中心及邮购部）
　　　　　86-10-65004079（总编室）
E-mail:zuojia @ zuojia.net.cn
http://www.zuojiachubanshe.com
印　　刷：中煤（北京）印务有限公司
成品尺寸：152×230
字　　数：310 千
印　　张：22.5
版　　次：2020 年 1 月第 1 版
印　　次：2020 年 1 月第 1 次印刷
ISBN　978-7-5212-0671-5
定　　价：46.00 元